POLÍTICA EM ESPINOSA

MARILENA CHAUI

Política em Espinosa

COMPANHIA DAS LETRAS

Grafia atualizada segundo o Acordo Ortográfico da Língua Portuguesa de 1990, que entrou em vigor no Brasil em 2009.

Capa
Moema Cavalcanti

Preparação
Maria Adriana Camargo Cappello
Eugênio Vinci de Moraes

Revisão
Carmem S. da Costa
Isabel Jorge Cury

Atualização ortográfica
Adriana Bairrada

Dados Internacionais de Catalogação na Publicação (CIP)
(Câmara Brasileira do Livro, SP, Brasil)

Chaui, Marilena
Política em Espinosa / Marilena Chaui. — 1ª ed. —
São Paulo : Companhia das Letras, 2003.

ISBN 978-85-359-0351-5

1. Democracia 2. Liberdade 3. Política — Filosofia 4. Spinoza, Benedictus de, 1632-1677 — Crítica e interpretação I. Título.

03-1443 CDD-320.01

Índice para catálogo sistemático:
1. Ciência política : Filosofia e teoria 320.01

EDITORA SCHWARCZ S.A.
Rua Bandeira Paulista, 702, cj. 32
04532-002 — São Paulo — SP
Telefone: (11) 3707-3500
www.companhiadasletras.com.br
www.blogdacompanhia.com.br
facebook.com/companhiadasletras
instagram.com/companhiadasletras
twitter.com/cialetras

Sumário

1. POLÍTICA E PROFECIA

À procura do destinatário ... 7
O hieroglifo decifrado: escrever e ler ... 16
A estrutura expositiva e argumentativa do *Teológico-político* ... 30
As figuras bíblicas e o lugar do profeta ... 37
Do profeta ao apóstolo: a diferença histórica e política ... 50
A diferença temporal ... 60
Apêndice — Profetas e profetismos: a dissonância espinosana ... 63

2. A INSTITUIÇÃO DO CAMPO POLÍTICO

Ontologia do necessário: a filosofia como contradiscurso teológico .. 81
- Filosofia e teologia ... 81
- Teologia política ... 86
- A ontologia do necessário ... 95
- A política sob as Sagradas Escrituras ... 107

Parte da Natureza ... 128
- A natureza humana: o *conatus* singular ... 128
- Ser parte da Natureza: *conatus* e direito natural ... 143

A instituição do campo político ... 152

O sujeito político 152
A estrutura do campo político 184

3. DIREITO É POTÊNCIA. EXPERIÊNCIA E GEOMETRIA NO "TRATADO POLÍTICO"
O conhecimento verdadeiro: a exemplaridade matemática 197
O lugar da experiência e a inovação espinosana 218
Direito, potência e poder: a geometria do campo político 234
Direito é poder: as formas políticas e o lugar da *multitudo* 254

4. QUEM TEM MEDO DO POVO? A PLEBE E O VULGAR NO "TRATADO POLÍTICO"... 265

5. DIREITO NATURAL E DIREITO CIVIL EM HOBBES E ESPINOSA 289

Notas 315

1. Política e profecia*

À PROCURA DO DESTINATÁRIO

Ao findar o prefácio do *Tratado teológico-político*, Espinosa escreve:

> Tais são, leitor filósofo, as ideias que ofereço ao teu exame, convencido da importância e da utilidade do assunto, tanto no que se refere ao trabalho como um todo quanto no que respeita a cada uma de suas partes, e por isso creio que não será mal acolhido por ti [...]. Aos demais, não recomendo a leitura desta obra, pois não tenho a menor razão para esperar que lhes agrade. Na verdade, sei como em seus espíritos os preconceitos são pertinazes e como aí estão enraizados depois de abraçados sob

* Este ensaio é uma versão levemente modificada de um texto publicado originalmente na revista *Discurso*, nº 10, 1979.
As obras de Espinosa mencionadas neste ensaio encontram-se na edição Gebhardt *Spinoza Opera*, Heidelberg, Carl Winter, 1925. São elas: *Tractatus theologico-politicus*, Gebhardt T III; *Tractatus Politicus*, Gebhardt T III; *Ethica*, Gebhardt T II; *Tratactus de intellectus emendatione*, Gebhardt T II. Para o *Tratado teológico-político*, a tradução consultada é a de Diogo Pires Aurélio, Lisboa, Imprensa Nacional/Casa da Moeda, 1988; para as demais obras citadas, foram consultadas as traduções do volume *Espinosa*, São Paulo, Abril Cultural, 1972 (1ª edição), 1979 (2ª edição) (Coleção Os Pensadores).

a capa da piedade. Sei que é impossível extirpar a superstição e o medo da alma do vulgar. Sei, enfim, que para ele a obstinação parece constância e que não é conduzido pela razão, mas arrebatado pelo ímpeto a louvar e a condenar. Não convido à leitura destas páginas o vulgar, nem todos aqueles que se deixam arrastar pelas mesmas paixões que ele. O que prefiro, aliás, é que negligenciem totalmente este livro, em vez de pervertê-lo, como sempre acontece cada vez que se põem a interpretar, prejudicando (e sem com isto tirarem qualquer proveito para si próprios) aqueles que poderiam filosofar mais livremente, se não considerassem que a razão deve estar a serviço da teologia. Para estes, acredito que meu livro será muito útil.[1]

Texto enigmático. Espinosa nomeia o destinatário de seu discurso — o leitor filósofo — deixando-o, porém, atado nas amarras da não filosofia, isto é, prisioneiro da submissão da razão à teologia, obstáculo maior para pensar livremente. Quem há de ser esse leitor que se distingue do vulgar? Quem é esse destinatário nomeado simultaneamente como filósofo e como não filósofo? Talvez na contradição entre o desejo de pensar livremente e a submissão do pensamento aos dogmas teológicos venha a desenhar-se o contorno do leitor procurado pelo discurso.

Se, como afirma o *Tratado da emenda do intelecto*, pensar é uma subversão efetuada pelo desejo de vencer a dor mortal dos conflitos interiores, só a percepção da contradição tem poder para suscitar o rompimento que inaugura o pensar e o agir, isto é, a filosofia. E o rompimento designa a contrapelo aquilo que impede o exercício de um pensar livre e que bloqueia a ação: a servidão aos bens incertos da fortuna que, ao fim e ao cabo, se mostram males certos. Em outras palavras, aquilo que o *Teológico-político* designa com o nome de superstição e cuja causa se encontra na confluência entre o desejo imoderado de bens, o temor incessante de males e o sentimento da contingência de todas as coisas e de todos os acontecimentos. Se a escolha do destinatário é também a recusa daquele que será incapaz de ler, a figura do vulgar passa a fornecer um parâmetro para a circunscrição de um espaço definido pela impossibilidade de pensar e de agir: o vulgar não é aquele que acredita que a razão deva submeter-se à teologia, mas aquele que, sucumbindo à superstição, já está possuído pelo poderio dos teólogos sem nem mesmo se dar conta disso, pois seu saber é piedade cristalizada em preconceito. Assim, designando seu leitor e aquele que não saberá lê-lo, Espinosa designa o obstáculo para o pensar e o agir livres: a obediência gerada pelo medo de males e pela esperança de bens, ambos igualmente incertos, que levam a imaginar um poder transcendente e caprichoso que possui representantes humanos, conhecedores de sua vontade secreta, e aos quais é preciso submeter-se.

A teologia é a teoria imaginária da contingência. Centrada na imagem de uma vontade onipotente e transcendente que cria e governa o mundo, a imaginação teológica propõe explicações que conservem o medo e a esperança, pois deixam cada um dos humanos suspensos aos desígnios imprevisíveis de um poder altíssimo; e propõe códigos de conduta em que a vontade humana se submete à divina pela mediação daquele que afirma saber interpretá-la, isto é, o teólogo.

Eis por que o *Teológico-político* declara taxativamente que a verdade, e única verdade, da teologia é ensinar a obediência, pois seu ponto de partida é a distinção entre a razão ou luz natural e a revelação ou luz sobrenatural, distinção que, na realidade, afirma a inferioridade da primeira e a superioridade da segunda, exigindo que aquela se submeta a esta. Pondo-se como intérprete autorizado das revelações divinas, o teólogo pretende com elas estancar a razão e dominá-la. Assim, o que separa teologia e filosofia não é uma repartição sensata de competências, cada qual ficando de posse de verdades que se excluem sem se negar, de sorte que ambas pudessem ser consideradas regiões diferentes do saber. Filosofia e teologia não se distinguem pelo conteúdo de suas verdades e sim pela atitude diversa que exigem daquele que deseja pensar: a teologia exige obediência e submissão intelectual; a filosofia é exercício livre do pensamento.

Mas, se a teologia exige uma razão obediente e submissa, se transforma o sentimento religioso em submissão a preceitos e dogmas incompreensíveis, nada impede que aquele que deseja obedecer possa também desejar compreender o sentido de sua obediência. É nesse momento da compreensão do significado de um saber obediente que a contradição vem à tona. O desejo de conhecer pode, em um primeiro passo, fazer uma tentativa para que a consolação trazida pela teologia se converta em certeza "matematicamente demonstrada", o que é impossível. Com efeito,

> aqueles para quem a filosofia e a teologia se contradizem mutuamente, concluindo que uma ou outra deve ser expulsa e que é preciso justificar essa expulsão, não erram quando querem dar à teologia fundamentos sólidos e quando se esforçam para demonstrá-la matematicamente. Evidentemente, ninguém é insensato a ponto de querer expulsar a razão e suas certezas. Entretanto, não podemos justificar

essa tentativa, pois que a razão é chamada em socorro da teologia para depois ser expulsa, procurando-se uma razão certa para torná-la incerta.[2]

Se a razão é invocada para assegurar as certezas teológicas, estas ficam sob o domínio daquela e, nesse caso, a teologia tira sua clareza da pura luz da razão, e não mais dos mistérios da revelação, que são sua fonte e garantia. Se, ao contrário, a razão é invocada apenas para auxiliar a teologia na tarefa de persuadir os infiéis, não merece a menor confiança, pois, ou o Espírito Santo se deixa reconhecer por suas próprias obras, ou não há como convencer um infiel de que aquilo que vê e sente seja obra do Santo Espírito e não da razão. A menos que seja para satisfazer um insaciável desejo de poder, nada explica a tentativa da teologia para usar a razão. Esse uso não é, pois, determinado por uma necessidade interna à teologia como saber, mas apenas como aspirante à dominação. Usando e manipulando a razão, a teologia só é capaz de instrumentalizá-la e de mantê-la na periferia dos dogmas. Assim fazendo, a atitude teológica nega a razão como autodeterminação das ideias verdadeiras e confere-lhe uma posição subalterna e de exterioridade diante de verdades que se instituem antes e fora dela.

De onde vem a diferença que torna impossível dar sentido a um saber obediente que apenas desejaria conhecer as razões verdadeiras para obedecer? Em outras palavras, qual a diferença que interdita a instauração de uma teologia racional?

Antes, porém, de responder a essa questão é preciso responder a uma outra: de onde vem a elaboração de uma teologia racional?

Se retomarmos o sentimento da contingência ou da fortuna, que distribui e retira bens e males, veremos que a gênese da teologia racional encontra-se na necessidade de estabilizar a instabilidade supersticiosa, estabilidade que, sozinha, uma religião não parece conseguir.

Com efeito, lemos no prefácio do *Teológico-político que*, se os homens pudessem ter o domínio de todas as circunstâncias de suas vidas, não se sentiriam à mercê dos caprichos da fortuna, isto é, do acaso ou da sorte, não tomariam a ordem comum dos encontros fortuitos entre as coisas como se fosse a ordem necessária da realidade. Como, todavia, não possuem esse conhecimento e não possuem o domínio das circunstâncias de suas vidas, são habitados naturalmente por duas paixões, o medo e a esperança. Têm medo de que males lhes aconteçam e de que bens não lhes aconteçam, assim como têm esperança de que bens lhes aconteçam e de que males não lhes aconteçam. Como, além disso, desejam imoderadamente coisas que lhes parecem depender inteiramente da fortuna e desejam ter a posse exclusiva delas, afastando todos os outros e, enfim, como reconhecem que tais coisas são efêmeras, seu medo e sua esperança não acabam nunca, pois assim como coisas boas lhes vieram sem que soubessem como nem por quê, também podem desaparecer sem que saibam as razões desse desaparecimento; e assim como coisas más lhes vieram sem que soubessem como nem por quê, também podem desaparecer sem que saibam os motivos de sua desaparição. Para tentar compreender a origem da contingência dos bens e dos males imaginam, então, que coisas boas e más lhes acontecem por vontade de entes superiores e poderosos nos quais passam a crer e aos quais passam a adorar e a dirigir preces. Por medo e esperança, nascidos da impotência para dominar as circunstâncias de suas vidas, os homens se tornam supersticiosos e alimentam a superstição por meio da religião como crença em seres transcendentes ao mundo e que o governam segundo decretos humanamente incompreensíveis.

Ora, medos e esperanças são instáveis e fugazes, pois não temos sempre o mesmo medo e a mesma esperança das mesmas coisas. Sozinha, portanto, a religião não é capaz de dar constância e estabilidade à superstição da qual, no entanto, depende. Para isso precisa da teologia. Em outras palavras, a teologia racional nasce para dar a uma religião revelada um suporte mais firme do que a flutuação das paixões humanas, fixando as formas e os conteúdos incertos e fluidos das imagens e dos afetos, a fim de garantir-lhes e à religião uma constância e firmeza que não possuem. A teologia racional é a imposição da imagem da autoridade como fonte dessa constância e dessa firmeza.

Acompanhando mais de perto os textos espinosanos, notaremos que, para responder à primeira questão — por que é impossível uma teologia racional? —, precisamos perceber que a teologia abarca um campo mais amplo do que poderíamos supor à primeira vista.

Em sentido restrito, a teologia se reduz à atitude teórica que legitima a obediência a dois preceitos que, sendo divinos, são dogmas práticos irrecusáveis: o preceito da piedade (amar a Deus sobre todas as coisas) e o preceito da caridade e da justiça (amar ao próximo como a si mesmo). A exegese bíblica efetuada por Espinosa no *Teológico-político* mostra que a verdade revelada aos crentes nas mais diversas situações, sob a aparência de uma pluralidade de conteúdos, se reduz, apenas e sempre, à repetição desses dois preceitos. E mais nada.

Contudo, se Espinosa interroga o vínculo entre teologia e política, portanto, a questão do poder, e o vínculo entre teologia e filosofia, portanto, a questão do saber, certamente tal interrogação decorre de uma perspectiva capaz de alcançar o alargamento daquela noção para além de sua definição restrita. O que é, então, a política teológica? A instituição e o exercício do poder a partir de uma fonte externa e transcendente que paira fora e acima da sociedade humana e delega a alguns homens o direito de governar e dominar outros. No que respeita à relação entre filosofia e teologia, Espinosa afirma que alguns poderiam filosofar mais livremente se pudessem liberar-se da teologia. Se pensar é entregar-se ao trabalho espontâneo do intelecto, que tem seu próprio ser no movimento interno e espontâneo de produção, afirmação e articulação das ideias, então, saber é pensar livremente. Nessa medida, um pensar que procure apoio em certezas decretadas do exterior não é propriamente um pensar, mas é, antes, um imaginar. Ora, aquele que pretende conhecer e para isso supõe que a origem e o fundamento da verdade e da certeza se encontram numa revelação misteriosa à qual a razão natural deve submeter-se situa-se, exatamente, no campo teológico. Assim sendo, a separação entre filosofia e teologia, como observamos acima, não se faz pelo tipo de verdade que alcançam e sim pelo tipo de prática que produzem. É essa diferença que permite compreender por que uma teologia *racional* é impossível, pois a teologia não se funda no trabalho do intelecto ou da razão e, por isso mesmo, não trabalha com verdade alguma, mas apenas com certezas morais que, ao passarem da condição de imagens práticas à de verdades teóricas, engendram aquilo que faz da teologia a morte da filosofia: a submissão à autoridade. Não é surpreendente que use a razão de maneira a poder expulsá-la no momento oportuno.

Assim, a pergunta sobre a impossibilidade de uma teologia racional pode agora ser respondida. Uma teologia racional é impossível: em primeiro lugar, porque considera que a razão humana, sozinha e por si mesma, não é capaz de pleno conhecimento verdadeiro; em segundo, porque faz um uso meramente instrumental da razão para validar certezas morais e convertê-las, de certezas práticas, em verdades teóricas; e, em terceiro, porque julga que a fonte e o fundamento da verdade se encontram fora de nosso intelecto, num ente onisciente e onipotente, transcendente, que se revela, não à razão dos humanos, mas à sua imaginação.

Sob a aparência de separar teologia e filosofia, na realidade Espinosa demonstra que do lado da primeira não pode haver saber, pois é reino de uma autoridade incontestada e incontestável. Região do já pensado, já dito e já feito, operando pelo recurso à citação e ao exemplo, nela nada resta a pensar, dizer ou fazer. Memória estagnada e morta, é a impossibilidade radical do presente e do porvir. Compreende-se, então, que aqueles que queiram filosofar mais livremente só venham a descobrir a possibilidade inédita do pensar e do agir conhecendo a natureza do obstáculo que contradiz esse desejo. Em outras palavras, aquele que procura o sentido de sua obediência ao já pensado, já dito e já feito descobre que precisa abandonar o recinto teológico se desejar realmente pensar, dizer e agir. Isto é, se desejar ser livre.

De fato, para a teologia, a impossibilidade de ir aos fundamentos não é um mero defeito ou uma falha sanáveis de direito, mas é algo constitutivo de sua própria natureza, obrigando-a a fixar em algum simulacro uma figuração qualquer que possa ocupar o lugar da origem e preencher seu papel. Assim, longe de ser um não saber provisório que poderia cumulativamente transformar-se em saber, trata-se, antes, de um não saber irremediável. Por isso mesmo, a teologia racional, jamais sendo um saber, é sempre política. De fato, é impossível considerar obra de um infeliz acaso o encontro desse não saber com uma prática autoritária, porquanto um não caminha sem o outro e ambos carregam em seu interior o princípio de uma dominação irrestrita. O fato de que a dominação se realiza de maneira perfeita — insólita, diz Espinosa — quando a figura do dominador não está imediatamente visível é o signo acabado do exercício pleno da autoridade, pois ter autoridade é fazer-se reconhecer como tal por um outro que a interioriza e se identifica com ela, cumprindo seus decretos e mandamentos mesmo na ausência visível dela. Esse reconhecimento *in absentia* leva a executar ordens e comandos, não porque seria impossível agir de outra maneira, mas porque, interiorizada, a obediência tornou-se espontânea. Aquele que assim obedece não o faz porque reconheça um valor intrínseco na ordem e no mandamento recebidos, mas porque sente que emanam de um poder reconhecido, ainda que desconhecido. Conseguir a obediência sem o constrangimento da força bruta é obter a posse absoluta do outro. E a teologia sabe que a verdadeira tirania não é aquela que se exibe pelo ferro e pelo fogo, mas aquela que consegue alcançar a universalidade e a homogeneidade do espaço social e político, os corações e as mentes. Essa autoridade não quer a obediência obrigada, pois esta não a legitima: aspira pela obediência desejada e consentida; busca a submissão que se suprimiu como obediência porque já deixou de ser sentida como obediência. Não é surpreendente que, no campo teológico-político e no campo teológico-metafísico, a liberdade só possa manifestar-se como insubordinação e revolta, como pecado e heresia.

Fazendo da filosofia o contradiscurso da teologia, Espinosa produz um discurso livre fundado nas ideias verdadeiras de Deus e dos seres humanos, demonstra que a busca do fundamento não transforma a filosofia em teologia e, a contrapelo, leva-nos a adivinhar o caráter teológico de muita ciência profana. Um saber incapaz de compreender seu próprio fundamento, incapaz de alcançar sua própria gênese e a do discurso que profere é, para Espinosa, teologia — e, para nós, ideologia. Talvez assim possamos compreender o que é a liberdade de pensamento defendida por Espinosa. Longe de ser a vaga aceitação da multiplicidade de opiniões que povoam o social, longe de confundir-se com a noção de tolerância defendida pelas seitas religiosas do século XVII e pelos *philosophes* do século XVIII, a liberdade de pensamento espinosana, que exige a plena visibilidade da prática política, é simplesmente poder pensar e poder agir sem obediência a ideias, preceitos, mandamentos e decretos transcendentes.

Quem é, pois, o destinatário nomeado por Espinosa? Talvez seja aquele que possa vir a ser filósofo, se desejar pensar, se for capaz de liberdade. Uma vez que esse destinatário é designado, no prefácio do *Teológico-político,* como filósofo e não filósofo, caberá ao pensamento e ao discurso livres constituir o espaço da passagem da não filosofia à filosofia no mesmo movimento em que se oferecem como trilha para alcançá-los. Tornando-se criador de seu próprio leitor, o texto espinosano o cria como filósofo. E só poderá fazê-lo se se apresentar como pensamento e discurso capazes de enunciar de seu próprio interior aquilo que os torna possíveis e aquilo que os tornaria impossíveis, revelando simultaneamente as operações teóricas que sustentam o verdadeiro e as maquinações imaginárias que acionam os dispositivos para o exercício da autoridade. Somente assim se fazem capazes de enunciarem a si mesmos como pensamento e discurso da liberdade, assinalando o lugar onde é constituído e de onde é proferido. Para recusar um pensamento escravo, precisa realizar-se como pensamento sem senhor, denunciando a fonte de toda autoridade por meio da figura daquele que será incapaz de ler o novo e que por isso irá pervertê-lo, mesmo que daí não tire nenhum proveito, obedecendo apenas a impulsos inscritos em seu coração entorpecido pelo preconceito, pelo ódio e pelo medo.

A construção gradual da figura do destinatário pelo discurso do autor pode tornar-se mais perceptível se fizermos uma breve comparação entre o *Teológico-político* e a interpretação da Bíblia realizada por Hobbes no *Leviatã*.

Quem lê as duas últimas partes do *Leviatã* e o *Teológico-político* há de sentir-se perplexo: as citações bíblicas empregadas pelos dois filósofos na exposição deste ou daquele tema são, em geral, as mesmas. Por que essa escolha idêntica? Por que um autor cristão e um autor judeu manifestam as mesmas preferências... literárias? O texto de Hobbes ilumina o de Espinosa, pois permite desvendar quem é o destinatário buscado por este último. Propondo-se a interpretar apenas o Antigo Testamento e declarando explicitamente que não poderá interpretar o Novo, pois não conhece o grego como conhece o hebraico, Espinosa escolhe cautelosamente todas as passagens do Antigo Testamento que são de uso corrente entre os leitores cristãos. Se no prefácio Espinosa se dirige a um destinatário bastante particular — o leitor filósofo —, este, porém, ali permanece ainda indeterminado se indagarmos quem seria o destinatário imediato do texto espinosano. É Hobbes quem nos deixa ver o leitor procurado por Espinosa, pois que um escritor judeu se detenha naquelas passagens bíblicas que interessam também ao escritor cristão é indício suficiente para que saibamos quem é o destinatário visado por seu discurso. Por outro lado, escolhendo passagens que seu leitor está habituado a ler, Espinosa poderá fazê-lo compreender o sentido inovador do método interpretativo que lhe está sendo apresentado. E, uma vez designado o destinatário, compreendemos algo que poderia permanecer na sombra. Tendo-se recusado a interpretar o Novo Testamento, eis que no capítulo XI Espinosa examina detidamente algumas Epístolas escritas pelos apóstolos, particularmente Paulo. O pretexto da interpretação é indagar se um apóstolo pode ser considerado um profeta ou se deve ser considerado um doutor. A análise estilística das Epístolas conduz à segunda alternativa: o estilo autoritário do profeta e a determinação divina do conteúdo do que deve dizer, a quem e onde deve falar o que lhe foi revelado, opõem-se ao estilo benevolente e meditativo do apóstolo que decide por si mesmo o que dizer, quando, onde e a quem dizer. Embora várias conclusões decorram dessa diferença e impliquem outras que as determinaram, há uma que nos interessa aqui: demonstrar que o apóstolo é um doutor permite a Espinosa demonstrar, em seguida, que a teologia é um fenômeno tipicamente cristão cuja origem se encontra nos ensinamentos do apóstolo Paulo, que, como sabemos, é o pilar religioso dos teólogos da Reforma Protestante. E era exatamente isso que se anunciava nas entrelinhas quando Espinosa dissera estar impedido de interpretar o Novo Testamento por desconhecer *o grego*. Espinosa não negará a existência de uma teologia judaica, porém, torna patente que esta surge como resposta e contrapartida para a cristã, a qual não é senão o momento em que a religião hebraica passa a falar grego. Assim, ao designar seu destinatário como um filósofo que pensaria mais livremente se não estivesse aprisionado nas amarras da teologia, Espinosa define o leitor de seu texto como *cristão*, mas não é o prefácio e sim o percurso do texto que institui paulatinamente o perfil do destinatário.

O HIEROGLIFO DECIFRADO: ESCREVER E LER

Se a Sagrada Escritura é documento de um povo determinado, e se, como afirma Espinosa, a Natureza não cria nações, mas indivíduos que a lei civil instituirá como povo, então, conhecer a história do povo hebraico por meio de seu documento há de ser conhecê-lo pela lei que o instituiu como povo. Assim sendo, ler a Sagrada Escritura como relato que um povo faz de si mesmo determina a dimensão e o sentido da própria leitura: a leitura histórica há de ser necessariamente política.

Eis por que Espinosa não se cansará de repetir que não busca a verdade veiculada pelo texto sagrado, mas seu sentido. Essa busca vai tão longe que irá encontrar a própria origem do caráter sagrado atribuído ao texto: a Escritura revelará por si mesma o significado da ideia de revelação. Fazendo ver como as categorias que operam em seu interior criam o campo de inteligibilidade do discurso ali proferido, o texto interpretativo, trabalhando com elas e a partir delas, oferece a chave de sua própria inteligibilidade porque deixa ver o modo como é produzido. A ideia de sagrado, que perpassa o discurso bíblico, seja como um de seus temas, seja como seu subsolo, determina, na verdade, a imagem sacralizada do próprio documento. Desvendando a maneira como o texto engendra o contexto de sua sacralização, a leitura poderá, enfim, dessacralizá-lo. Poucas vezes, na história do pensamento ocidental, teremos oportunidade de encontrar uma leitura capaz de iluminar em um só e mesmo movimento o sentido do discurso e a posição das categorias que permitiram escrevê-lo e tornaram possível lê-lo.

Combatendo o fariseu e o teólogo, que torturam o texto para manipulá-lo politicamente, Espinosa empreende uma história crítico-filológica, inaugurando uma maneira peculiar de pensar uma cultura determinada interpretando-a a partir das significações constituídas por ela mesma. Historiador, etnólogo, filólogo e escritor político, Espinosa possui uma maneira de se aproximar do documento e de decifrá-lo por intermédio das figuras de seus autores, destinatários e censores, de tal sorte que a leitura deixa intacta a singularidade do discurso lido e faz com que na trama do texto se desenhe o modo de existir do povo singular que o produziu. O povo hebraico é apenas o documento, mas este guarda um sentido que pode ser decifrado pelo seu próprio modo de constituir-se como documento. Assim, não somente o texto nos dirá quem foi o povo que o produziu, mas também, ao nos dar a conhecer esse povo, fará com que este nos ofereça a possibilidade de compreender a natureza peculiar do texto por ele produzido.

Espinosa propõe um método interpretativo que afasta tanto a tradição hermenêutica de tipo alegórico (os relatos e personagens só seriam compreensíveis como alegorias espirituais) como a discussão encetada pela Reforma sobre a diferença entre o espírito e a letra (o primeiro é o Verbo divino sempre vivo, a segunda, morta, se não for vivificada pela interpretação espiritual). O método espinosano tem como ponto de apoio a língua hebraica — a interpretação é filológica — e o conjunto de acontecimentos que cercaram o surgimento e o término do povo hebraico — a interpretação é histórica —, e, como princípio, a profecia — a interpretação é crítica, isto é, reconhece como autênticos os textos proféticos, pois sem eles não se poderia falar em revelação. O trabalho histórico, crítico e filológico do *Teológico-político* possui a mesma peculiaridade do trabalho geométrico da *Ética*: há em ambos uma reflexão operada pelo e no discurso, de tal forma que dele emanam seus autores e destinatários, seus censores e inimigos, mas dele emana ainda a natureza do próprio escrito, sendo impossível, aqui, distinguir a história narrada da narração da história, uma contendo e exprimindo a outra. E não apenas isso. O documento revela também sua própria historicidade. Ele nos conta em que mãos esteve, quem o redigiu, quem o leu ou para quem foi lido, quem o censurou, quem determinou quais relatos a serem aceitos e quais a serem rejeitados, quando e por quê. O exame da linguagem e do estilo dos livros que constituem o cânone permite determinar os signos do documento se fazendo, seus prováveis autores, as épocas das diferentes redações. Uma atenção especial é dada por Espinosa ao fato de que a existência de várias versões relativas ao mesmo evento não seja sinal de mistério nem de contradição, mas indicativa não só de que a Escritura possui vários autores, como também das variações da situação do povo. Merece interpretação a existência de várias versões relativas ao mesmo evento mas narradas, seja por escritores diversos, seja em ocasiões diversas; diversidade que se exprime na maneira como o mesmo evento suscita diferentes exegeses. Espinosa julga significativo que o autor do Pentateuco seja Esdras (e não Moisés, como querem os teólogos judeus e cristãos), pois, assim sendo, não somente os textos concernentes à fundação política foram escritos no momento do declínio do povo hebraico, como ainda é de extrema importância o fato de que, por seu estilo, o Deuteronômio tenha sido o primeiro livro redigido do Pentateuco, embora não seja o primeiro na sequência expositiva (o primeiro livro, segundo o cânone, é o Gênesis). O estilo e o tema fazem do Deuteronômio um livro inaugural que funciona no interior da Escritura como um verdadeiro divisor de águas entre a pré-história do povo e o término de sua história, visto que Esdras escreve após a restauração do Templo pelos Macabeus e, portanto, no período final da nação. Dessa maneira, Espinosa pode mostrar que a composição do cânone é atravessada por duas ordens: a ordem cronológica da narrativa (frequentemente ambígua e inverossímil) e a ordem lógica dos temas, sendo o primeiro deles, justamente, o da fundação política. E, no entanto, o próprio texto da Lei Mosaica aparece em duas versões diferentes, de sorte que a variação supõe a presença de uma figura tão determinante do texto quanto a do próprio autor: o destinatário. Ou seja, é a condição em que se encontra o povo que explica por que foram redigidas duas versões do mesmo evento e não algum mistério incompreensível. Assim, a interpretação mostra que a Sagrada Escritura narra simultaneamente a história hebraica e sua própria história como escrita e leitura.

Se o *Tratado teológico-político* assegura que só é possível conhecer o sentido do documento pelo conhecimento das circunstâncias históricas de sua produção, também mostra como o documento atribui sentido às próprias circunstâncias históricas que o suscitam. Eis por que tanto a escrita como a leitura são interpretações. A interpretação das circunstâncias históricas pelos autores, pelas personagens que ocupam a cena histórica e pelos destinatários imediatos constitui o texto; ele é tal interpretação. Porém, lê-lo é decifrar o trabalho interpretativo dos autores, de sorte que esse trabalho seja também interpretado pelo leitor. Se a história proposta por Espinosa é crítica, isto se deve ao fato de que o leitor não está situado no mesmo registro interpretativo em que se situam os autores, suas personagens e seus destinatários imediatos, mas, pelo contrário, toma distância e interroga a origem da interpretação escrita, voltando a interpretá-la pela leitura. Aquilo que para o escritor bíblico e seu destinatário imediato se coloca como um decreto divino absoluto reaparece, então, interpretado pelo leitor como necessidade histórica.

Se a história proposta por Espinosa é filológica é porque uma exigência essencial percorre o trabalho interpretativo: aquele que pretende conhecer um texto é obrigado a assumir a natureza textual do objeto que investiga. A regra fundamental do trabalho histórico consiste em nunca perder de vista a língua em que o documento foi escrito. Será na linguagem do povo hebraico, pois o documento mostra apenas essa dimensão da cultura judaica, que a história mostrará seu sentido. Toda tentativa de leitura que desconheça o modo de ser hebraico gravado nos meandros de sua linguagem será uma tentativa frustrada. A mente é ideia do corpo, demonstra a Parte II da *Ética*; a linguagem, modulação corporal, é a única via de acesso à mente dos hebreus, ao espírito hebraico, isto é, ao seu sentido. Na produtividade corpórea da linguagem inscreve-se a produtividade mental do sentido e querer alcançá-lo sem alcançá-la é o mesmo que querer alcançar uma mente singular ignorando o corpo de que é mente. Portadora do sentido, a linguagem faz com que o ato de ler a Escritura seja o de buscar o espírito *de sua* letra, portanto não como algo distinto dela (à maneira da tradição alegórica e da reformada) e sim como sua outra face necessária. Nem espiritualismo metafórico nem farisaísmo da letra: a filologia do *Teológico-político* não admite a separação da forma e do conteúdo.

Biblioteca universal mais vasta do que o universo, o *Livro* tudo diz e tudo ensina, tudo cala e tudo oculta. Indecifrável e enigmático, parece avesso às pretensões da razão. É um hieroglifo.

No capítulo VII do *Teológico-político*, Espinosa distingue dois tipos de livros: aqueles que são imediatamente inteligíveis, como é o caso dos *Elementos* de Euclides, "facilmente explicável para todos e em todas as línguas", e os livros hieroglíficos, que não são imediatamente compreensíveis, como é o caso da Sagrada Escritura. Esta, como a Natureza, exige um método interpretativo para que a leitura possa alcançar seu sentido. Por outro lado, Espinosa distingue coisas que podem ser matematicamente demonstradas e aquelas que só permitem uma certeza moral. Entre estas últimas coloca os relatos concernentes ao passado e ao futuro, as regras do direito, as instituições e os costumes. A situação não matemática da narrativa decorre do fato de que é determinada pelos interesses particulares que movem o narrador a escrevê-la, interesses que, de maneira geral, são da ordem da persuasão e não da verdade. Conhecer uma narrativa há de ser, portanto, conhecer as razões que levaram o narrador a escrever o relato e a quem o destinava. Porém, o leitor do *Tratado político* há de surpreender-se ao ver arroladas na mesma categoria as regras do direito e as instituições, visto que esse outro tratado espinosano dedica-se à demonstração matemática dos princípios da vida social e política. Todavia, se nos lembrarmos de que o *Tratado político* se desdobra em duas direções, oferecendo-se como arte demonstrativa e como discurso sobre a arte de governar, arte exigida pela própria natureza da vida política passional, então não há motivo para a surpresa. As regras do direito e as instituições em sua particularidade histórica não dependem da necessidade matemática que desvenda seus fundamentos, mas da arte do sujeito político, capaz de tomar "a experiência como mestra", ao mesmo tempo que faz da racionalidade operante no real o critério para trabalhar politicamente a experiência que lhe serve de guia. Como não se cansa de repetir Espinosa, o agente político não é um teórico, mas fronteira e encruzilhada necessária entre a teoria e a práxis.

Todavia, o mesmo capítulo do *Teológico-político* que menciona a inteligibilidade autossuficiente dos *Elementos* afirma também que a interpretação de um texto hieroglífico deve ser de mesmo teor que aquela destinada à compreensão de um outro livro: a Natureza. Há, pois, livros que não são inteligíveis à primeira vista — aqueles cujas ideias se oferecem inicialmente por meio de imagens que as obscurecem e levam à necessidade de decifrá-los. Nesse sentido, assim como há interpretações da Escritura que são mais obscuras e truncadas do que ela própria, também há interpretações da Natureza cuja opacidade é ainda maior do que a dela.

Referindo-se aos *Elementos*, Espinosa declara:

> Euclides, que escreveu coisas extremamente simples e perfeitamente inteligíveis, é facilmente explicável para todos e em todas as línguas; para apreender seu pensamento e assegurar-se de ter compreendido seu verdadeiro sentido, não é necessário conhecer inteiramente a língua em que escreveu; um conhecimento comum e quase infantil é o suficiente. Também é inútil conhecer a vida do autor, o alvo por ele visado e seus costumes, bem como é inútil saber em que língua e em que época escreveu, os avatares do livro, as diferentes versões do texto e os homens que decidiram recolhê-las. O que digo de Euclides é preciso dizer de todos aqueles que escreveram sobre matérias que por sua natureza são perceptíveis. Concluímos, pois, que chegaremos facilmente pelo conhecimento histórico da Escritura, tal como podemos estabelecê-lo, a apreender seu pensamento no que tange aos ensinamentos morais e que, nestes casos, conheceremos o sentido com toda a certeza. Os ensinamentos da piedade verdadeira exprimem-se com as palavras mais usuais porque são muito comuns, muito fáceis e simples de compreender. E visto que a verdadeira salvação e beatitude consistem no repouso da alma e como só podemos encontrá-lo naquilo que conhecemos verdadeiramente, é evidente que podemos apreender com certeza o pensamento da Escritura referente às coisas essenciais e necessárias à beatitude. Não temos que nos inquietar quanto ao resto, pois não podendo ser apreendido pela razão e pelo intelecto, devemos considerá-lo mais como curioso do que útil.[3]

Os ensinamentos euclidianos e os ensinamentos morais são comuns, simples, fáceis e compreensíveis até para uma criança. A Escritura ensina apenas os preceitos morais de obediência a Deus e de justiça e caridade para com o próximo. A diferença entre o livro inteligível e o livro hieroglífico passa pela diferença de natureza de seus conteúdos, ou melhor, pelo tipo de saber que os determina. O livro inteligível é aquele que põe os fundamentos do saber que expõe e que o constitui como obra de pensamento. O livro hieroglífico é aquele no qual há uma relação de exterioridade entre o discurso e sua origem: um saber prévio o domina e comanda, dando-lhe como única via demonstrativa a autoridade de seu dizer, decorrente da autoridade do saber que o governa de fora. Porque a origem do discurso se encontra fora dele é que o livro se torna obscuro e lê-lo consiste em ultrapassá-lo indo rumo a essa autoridade que o domina. Ora, justamente porque as condições do discurso estão fora dele, porque as condições do saber e do dizer são exteriores umas às outras, a interpretação crítica é aquela capaz de perceber essa exterioridade e de explicá-la. Mas não só isso. O discurso hieroglífico, ao manifestar a existência de uma autoridade externa, mostra a própria natureza de seu dizer e indica qual é a autoridade que o dirige e por que ela o dirige. Poderia ser mais claro o vínculo entre a noção de revelação e a questão do poder?

Construído a partir de um poder exterior que o domina, o discurso hieroglífico assume também a forma autoritária que o determinou. É discurso sobre o poder (de Deus, no caso da Sagrada Escritura) e discurso do poder (que se exerce sobre o destinatário). Ora, poder algum é indeterminado. Alguém o exerce de maneira determinada sobre outrem. Eis por que a leitura exige que se conheça quem o exerce, como e sobre quem é exercido. Em contrapartida, o livro inteligível é aquele que cria em seu próprio interior as condições de sua inteligibilidade e realiza a crítica daquilo que o tornaria ininteligível. O livro hieroglífico é aquele que permite ler em seu interior a existência de condições externas à sua inteligibilidade e que, como tais, o tornam legível. A autossuficiência do livro inteligível não o desenraíza historicamente, mas sua situação é exatamente inversa à do livro hieroglífico. Com efeito, o livro inteligível é aquele que torna legíveis as próprias condições históricas nas quais se produz, enquanto o livro hieroglífico é aquele que só se torna legível a partir das condições históricas que o determinam. Assim, por exemplo, a diferença entre a *Ética* e o *Teológico-político*, de um lado, e a Bíblia, de outro, é a diferença entre um discurso crítico, que interroga a experiência histórica e a experiência presente para descobrir-lhes o sentido, e o discurso ideológico, que só adquire sentido quando se conhece a experiência histórica que o determinou. Eis por que o registro interpretativo em que operam não pode ser o mesmo: a Sagrada Escritura é a transcrição imaginária da experiência, a *Ética* e o *Teológico-político* são o saber dessa transcrição e saber de si.

Isso não significa, porém, que o trabalho geométrico efetuado na *Ética* se confunda com o trabalho histórico-filológico realizado no *Teológico-político.*

Este último dedica-se à interpretação da essência singular de um ente singular e passado (o povo hebraico e a religião revelada hebraica), cujo presente só existe na singularidade do documento a ser interpretado. Ora, tal documento não é inofensivo. Pelo contrário, é erigido pelo mundo ocidental como cânone da vida política, e a teologia que o acompanha e o manipula sem cessar constitui o pano de fundo necessário na elaboração de uma certa imagem do saber e do poder (que a *Ética* irá demolir). Cumpre, então, decifrar esse documento e indagar se as representações construídas a partir dele servem para ocultá-lo ou se, ao contrário, deixam-se justificar por ele — tal é a tarefa de que se incumbe o *Teológico-político.* Desvendar o caráter histórico do documento implicará, de um lado, decifrar a maneira como o passado experimentava a relação entre um povo determinado e seu deus e, por outro, desvendar as representações que o presente constrói a partir da autoridade conferida ao passado. Para fazê-lo, no entanto, Espinosa afirma que não buscará a verdade contida no texto e sim o seu sentido.

Essa afirmação possui dois alvos: em primeiro lugar, distinguir os ensinamentos bíblicos e o conhecimento especulativo, demonstrando que autores e personagens não possuem conhecimento especulativo da essência e potência de Deus e das leis da Natureza (demonstração cujo propósito é destruir as pretensões da teologia de possuir fundamentos escriturísticos para explicar teoricamente o ser de Deus e sua vontade). Em segundo, a busca do sentido e não da verdade é inseparável da questão posta pelo documento hebraico, qual seja: é a Bíblia a palavra divina revelada, isto é, o fundamento bíblico encontra-se na profecia? Essa interrogação exige que o intérprete encontre e explicite o que o povo hebraico entendia por conhecimento profético e demonstre que tal conhecimento se encontra efetivamente (ou não) nesse documento determinado.

Contrariamente à *Ética* e ao *Político,* o *Teológico-político* não opera apenas com as imagens decorrentes da necessidade da natureza humana passional. Nele, o campo de investigação particulariza-se de maneira nova: a interpretação, sendo histórica, busca as imagens determinadas que um corpo político determinado elaborou acerca da autoridade e como e por que essa autoridade foi posta em Deus. Mas não só isso. Espinosa busca ainda as causas da permanência temporal dessas imagens para além do contexto em que foram produzidas e no qual tinham sentido. A interrogação espinosana debruça-se sobre o enigma da preservação do passado em um presente que lhe é estranho e que, por intermédio dessa conservação, oculta a duração verdadeira do passado e oculta-se a si mesmo como presente, manipulando o texto para exercer uma autoridade cuja origem permanece escondida sob o manto da autoridade divina.

A arte interpretativa do *Teológico-político* é sem precedentes. Com efeito, as condições históricas buscadas por ele estão presentes no próprio texto bíblico. Ao afirmar que sem o conhecimento das circunstâncias que determinaram a redação dos livros canônicos será impossível compreendê-los, Espinosa não pretende, de modo algum, encontrar os fatos que causariam o discurso, mas encontrar neste último a história que o produziu. Assim, por exemplo, a determinação da autoria, data, local e destinação de cada um dos livros sagrados é feita a partir da filologia, do estilo, do tema tratado e dos fatos relatados. Dessa maneira, compreende-se que o Pentateuco, considerado como o livro de Moisés, estando redigido na terceira pessoa do singular e narrando a morte de Moisés e os eventos que se sucederam a ela, não pode, evidentemente, ser da autoria do fundador. Os nomes dos lugares mencionados por esse livro não correspondem aos nomes que possuíam na época mosaica, e o leitor sabe disso porque outros livros, provavelmente mais próximos daquela época, designam tais lugares por outros nomes; além disso, com frequência, os nomes primitivos aparecem nas margens do texto mais recente e em outras versões dos mesmos eventos. Consequentemente, o Pentateuco não pode ter sido escrito por Moisés nem por algum de seus contemporâneos. Por outro lado, as notas marginais trazem explicações para palavras que caíram em desuso e que se encontravam nas versões mais antigas, de sorte que não apenas o autor não pode ser Moisés, como ainda o texto final é resultado da compilação de textos anteriores, de períodos diversos e de autores diversos, e o tempo da composição transparece nessa perda ou substituição de palavras que durante uma certa data eram perfeitamente compreensíveis para os leitores ou ouvintes do texto e que deixaram de ser compreendidas por leitores e ouvintes posteriores. É a língua veiculada pelo discurso que nos conta a história de sua redação, sem que seja necessário buscar fora dele os fatos que a explicariam — se assim fosse, Espinosa teria interpretado a Escritura tal como os profetas interpretavam a palavra de Deus, isto é, como voz exterior e onipotente. Enfim, se Espinosa faz questão de lembrar incessantemente que os diferentes livros do Antigo Testamento, e em particular o Pentateuco, foram escritos sempre em épocas muito posteriores aos eventos que narram, não é porque iria buscá-los em um outro documento mais "fiel" ou "positivo" do que aquele que interpreta, mas porque a distância entre o evento e sua narrativa tem um significado bastante preciso: por meio dela, o caráter interpretativo da própria narrativa bíblica se apresenta com nitidez e torna-se possível acompanhar a história do povo hebraico. Assim, por exemplo, criticando o farisaísmo da letra e o alegorismo do sentido, que procuram encontrar nas notas marginais signos de mistérios que o texto ocultaria, Espinosa observa que os textos mais tardios ou as transcrições mais tardias de versões antigas estão repletos de eufemismos ali introduzidos cada vez que o escriba considerou obscenas certas passagens dos textos primitivos, que, no entanto, foram anotadas em sua forma original nas margens do texto final. Espinosa comenta que a simplicidade dos primeiros tempos estava presente na maneira direta de nomear as coisas por seus nomes, que somente costumes refinados ou perversos de tempos posteriores levariam a considerar obsceno aquilo que não o é em si nem para o escritor antigo. Eis como uma das transformações do modo de ser do povo hebraico vem inscrever-se nas letras de seu documento e o sentimento da obscenidade oferece-se como uma data e um dado fornecidos pelo próprio texto. Seja, agora, a diferença estilística. Aquele que conhece o Pentateuco *e* os livros dos profetas não pode deixar de notar o estilo autoritário e patriótico da linguagem proferida por eles, e por esse caminho notará a distância que separa a fala do Monte Sinai e o Sermão da Montanha e, com ela, a diferença histórica entre os dois Testamentos e entre seus respectivos destinatários. O evento está posto no e pelo texto e, simplesmente, seus narradores, seus destinatários imediatos e as almas religiosas não o percebem como tal porque foi investido de sentidos novos que os tempos e as crenças suscitam. Mas exatamente por isso a fúria do teólogo encontra campo livre para explorar as narrativas segundo os ditames de seus apetites de poder.

Talvez a melhor pista para percebermos que a diferença entre o livro inteligível e o hieroglífico não depende da evidência imediata que o primeiro possuiria e do qual o segundo estaria desprovido esteja no próprio estilo de *Teológico-político*, de cuja inteligibilidade Espinosa não duvida.

Mencionando a existência de textos obscuros, que exigem um trabalho interpretativo, Espinosa indica dois: a Bíblia e a Natureza. O leitor seiscentista não se surpreende com a referência a dois livros — o da Palavra revelada e o da Obra divina ou, como dizia Bacon, "*God's word*" e "*God's work*". Todavia, para o leitor seiscentista, que conhece Galileu, pode parecer surpreendente que o livro da Natureza seja equiparado ao livro da Palavra, pois o primeiro, estando escrito em caracteres matemáticos, deveria ser imediatamente inteligível e não carecer de interpretações. No entanto, para um leitor de Espinosa a semelhança entre os dois livros não é surpreendente, pois, nos dois casos, a origem da opacidade de ambos é a mesma: a tecelagem imaginária enredada nos fios do tecido inteligível. Essa semelhança adquire, no caso do *Teológico-político,* um sentido preciso. Colocando a Bíblia e a Natureza como textos que exigem decifração, Espinosa coloca no mesmo plano duas manifestações da Palavra de Deus, a revelada e a natural. E isso sim pode surpreender tanto o leitor devoto (para quem a Palavra revelada contém mistérios inexistentes na natural) como para o leitor espinosano (que sabe que a Palavra revelada se oferece à imaginação do crente, enquanto a natural é conhecida perfeitamente pelo intelecto). No entanto, o que Espinosa nos explica é que, embora seja possível conhecer a Natureza com uma certeza matemática e isto seja impossível para a Escritura, o essencial, aqui, é que haja dois textos igualmente divinos, dos quais um é acessível à luz natural, enquanto o outro parece escapar-lhe inteiramente. Dessa diferença deveria resultar a tese dos crentes de que a Bíblia contém verdades superiores e inacessíveis para o intelecto finito, isto é, verdades sobrenaturais. Consequentemente, a origem divina dos dois textos não parece suficiente para equipará-los. De sua diferença ocupa-se o *Teológico-político* ao longo de todos os seus capítulos.

Espinosa não cessa de afirmar a excelência da Bíblia no tocante aos ensinamentos morais, graças aos quais aparece dotada de uma superioridade que lhe é devida. Porém, a universalidade e a simplicidade desses ensinamentos, garantia da excelência e incorruptibilidade do texto sagrado, são tais que a luz natural também pode alcançá-los. Destarte, não podem servir de critério para distinguir o conhecimento revelado e o intelectual. Por outro lado, sem deixar de afirmar a superioridade moral da Bíblia, Espinosa insiste em que esta decorre da pureza e sinceridade que anima seus autores e suas personagens e que, portanto, não deve ser procurada em um conhecimento verdadeiro que a Escritura possuiria quanto à essência de Deus e da Natureza.

De fato, os diferentes livros canônicos mostram sobejamente que os profetas não sabiam que Deus era onisciente, onipresente ou onipotente, tanto assim que imaginavam, por exemplo, que vivia em um lugar determinado e que era preciso dirigir-se até ali para falar-lhe, ou que poderia ignorar certas ações dos homens que o profeta precisaria relatar-lhe, ou ainda, que Jeová poderia voltar atrás em uma decisão, desde que fosse informado das coisas que ignorava. Também é certo que não conheciam a essência da Natureza ou de suas leis, tanto assim que acreditavam que certos eventos haviam sido miraculosos (como a abertura do mar Vermelho, o prolongamento do dia na batalha de Jericó, a salvação de Noé durante o dilúvio). Esse desconhecimento, porém, não diminui a excelência do texto e de seus autores e personagens, tanto assim que, comentando a grandeza de Josué, Espinosa conclui: "seremos obrigados a admitir, então, que esse excelente profeta e guerreiro deveria, ainda, ser versado em astronomia?". Dessa maneira, conclui-se que a superioridade bíblica não pode dizer respeito ao conhecimento especulativo, pois ela não o possui e ele é próprio da luz natural. Progressivamente, a tese inicial, segundo a qual a Palavra divina revelada deveria ser superior à natural, vai sendo invertida, sem que, no entanto, a superioridade bíblica seja negada. Esta concerne à vivacidade da imaginação e à pureza dos costumes de suas personagens, e não às aptidões de seu intelecto. Eis por que Espinosa declara que, se os autores bíblicos tivessem narrado a história do povo à maneira de simples historiadores políticos, teriam tido pouca força para persuadir e exaltar a imaginação da massa, observação que situa a distância existente entre dois outros textos, a Bíblia e o *Teológico-político*.

O texto bíblico vincula-se, portanto, à necessidade da persuasão e não à da evidência, sendo esse o critério para distingui-lo do texto inteligível e para compreender a origem de sua obscuridade, que decorre de duas circunstâncias históricas: de um lado, o leitor contemporâneo desconhece a língua original em que o texto foi escrito, pois ele é uma variante literária de uma língua que o tempo destruiu e da qual não se possui gramática, dicionário nem retórica; de outro, o leitor contemporâneo desconhece quem era o destinatário a ser persuadido, a forma para persuadi-lo em diferentes circunstâncias, e os motivos que, em cada momento, exigiam a persuasão. Porém, o fato de que o *Teológico-político* desvende a dimensão persuasiva da palavra revelada e busque seus emissores e destinatários significa que o intelecto (ou seja, o método histórico-crítico e filológico) pode conhecer a imaginação (ou seja, a palavra bíblica). Dessa maneira, Espinosa demonstra implicitamente a tese central do tratado, isto é, de que a luz natural ou a palavra divina natural é superior à palavra revelada, no que tange ao conhecimento verdadeiro. Assim, equiparados quanto à moralidade, intelecto e imaginação encontram-se em situação desigual no que concerne à questão do conhecimento. No entanto, o discurso espinosano prossegue e, pouco a pouco, deixa entrever que nem mesmo aquela primeira equiparação pode ser mantida.

Apontando as inúmeras dificuldades que a Bíblia oferece à interpretação (desde a língua e as circunstâncias históricas de produção e transmissão dos textos até as contradições existentes entre vários deles), o filósofo garante que todas elas podem ser resolvidas, e sem nenhum dano para a alma religiosa. Para que essa garantia não seja uma promessa vã é preciso que saibamos o que Espinosa entende por alma religiosa. Para esta, a fé e a piedade são suficientes à salvação, visto que para salvar-se o homem religioso depende apenas da obediência a dois preceitos extremamente simples, o de justiça e o de caridade: amar a Deus sobre todas as coisas e ao próximo como a si mesmo. Ora, no decorrer do tratado, Espinosa faz duas observações que tornam problemática a salvação da alma religiosa. A primeira delas é a de que a verdadeira salvação consiste no conhecimento verdadeiro, único a trazer repouso e tranquilidade ao espírito, salvação que não é uma consequência de tal conhecimento, mas é esse próprio conhecimento. Porém, uma vez que a Bíblia não é o lugar onde se realiza o conhecimento do verdadeiro, torna-se difícil saber como a alma religiosa alcançaria a salvação. A segunda afirmação, feita no capítulo XIV, é a de que a obediência a mandamentos só pode ser observada pela alma religiosa, pois o intelecto é incapaz de demonstrar como obediência e salvação se articulam internamente. Esta segunda afirmação, ao contrário da anterior, parece colocar-nos novamente às voltas com a superioridade de um conhecimento sobrenatural que o intelecto não pode alcançar. Para compreendermos o que se passa no capítulo XIV precisamos regressar ao capítulo VI, destinado à análise do milagre e do conhecimento dito sobrenatural.

Espinosa afirma que o texto bíblico não admite o milagre, deixando-nos perplexos diante de tal declaração a respeito da Sagrada Escritura. Basta, porém, que nos acerquemos daquilo que o filósofo entende por milagre para que nossa perplexidade mude de lugar: diante da explicação espinosana o que nos surpreende é que outros leitores da Bíblia tenham admitido a existência de milagres. O milagre, escreve Espinosa, é o evento excepcional que contraria o decreto eterno de Deus, isto é, as leis da Natureza. Ora, em parte alguma a Escritura declara que Deus age contra a Natureza, mas apenas que a faz agir beneficiando o povo eleito. Por outro lado, o milagre vem sempre associado à profecia, mas esta não se confunde com aquele. Com efeito, a profecia é um saber sobre o destino do povo e pede a Deus um signo de sua realização. O sinal, enviado de maneiras múltiplas e em ocasiões diversas, não é um milagre, mas apenas uma prova suplementar de que o acontecimento entrevisto pelo profeta decorrerá necessariamente do decreto divino. O milagre, ao contrário da profecia, recusa tal necessidade e faz com que o decreto divino pareça inteiramente arbitrário e, sobretudo, antagônico aos decretos eternos de Deus que se manifestam em sua outra palavra, isto é, nas leis da Natureza. Porque supõe que a potência de Deus possa mudar e, portanto, ser contingente, a crença no milagre, escreve Espinosa, conduz ao ateísmo e não à fé: por um lado, transforma Deus em uma quimera, isto é, em um ser cuja natureza envolve uma contradição intrínseca, uma vez que suspende e contraria sua própria potência e sua própria ação e, por outro, transforma a Natureza em uma criatura impotente e estéril que não só precisa da ajuda incessante do Criador para conservar-se como ainda, por ser incapaz de conservar-se a si mesma, está marcada pela imperfeição que o milagre supostamente corrigiria. Enfim, a crença no milagre leva a admitir a existência de duas potências numericamente diversas (a de Deus e a das causas naturais, ou, como diz a teologia, a causa primeira e as causas segundas) e com isso separa irremediavelmente o Criador e as criaturas, forjando uma relação sobrenatural entre ambos. Ora, o milagre é além-da-Natureza, não porque indique algo acima da Natureza e sim um acontecimento contra-Natureza, destruindo a integridade do ser divino e a de sua obra. Por isso é contrário à fé. Por conseguinte, esta não pode ser tida por um conhecimento sobrenatural, decorrente de uma graça misteriosa. Se a salvação trazida pela fé é indemonstrável para o intelecto, isso se deve muito simplesmente à sua dimensão imaginativa. Não há que negar o repouso e a tranquilidade que a fé acarreta para o crente (é nisto que é salvadora), porém, trata-se apenas de um sossego que a imaginação traz a si mesma. Dessa maneira, a tese inicial se inverte: é a fé que não pode alcançar o sentido da salvação trazida pelo intelecto, embora este não possa demonstrar a verdade ou a necessidade intrínseca da salvação pela fé, pois não se trata rigorosamente de salvação. A fé que habita a alma religiosa detém-se no limite imposto pela obediência, único ensinamento moral contido na Escritura. Saber que esse é o ensinamento bíblico que perdura para além da fronteira hebraica não lesa a alma religiosa, mas, em contrapartida, acarreta enorme proveito para o sábio.

O percurso realizado torna patente que nem mesmo do ponto de vista ético revelação e luz natural se equiparam, e que a superioridade bíblica não pode encontrar-se em algo que a luz natural alcança de maneira mais plena do que a própria fé. Se, portanto, a Escritura é superior à luz natural e se a superioridade não se encontra no plano ético nem no especulativo, há que indagar onde, afinal, se encontra a verdadeira excelência do documento. Esta se localiza no campo político,[4] isto é, no significado histórico da teocracia hebraica, portanto, de uma formação política na qual o nascimento do Estado e da religião são contemporâneos e indiscerníveis e que, por esse motivo, tem no profeta sua figura político-religiosa máxima. Para alcançarmos a construção e a demonstração dessa tese, precisamos nos acercar da estrutura do *Teológico-político.*

A ESTRUTURA EXPOSITIVA E ARGUMENTATIVA DO "TEOLÓGICO-POLÍTICO"

Sabemos que Espinosa não segue o método exegético proposto por seu amigo Meijer quando este, ao escrever *A filosofia intérprete da Sagrada Escritura,* julgara que a Bíblia só poderia ser lida em seu sentido verdadeiro se interpretada pela razão (ou, no caso, pela filosofia de inspiração cartesiana). Espinosa afirma, aparentemente à maneira protestante, o princípio interpretativo *ex sola Scriptura*, ou seja, que as Escrituras devem ser interpretadas somente por si mesmas e em si mesmas, sem interferência da razão, pois esta se ocupa com a verdade das coisas enquanto a exegese bíblica deve ocupar-se com o sentido dos textos. Ora, a estrutura do *Teológico-político* parece trazer um problema para o princípio *ex sola Scriptura*, uma vez que o método interpretativo é proposto apenas no capítulo VII e os seis primeiros capítulos são o puro exercício da razão sobre as matérias religiosas. Donde a perplexidade dos comentadores: como conciliar o racionalismo, que comanda os capítulos iniciais, e o método de exegese imanente, proposto a partir do capítulo VII? Como conciliar uma interpretação inicial, baseada nos ensinamentos da razão, e a interpretação proposta a partir do capítulo VII, baseada exclusivamente no conhecimento da língua hebraica e no sentido imanente ao texto?

Porque o *Teológico-político* não está escrito na maneira dos geômetras e porque o método interpretativo propõe um percurso que lembra o de Francis Bacon — começar pela história, encontrar os princípios gerais e deduzir os casos particulares —, temos a tendência de perder de vista a natureza do trabalho efetuado até o capítulo VII e de não perceber que um trabalho muito semelhante também acontece quando Espinosa passa da interpretação da Bíblia à análise dos fundamentos do poder político, isto é, quando inicia o percurso político do capítulo XVI ao capítulo XX, no qual se encerra a obra.

De fato, que se passa nos seis primeiros capítulos? Neles Espinosa oferece a *definição real do objeto* que será tratado na obra (ou seja, oferece a definição apresentando a causa produtora do definido). Espinosa constrói, portanto, a definição real do objeto "religião revelada" e apresenta suas propriedades gerais à luz de uma religião revelada particular, a hebraica. Que é uma religião revelada? Uma religião revelada é constituída por mensagens divinas ou profecias, proferidas por agentes determinados, os profetas. É preciso, portanto, saber o que são profecia e profeta e se existem em toda religião revelada — disso tratam, então, os capítulos I, II e III. Uma religião revelada pressupõe que a divindade exprime sua vontade sob a forma de mandamentos ou leis e, portanto, é preciso saber o que é uma lei divina — é esse o objeto do capítulo IV. Os crentes de uma religião revelada consideram-se em relação com a divindade e é preciso saber como efetuam o relacionamento por meio de ritos e cerimônias — eis o objeto do capítulo V. Finalmente, os crentes de uma religião revelada consideram-se eleitos pela divindade e esperam que esta manifeste sua predileção pelos escolhidos por meio de ações maravilhosas, isto é, por meio de milagres, que não são, para os crentes, revelações (isto é, profecias), mas histórias da preferência da divindade por seus eleitos — é esse o objeto do capítulo VI. Concluída a definição real do objeto "religião revelada", Espinosa se acerca de uma religião revelada particular que tem a peculiaridade de haver consignado por escrito as revelações. Ora, esse escrito, em lugar de suscitar a uniformidade de crenças e condutas, pois foram ordenadas pela divindade, suscitou, no correr dos tempos, todo tipo de disputa, controvérsia e violência porque sempre dependeu das variadas maneiras em que foi lido. Trata-se, portanto, de indagar o que teria provocado essa variação e suas terríveis consequências e, à luz das respostas encontradas, propor uma nova maneira de ler que respeite a revelação, não fira os preceitos religiosos (no caso, os preceitos de adoração a Deus e amor ao próximo) e assegure a unidade entre a paz e a piedade — disso trata o capítulo VII com sua inovação metodológica. O capítulo sobre o método pressupõe, portanto, a definição real de seu objeto e oferece o caminho de acesso a uma religião revelada que consignou por escrito as revelações.

Assim, os seis primeiros capítulos (definição racional do objeto) não são incompatíveis com o sétimo (interpretar *ex sola Scriptura*) porque seus objetos não são os mesmos e a interpretação que será realizada a seguir não pretende racionalizar os conteúdos e a forma de escritos religiosos, mas encontrar seu sentido, conhecendo a língua em que foram redigidos e a história do povo que os escreveu e leu.

Se ficarmos atentos à rigorosa construção do texto espinosano, notaremos que, mais adiante, antes de passar aos fundamentos do poder político — capítulo XVI —, Espinosa apresenta a principal consequência da exegese bíblica, qual seja, a separação entre fé e razão e entre teologia e filosofia — capítulo XV. Para passar ao capítulo XVI, dedicado à gênese do Estado (ou do *imperium*) e, por conseguinte, à exposição racional dos fundamentos da política, o filósofo precisa, primeiro, assegurar que seus leitores tenham compreendido por que o Estado hebraico era uma teocracia e por que esse Estado não pode ser tido como o modelo racional perene de todos os Estados. É para isso que redige o capítulo XV, pois somente ao término do percurso exegético (capítulos VII a XV) é possível retornar ao percurso dedutivo que já estivera presente nos seis primeiros capítulos. Em outras palavras, assim como os seis primeiros capítulos constroem a definição real do objeto "religião revelada", o capítulo XVI constrói a definição real do objeto *imperium*; e assim como o primeiro objeto conduziu à necessidade de um método exegético, o segundo conduzirá à necessidade da dedução puramente racional dos fundamentos do poder político.

A genialidade da obra espinosana está justamente em nos oferecer a necessária separação entre religião e política, fé e razão, teologia e filosofia por meio da própria estrutura discursiva: é na própria forma ou na construção do texto que Espinosa nos deixa ver o conteúdo ou as teses propostas pelo *Tratado*.

O leitor-filósofo, a quem o texto espinosano se dirige, observa que essa rigorosa estrutura se realiza por meio de uma arte argumentativa sem precedentes, pois a trama do texto é armada com uma constante inversão de teses, de tal modo que tudo aquilo que é usado pelo senso comum e pela teologia para particularizar o texto sagrado é demonstrado por Espinosa como universal e, ao contrário, tudo aquilo que usam para universalizar a Escritura será demonstrado como singular. O discurso espinosano está construído de maneira a demolir todas as representações que cercam o documento, a fim de encontrar aquelas que o constituem e nas quais um sentido pode ser decifrado.

O leitor-filósofo nota também que, a despeito da forma sinuosa e intrincada das argumentações, cada um dos capítulos e o livro no seu todo seguem sempre três linhas mestras: a primeira delas traça a especificidade da Escritura em face das manipulações teológicas e indica, assim, a forma pela qual o poder teológico se exerce; a segunda traça a diferença entre a teologia e a filosofia e, portanto, a diferença entre o não saber autoritário e o saber livre; a terceira, enfim, traça a singularidade do povo hebraico e de seu documento e assinala, então, a diferença entre a ideologia e o conhecimento histórico. Seja qual for o tema abordado, essas linhas estarão sempre presentes, determinam-se reciprocamente e permitem não só demonstrar a impossibilidade do conhecimento verdadeiro por parte da teologia, mas sobretudo determinar a origem da própria teologia a partir do conhecimento histórico do documento do qual ela é um efeito; origem que ela precisa ocultar para garantir o exercício de um poder obtido por meio do texto ao sacralizá-lo e escamoteá-lo como documento.

O entrecruzamento das três linhas seguidas pelo discurso cria uma peculiaridade no percurso demonstrativo. Com efeito, de modo geral, as consequências de uma tese não costumam aparecer plenamente no lugar onde é discutida, mas em outros, à primeira vista sem conexão com ela.

Seja, por exemplo, a análise, já mencionada, do milagre. É feita no capítulo VI e a conclusão ali obtida é a de que o milagre contradiz não a razão (esse aspecto é secundário na perspectiva do *Teológico-político*), e sim a Escritura; consequentemente, não há nenhum motivo para admiti-lo no interior da revelação. Durante a argumentação, Espinosa mobiliza as personagens bíblicas para demonstrar por intermédio delas a inexistência do milagre. Assim, Moisés é citado quando previne o povo do perigo dos falsos profetas que realizam prodígios apenas para arruinar o povo e a lei; Jeremias e Isaías são citados ao lado de Salomão como homens que admitem o caráter eterno e fixo das leis naturais. Além disso, textos são citados para mostrar como o profeta tem dificuldade em conciliar a imagem que possui de Deus, da Natureza e dos homens com a imagem do evento miraculoso, que aparece menos como prova de um conhecimento sobrenatural de Deus e muito mais como obscuridade enfrentada pelo próprio profeta e que não chega a ser vencida por ele. Por outro lado, quando os profetas admitem os milagres, não os tomam como sinal de uma mudança da ordem natural, nem como um signo da essência divina, mas apenas como uma prova de que Jeová é mais potente do que os deuses de outras nações, tanto assim que, no caso de Josué, torna-se fundamental que o evento seja referido a uma ação divina exercida sobre o sol, pois este é o deus do adversário, de sorte que reter seu curso significa apenas que o deus dos judeus é mais poderoso que o dos inimigos e, sobretudo, é prova de que o poder que exerce sobre a outra divindade cria nos combatentes humanos a coragem e a confiança suficientes para que queiram vencer a batalha. Por outro lado, o vulgar sempre considera conhecer tudo aquilo que, por hábito ou por memória, já não o surpreende mais, de sorte que todo evento que escapa ao habitual e para o qual não haja lembrança de um outro semelhante aparece como miraculoso. O inédito é tomado como excepcional e este como sobrenatural. Enfim, a análise filológica da expressão "de Deus", feita no primeiro capítulo, assinala o fato de que os hebreus e os gentios a empregam para referir-se a tudo que, ultrapassando a compreensão comum ou o limite comum das coisas humanas, aparece como decorrente de uma decisão da divindade e que permanece oculta para os homens. Assim, falar em "montanha de Deus" ou em um "sono de Deus" possui a mesma conotação que falar em "milagre de Deus". A altura da montanha, a profundidade do sono e a excepcionalidade do evento indicam um uso superlativo da imagem de Deus.

A argumentação se desenrola, portanto, em dois níveis: no primeiro, indaga o que é milagre para o povo que o narra; no segundo, determina a atitude genérica daquele que crê em milagres. Essa dupla argumentação permite apresentar um exemplo cuja consequência também é dupla. O exemplo, retirado da Bíblia, concerne à narrativa feita por Flávio Josefo quanto a um acontecimento ocorrido entre os macedônios e que é idêntico ao da travessia do mar Vermelho pelos judeus. A primeira consequência é a de que, se o milagre servisse para provar aos judeus que eram os eleitos exclusivos de Deus, o caso macedônico tirar-lhes-ia tal ilusão. A segunda consequência, mais importante, apoia-se no fato de que o milagre é sempre usado para persuadir a massa, e parte de uma certa imagem da Providência nascida do confronto das dessemelhanças e desigualdades da sorte entre os homens. Assim, hebreus, gentios e, posteriormente, cristãos acreditam no milagre não tanto como revelação da natureza divina, mas como prova de que são mais afortunados porque são mais amados do que outros pela divindade que adoram, amor que lhes aparece quando a ocorrência de algo insólito lhes traz algum benefício.

> Isto agradou tanto aos homens que até nossos dias não cessaram de forjar pela imaginação milagres pelos quais se acreditam mais amados por Deus do que os outros e viram em si mesmos a causa final, em função da qual Deus cria e governa continuamente todas as coisas.[5]

Tanto para os hebreus como para os gentios, a invocação do milagre tem uma conotação *político-religiosa*: é signo da eleição divina de um povo. No caso particular dos hebreus, essa imagem da eleição é forte porque a política hebraica é teocrática, isto é, a religião e o Estado nascem ao mesmo tempo, numa única fundação. Entre os cristãos, o milagre deveria possuir uma conotação puramente religiosa e individual, uma vez que Jesus não foi o fundador político de uma nação e de um Estado, mas aquele que trouxe a relação puramente espiritual entre a alma do crente e Deus, para homens que viviam em sociedades já constituídas e em Estados já instituídos. No entanto, a divisão dos cristãos em seitas confere ao milagre uma conotação ambígua, pois, não sendo imediatamente política, garante contudo a superioridade de uma seita sobre as demais e cria condições para justificar supostas guerras religiosas. Ora, no capítulo III, Espinosa demonstra que a ideia de eleição nada tem a ver com a felicidade e com a beatitude, mas serve simplesmente para garantir identidade a um corpo político, marcando sua diferença e superioridade com relação a outros. Os hebreus consideram-se eleitos porque a lei instituinte de seu Estado foi promulgada por Jeová por meio de Moisés, mas a lei promete apenas conservar o povo se este não a transgredir, e tal promessa se traduz em termos da felicidade temporal e material do povo. O vínculo entre a eleição e o milagre estabelece-se, portanto, apenas como forma de persuasão e de garantia de uma vida terrena boa, mas não fornece nenhum signo que permita conhecer a natureza divina nem que traga felicidade extraterrena. O milagre, para o hebreu, apenas serve para assegurar que Jeová é superior a outros deuses e que sua lei é superior à de outras nações. O monoteísmo cristão, todavia, não carece de milagres e também uma forma não teocrática do poder político deles não precisa. No entanto, a análise do milagre concluída no capítulo VI não retira todas as consequências da argumentação ali desenvolvida. Somente nos capítulos XIV e XVI a principal consequência surge plenamente.

No capítulo XIV, Espinosa demonstra por que a fé e a filosofia estão necessariamente separadas, pois, como dirá a *Ética*, aquilo que nada possui em comum com a natureza de uma outra coisa não a favorece nem a prejudica. A fé, obediência a mandamentos, não aumenta a filosofia; a filosofia, conhecimento livre do verdadeiro, compreende a fé e não a prejudica. Ora, a fé, estando vinculada à concepção imaginária da salvação e esta (tanto na sua forma real como na sua forma imaginária) não implicando a posse exclusiva de um bem, mas, ao contrário, aumentando com o aumento do número daqueles que dele participam, não carece de milagres, visto que este tem por função uma tarefa oposta à da fé, isto é, marcar a diferença, a desigualdade e a posse exclusiva de um bem. O milagre, servindo apenas para garantir que se é mais amado por Deus do que os outros, é oposto à catolicidade dos desígnios salvadores da fé. Se, portanto, o milagre é inútil para a fé e contrário à filosofia, por que é posto como condição da primeira e como imposição à segunda? Ou melhor: quem carece de milagres? Uma vez que o homem piedoso e o filósofo não precisam dele, só pode interessar a um outro tipo de homem para quem é indispensável. Estamos diante do teólogo.

Nos três primeiros capítulos, Espinosa havia demonstrado a diferença entre filosofia e teologia, mas no capítulo V ampliara a diferença demonstrando que a teologia é inútil para a piedade, pois aquilo que na Escritura concerne à vida piedosa é muito simples e de fácil compreensão, não precisando de explicações teológicas suplementares. Assim, distinta da filosofia e inútil para a piedade, a teologia parece não ter nenhuma razão de ser. No capítulo XV, porém, a diferença entre filosofia e teologia se transforma em antagonismo, decorrente da modalidade diversa das práticas que suscitam: a filosofia é exercício intelectual da liberdade e a teologia, obediência a dogmas. Poderia parecer que a fé e a teologia teriam, então, algo em comum, visto que estão vinculadas à obediência e, destarte, a segunda deixaria de ser inútil para a primeira. Tal, porém, não é o caso, visto que os dogmas da fé não pedem explicações. Somente no capítulo XVI o vínculo entre o milagre e a teologia poderá dar conta de ambos.

O capítulo XVI analisa a questão do exercício do poder religioso e do poder político. A teologia nasce como forma de autoridade e sua inicial inutilidade para a fé vai ser alterada pelo recurso ao milagre. Este interessa ao teólogo porque por seu intermédio sanciona a autoridade que pretende exercer e, por essa via, dominar a crença. Esta, em princípio, não carece de conhecimentos teológicos, mas deixa-se dominar pela autoridade teológica porque é, por natureza, uma forma da submissão. Dessa maneira, a recusa do milagre, que no capítulo VI parecia ser apenas aquela que um racionalista sempre manifesta contra o gosto da imaginação pelo mistério, esclarece-se no capítulo XVI quando entra em cena a questão do exercício do poder em uma sociedade cristã, isto é, em uma sociedade em que a religião entra em cena quando a forma política já está instaurada. A divisão entre o poder político e a autoridade religiosa assinala a existência de uma sociedade não teocrática na qual a luta pelo poder assume uma forma inteiramente nova. É, pois, a dimensão histórica e política, e não o racionalismo, que exige a expulsão do milagre. Porém, para fazê-lo sem chocar a alma religiosa era preciso inicialmente demonstrar que a Escritura não carece dele no que respeita à fé e à salvação, ao mesmo tempo que era preciso demonstrar para o leitor-filósofo que a fé, por sua natureza submissa, pode ser levada à persuasão miraculosa. Dessa maneira, só foi possível demonstrar a quem o milagre interessa a partir do momento em que deixa de ser o signo da eleição política judaica e a teologia ocupa o lugar da lei teocrática. Inútil para a fé, contrária à filosofia, a teologia aparece, finalmente, como perigosa para o poder político. Em suma, é preciso fazer o caminho do capítulo VI ao XVI para compreender o ataque à crença no milagre.

AS FIGURAS BÍBLICAS E O LUGAR DO PROFETA

Não é de pouca importância para a leitura do *Teológico-político* percebermos o papel que assume na argumentação espinosana a construção paulatina das personagens bíblicas. Em instante algum Espinosa apresenta uma personagem como se fora um monólito. Ao contrário, em cada momento do texto, e segundo o contexto, a mesma personagem aparece, mas com um novo perfil que não é dado apenas pelas circunstâncias de sua aparição, mas também porque completa pacientemente um desenho que vai sendo traçado ao longo do texto.

Seja, por exemplo, a figura de Moisés. Até o capítulo v, Moisés aparece como um profeta, ainda que o maior dentre todos. No capítulo v, porém, sua superioridade profética assume uma nova dimensão e Moisés aparece como o fundador político. A palavra mosaica, diz Espinosa, não é a de um doutor (isto é, não ensina por meio de raciocínios), nem a de um profeta (isto é, não procura a eficácia de sinais): Moisés *ordena*. É um legislador que tem em vista o bem coletivo e que conhece a natureza rebelde do povo a ser dirigido, povo que não se submeteria a um outro homem, mas apenas ao poder do próprio Jeová. Os capítulos XVII e XVIII demonstram a excelência de Moisés como legislador e sobretudo sua arte para deixar ao povo hebraico um Estado que pudesse ser administrado segundo os princípios teocráticos, sem risco de uma transformação monárquica, pois esta seria contrária ao espírito da lei que, profetizou Moisés, se fosse transgredida levaria o povo à sua própria destruição. Ora, uma vez que a monarquia teve lugar, caberia indagar como o povo transgrediu a lei e preparou sua própria ruína. Eis então que o episódio do Bezerro de Ouro intervém na argumentação para demonstrar que, encolerizado e desejoso de punir o povo, transferindo o direito dos primogênitos de todas as tribos no cuidado das coisas sagradas apenas para os homens de sua própria tribo, Moisés alterou tão profundamente a lei por ele estabelecida que preparou, por meio dela, a brecha para a divisão do poder e para a monarquia. Nessa medida, Moisés foi efetivamente o maior de todos os profetas, não só porque falou com Deus face a face e Dele recebeu a lei, mas também porque, conhecendo a natureza insubmissa do povo, profetizou sua ruína futura, pois esta foi preparada pelo próprio legislador.

Até o capítulo IV, Salomão é considerado como alguém diferente dos profetas, mas apenas nesse capítulo Espinosa o apresenta como um sábio,

> autor que fala pela virtude da luz natural, cuja sabedoria o fez superior a todos os de sua época e cujas sentenças inspiraram ao povo tanto respeito religioso como as palavras dos profetas. Seus livros sagrados não celebram o dom profético nem

a piedade, mas a prudência e a sabedoria. Seus Provérbios falam do intelecto humano como fonte de vida verdadeira e fazem do infortúnio, desatino.[6]

Essa determinação da figura produz algo paradoxal. Com efeito, uma das teses do *Teológico-político* é a de que o desastre da história política hebraica situa-se na passagem da teocracia para a monarquia, pois a existência de reis, incompatível com o princípio da lei instituinte, engendra contradições que preparam o término do povo. Salomão, embora rei, é, no entanto, elogiado frequentemente por Espinosa. O elogio feito ao sábio irá alcançar a figura do rei que foi capaz de compreender a necessidade inerente à lei e que procurou, dentro dos limites que lhe eram dados, restaurá-la. Somente Salomão compreende que "a sabedoria e a ciência têm sua fonte em Deus e que este no-las dá". Somente Salomão "ensina expressamente que nossa ciência, cuja origem e realização encontram-se em Deus, contém a verdadeira ética e a verdadeira política que dela são deduzidas" e por isso ensina que "quando a ciência entrar em teu coração e a sabedoria te for doce, então, a vigilância velará sobre ti e a prudência te guardará".[7] A felicidade não depende do poder da sorte ou da fortuna caprichosa, mas da virtude interior daquele que é vigilante, ativo e prudente; eis como o sábio ensina a arte de governar ao político. Porém, justamente por ser um sábio, Salomão percebe a incompatibilidade entre a monarquia e a lei e por isso seus ensinamentos, longe de serem apenas políticos, serão sobretudo éticos. A ética salomônica é de grande importância para a leitura espinosana. Uma vez que a regra fundamental da interpretação é a de que a Escritura deve ser interpretada por si mesma, sem que o intérprete recorra à razão ou a elucubrações imaginativas sobre seus mistérios e, por outro lado, visto que o documento foi conservado por homens aos quais não estava originariamente destinado (isto é, os cristãos), os aspectos políticos do texto sagrado não podem ultrapassar a determinação histórica que os produziu e, sob esse aspecto, suas lições para os cristãos são sobretudo negativas. Em contrapartida, a simplicidade e universalidade de seus preceitos morais e piedosos podem ultrapassar esse limite e perdurar. Porém, a figura de Salomão tem ainda um peso maior, pois aparece simultaneamente como a de um autor e um leitor do texto sagrado que, além de escrever, também interpreta os relatos anteriores num registro ético e não apenas moral. Dando-lhe tal lugar, Espinosa pode aplicar rigorosamente o princípio interno de interpretação: de fato, para afirmar que a Bíblia é um texto portador de ensinamentos morais, Espinosa precisa contar com a existência de personagens bíblicas capazes de oferecer tais ensinamentos. Os grandes profetas e o Cristo são personagens desse tipo, mas Salomão é superior a eles porque lê e escreve como um sábio, compreende a verdadeira política e a verdadeira ética e pode interpretar, então, o sentido do próprio texto sagrado. Seguindo a trilha salomônica, Espinosa poderá dar conta de uma questão bastante delicada, que será indiretamente tratada: a questão do pecado original e do mito adâmico.

A figura de Adão é problemática quando se considera a narrativa sagrada, pois, segundo alguns, o relato seria apenas uma parábola, enquanto, segundo outros, deveria ser lido como uma história verídica. Do ponto de vista da luz natural, diz Espinosa, a situação de Adão é bastante clara, pois um escravo é aquele que obedece seja por medo daquele que o domina, seja para satisfazer o desejo do dominador, e, portanto, sem conhecer as razões intrínsecas da ação realizada. Contudo, essa interpretação, embora conforme à luz natural, não deve ser apresentada, uma vez que o intérprete não dispõe de certeza alguma para saber se o narrador pretendia ser lido dessa maneira. A leitura espinosana só estará validada se essa interpretação for encontrada no interior do cânone. Ora, Salomão afirma que o fruto da ciência é a vida verdadeira e que o suplício consiste em estar privado dela. O inferno do insensato é a própria ignorância, e esta não se justifica, pois Deus dotou o homem de intelecto para que pudesse conhecer a verdade. Estar separado de Deus ou da verdade: eis o sentido da queda e da punição que lhe é imanente. Tomar essa separação como resultado da desobediência a um mandamento divino é simplesmente a maneira imaginária de concebê-la sob a forma do pecado e do castigo. Conferindo a Salomão o lugar de intérprete do sentido do relato adâmico, Espinosa alcança vários alvos simultâneos. Por um lado, conserva intacto o princípio interno da interpretação da Escritura; por outro, deixa manifesto o fato de que os escritores bíblicos não assumem atitudes idênticas ou homogêneas diante dos mesmos eventos ou dos mesmos relatos; enfim, cria no leitor a necessidade de enfrentar a origem de tais diferenças, que permanecem escondidas sob a aparente homogeneidade de um livro cuja autoria, sendo atribuída a Deus, não poderia conter divergências.

Seja, agora, a figura do Cristo. Até o capítulo IV, o Cristo aparece como distinto dos profetas, pois não careceu de sinais sensíveis para comunicar-se com Deus, e como maior do que Moisés, pois não se comunicou com Deus como um homem com outro, isto é, pela mediação do corpo, mas direta e imediatamente, espírito a espírito. Contudo, no capítulo IV, o Cristo é designado como "boca" e "alma" de Deus. Ora, pelos capítulos anteriores, tal designação sugere que o Cristo é uma criatura cuja voz ocupa o mesmo lugar que aquela ouvida por Moisés no Monte Sinai. Colocado como mediador entre Deus e os homens, o Cristo não poderá ser considerado Deus encarnado, pois é apenas uma criatura (boca, voz). Porém, não somente a natureza divina do Cristo está sendo implicitamente recusada, mas ainda algo que concerne ao seu ensinamento. Com efeito, além de distinguir-se dos profetas pela ausência de sinais na relação com Deus, o Cristo também se distingue deles porque, enquanto estes se dirigem apenas ao povo hebraico, aquele fala a todas as nações. No capítulo V, Espinosa declara que o Cristo não fala como um profeta nem como um legislador e que, portanto, não aboliu a lei mosaica, mas separou as ações que concernem ao bem do Estado daquelas que concernem apenas ao bem individual. No entanto, em várias passagens do *Tratado*, sob o pretexto de demonstrar que a profecia não era marca distintiva dos hebreus, pois o profeta corresponde ao oráculo dos gentios, Espinosa declara que, indiretamente, todas as nações tiveram profetas, porquanto alguns dos profetas hebraicos, como Jeremias, Isaías, Oseias e Ezequiel profetizaram para todas as nações. Assim, a universalidade do ensinamento do Cristo, pelo qual se distinguia dos profetas, cai por terra. Mas não apenas isso. No capítulo destinado à compreensão da origem das cerimônias e dos rituais da vida hebraica, Espinosa demonstra que foram instituídos como forma das relações sociais e políticas de um povo determinado sendo necessárias a ele como garantia de preservação da lei, mas inúteis para os não hebreus, porquanto estes não se salvam pela lei mosaica, e sim por outras que lhes são próprias. No caso dos cristãos, a salvação advém da lei trazida pela Nova Aliança. Espinosa vai ainda mais longe. Declarando que não há textos canônicos referentes à instituição do cerimonial cristão como obra do próprio Cristo, conclui ser provável que tenha sido estabelecido pelos apóstolos e numa fase tardia do cristianismo, pois, em sua fase inicial, devendo pregar a homens de diferentes nações, os apóstolos abandonaram os cerimoniais que conheciam e que eram apenas hebraicos. Aparentemente, essa tese se reduz à afirmação da necessidade intrínseca do cerimonial hebraico porque sociopolítico, e de sua inutilidade para aqueles que não vivem sob a lei mosaica, e que poderiam salvar-se sem elas. Essa tese é essencial em um contexto distinto. Porém, no que tange à figura do Cristo, ela permitirá ainda uma outra linha de argumentação. À primeira vista, a novidade cristã (e sobretudo a da Igreja reformada) consiste na abolição das cerimônias da Antiga Aliança, reduzindo o ritual a um mínimo necessário ao reconhecimento recíproco da nova comunidade. A grande inovação do Cristo, o sentido da Nova Aliança, teria sido o de haver ultrapassado a necessidade externa da religiosidade rumo à sua interioridade. Ora, eis que nos capítulos destinados a demonstrar que a própria Escritura assegura que o cerimonial não é indispensável para a salvação individual e religiosa, Espinosa cita Jeremias, Isaías, Oseias e Ezequiel, portanto, os grandes profetas de Israel. Isso significa que estes já haviam ensinado aquilo que parecia constituir a novidade cristã. Porém, algo mais é demonstrado por Espinosa. Os quatro Grandes Profetas estão situados em um momento bastante preciso da história hebraica: o tempo da grande opressão que dizimará definitivamente o povo.[8] Os Grandes Profetas falam à interioridade de cada um porque não mais se dirigem a uma nação livre que poderia conservar a liberdade pela obediência à lei e pela observância do culto imposto por ela. Ora, quando distingue a lei mosaica (a justiça) e a lei cristã (a benevolência), Espinosa sublinha que a diferença entre elas é, afinal, política, pois, escreve ele, a pena de talião é signo de um Estado vigoroso, enquanto a benevolência para com o inimigo ou o transgressor é própria de um Estado enfraquecido, fraqueza que os Grandes Profetas já haviam designado com força maior. Assim, a todo instante, o Cristo aparece com uma excelência superior, mas aquilo que constitui sua novidade, excelência e superioridade aparece em outros contextos como já presente entre alguns homens de Israel e de Judá. Mais ainda. Que novidade espiritual teria trazido o Cristo, se o salmista já havia entoado um cântico maior: "Tua lei está em minhas entranhas e não pediste sacrifícios"?

Seja, agora, a figura do apóstolo e, em particular, a de Paulo. O apóstolo surge, inicialmente, como um doutor e não como um profeta, pois não fala em nome de uma lei política e nacional ditada por Deus, mas fala segundo seu juízo pessoal e segundo seu coração a todos os homens de boa vontade. Como não se dirige a um povo determinado, mas a todos, vê-se obrigado a adaptar-se incessantemente às condições do ouvinte. Paulo falará como grego entre os gregos e como romano entre os romanos. Eis por que suas Epístolas diferem tanto daquelas de apóstolos que se dirigiam apenas aos judeus. Eis também por que contêm tantas discordâncias e contradições. Assim, distinguindo-se do profeta pelo conteúdo universal de seu ensinamento, o apóstolo a ele se assemelha porque também fala *ad captum vulgi*, ao alcance do vulgar. Ora, descrevendo o profeta como aquele que fala segundo a lei, e o apóstolo como aquele que fala segundo os ditames de seu coração, Espinosa parece apenas confirmar uma tese que já demonstrara, isto é, a de que o profeta se dirige a um povo politicamente instituído, enquanto o apóstolo se dirige aos indivíduos sem nenhuma distinção. Na verdade, porém, essa diferença assume uma outra dimensão quando chegamos ao capítulo XVI. Para fazer-se compreender por gregos e romanos, Paulo precisará falar segundo os hábitos de seus ouvintes e ver-se-á obrigado a introduzir especulações filosóficas no ensinamento religioso. *A necessidade persuasiva do apostolado dá origem à teologia*. No entanto, o significado da teologia não irá confinar-se às necessidades da pregação evangélica, porém será somente no capítulo XIX que irão aparecer a diferença entre um profeta e um doutor, bem como a especificidade da ação de Paulo.

No capítulo XIX, Espinosa explica que, em decorrência do caráter teocrático da política hebraica, a relação entre a autoridade política e a religiosa era bastante clara, ou seja, o fundador, Moisés, determinou a forma, o conteúdo e o limite do poder religioso, nascido ao mesmo tempo que o político. Entre os hebreus, o direito da autoridade política em matéria religiosa não poderia tornar-se objeto de discussões, pois sua relação estava determinada desde o momento da fundação. Em contrapartida, na sociedade cristã tal relação tornou-se objeto de disputas infindáveis, chacinas e violências sem conta. De fato, escreve Espinosa,

> pode parecer monstruoso que algo tão manifesto e necessário tenha sido sempre questionado e que a fruição de um tal direito nunca tenha pertencido à soberania política sem contestação, sem grande perigo de sedição e com grande prejuízo para a religião. Na verdade, *se não pudéssemos assinalar a causa determinada desse fato*, eu me persuadiria de bom grado que todas as proposições que estabeleci neste capítulo teriam um valor puramente teórico, isto é, pertenceriam a esse gênero de especulação totalmente desvinculado da práxis. Porém, basta observar o caráter inicial da religião cristã para que a *causa procurada apareça claramente*.[9]

Qual é essa causa tão manifesta? Espinosa prossegue explicando que

> nos primórdios, a religião cristã não era ensinada por reis, mas por particulares (*viri privati*) que, contra a vontade dos detentores do poder de que eram súditos, acostumaram-se por longo tempo a se reunir em igrejas privadas, a instituir e administrar os ofícios sagrados, a ordenar e decretar todas as coisas *sem nenhuma vinculação com o poder político*. Quando, após muitos anos, a religião começou a ser introduzida no Estado, os eclesiásticos tiveram que ensiná-la aos próprios imperadores tal como a haviam legislado por sua própria conta. Foi fácil, então, fazer com que seus doutores fossem reconhecidos como vigários e intérpretes de Deus, além de pastores de suas igrejas. E para que, mais tarde, os reis cristãos não pudessem apoderar-se de tal autoridade, os eclesiásticos tomaram hábeis medidas de preservação, como a proibição do casamento para os mais altos ministros da Igreja e supremos intérpretes da religião.[10]

Dessa maneira, a passagem do ensinamento privado à condição de crença pública determinada pela autoridade dos reis e a dependência destes à autoridade dos eclesiásticos transformaram estes últimos em vigários e intérpretes de Deus, cujo poder se exprimia não apenas pelo controle público dos ritos e das cerimônias, mas sobretudo pelo controle espiritual por meio de dogmas. Ora, sublinha Espinosa, os dogmas haviam sido elaborados no contacto do apóstolo com a filosofia greco-romana, e sua compreensão exigia que o intérprete fosse filósofo ou teólogo:

> Os dogmas da religião haviam aumentado e estavam de tal modo confundidos com a filosofia que seu supremo intérprete precisava ser um filósofo ou um teólogo de primeira ordem e aplicar-se a muitas especulações inúteis, o que só era possível para particulares que dispusessem de muito lazer. Entre os hebreus as coisas se passaram de modo diferente: sua Igreja começou ao mesmo tempo que seu corpo político e Moisés, que dispunha do poder soberano, ensinou a religião ao povo, ordenou o ministério sagrado e elegeu seus ministros [...] os profetas, em virtude de sua autoridade, podiam eleger um novo rei e absolver o parricídio, mas não podiam chamar o rei perante a justiça, se fizesse alguma coisa contra as leis, nem podiam atacá-lo de direito. Se não houvesse profetas que, por

uma revelação singular, absolvessem o parricídio, os reis teriam tido um direito absoluto tanto sobre as coisas sagradas como sobre as civis.[11]

Assim, somente no penúltimo capítulo do *Tratado* Espinosa apresenta as consequências políticas de suas análises históricas, isto é, a origem da teologia e do *poder teológico-político* cristão como resultado de manobras astutas dos doutores da Igreja. Na fase inicial da argumentação, Espinosa dissera que a necessidade de falar *ad captum vulgi* levara o apóstolo a adaptar-se aos hábitos de pensamento e de linguagem dos gregos e dos romanos. Na realidade, porém, a situação mental e moral do apóstolo não difere da do profeta. Da mesma maneira que este profetiza segundo as peculiaridades de sua imaginação, temperamento, hábitos de vida, cultura e eloquência, também Paulo evangeliza segundo seus hábitos filosóficos, anteriores à conversão. Isso significa que a teologia nasce determinada pelas condições mentais e morais do pregador tanto quanto pelas de seus ouvintes. Nessa medida, a diferença entre o profeta e o doutor assume um sentido novo. O profeta fala em tom autoritário porque não fala em seu próprio nome e sim por um mandato, isto é, há exterioridade entre sua palavra e a ordem de falar que recebe do Senhor; o doutor, falando em seu próprio nome, aparece como figura da interioridade religiosa. Na verdade, porém, o profeta fala segundo os ditames da soberania política, enquanto o doutor começará por colocar-se à margem dela e contra ela, para, a seguir, produzir um tipo inédito de autoridade que irá sobrepor-se à da soberania e determiná-la. Não é o caráter marginal e antagônico da religiosidade que constitui o perigo. É seu caráter privado. Se uma das teses fundamentais da política espinosana é a de que o inimigo do corpo político é interno a ele e encarna-se nos particulares que enquanto particulares desejam apossar-se do poder, compreende-se que o caráter privado do poder eclesiástico apareça como um dos inimigos políticos principais porque se torna poder teológico-político. E poder ilimitado porque não há como impedir a proliferação e multiplicação dos dogmas sobre os quais apoia sua autoridade.

Também é preciso notar dois detalhes curiosos do texto acima citado. O primeiro deles concerne à figura do teólogo como ocioso. Aparentemente, estamos diante da condenação calvinista que se exprime na fórmula "mente desocupada, oficina do diabo". Ora, no caso espinosano, se há algo que não está desocupado é a mente do teólogo. Seu ócio concerne à sua desocupação inicial com a vida pública, pois, contrariamente a Moisés, o teólogo não é um fundador político. Mas não só isso. Espinosa denuncia o peso desse ócio no prefácio do *Tratado* e nos capítulos destinados à análise da função dos Levitas: a sociedade inteira deve arcar com o ônus da desocupação de uma casta que considera um privilégio legítimo ocupar-se "com esse gênero de especulação totalmente desvinculado da práxis". Isso, porém, não significa que os efeitos dessa especulação deixem de interferir na práxis. Pelo contrário, Espinosa não se cansa de mostrar a presença maciça de tais efeitos sobre a vida social e política, porém, demonstra que tais especulações nascem de espíritos que especulam para satisfazer aos interesses de particulares ávidos de poder.

Torna-se claro por que Espinosa distingue o profeta, que fala como emissário de uma voz revelada, e o apóstolo, que fala segundo a luz natural. O discurso profético emana da lei sagrada, mas o do apóstolo provém de sua sagacidade doutoral. Conferindo ao apóstolo um lugar entre os doutores, Espinosa assinala não só a diferença entre profecia e teologia, como também nos faz compreender que o caráter privado da Igreja cristã primitiva não é uma determinação que viria acrescentar-se à forma do ensino apostólico, mas, ao contrário, que tal ensino e tal privacidade estão reciprocamente determinados.

De fato, ao analisar a diferença entre o profeta e o sacerdote hebraico, Espinosa apresentara a diferença de suas autoridades, visto que o profeta não é apenas *vox Dei*, mas também *vox populi*, enquanto o sacerdote faz parte de um grupo social destacado das demais camadas da sociedade, um grupo privado que sempre pretendeu exercer o poder sem respeitar a distribuição mosaica entre os vários centros de decisão e de ação política (Espinosa sublinha que a genialidade do fundador esteve exatamente em separar as várias esferas do exercício do poder, cada uma delas operando como contrapeso das outras e nenhuma delas podendo rivalizar com a soberania divina, isto é, com a Lei). Assim, ao caracterizar o apostolado cristão pela formação de comunidades religiosas autolegisladas sob o comando de um doutor, Espinosa aproxima o apóstolo e o sacerdote e, sem dizê-lo explicitamente, indica que, afinal, não há solução de continuidade entre o apostolado dos primórdios e o surgimento posterior dos vigários de Deus.

A cristianização da política engendra uma formação sócio-histórica em que a divisão social é encoberta pela divisão do poder temporal e religioso, ao mesmo tempo que esta última vem sobredeterminar a primeira a partir do momento em que for representada imaginariamente como divisão de seitas e de crenças. Quando em várias passagens do *Teológico-político* Espinosa menciona seu espanto diante do abismo que separa a doutrina cristã e as práticas efetivas dos agentes cristãos, seu espanto não decorre apenas de que a doutrina da justiça e da caridade seja efetivada pela injustiça e pelo ódio, mas da impotência do imaginário cristão para criar uma comunidade política verdadeira. Contudo, o prosseguimento das análises espinosanas deixa claro que o filósofo não está realmente espantado. Sua surpresa é apenas um recurso para fazer com que os cristãos se surpreendam. Eles, que são tão ávidos de acontecimentos excepcionais, talvez sejam incapazes de compreender a necessidade interna que determina o ocultamento da divisão real do poder sob o manto da divisão religiosa.

> Quando lemos um livro que contém coisas incríveis e pouco perceptíveis, ou, então, escrito em termos excessivamente obscuros, se não soubermos quem é o autor, a época e a ocasião em que foi escrito, em vão tentaremos compreender seu sentido. Ignoradas todas essas circunstâncias, não poderemos de modo algum saber qual era ou qual poderia ter sido a intenção do autor. Ao contrário, *quando conhecemos exatamente todas essas coisas* podemos guiar nosso pensamento de modo a nos liberarmos de todo preconceito, isto é, não atribuiremos ao autor ou àquele que escreveu nem mais nem menos do que lhe é devido, não nos representaremos objetos que estavam apenas em nossa mente, mas não estavam na mente do autor, nem na de sua época. Penso que isto é evidente para todos. Frequentemente, lemos histórias muito semelhantes em livros diferentes e, no entanto, nós as julgamos de maneira bastante diversa em função do conhecimento que possuímos de seus autores [...]. O conhecimento dos autores que escreveram coisas muito obscuras ou ininteligíveis é necessário para a interpretação de seus escritos.[12]

As três linhas argumentativas que conduzem o discurso espinosano que mencionamos anteriormente e a paulatina construção das figuras bíblicas destinam-se a alcançar o conhecimento das circunstâncias da produção do texto sagrado, de seus escritores e destinatários imediatos, mas essa procura se realiza no interior do próprio documento. Filologia, estilística e retórica constituem os parâmetros indispensáveis da leitura, de sorte que o texto imediatamente ininteligível ganha, pouco a pouco, inteligibilidade, fazendo com que, ao fim e ao cabo, Espinosa possa deixar patente a origem da ininteligibilidade e afirmar a plena inteligibilidade do mais enigmático de todos os livros.

Se vincularmos a análise do milagre à construção paulatina das figuras do profeta e do apóstolo veremos como a inteligibilidade do texto sagrado vem à tona. Sendo inútil para a fé e contrária à filosofia, a crença nos milagres possui um interesse determinado apenas para os hebreus: assinalar sua superioridade como povo. Essa conotação política do significado do milagre marca-o com o selo da autoridade. Ou antes: ele é o portador da existência de um poder supremo que dirige as coisas tendo em vista o bem dos eleitos. Uma vez que o milagre possui sentido apenas na afirmação da autoridade, todo aquele que recorre ao miraculoso recorre *ipso facto* à força de uma autoridade. Quando, portanto, entre os vários caminhos possíveis da evangelização, o cristão escolher a via miraculosa, terá escolhido a via de uma persuasão autoritária. É sugestivo que, tendo feito milagres para o povo, o Cristo desaprove a necessidade de Tomé de obter um sinal da divindade, como se, afinal, nem mesmo o apóstolo tivesse podido liberar-se da herança de sua própria história. Porém, uma transformação de grande peso ocorre quando o doutor-teólogo converter o milagre em dogma da fé, cristalizando o evento benéfico para além do momento de sua ocorrência e fazendo-o valer *per omnia saecula saeculorum*. Nessa cristalização memoriosa terá transferido a eficácia persuasiva imediata do milagre para uma eficácia perene, consignada pelo dogma. A partir desse instante, não haverá sequer necessidade de novos milagres: os passados bastarão, e sua rememoração incessante será suficiente para garantir sua autoridade.

Ora, enquanto a rememoração profética é previsão, direção ao porvir, e a comemoração hebraica volta-se para um passado imanente ao presente — fazendo com que rememorar e comemorar sejam referir-se à lei instituinte, renová-la ou reinstituí-la —, ao dogma cristão faltará essa dimensão essencial da profecia como relação do presente com um passado que o sustenta. O passado, uma vez cristalizado em um dogma desprovido de vínculo imediato com a vida coletiva, sobrepõe-se ao presente efetivo e passa a determiná-lo. Por outro lado, o caráter originariamente privado do dogma e do milagre cristão só poderá alcançar o plano político se os dogmas aumentarem, se puderem, como no caso hebraico, recobrir as ações humanas em sua totalidade e se procurarem garantir uma forma de poder teocrático em uma sociedade cuja origem não é teocrática. Nessa medida, torna-se clara a diferença entre a fala do profeta e o discurso do apóstolo-teólogo, entre o uso hebraico e o cristão do milagre, pois estamos diante de formações sociopolíticas diversas, cujas histórias singulares se separam.

Poderia parecer paradoxal que a história hebraica se tornasse objeto de conhecimento especulativo por parte dos cristãos, porém, na realidade, a diferença histórica entre as duas formações sociais é de tal monta que o passado hebraico só pode reencontrar o presente cristão na forma de um saber especulativo. Por esse caminho, o Antigo e o Novo Testamento constituirão uma unidade para além da semelhança ou da divergência de seus temas. Com efeito, ambos se convertem em discursos do saber porque são a forma de garantir o poder teológico-político. Essa situação, aliás, é idêntica tanto para os cristãos como para os homens da diáspora. Nos dois casos, a operação especulativa visa manter a autoridade teocrática, cuja origem histórica implica, no entanto, a impossibilidade de sua manutenção em sociedades ou em grupos sociais nos quais a política e a religião não foram fundadas simultaneamente. Para os homens da diáspora, a religião permaneceu depois que o Estado pereceu. Para os cristãos, a religião surgiu desvinculada da vida política.

Essa distância entre a religião e a política confere à primeira uma força insuspeitada, pois vincula espiritualmente homens que deveriam estar dispersos ou vinculados por laços políticos independentes dos religiosos. Nessas circunstâncias, o apelo ao milagre torna-se compreensível e surge como decisivo. Graças a ele, invoca-se a força de uma autoridade que, suplantando as terrenas, permite ao judeu suportar o peso de sua desgraça e ao teólogo cristão impor-se à autoridade política. Quando Moisés fez prodígios, diz Espinosa, ele os fez porque sabia que era a única forma de impor obediência ao povo insubmisso. Quando o cristão invoca o milagre, o mesmo desejo de impor obediência se exprime, porém o sentido desse desejo mudou inteiramente. E agora compreendemos por que a diferença de estilo entre a fala profética e a apostólica é decisiva para a compreensão dessa mudança. O profeta é o portador da lei coletiva rememorada. O apóstolo, aquele que fala em seu próprio nome a outros homens. A autoridade profética não se equipara à desmedida da autoridade teológica e por isso mesmo esta precisa mais dos milagres do que aquela.

Que visa Espinosa com essa construção paciente e laboriosa de seu texto, cuja trama intrincada não é visível à primeira vista?

Já observamos que ao propor o método interpretativo, no capítulo VII, Espinosa o fez ser precedido por seis capítulos cuja presença se esclarece quando percebemos que estão encarregados de oferecer a definição racional do objeto "religião revelada", da qual a religião hebraica é um caso particular e cujo documento precisa de regras para ser interpretado. Todavia, esses primeiros capítulos ainda possuem outra função. De fato, no capítulo VII, ao comparar o livro da Natureza e o livro da Sagrada Escritura, afirmando que ambos não oferecem definições de seus objetos, Espinosa afirma também que o conhecimento de ambos exige um método capaz de determinar *os fundamentos* dos entes naturais e dos relatos sagrados. A Sagrada Escritura poderá ser interpretada como Palavra de Deus se e somente se seu fundamento for a profecia, visto que

> Profecia ou revelação é o conhecimento certo de alguma coisa revelada por Deus aos homens. O profeta, por conseguinte, é o que interpreta as coisas que Deus revela para aqueles que delas não podem ter um conhecimento exato e que, por isso, só pela fé as podem perfilhar.[13]

É para determinar o fundamento da Escritura como palavra divina revelada que Espinosa realiza esse percurso sinuoso e intricado, pois com ele pode demonstrar se uma personagem bíblica é ou não profeta, quando e como profetiza e se um relato ou um acontecimento é ou não profecia. Nessa perspectiva, Moisés é o maior dos profetas, mas Salomão é um sábio e o Cristo, um mestre. Isso significa que a autoridade de cada um deles não é a mesma e não podem ser interpretadas da mesma maneira.

Será, então, na diferença entre o profeta e o apóstolo que melhor compreenderemos o sentido do trabalho efetuado no *Teológico-político*.

DO PROFETA AO APÓSTOLO: A DIFERENÇA HISTÓRICA E POLÍTICA

No capítulo XI do *Tratado teológico-político*, interrogando a diferença entre o profeta e o apóstolo, Espinosa interpreta a questão da profecia à luz do tipo de autoridade que nela se manifesta. Por essa via tem início a distinção entre a figura do profeta e a do apóstolo.

Um profeta, explica Espinosa no capítulo II, é um homem dotado de imaginação viva, retidão de caráter e sentimento de justiça. A certeza profética não é uma certeza matemática, isto é, apodítica e demonstrável, e sim uma certeza moral ou persuasiva, adaptada à compreensão do profeta e de seus ouvintes. Por esse motivo, a forma e o conteúdo das profecias variam consoante o temperamento, a imaginação e as opiniões do profeta, assim como variam em estilo, segundo a eloquência de cada profeta. Em que se assenta a certeza profética? Na nitidez das imagens formadas na mente do profeta, nos sinais obtidos por ele e "acima de tudo, a única coisa que o movia era a justiça e o bem". A profecia não é um conhecimento especulativo sobre a essência de Deus, da Natureza e do homem, e sim uma exortação prática à caridade e à justiça conforme o que está instituído pela Lei.

Ao iniciar o capítulo XI, Espinosa afirma que nenhum leitor do Novo Testamento duvidará de que os apóstolos foram profetas. No entanto, prossegue, uma vez que os profetas falavam a partir de uma revelação e esta era bastante rara,

> pode-se interrogar se porventura os apóstolos escreveram as suas Epístolas como profetas, com base portanto numa revelação e num mandato expresso, como Moisés, Jeremias e outros, ou simplesmente a título particular e como doutores.[14]

Como vimos anteriormente, a resposta será a de que as Epístolas foram escritas por doutores e, portanto, como ensinamento pessoal e privado, bastando, para comprová-lo, examinar seu estilo: os profetas "costumavam garantir que falavam por ordem de Deus" não só quando falavam em público, mas também em suas cartas; nas Epístolas dos apóstolos "não encontramos nada que se pareça", o apóstolo fala segundo sua própria opinião, em muitas passagens exprime dúvidas, incertezas, perplexidades.

> E note-se que sempre que ele diz que tem ou não tem mandato de Deus, nunca entende por isso uma ordem ou mandato revelado por Deus, mas unicamente os ensinamentos dados pelo Cristo a seus discípulos na Montanha.[15]

A apresentação da doutrina evangélica também em nada se parece com a forma da profecia: os apóstolos argumentam, raciocinam, discutem. A profecia, porém, é constituída exclusivamente por dogmas e decretos, "pois é o próprio Deus que fala, e Deus não argumenta, mas decide em virtude do poder absoluto de sua natureza". Quando se diz que o conhecimento profético é sobrenatural, explica Espinosa, é simplesmente porque se expressa em termos de puros dogmas, decretos ou sentenças, sem argumentos. Consequentemente, a autoridade do profeta é delegada e não nasce do raciocínio dedutivo e da ordem da argumentação, como ocorrerá com o apóstolo, pois aquele que pretende confirmar pelo raciocínio sua adesão a dogmas submete-os ao julgamento de cada um, "como faz Paulo, na Primeira Epístola aos Coríntios", quando lhes diz: "Falo-vos como a sábios, julgai vós mesmos o que eu digo". Todavia, tendo usado o dogma, o decreto e a sentença como especificidade da profecia e como diferenciador em face do ensino apostólico, Espinosa prepara o caminho para que o apóstolo também possa surgir como um profeta.

Em um primeiro momento, a diferença encontra-se apenas na diferenciação das fontes do saber profético e apostólico, isto é, entre a luz revelada e a luz natural, que determinam a diferença de estilo das falas de cada uma das figuras. A fala de autoridade do profeta é contraposta à admoestação fraterna do apóstolo:

> O maior dos profetas, isto é, Moisés, nunca usou qualquer raciocínio. Já quanto às longas deduções de Paulo e seus argumentos, que se encontram nas Epístolas aos Romanos, [...] não foram de modo algum escritos por uma revelação sobrenatural. Tanto a maneira de falar como a de discutir dos apóstolos, evidenciados nas Epístolas, indicam com toda a clareza que não foram escritas por revelação e mandato divinos, mas somente por discernimento natural de seus autores, e contêm apenas advertências fraternais mescladas com uma delicadeza que é completamente alheia à autoridade com que falavam os profetas.[16]

Além de diferirem pela fonte da autoridade e pelo estilo da pregação, o profeta e o apóstolo diferem pela natureza de suas vocações: o primeiro fala à sua nação e o segundo a todos os homens. Essa diferença, que já fora abordada anteriormente e abolida com a demonstração de que os grandes profetas de Israel também haviam profetizado para todas as nações, reaparece agora porque terá um papel decisivo na argumentação a ser desenvolvida. Se a fonte da autoridade profética é Jeová, e a da apostólica é a luz natural, como fará o apóstolo para persuadir aqueles que o ouvem?

Enquanto o profeta e o destinatário da profecia estavam submetidos à mesma autoridade e tal coincidência tornava a persuasão espontânea, porque aquele que falava e aquele que ouvia estavam submetidos a um poder comum, no caso do apóstolo a situação é inteiramente diversa e será preciso compreender onde conseguirá obter força persuasiva. Espinosa passa, então, à análise do processo pelo qual o próprio apóstolo cria as condições para o exercício da autoridade. Para tanto é preciso que um novo mandato entre em cena: na Segunda Epístola a Timóteo, Paulo declara que foi investido pelo Cristo para pregar a todas as nações, e tanto isso é verdade que, no Evangelho de Mateus, o Filho promete aos enviados o auxílio do Espírito Santo para guiá-los quanto ao que devem dizer e para que não se inquietem, "porque nessa hora exata vos será dado o que devereis dizer". Isso transforma o apóstolo em profeta.

> Em conclusão, os apóstolos só obtiveram mediante revelação particular aquilo que pregaram de viva voz e que também confirmaram por sinais [...]. Mas aquilo que eles se limitaram a ensinar, oralmente ou por escrito, sem o confirmarem por sinais, isso foi dito ou escrito mediante o conhecimento (natural, evidentemente), como se pode ver pela Epístola aos Coríntios, cap. XIV, 6.[17]

Assim, é anulada a distinção entre o particularismo do profeta e o catolicismo do apóstolo, pois este também fala "por uma revelação particular". Porém, o que interessa é saber por que, após ter usado aquela diferença e distinguido as duas figuras, Espinosa parece fazer do apóstolo um novo profeta.

Ora, se prestarmos atenção no texto acima citado compreenderemos por que reconduzir o apóstolo à situação do profeta é essencial. Com efeito, ao fazê-lo, Espinosa pode reduzir os dogmas cristãos a um número bastante pequeno de ensinamentos ou revelações singulares, confirmadas por sinais exteriores. Somente quando o apóstolo produzir um sinal da revelação que recebeu, aquilo que diz pode ser considerado um dogma ou decreto divino, como é o caso em todo ensino profético. O restante é opinião pessoal do apóstolo. Circunscrever a autoridade apostólica graças aos atributos da figura profética que o próprio apóstolo reivindica permite, então, circunscrever fronteiras para separar os diferentes conteúdos de seu ensino e, portanto, perceber como e por que aquilo que, em princípio, não é dogma adquiriu tal condição.

Em um momento seguinte, considerando o fato de que o apóstolo pregará para converter e que a autoridade a que se submete (o Cristo) não é a mesma a que está submetido seu destinatário (os deuses e os césares), Espinosa mostra que o pregador precisará encontrar uma via para produzir a nova submissão, e que esta será conseguida pela mediação do próprio apóstolo. Esse ponto é capital. Na história hebraica, o peso da autoridade de Jeová é sentido pelo povo como intolerável. Por esse motivo, o povo não suporta o contacto direto com seu deus e pede um mediador — Moisés fará o pacto e trará a Lei. De fato, quando Moisés diz que Jeová é invisível, explica Espinosa no capítulo II, isso não se deve ao fato de que para ele seria contraditório que Deus fosse visível (isto é, que Deus tivesse corpo), tanto assim que outros profetas declararam tê-Lo visto; a invisibilidade, de que fala Moisés, não concerne à essência de Deus e sim à desmedida de Seu poder em face da fraqueza humana. Não é casual que o fundador, que falou com Deus como um homem fala a seu companheiro, tenha afirmado a incomensurabilidade entre a potência divina e a potência do povo. Enquanto a história hebraica narra como o povo *chegou,* ao fim e ao cabo, à figura de Moisés como mediador, a história cristã, ao contrário, já *começa* com os mediadores, o primeiro dos quais é o próprio Cristo, o qual delega a mediação aos apóstolos.

O cristão, portanto, não parte de uma relação intolerável com a divindade, mas já depara com a autoridade divina mediatizada. Assim, pois, falta ao cristão a relação absoluta com o poder, a partir da qual as relações de mediação seriam engendradas. Compreende-se, então, que a teologia seja inseparável do cristianismo, pois elabora um saber intermediário entre a alma do crente e a vontade de seu deus. Também se compreende por que o vínculo do cristianismo com a monarquia é indissolúvel, enquanto para o povo hebraico o vínculo com a teocracia era determinante, porém, ao mesmo tempo, é possível perceber que a história cristã é um esforço rumo à teocracia, enquanto a hebraica rumou para a monarquia. Compreende-se, também, por que a profecia é uma peculiaridade hebraica e o apostolado, uma peculiaridade cristã. Compreende-se, ainda, a relação contraditória e constituinte que cada uma dessas histórias mantém com a lei fundadora e, portanto, a impossibilidade radical de entender uma delas pela ou por meio da outra. Compreende-se, enfim, por que o hebreu refere tudo imediatamente a Deus, enquanto o cristão, para aí chegar, precisa passar pela hierarquia das criaturas (dos anjos aos santos, sacerdotes e reis).

Na Primeira Epístola a Timóteo, Paulo declara que o Cristo o investiu como arauto (isto é, como profeta), como apóstolo ("falo a verdade pelo Cristo e não minto") e como doutor (isto é, como aquele que raciocina tendo em vista a verdade). Paulo apresenta, pois, suas credenciais para o exercício da autoridade e, como ele, os demais apóstolos sempre apresentam a condição de apóstolo no exórdio, isto é, no início de seus discursos:

> talvez para cativarem mais facilmente o ânimo dos leitores e chamarem sua atenção, quisessem garantir, antes de mais nada, que eram aqueles mesmos a quem todos os fiéis conheciam pela sua pregação e que tinham demonstrado, por testemunhos inequívocos, que ensinavam a verdadeira religião e o caminho da salvação.[18]

Uma vez estabelecida a autoridade do apóstolo e separado aquilo que pode ser aceito como dogma daquilo que deve ser tido como simples opinião, Espinosa observa, de passagem, que

> assim como podemos esclarecer trechos obscuros da Bíblia, desde que admitamos como único princípio que a explicação deva estar contida na própria Escritura, assim também os apóstolos poderiam deduzir e concluir muitas outras coisas daquilo que viram ou conheceram por revelação e ensiná-las aos homens, *se assim lhes aprouvesse.*[19]

Essa observação atinge dois alvos. O primeiro, explícito, aparece logo a seguir na continuação do texto: os ensinamentos do Cristo, reduzindo-se a preceitos morais muito simples, qualquer um, apóstolo ou não, pode conhecê-los pela luz natural. O segundo alvo, implícito, indica uma relação peculiar entre o que o apóstolo conheceu por uma revelação feita apenas a ele e aquilo que dessa revelação lhe aprouve transmitir aos homens. Dessa maneira, uma nova diferença, e bastante significativa, vem estabelecer-se entre o apostolado e a profecia. O profeta deve proferir *tudo* que recebeu de Jeová. Seu discurso, mesmo que obscuro e truncado, deve ser exaustivo, pois sendo a ordem recebida de Jeová a de falar ao povo aquilo que virá e de exortá-lo para que se prepare para o porvir desde o presente, nada pode ser mantido oculto, sem o que não se compreenderia por que Deus requer o proferidor de Sua palavra. Em contrapartida, a situação do apóstolo lhe permite tirar conclusões da palavra recebida e, portanto, ampliá-la ou selecioná-la e ocultá-la parcialmente. Assim, o apóstolo não se limita a tirar conclusões do que lhe foi revelado, como qualquer homem faz, mas está investido de autoridade para ensinar suas conclusões como verdades da fé e pode fazê-lo segundo lhe agrade. Ao mesmo tempo que se declara apóstolo para que sua autoridade seja reconhecida, essa mesma autoridade lhe confere o poder para selecionar o que deseja transmitir, de sorte que controla o pensamento e a opinião dos destinatários.

Esse alvo implícito do discurso espinosano é o fio condutor da parte restante da argumentação. A razão, diz Espinosa, poderia mostrar-nos facilmente que o apostolado conferia ao apóstolo a qualidade de profeta e de doutor, mas *nem por isso a via escolhida por ele seria necessariamente a melhor.* Contudo, fiel aos princípios do método interpretativo, Espinosa dirá que não cabe à razão tirar tais conclusões e sim que compete ao leitor verificar se a Escritura afirma ou não que a via escolhida pelo apóstolo foi a melhor possível. A Escritura mostrará que não. Cada apóstolo seguiu uma via pessoal (por isso foi essencial que Espinosa os apresentasse como doutores) e nem sempre coincidente com aquelas escolhidas pelos outros, como atestam as disputas travadas entre eles, provocando incessantes cismas, dos quais nasceram as diferentes igrejas cristãs. A divergência dos caminhos é mencionada pelo próprio Paulo: "Estava inquieto e preocupado para não pregar onde o nome de Cristo já fora invocado, a fim de não construir sobre um fundamento estranho (*alienum fundamentum*)". E Espinosa comenta:

> Porque, se todos tivessem seguido o mesmo método de ensino e fizessem assentar a religião cristã sobre os mesmos fundamentos para ensinar e se todos tivessem erguido a religião do Cristo sobre o mesmo fundamento, Paulo não teria nenhuma razão para chamar alheios aos fundamentos em que se baseiam os outros apóstolos, uma vez que ele próprio se basearia neles. Mas como efetivamente ele os considera alheios, é necessário concluir que cada qual fundamentava diferentemente a religião e que acontecia aos apóstolos, quando ensinavam, o mesmo que aos outros doutores, que têm cada um seu método particular de ensino e

> que preferem ensinar aqueles que ainda estão completamente ignorantes e não começaram a aprender com mais ninguém as línguas, as ciências ou até a matemática, de cuja verdade ninguém duvida.[20]

Quatro conclusões se impõem. A primeira delas é a de que a existência de seitas é um fenômeno *originário* no cristianismo e que o coloca numa situação diversa daquela conhecida pelos hebreus, pois entre estes o advento das seitas foi algo tardio e determinado pelo poderio eclesiástico e monárquico. Essa primeira conclusão assume grande importância quando vinculada ao caráter inicialmente privado do apostolado no interior de sociedades ainda não cristianizadas. Destarte, no momento em que o cristianismo entra na cena política, não apenas encontra Estados politicamente diversos, mas ele próprio já vem diferenciado e fragmentado. Consequentemente, o predomínio da Igreja romana, por exemplo, não poderia ser dado por ela mesma nem pela Bíblia, mas pelos processos históricos que levaram, como dirá mais tarde Espinosa, os monarcas cristãos a delegar poderes ao sumo pontífice romano. Nesse contexto, a fragmentação cristã dá origem ao culto da ortodoxia, visto que a hegemonia de uma seita escora-se nos procedimentos de exclusão que mobiliza em face das demais.

A segunda conclusão, portanto, decorre da primeira. Agora patenteia-se que o apostolado não suporta a divergência engendrada pela própria forma da autoridade apostólica. Quando o apóstolo prefere ensinar aos que estão na mais completa ignorância, seu pressuposto é o de que a persuasão só poderá ser eficaz se o destinatário não possuir ideias concernentes ao que ouvirá, ideias que, fundadas e articuladas de modo diverso daquele que o pregador proporá, levariam o destinatário à reflexão se as confrontasse com a novidade de outro discurso. O apóstolo pode vencer os deuses dos gentios — são outros. Mas não pode tolerar a diferença no interior do mesmo, nem suportar o advento das contradições, que logo se revestem com os atributos da heresia e da heterodoxia. Assim, *desde a origem*, o cristianismo surge como um poder repressivo e intolerante. Sua intolerância é diversa da hebraica, na medida em que esta se funda na necessidade da circunscrição social e política de uma nação que se quer a si mesma como separada das demais, enquanto a catolicidade cristã, seu internacionalismo, leva a intolerância a dispersar-se e difundir-se pelo todo do social, mesmo quando este ainda se encontra indiferenciado do ponto de vista da articulação político-religiosa trazida pelo cristianismo.

A terceira conclusão é a de que o cristianismo tem uma força inicial de desagregação interna que se converterá no contrário, isto é, em força de agregação por meio de segregação e congregação. Essa metamorfose ocorrerá no momento em que uma das tendências prevalecer sobre as demais no campo determinado politicamente. Porém, as duas conclusões anteriores permitem perceber como essa hegemonia não é nem pode ser perpétua, que haverá luta incessante por ela, dependendo sempre dos processos históricos e políticos que levam as diferentes classes da sociedade europeia a aderir ora a uma seita, ora a outra. A farsa teológica consiste em ocultar a origem dessas lutas e seu sentido, pois a seita hegemônica, convertida em ortodoxia, anula o sentido das demais, excluindo-as no exato momento em que as inclui na forma da luta. Há uma escamoteação incessante da luta e de sua origem sempre que esta vier revestida com os adornos da guerra santa e justa.

A quarta conclusão, mais importante do que as outras, é que se o fundamento da Sagrada Escritura, como Palavra de Deus, é a profecia, então, mesmo se o Cristo for a realização de uma profecia hebraica, nem ele nem os apóstolos são profetas e o Novo Testamento não pode ser tomado como autoridade política teocrática no mesmo sentido que o Antigo Testamento. A descontinuidade temporal exprime a diferença histórica entre duas religiões e entre duas sociedades, uma delas teocrática de direito e a outra, sem fundamento escriturístico para a política teocrática e sem fundamento para uma religião institucional unificada.

Impregnada pela luta religiosa, que é ocultamento da origem da própria luta, Espinosa descreve a fragmentação belicosa no parágrafo final do capítulo XI. A divergência, escreve ele, deve-se ao fato de que os apóstolos, para pregar, ainda não dispunham dos Evangelhos, de sorte que foram obrigados a adaptar suas opiniões às de seus destinatários. Se dispusessem dos Evangelhos, talvez tivessem ensinado de maneira unitária os preceitos muito simples que o Cristo trouxera. Na falta da palavra originária, fabricaram substitutos e, em geral, como foi o caso de Paulo, enxertaram muita filosofia ali onde havia uma religiosidade muito simples.

Essas observações de Espinosa são paradoxais. Com efeito, o pressuposto aparente seria o de que se os apóstolos tivessem contado com o apoio dos

Evangelhos, como os profetas contavam com a Lei, talvez as coisas tivessem sido diferentes do que foram. Nesse caso, deve-se esperar que o bom senso dos cristãos, que dispõem dos Evangelhos, como os antigos hebreus dispunham da Lei de Moisés, seja capaz de bem "ordenar as coisas". Ora, no capítulo anterior Espinosa comentara brevemente o significado da existência de quatro Evangelhos em lugar de um só. Dessa maneira, a suposição de que a presença do Evangelho teria modificado o apostolado cai por terra, visto que a situação de ambos é idêntica, isto é, a multiplicidade de Evangelhos simplesmente exprime a multiplicidade e fragmentação do próprio apostolado. A tese decisiva de Espinosa é clara: não há uma palavra originária que pudesse "corrigir" substituições indevidas ou equivocadas.

Na verdade, o argumento de Espinosa é mais radical. Por um lado, distingue as Epístolas e os Evangelhos como discursos de natureza diversa: as Epístolas são teológicas, enquanto os Evangelhos são apenas o relato variado da história do Cristo e de seus preceitos. E, nos capítulos IV e V, Espinosa dissera que para a fé basta a crença na sinceridade do relato, toda erudição teológica sendo um acréscimo inútil para o homem piedoso. A diferença não passa, portanto, entre discursos derivados (Epístolas) e um discurso original (Evangelhos) que suprimiria os erros dos outros e, sim, entre um discurso teológico e um discurso apenas histórico e religioso. Eis por que, nas últimas linhas do capítulo XI, Espinosa escreve:

> Nenhum apóstolo filosofou mais do que Paulo, chamado a pregar aos gentios. Os restantes, que pregaram aos Judeus, isto é, a gente que desprezava a filosofia, adaptaram-se também à sua mentalidade [...] e ensinaram a religião despojada de especulações filosóficas. Quão feliz seria agora nosso tempo se a víssemos igualmente liberta de toda espécie de superstição![21]

Dessa maneira, apostolado, teologia e superstição surgem articulados numa tecelagem em que os fios estariam embaralhados, parecendo que bastaria um paciente artesão para desenredá-los. Porém, a ideia de que esse trabalho paciente é uma liberação leva-nos a supor que não se trata de desatar os nós embaraçados e, sim, de determinar onde e por que esses nós foram amarrados, de sorte que desamarrá-los é destruir a tapeçaria que os requeria. Foi esse o trabalho realizado pelo *Teológico-político*.

E olhei. E eis que uma mão estava estendida para mim e nela se achava um livro escrito por dentro e por fora. E viam-se escritas lamentações, canções lúgubres e maldições.

[...]

E foi-me dirigida a palavra do Senhor que me dizia: Filho do homem, profetiza sobre os pastores de Israel, profetiza e dize aos pastores: Isto diz o Senhor Deus: Ai dos pastores de Israel que se apascentam a si próprios! Porventura não são os rebanhos que devem ser apascentados? Vós lhes bebeis o leite e vos vestis de suas lãs e mais as reses mais gordas, mas não apascentais o meu rebanho. Não fortalecestes as ovelhas fracas e não curastes as enfermas, não fizestes voltar as desgarradas, nem buscastes as que se tinham perdido, mas domináveis sobre elas com aspereza e prepotência.

[...]

Juro, diz o Senhor, porque o meu rebanho foi entregue à rapina e as minhas ovelhas expostas a serem devoradas por todas as feras por falta de pastores porque estes não cuidavam do rebanho, mas apenas de si mesmos, ouvi, portanto, ó pastores, as palavras do Senhor: Isto diz o Senhor: Eis que eu mesmo vou pedir contas do meu rebanho a esses pastores e acabarei com eles. E livrarei meu rebanho da sua boca e ele não lhes servirá mais de comida.

Ezequiel 2,9; 34

Empenhados em refazer segundo as normas das igrejas reformadas o projeto de uma política teocrática, outrora levada a cabo pelos teólogos de Roma, os discursos políticos europeus dos séculos XVI e XVII, em tudo divergentes, possuem um traço comum: o recurso à teocracia hebraica como modelo da boa-sociedade a ser imitada pelos cristãos. Ao realizar a interpretação da Sagrada Escritura, Espinosa tem em mira o presente político e o desejo de dominação teológica que o habita. Por esse motivo, um dos aspectos centrais da crítica histórica espinosana consiste em demolir esse desejo de imitação. Por dois caminhos o filósofo desmantela os alicerces do discurso imitativo: por um deles, revela que a excelência política hebraica está circunscrita a um espaço e a um tempo irrecuperáveis; por outro, põe a descoberto a outra face da boa-sociedade hebraica, isto é, a tirania oculta que presidiu a fundação política. Apresentando as duas faces da política antiga, demonstrando que a excelência é inimitável e a tirania repetitiva, Espinosa denuncia o poder teológico, que pretende repor na política dos cristãos o tema hebraico do povo escolhido.

Todo o esforço do filósofo se concentra em compreender por que os cristãos são infiéis à palavra de seu Mestre: "que os mortos enterrem seus mortos". Por que, indaga Espinosa, o cristão recusa a Nova Aliança e busca a Antiga? E o *Teológico-político* responde: porque nesta a política é inseparável da religião — o Estado e a piedade hebraicas nascem ao mesmo tempo —, enquanto na outra a relação é moral e privada, inscrita no coração de cada um e não mais em tábuas de pedra visíveis. Incapazes de enfrentar os enigmas do presente, os cristãos querem repetir o passado hebraico. Porém, repetir é deixar de acolher o passado como outro. Perdendo a diferença temporal, o desejo de dominação, oculto sob o impulso imitativo, perde também o sentido do presente. Assim, ao afirmar o caráter absolutamente singular e político da eleição hebraica, Espinosa diz aos cristãos que se desejarem ser eleitos não podem mais desejar ser hebreus. Se resta, pois, algo a ser imitado do profeta passado, há de ser sua maneira apaixonada de demorar-se no presente para nele escavar as trilhas do porvir.

No capítulo XX, ao afirmar que a liberdade de pensamento e a de expressão não são perigosas para a paz e segurança do Estado, mas que, ao contrário, são suas condições, Espinosa introduz uma ideia que será amplamente desenvolvida no *Tratado político*, qual seja, a de que em sociedades internamente divididas em classes a palavra e a opinião dos dominados é perigosa para os dominantes.

A liberdade democrática está resguardada desse risco porque em um corpo político democrático, não havendo dominantes e dominados, os sujeitos podem perceber com maior clareza os momentos em que o inimigo aparece. Justamente por isso, o *Político* desenvolve a tese de que em uma monarquia e em uma aristocracia as instituições devem ser estabelecidas de tal maneira que o inimigo permaneça visível para que possa ser combatido, pois é inimigo todo indivíduo ou todo grupo que se apropria privadamente do poder e da lei, destruindo a *res publica*. Essa visibilidade, essencial para a vida política, existia efetivamente na teocracia hebraica. Nesta, o profeta encarregava-se de tornar visível o inimigo.[22]

Qual há de ser a diferença entre Jeremias e Ezequiel e os falsos profetas? Espinosa afirmara que um hebreu é profeta pela vivacidade da imaginação, pela pureza dos costumes e pela sinceridade da intenção. Nessa medida, a diferença entre o profeta verdadeiro e o falso não é dada pela presença ou ausência de sinais, pois o falso profeta realiza prodígios, razão pela qual é extremamente perigoso. A diferença entre ambos é dada pelo jogo das alianças políticas: a qualidade de um profeta depende dos sujeitos políticos de quem é emissário.

Espinosa menciona três momentos diferentes de aparição do falso profeta: o primeiro situa-se no episódio do Bezerro de Ouro com o extermínio dos rebeldes por Moisés, cujo ato é visto pelo povo como fraude e crime. O segundo, quando o profeta passa a ser escolhido pelo rei (invertendo a situação primitiva em que o rei era escolhido pelo profeta). Enfim, a terceira aparição ocorre durante o Segundo Templo, quando os hebreus, divididos em seitas, buscam profetas que façam de uma delas a seita dominante. Torna-se claro o lugar do discurso proferido pelo falso profeta: este fala a serviço da dominação. Em contrapartida, o lugar do profeta verdadeiro pode aparecer: seu discurso é luta contra a opressão, pois fala em nome da Lei e dos dominados. Eis por que no momento da fundação o discurso está endereçado aos oprimidos pelos grandes poderes (o faraó) e nisso assegura sua verdade. Eis também por que Espinosa privilegia os chamados Grandes Profetas, que falaram em tempo de opressão. Contudo, a opressão a que Moisés, o Cristo e os Grandes Profetas se referem não é a mesma e "se nos obstinarmos em não levar em conta a diversidade histórica das situações pelas quais o povo passou, cairemos em confusões inextrincáveis".[23] Moisés fala como legislador, enquanto o Cristo fala como doutor. Os oprimidos a quem o legislador se dirige acabam de sair do cativeiro e o fundador lhes traz as promessas da Lei, enquanto o doutor fala a um povo escravizado não só pelos césares, mas pelos sacerdotes e reis, e lhe promete a espada e não a paz, dizendo que veio para dividir os homens e não para uni-los. Os Grandes Profetas, entretanto, falam a um povo que passa por períodos intermitentes de liberdade e de cativeiro, mas que nos tempos de independência prepara a escravidão vindoura. Seus discursos falam da cólera divina, e a tensão entre eles e Moisés, de um lado, e entre eles e o Cristo, de outro, exprimem-se no papel que conferem à vingança divina. *Ezequiel é seu grande intérprete*, pois, mais do que qualquer outro, encontra a cólera divina depositada na própria Lei fundadora.

Interpretando o sentido da lei mosaica, Ezequiel lê a história dos hebreus à luz da cólera do fundador e, portanto, deixa vir à tona uma opressão mais terrível do que a dos cativeiros infindáveis que o povo conheceu, pois se trata de uma opressão interna e legitimada, uma vez que, pela boca de Moisés, a cólera de Jeová adverte que dará ao povo uma lei que ele jamais poderá cumprir. Quando Moisés fala ao povo pela primeira vez, o opressor é externo, como também será externo no momento em que o Cristo falar. Porém, quando Ezequiel fala, o opressor está inscrito no interior do corpo político, criado pela própria Lei. E a fala do profeta é reflexão da sociedade sobre si mesma: Ezequiel profetiza a necessidade de uma nova lei e de uma nova fundação. É exatamente isto que o faz grande, pois capta a exigência temporal no interior de uma história que pede ruptura interna, diferenciação consigo mesma.

APÊNDICE
PROFETAS E PROFETISMOS: A DISSONÂNCIA ESPINOSANA

I.

Sabemos que um traço marcante da mentalidade do final da Idade Média e da Renascença foi o sentimento da caducidade do mundo e da necessidade de sua *instauratio* (restauração), de sua *restitutio in integro* (restituição inteira), de sua *rinascita* (renascimento). Cada um desses termos, postos sob a expressão "outono do mundo", assinalava o desejo do fim como retorno à origem perdida. Milenarismo joaquimita, cabala, filosofia hermética, magia natural, *devotio moderna* e, finalmente, Reforma protestante, buscaram, cada qual à sua maneira, exprimir a tristeza outonal do mundo e a promessa profética do fim dos tempos ou do Tempo do Fim como retorno à sua primavera.

Se a esperança profético-milenarista se vê reforçada com a descoberta do Novo Mundo, também se acentua quando a Reforma desencadeia o surgimento daqueles que Kolakowski chamou de "cristãos sem igreja", isto é, aqueles que levaram ao limite a tese protestante da "liberdade do cristão" para interpretar a Sagrada Escritura segundo a iluminação do Espírito Santo sobre a alma de cada um e que, por isso mesmo, recusaram a instituição eclesiástica, seja a papista, seja a da Reforma Magisterial de Lutero, Calvino e Anglicanos. Considerados entusiastas, pelos adversários, e vendo-se a si mesmos como profetas do novo tempo ou do tempo do fim dos tempos, esses cristãos foram os sujeitos políticos das revoluções camponesas do século XVI e da radicalização da revolução inglesa do século XVII, com os *levellers*, os *diggers*, os *ranters*, os homens da Quinta Monarquia e os *quakers*. Porém, não menos significativo é o ressurgimento da esperança messiânico-milenarista do lado dos heterodoxos do período da Contrarreforma, particularmente com os *alumbrados* espanhóis e com os seguidores do Bandarra, em Portugal, mas também e com a forte presença da obra de Joaquim de Fiori nos corações e mentes de franciscanos e jesuítas, sobretudo daqueles que virão em missão para o Novo Mundo.

Se é verdade que, nos Seiscentos, estamos em um tempo de racionalismo, não é menos verdade que estamos também em um tempo de profetas e profetismos. Nada mais expressivo dessa situação do que a Amsterdã do Século de Ouro, em que disputam não só gomaristas (o clero calvinista ortodoxo, liderado por Gomar e vinculado às pretensões monárquicas da Casa de Orange) e arminianos (os heterodoxos chefiados por Armínio, vinculados à burguesia holandesa e às suas pretensões republicanas), mas também "cristãos sem igreja", como os colegiantes e os anabatistas. Nela estão os "verdadeiros iluminados" de Petrus Serrarius, que abominam a nova filosofia e o velho templo. A ela acorrem os quacres ingleses de Margaret Fell e o padre Vieira, para discutir com os rabinos as profecias de Daniel sobre o Quinto Império do Mundo e o que dissera o profeta Isaías sobre o "resto de Israel".

De fato, a tradição messiânica e milenarista é inseparável de duas referências escriturísticas. A primeira delas são as Revelações de Daniel, concernentes ao Quinto Reino e ao Tempo do Fim, quando será aberto o livro dos segredos do mundo, a ciência se espalhará e virá o Messias, "pedra gloriosa" que destruirá o gigante de pés de barro, corpo de ferro, membros de prata e cabeça de ouro, símbolo dos quatro reinos injustos que desaparecerão. A segunda é a Consolação de Isaías, em que o profeta antevê o fim do exílio de Israel, a punição dos maus e a reunião dos justos (ou do "resto de Israel") em Sião, na Nova Jerusalém, "fundada sobre a justiça". Do lado judaico, os textos proféticos são lidos como promessa do Messias, do retorno à Terra Santa e do Quinto Reino do mundo, indestrutível. Do lado cristão, essas mesmas profecias, acrescidas do Apocalipse de João, recebem interpretação diversa com a obra de Joaquim de Fiori: espera-se a Segunda Vinda de Cristo, que vencerá definitivamente o Anticristo e reunirá os eleitos (ou os santos) para o tempo do Espírito ou da ciência, que antecede o Juízo Final. Nesse tempo de espera, o Segundo Advento será preparado pelas batalhas parciais que, vitoriosas, erguerão a Nova Jerusalém de mil anos ou a "quinta monarquia", onde se reunirão os que serão escolhidos para a salvação eterna no Dia do Juízo.

Os cristãos dos Seiscentos estão convencidos de que para que a promessa cristã se cumpra, duas são as principais condições: de um lado, que o Imperador dos Últimos Dias (como crê Vieira, que espera El-rei, um novo avatar de dom Sebastião) ou que os Santos dos Últimos Dias (no falar dos quacres) preparem a vinda final do Cristo em glória e majestade; de outro, que "a semente de Abraão" (como dizem os seguidores de Fell) seja semeada nos campos do Senhor; numa palavra, é preciso que os judeus se convertam ao cristianismo para que as profecias se cumpram. É essa conversão que Vieira e os quacres vêm discutir e propor aos rabinos de Amsterdã, descobrindo, porém, que estes, mais do que nunca, recusam a promessa cristã porque julgam iminente o cumprimento da promessa judaica, como faz saber o opúsculo de Menasseh ben Israel, *Esto es la esperanza de Israel*.

Com efeito, é nessa Amsterdã que aporta, em 1644, Aron Levi Montezinos, vindo da América e que declara haver encontrado, na cordilheira dos Andes, na região da Colômbia, as dez tribos perdidas de Israel, tendo convivido com uma delas, a tribo de Ruben, trazendo aos judeus a boa nova tão esperada: o "resto de

Israel", isto é, as Dez Tribos Perdidas, foi encontrado no Novo Mundo, na região onde Colombo localizara o Paraíso Terrestre e está próximo o dia da reunião, o fim do exílio e o retorno a Sião. A essa nova alvissareira vem juntar-se outra igualmente auspiciosa: de Esmirna, o profeta Nathan de Gaza anuncia aos aflitos da diáspora a chegada do Messias, Sabbatai Sevi, que conduzirá o povo de volta a Israel, onde se erguerá a Nova Jerusalém de ouro, prata, rubi e safira. E é a essa Amsterdã que chega a notícia terrível, narrando a angústia e o desespero dos peregrinos, que tudo abandonaram para seguir o Messias, quando, em meio à jornada, vêm a saber que Sabbatai Sevi se convertera ao islamismo.

Assim, os cristãos (reformados ou católicos) estão interessados na conversão dos judeus porque o cumprimento das profecias passa pelo cumprimento da palavra de João Evangelista de que no fim dos tempos haverá "um só rebanho e um só pastor". Por sua vez, os judeus estão interessados no reconhecimento, pelos cristãos, do cumprimento de algumas profecias porque estas lhes garantem o direito do retorno triunfal à Terra Santa.

Enquanto aos judeus interessará sobremaneira o capítulo 53 de Isaías, aos cristãos interessará sobretudo o capítulo 18. O capítulo 53 se refere ao fim do cativeiro e da dispersão do povo. O capítulo 18 descreve novas terras, novos céus e novas gentes. Em contrapartida, judeus e cristãos possuem igual interesse por Daniel: o sonho ou a estátua de Nabucodonosor (Daniel 2:31, 45), a visão dos quatro animais (Daniel 8:3,26) e o anúncio dos tempos messiânicos (Daniel 12:1,12) possuem significado político imediato: a estátua, representando as quatro monarquias que serão destruídas pelo Messias (a pedra gloriosa) e anunciando o surgimento da quinta e última monarquia como império do mundo e Reino de Deus na terra, sustenta o imaginário messiânico judaico, os movimentos populares cristãos radicais e os messianismos imperiais cristãos. Também a visão dos quatro animais, a luta entre o carneiro e o bode, o surgimento dos quatro chifres de um dos quais sai um menor, será identificado pelos judeus com o rei terrível que perseguirá o povo e será por ele destruído, e será identificado pelos cristãos com o Anticristo que precederá o Juízo Final, será vencido pelo Imperador dos Últimos Dias cujo reino durará mil anos, após o que haverá o Segundo Advento, o Juízo Final e o Reino de Deus.

O anúncio dos tempos messiânicos terá para judeus e cristãos não só o significado do tempo final, do julgamento e da redenção, tempo antecedido por abominações e impiedades, mas terá ainda um outro significado que, na Idade

Média, alimentará, do lado judaico, a Cabala e, do lado cristão, Joaquim de Fiori. De fato, na visão de Daniel, os tempos messiânicos são prometidos como tempo do aumento dos conhecimentos, da retirada do lacre do livro dos segredos do mundo e da revelação plena e integral do saber. Por isso, a Cabala se desenvolverá como purificação intelectual, como gnose e teosofia. Pelo mesmo motivo, o milenarismo joaquimita afirma que, após a era da lei (o Pai) e a era da graça (o Filho) virá a última era, a da ciência (o Espírito Santo). Assim, Daniel possui a peculiaridade de suscitar duas formas de messianismo e de milenarismo: a visão da estátua e a dos animais suscita, tanto em judeus como em cristãos, uma religiosidade popular radical, política, de rebelião. Mas a promessa da abertura do livro dos segredos do mundo no tempo do fim suscita uma forma intelectualizada e espiritualizada, em que o milênio é concebido como tempo do saber.

Se compararmos o milenarismo de Francis Bacon e os de Menasseh e Vieira, poderemos avaliar melhor a diferença entre a perspectiva que enfatiza o tempo do fim como tempo da ciência e aquela que sublinha a presença do messias e o tempo do fim como tempo da justiça.

O primeiro título da obra maior de Bacon, a *Instauratio magna*, permaneceu num opúsculo que ficaria inédito: *Temporis partus masculus, sive Instauratio magna imperii humani in universum — Parto másculo do tempo ou grande restauração do poder do homem no universo.* Bacon parte de duas distinções fundamentais: a primeira se estabelece entre a vontade e a potência de Deus; a segunda, entre a causa do pecado do Anjo da Luz e de Adão e o retorno à inocência perdida. A vontade de Deus se revela por meio de Sua Palavra — encontra-se no livro de Sua revelação, a Bíblia; a potência de Deus revela-se por meio de Sua Obra — encontra-se no livro de Seu trabalho, a Natureza. Essa diferença determina o gênero do pecado de Lúcifer e de Adão: ambos aspiraram à posse de uma vontade idêntica à vontade de Deus; Lúcifer, desejando ser como o Altíssimo, e Adão, desejando ter a fonte do bem e do mal. Ambos desejaram o poder de dar a si mesmos sua própria lei e de fazer a lei. O pecado, portanto, não se referia ao desejo de conhecer: Lúcifer, anjo de luz, não carecia de conhecimento; Adão, investido por Deus da soberania sobre as coisas e os animais, não carecia de poder. Qual é o argumento de Bacon? Desejar conhecer e desejar aumentar o conhecimento não é pecado nem foi o pecado original. Se Lúcifer caiu e se o homem se tornou ignorante foi para que a vontade de Deus se cumprisse; mas a promessa de redenção foi feita ao homem para que voltasse a participar da potência de Deus, isto é, da obra da

Natureza e da soberania sobre ela. É esse o "parto másculo do tempo", ou o adágio: "a verdade é filha do tempo". E é dever do homem piedoso, pelo aumento das ciências e das artes, cumprir a vontade de Deus, conhecendo a potência divina (a Natureza) e a potência humana (o domínio sobre a Natureza) por meio das ciências e das artes.

A história é providencial e salvífica; é teofania (revelação de Deus no tempo) e epifania (revelação da verdade no tempo) porque é profética. Ora, onde se encontra a profecia que promete ao homem a restauração de sua potência, isto é, o retorno ao conhecimento pleno da Natureza e ao domínio sobre ela? Em Daniel, 12:4 — "Quanto a ti, Daniel, guarda isto em segredo e conserva este livro lacrado até o tempo do fim. Muitos daqueles que a ele recorrerão, verão aumentar seu conhecimento". Por isso, escreve Bacon no *Valerius terminus*: "Não é prazer nem curiosidade, nem a resolução serena, nem a elevação do espírito, nem a vitória nem o engenho, nem a faculdade do discurso, nem o lucro, nem a profissão, nem a ambição de honra ou fama, nem a melhoria dos negócios que são os verdadeiros fins do conhecimento [...], mas a restauração e o reinvestimento do homem na soberania e no poder [...] que ele possuía em seu estado primeiro na criação".

Ora, afirma Bacon, o tempo dessa restauração é o tempo presente. Graças à imprensa, à filologia e ao estudo do hebraico, os homens passaram a ter pleno acesso ao livro da vontade/palavra de Deus — a Sagrada Escritura; e graças à bússola, à navegação, à descoberta de novos mares, novos céus, novas terras e novas gentes os homens passaram a ter acesso ao livro da potência/obra de Deus — a Natureza. Assim, em *Cogitata et Visa*, escreve ele:

> Seríamos desgraçados, agora que amplos espaços do globo material, terras e mares, foram alcançados e explorados, se os limites do globo intelectual ficassem presos às estreitas descobertas dos antigos. Esses dois empreendimentos — a abertura da terra e a abertura das ciências — não estão ligados e jungidos de modo trivial [...]. Não é apenas a razão, mas a profecia que vincula ambos. Que sentido, senão este, poderia ter o oráculo do profeta ao dizer 'muitos esquadrinharão e o saber se multiplicará'? Não quis ele dizer que o esquadrinhamento do globo da terra e um aumento e multiplicação da ciência estavam destinados a ocorrer na mesma era e no mesmo século?

Aproxima-se, pois, o tempo do fim, no qual: "os ímpios agirão com perversidade, mas nenhum deles compreenderá, enquanto os sábios compreenderão" (Daniel 12:10). E, completando a profecia: "Feliz quem esperar e alcançar 1335 dias. Quanto a ti, vai até o fim. Repousarás e te levantarás para tua parte da herança, no tempo do fim" (Daniel 12:12,13).

A verdade é filha do tempo e o presente, ampliando o futuro, faz com que este toque e reencontre a origem perdida ou interrompida pela queda original. A América — profecia de Isaías sobre novas terras e novos céus — e a imprensa — profecia de Daniel sobre o livro do qual será retirado o lacre — liberam o parto da verdade ou o parto do tempo porque interrompem uma outra temporalidade: a da queda, que mergulhou o mundo nas trevas da ilusão, e na qual reinou o Anticristo. Se, para os reformados puritanos, o Anticristo é o papa, e para os reformados radicais é o rei, tanto como o papa (ambos são "Roma"), para Bacon, o Anticristo se identifica com Platão, Aristóteles e a filosofia-teologia escolástica. A verdade é filha do tempo: o presente conhece mais e melhor do que o passado; o futuro culminará todos os conhecimentos e artes e o tempo findará. Bacon navega na aventura do espírito da descoberta e esta, por ser descoberta, é rigorosamente *instauratio*, isto é, restauração do saber originário que foi perdido, mas a origem não está no passado e sim no presente e no futuro. A profecia diz o que será e o que virá, prometendo, com as novas ciências, retirar o lacre do livro dos segredos do mundo.

Diferente é a perspectiva profética de Vieira e de Menasseh ben Israel. Vieira está às voltas com Portugal sob domínio espanhol. Menasseh experimentou o abismo de ver o messias Sabbatai Sevi apostasiar. Ambos viram ser derrotado o movimento da revolução radical inglesa, de cunho milenarista. Em suma, passaram pelos tempos sombrios que não pareciam desenhar-se no horizonte quando Francis Bacon escreveu. No entanto, se a diferença temporal é necessária para nos acercarmos da diferença entre ambos e Bacon, ela não é suficiente. É que a relação de Vieira e Menasseh com os textos proféticos é diversa da de Bacon.

De 1626 a 1666, a comunidade judaica de Amsterdã passa por algumas experiências traumáticas. A excomunhão e o suicídio de Uriel da Costa, no embate entre a lei escrita (revelada) e a "lei da boca" (rabínica); a excomunhão de Juan de Prado, Daniel Ribera e Espinosa; a chegada de Montezinos; e o anúncio do messias Sabbatai Sevi por seu profeta, Nathan de Gaza. É neste ambiente que Menasseh escreve *Isto é a esperança de Israel*, texto inspirado em Isaías, em Daniel, na Cabala e nas narrativas de Montezinos. Em 1655, Menasseh publica *A pedra gloriosa*. As duas obras examinam as profecias de Daniel e Isaías, anunciam que seu cumprimento está próximo e prognosticam o retorno triunfal dos judeus à Palestina.

Em 1646, Vieira chega a Amsterdã e mantém longas conversas com Menasseh. E, entre 1647 e 1665, Vieira escreve *História do futuro. Do Quinto Império do Mundo*, obra que receberá condenação de "herética e judaizante" pelo tribunal da Inquisição.

A obra de Vieira inspira-se em Daniel, no capítulo 18 de Isaías, nas *Trovas* do Bandarra (sobre o Encoberto dom Sebastião como Imperador dos Últimos Dias e vencedor do Anticristo) e no milenarismo de Joaquim de Fiori. Prevê a união de portugueses e judeus, o Reino de Mil Anos e o retorno triunfal dos judeus a Israel. A interpretação de Vieira para o capítulo 18 de Isaías considera que Isaías profetizou não só a América, mas, pela quantidade de detalhes e particularidades, profetizou o Brasil e, no Brasil, o Maranhão. E, aqui em plena concordância com Menasseh, Vieira interpreta as expressões de Isaías "gentes convulsas", "gentes dilaceradas" e "gentes terríveis" como sendo as Dez Tribos de Israel.

Entre 1660 e 1667, Vieira é submetido à Inquisição, sendo condenado em 1667, acusado de "judaizar", pois "promete o Reino de Deus nesta vida e muito cedo", à maneira dos judeus que "o esperam nesta vida presente e perpétuo para sempre". A origem da condenação é a trilogia: *Esperanças de Portugal, Chave dos profetas* e *História do futuro*. Por que a acusação é de judaísmo? Porque Vieira, interpretando Isaías e Daniel e prevendo Portugal como o Quinto Império, com o nascimento de um avatar de dom Sebastião, teria incorrido em duas heresias em face da ortodoxia católica: a primeira ao afirmar, à maneira judaica, que o Reino de Deus ainda está por vir, após a batalha do Imperador dos Últimos Dias contra o Anticristo (que, para Vieira, é a Espanha), quando a ortodoxia considera que esse Reino já existe, desde a ressurreição de Jesus, e é visível em sua forma terrena, a Igreja; a segunda ao afirmar, também à maneira judaica, que o Reino de Deus é visível e público e destinado não ao indivíduo, mas à coletividade dos justos, enquanto o ortodoxia afirma que esse reino é invisível, espiritual e situa-se no outro mundo.

Todavia, não é a semelhança dos títulos das obras de Menasseh e de Vieira, nem a condenação de judaísmo deste último o que os aproxima, mas o modo como interpretam o tempo profético e a história.

Embora compartilhem com Bacon aquilo que é a marca essencial da cultura judaico-cristã, isto é, a teologia da história providencial, soteriológica, teofânica e epifânica, em que o tempo é desdobramento da revelação, Menasseh e Vieira aceitam o adágio (retomado por Pascal) "somos pigmeus sobre os ombros de gigantes", isto é, os antigos sabem mais e melhor do que os modernos, pois se estes podem ver mais longe do que aqueles é porque estão assentados nos ombros deles. Menasseh e Vieira são homens da *tradição*.

Como observa Marcel Bataillon, a propósito de Vieira: "O horizonte para ele não se afasta diante do homem que avança porque o horizonte está fechado, é um porvir inteiramente previsto e predito. Portanto, por que surpreender-se que os modernos compreendam melhor as predições quando a realidade predita já 'estava ali'? 'Os futuros', diz Vieira, 'quanto mais vão correndo, tanto mais se vão chegando a nós e nós a eles.' Esses futuros da teologia da história não são contingentes, em certo sentido já estavam ali, como existiam os antípodas antes de serem conhecidos dos europeus".[24]

Mas uma outra diferença, claramente teológico-política, também separa Bacon de Menasseh e Vieira — Bacon, apesar de escrever a *Nova Atlântida*, de dar-lhe as características da Nova Jerusalém e do Paraíso Terrestre, de localizá-la em algum ponto ignorado, sabe que está escrevendo uma ficção. Embora seja um projeto no qual a Natureza é o laboratório onde se exerce a potência do homem renovado, a *Nova Atlântida* é uma obra literária. Ao contrário, para Vieira e Menasseh a Quinta Monarquia profetizada por Daniel é *real* e, mais do que isso, ela é inseparável da descoberta da América e do Brasil. Para ambos, América e Brasil não são apenas "novos céus e novas terras" que cumprem a profecia do alargamento da ciência e anunciam o milênio como era do Espírito; América e Brasil são *condição* e *parte integrante* do milênio, isto é, do último império de Daniel. Que para Vieira esse império seja Portugal e para Menasseh seja Israel é, aqui, uma diferença menor. O fundamental, que os aproxima, é dado por dois traços: em primeiro lugar, a profecia de Daniel é traduzida imediatamente em termos políticos — entre a abertura do livro dos segredos do mundo e a estátua de Nabucodonosor, escolhem a estátua; em segundo, a profecia de Daniel e as profecias de Isaías são examinadas por eles como fatos e provas, isto é, no detalhe mais minucioso (frase a frase, palavra a palavra) para que correspondam, sem nenhuma falha, à realidade.

Menasseh e Vieira, porque se julgam "pigmeus nos ombros de gigantes", acreditam que, se podem ver mais longe do que os antigos é porque estes, mais próximos da revelação originária, sustentam em seus braços os anões modernos. Como observa Bataillon, "por que surpreender-se se, para eles, os modernos compreendem melhor as profecias uma vez que a realidade profetizada já estava ali", desde o fundo de tempos imemoriais, no Livro? Grandes foram os que profetizaram. Pequenos os que sabem reconhecer a realização das profecias. Assim, para Menasseh e para Vieira, o adágio "a verdade é filha do tempo" significa que "o cumprimento da história está 'escrito', o melhor comentador das profecias é o tempo e não o entendimento dos homens; tempo que devém, mais do que advém".[25]

II.

De Colombo a Vieira, de Bacon a Newton, dos cabalistas de Castela a Menasseh ben Israel, dos anabatistas aos *levellers*, de Savonarola aos *quacres*, os séculos XVI e XVII são marcados por uma história intelectual, religiosa e política em que o profetismo, o milenarismo e o messianismo estão intensamente presentes. Reforma e Contrarreforma, protestantes e papistas, judeus e cristãos, jansenistas e jesuítas, cristãos sem igreja e alumbrados, racionalistas e místicos não cessam a interminável exegese desse livro infindável, a Bíblia. Uma voz, porém, destoa no conjunto. Seus ecos causam dissonâncias: Espinosa escreve o *Tratado teológico-político*, a mais demolidora interpretação moderna da Escritura, no qual a interpretação da figura de Daniel, comparada à de Isaías, é devastadora: camponês rústico, mentalmente fraco e confuso, Daniel é obscuro não pela profundeza de suas profecias, mas pela precariedade de sua condição social e psíquica, sobretudo quando comparado ao homem de corte, poeta culto e cultivado, Isaías.

Examinemos, pois, o que escreve Espinosa nos dois primeiros capítulos do *Tratado político* dedicados ao profetismo: o capítulo I "Da profecia", e o capítulo II "Dos profetas".

Antes de examinarmos os argumentos espinosanos desses capítulos, lembremos que, na tradição da filosofia judaica e da filosofia cristã, a profecia possui três traços principais. Ela é:

- um conhecimento especulativo que alcança a essência de Deus;
- um conhecimento revelado por Deus, seja diretamente, seja empregando intermediários (vozes, anjos, visões, sonhos);
- um conhecimento esotérico que exige interpretação pelos iniciados e especialistas.

A profecia é considerada a forma mais alta do conhecimento intelectual e um mistério tanto por seu conteúdo como pelas razões escolhidas por Deus para revelar-se a alguém.

Por seu turno, na tradição da filosofia judaica e da filosofia cristã, o profeta deve possuir três qualidades:

- alto desenvolvimento intelectual;
- grande vivacidade de imaginação;
- absoluta retidão moral.

Tanto na introdução ao *Tratado teológico-político* quanto em cartas, Espinosa esclarece os motivos que o levaram a escrever a obra:

1) distinguir e separar radicalmente filosofia e teologia, razão e revelação;

2) demonstrar que não há verdades especulativas na Escritura, mas ensinamentos morais e religiosos muito simples, ao alcance do vulgar e do crente, de sorte que, não contendo verdades especulativas, a Bíblia não nos oferece o conhecimento verdadeiro da essência e da potência de Deus e da Natureza, mas apenas garante à imaginação que Deus existe;

3) demonstrar que as contradições entre os textos proféticos contidos na Bíblia não são mistérios divinos, mas decorrem de causas psicológicas, históricas, culturais, linguísticas e políticas que podem ser resolvidas por um método histórico, crítico e filológico;

4) demonstrar que a Escritura não contém mistério algum e que as dificuldades para interpretá-la decorrem do desaparecimento da língua em que originalmente foi escrita, de desconhecermos as datas de composição dos textos, seus autores e destinatários, as circunstâncias da redação e a fortuna dos textos;

5) auxiliar aqueles que se sentem perplexos com as contradições entre filosofia e teologia e que poderiam filosofar livremente se não acreditassem que a razão deve subordinar-se à revelação e a filosofia, à teologia;

6) demonstrar que filosofia e teologia não são dois saberes diferentes, cada qual com seu campo próprio, mas que a teologia nada tem a ver com o conhecimento e o saber e sim com a política; é a forma privilegiada de suscitar o desejo de obediência, graças ao medo e à ignorância da massa e ao aparato de mistério e grandeza com que cerca o poder. A teologia é inútil para a fé e perigosa para a filosofia;

7) demonstrar que a democracia é o mais natural dos regimes políticos porque nela se realiza o desejo natural de cada um de governar e não ser governado e que ela possui um aspecto em comum com a teocracia, qual seja, em ambas o poder não pertence a nenhum indivíduo nem pode identificar-se com ele ou nele encarnar-se;

8) demonstrar que a liberdade de pensamento e a de expressão são essenciais à república e que um poder é violento quando: a) procura legislar o que não pode ser submetido a leis (como é o caso do pensamento); b) quando, pelas leis, procura fazer amar o que é odiado pelos cidadãos e fazer odiar o que é amado por eles, tornando-se execrado por todos; c) quando procura controlar e dominar não só os atos dos governados, mas seus espíritos, fazendo com que interiorizem como sua a vontade do governante; d) quando para se manter emprega, além da força, a corrupção e usa a guerra para afastar de si seus inimigos; e) quando expõe, pune, condena, tortura e mata os melhores cidadãos porque estes ousam criticá-lo e combatê-lo;

9) demonstrar que a superstição é o instrumento mais eficaz para o exercício da violência invisível (o medo, a servidão voluntária, julgar honroso morrer por quem nos domina e explora);

10) demonstrar que a teologia, exercício da autoridade espiritual, é o melhor instrumento para criar e manter a superstição e, portanto, a violência política.

Espinosa oferece uma definição extremamente simples de profecia: "Profecia ou revelação é o conhecimento certo de uma coisa qualquer revelada por

Deus aos homens". Portanto, todo aquele que receba uma revelação é profeta e como, em hebraico, profeta se diz *nabi* (orador ou intérprete), todo aquele que se apresenta como porta-voz ou intérprete de uma revelação é profeta, ou seja, aquele que interpreta para outros as coisas que Deus revela quando estes outros não têm conhecimento exato delas e precisam da fé para aceitá-las. O profeta é, pois, uma autoridade que garante ao fiel a conservação de sua fé.

Ora, diz Espinosa, não há diferença entre profecia e conhecimento natural, pois todo e qualquer conhecimento pela luz natural da razão depende do conhecimento que tenhamos de Deus, uma vez que Deus é a própria Natureza e que nossa mente é uma modificação ou uma expressão singular do pensamento divino. Assim, porque participamos do pensamento de Deus e Deus constitui a natureza de nossa mente, todo conhecimento natural é divino. Em suma, dizer que a profecia é o conhecimento de alguma coisa divina não a distingue de nenhum outro conhecimento e, do ponto de vista da certeza, não se pode dizer que o conhecimento profético seja mais certo do que o natural. Em outras palavras, profecia e conhecimento pela luz natural da razão não diferem pela causa, já que esta é a natureza da mente humana, a qual é parte do intelecto divino e do pensamento de Deus. Nos dois casos, o que a mente conhece é "revelado" por Deus. A diferença entre profecia e conhecimento natural, portanto, decorre apenas de que: 1) para aceitar uma profecia é preciso fé e a autoridade do profeta; 2) a profecia pode ultrapassar os limites do conhecimento intelectual. Dessa maneira, o profeta não é alguém excepcional e extra-humano, sua ação se realiza no interior da fé e a profecia vai além do que pode nossa razão ou a luz natural.

Espinosa prossegue dizendo que "visto que *atualmente já não existem profetas nem profecias*", tudo o que quisermos saber sobre o assunto terá de ser procurado no texto da Sagrada Escritura. O primeiro cuidado para ler o texto bíblico deve ser filológico e histórico-cultural, isto é, temos de conhecer a língua em que o texto foi escrito, e saber dos hábitos linguísticos e de pensamento dos hebreus, caso contrário, o texto será incompreensível ou misterioso. Assim, por exemplo, os hebreus não costumam mencionar causas particulares ou intermediárias dos acontecimentos, mas referem tudo o que lhes acontece e tudo o que acontece diretamente a Deus — vento de Deus, montanha de Deus, mão de Deus, espírito de Deus são expressões que indicam fatos ou coisas naturais cuja origem última é Deus, sem que isso signifique que Deus se encontra no vento, na montanha ou no espírito de alguém. Por isso, não é por lermos que Deus falou a alguém que ali há uma profecia, mas somente quando o texto explicitamente disser que essa fala é uma profecia.

Que diz o texto sagrado sobre a profecia?

Tudo o que Deus revelou aos homens, o fez por palavras e figuras ou por sonhos e fantasias, portanto, por meio de signos ou sinais, ou seja, por imagens dirigidas à percepção do profeta, ao seu corpo. Em outros termos, a profecia não é um conhecimento intelectual, mas imaginativo e a revelação se dirige à imaginação.* São sinais efetivos: vozes (como a voz que Moisés ouviu no Sinai); fantasias (como a voz que Samuel ouviu); devaneios e sonhos (como os de Daniel); visões (como os anjos enviados ao profeta; ou as imagens vistas por ele, como o carro de Ezequiel).

Estamos, porém, diante de um grave problema. Se Deus cria um signo para revelar-se, qual é o estatuto desse signo? É uma criatura. Mas como pode uma criatura dizer que ela é Deus? Quando se diz que a voz que falou a Moisés é Deus ou que a voz ouvida pelo povo é Deus, seria preciso dizer que Deus é uma criatura, o que é absurdo. Por outro lado, se a voz é Deus, se o sinal é Deus, se uma imagem é Deus, então é preciso dizer que Deus é corporal. Ora, a teologia afirma que Deus é incorporal, puro espírito e que, na profecia, o profeta recebe o "espírito de Deus". Ora, *todos* os textos proféticos afirmam que Deus se revelou por imagens (sons, figuras, sonhos). Portanto, ou o profeta conhece a verdadeira essência de Deus (e esta é corporal) e o teólogo não a conhece, ou o profeta só conhece a existência de Deus e apenas o teólogo conhece a essência (incorporal) de Deus. No entanto, visto que tudo o que um crente sabe de Deus o sabe por revelação, e visto que a revelação foi dada apenas ao profeta, o teólogo não tem de onde tirar nem como concluir que Deus é por essência incorporal. Se o fizer, não só vai além do que lhe é permitido (não respeita a revelação recebida pelo profeta), como ainda faz uma afirmação para a qual não possui fundamento e que desmente a própria profecia. Não só isso. A Escritura é dita sagrada porque é considerada revelada e, portanto, seu núcleo encontra-se nos textos proféticos, que são seu fundamento. Por conseguinte, do ponto de vista da fé é irrelevante

* Na linguagem da filosofia seiscentista, imaginação não é a fantasia criadora, mas o conhecimento por meio de imagens sensoriais. Imaginação significa o que, hoje, chamamos de percepção.

que a razão diga ser absurdo que Deus seja idêntico a uma criatura ou que a teologia julgue absurdo que Deus tenha corpo.

Sem dúvida, podemos conhecer Deus sem imagens, somente por meio de ideias e conceitos, em decorrência da relação de nossa mente com o intelecto divino, do qual somos uma parte finita, mas, nesse caso, não estaremos profetizando. Ademais, se houvesse uma inteligência que profetizasse empregando sinais, figuras, visões, mas ao mesmo tempo julgasse que tais signos não são corporais, essa não seria uma inteligência humana. Portanto, de duas, uma: ou o profeta é humano e Deus se comunica com ele por meio da imaginação, ou o profeta não é humano, e não sabemos o que fazer com os profetas cujas vidas bem humanas estão na Escritura. Na verdade, o que Espinosa afirma contra a tradição teológica (que concebe o profeta dotado de intelecto superior) é que para ser profeta não é preciso uma inteligência superior nem, muito menos, supra-humana, e sim uma imaginação muito viva.

Para prová-lo, Espinosa vai à filologia. Em hebraico, a palavra espírito (*ruagh*) significa: hálito, vento, respiração, ânimo, coragem, virtude, convicção, a alma — pode-se falar em "espírito elevado", por exemplo. Por outro lado, no hebraico se diz que "algo é de Deus" para referir-se a algo que é uma parte da natureza de Deus ou que lhe pertence, ou a algo que está sob o poder de Deus ou é a ele dedicado, ou ainda a algo transmitido por Deus, e, enfim, essa expressão é empregada para referir-se a tudo que é percebido como imenso, superlativo ou insólito. Assim, pode-se falar em "destruição de Deus" para uma catástrofe fora do comum, "flechas de Deus" para relâmpagos e trovões muito fortes, "milagre de Deus" para algo insólito ou maravilhoso. A expressão "espírito de Deus", empregada quando se fala na profecia, pode significar: um vento muito forte, uma montanha muito alta, um homem muito alto e forte, uma pessoa corajosa, uma pessoa de grande virtude. Dessa maneira, quando se lê que o profeta teve o "espírito de Deus" ou "está repleto do espírito de Deus", isso pode significar, simplesmente, que o profeta estava muito colérico, muito amedrontado, muito corajoso, muito eloquente. Via de regra, no texto bíblico, "espírito de Deus", aplicado ao profeta, significa apenas um homem dotado de grande virtude ou de grande piedade que percebe a intenção de Deus, ou seja, o espírito de Deus.

Se "espírito de Deus", no caso da profecia, significa "intenção de Deus", podemos delimitar o campo no qual a profecia ocorre: no das intenções divinas, isto é, das *leis*. A profecia se refere, portanto, exclusivamente à esfera das leis hebraicas: seu recebimento, sua observância, sua transgressão e as consequências daí decorrentes.

Se a profecia e o conhecimento natural têm ambos a mesma causa, isto é, Deus, e se a expressão "espírito de Deus" se refere a tudo que, sendo superlativo, insólito, amedrontador, não tem suas causas conhecidas, então o que os hebreus chamavam de profecia para indicar um conhecimento prodigioso nada mais é do que um conhecimento admirado cuja causa era desconhecida e, por parecer prodigioso, era diretamente atribuído a uma ação de Deus. Longe, portanto, de a profecia ser a mais alta forma do conhecimento especulativo de profundos mistérios, ela é um conhecimento natural imaginativo cuja causa é desconhecida. Por ser imaginativo, excede ou ultrapassa a razão ou o intelecto, não no sentido de lhes ser superior, mas, ao contrário, no sentido de precisar de recursos e suportes que não são necessários ao intelecto e à razão: parábolas, enigmas, sonhos. Porque é imaginativa (ou dependente de imagens vindas da sensação e da percepção), a profecia depende da força e duração das imagens corporais; estas, além de depender do estado do corpo do profeta, são velozes e fugazes e, por isso, o conteúdo de uma profecia tende a ser esquecido facilmente, donde as obscuridades e lacunas que caracterizam as falas e os relatos proféticos. Ou seja, lacunas e obscuridades não são sinais de mistérios especulativos ocultos na fala do profeta e que precisariam ser decifrados ou interpretados, mas simplesmente efeitos de um conhecimento por imagens.

Com extrema sutileza e astúcia, Espinosa começara sugerindo que a profecia seria superior ao conhecer pela luz natural (o intelecto) para concluir exatamente o contrário. E ele o faz sem recorrer a um único argumento teológico ou metafísico, mas apenas pela análise do sentido das palavras, expressões e costumes da língua hebraica. Dessa maneira, elimina as características que a teologia atribuíra à profecia, ou seja, a excepcionalidade metafísica e seu caráter esotérico e misterioso. O núcleo da argumentação é o de que a profecia conhece a existência de Deus, mas não conhece a essência divina e, como esta é idêntica à potência de Deus, a profecia também não conhece a potência divina. Ora, se não se pode dizer que Deus se revela no tempo e que o tempo é revelação da essência e da potência de Deus, então torna-se impossível uma teologia da história providencial, teofânica e epifânica.

O antropomorfismo e antropocentrismo que caracterizam a profecia, sua existência como um conhecimento cuja causa permanece desconhecida para o profeta e para os que o ouvem, e a retirada de suas qualidades especulativas e esotéricas para transformá-la em um tipo de narrativa imaginativa preparam a análise espinosana da figura do profeta.

O profeta não é portador de conhecimentos especulativos e científicos sobre as coisas naturais e espirituais. Não é filósofo, não é cientista e não é teólogo. Seus conhecimentos não são fundados em evidências racionais e conceituais, mas em certezas morais, baseadas em signos indicativos (vozes, sonhos, figuras, imagens, visões), na vivacidade de sua imaginação e no fato de estar sempre movido pelo sentimento do bem e da justiça. Dando a Deus qualidades e características humanas, frequentemente as do legislador, do juiz, do guerreiro, do dirigente, o profeta, desconhecendo a essência divina, tende a personificar Deus e dar-lhe qualidades psíquicas, particularmente paixões (cólera, ciúme, vingança, misericórdia, hesitação etc.) e, portanto, a imaginá-lo como dotado de um corpo semelhante ao humano, pois as paixões são afecções corporais que se exprimem na alma.

Por que variam tanto as profecias, tanto na forma como no conteúdo? Responde Espinosa: em primeiro lugar, porque a revelação está em consonância com as características do próprio profeta: seu temperamento, seu caráter, sua saúde ou doença, sua condição social. Isaías, letrado, homem de corte e cultivado, é um profeta completamente diferente de Daniel, camponês e rústico, psiquicamente frágil e pouco inteligente. Assim, o grau de dificuldade de conteúdo da profecia não depende dos mistérios que veicula, mas da capacidade do profeta para articular e relatar suas visões e sonhos, de sua erudição e eloquência. Por isso Daniel é incompreensível e Isaías, cristalino. "Deus não possui nenhum estilo peculiar de falar e, conforme a erudição e dotes do profeta, o estilo será requintado, lacônico, severo, rude, prolixo e obscuro."

Em segundo, visto que variam no tempo as circunstâncias vividas pelo povo, público ao qual o profeta se dirige, a profecia adapta-se aos costumes, opiniões e preconceitos do povo hebraico, nos diferentes momentos de sua história.

Em terceiro lugar, as profecias variam porque dependem dos conhecimentos de que dispunha o profeta: não se poderia exigir de Josué, excelente guerreiro, que também fosse astrônomo, ou que Abraão tivesse ideias sublimes e não rústicas e violentas sobre Deus.

Adaptadas às características psicológicas e sociais do profeta e de seus destinatários, a profecia possui conteúdo religioso (piedade), moral (justiça) e político (autoridade da lei). Dada, em geral, por homens rudes a outros homens rudes, é confusa para nós, mas certamente era compreensível para eles.

Quem é, pois, o profeta? O profeta é a figura política central da sociedade hebraica — legislador como Moisés e Ezequiel, reformador como Isaías, Jeremias e Samuel. Seu objetivo é impor a lei, forçar seu cumprimento, ameaçar com castigos a transgressão, rememorá-la nos tempos difíceis para manter a coesão política e social, torná-la instrumento de promessas de redenção e salvação do povo.

As profecias não são universais, nem sequer para o próprio povo hebraico. Não possuem sentido real para os cristãos, cuja lei é outra e não a da fundação e conservação do Estado hebraico e, por isso mesmo, os cristãos inventam interpretações alegóricas e metafóricas para textos que só podem ser compreendidos literalmente. O profeta é um líder, um chefe, um dirigente político (mesmo quando lhe parece difícil executar a tarefa, como no caso de Daniel). Produto da imaginação destinado à imaginação, a profecia não é conhecimento especulativo da essência de Deus, da Natureza e do homem, mas um princípio de organização sociopolítica próprio da teocracia. Eis por que só pode ter validade e sentido em uma teocracia e as profecias bíblicas só possuem significado e função para a sociedade hebraica. Trasladá-las para o universo cristão é resultado da ambição desmedida pelo poder, marca do teólogo e da teologia política, para a qual interessa a imagem de Deus-Pessoa transcendente, legislador, juiz e monarca do universo, separado do mundo, anterior e exterior a ele, espelho para o poder político como instância transcendente à sociedade, dela separado, anterior e exterior a ela, encarregado de unificá-la e torná-la indivisa pela ação de sua vontade. Donde o vínculo intrínseco que Espinosa estabelece entre teologia, monarquia, tirania e despotismo.

2. A instituição do campo político*

ONTOLOGIA DO NECESSÁRIO: A FILOSOFIA COMO CONTRADISCURSO TEOLÓGICO

Filosofia e teologia

Tendo notícia de que Espinosa se dedica ao estudo de "anjos, profecia e milagre", Oldenburg, secretário-geral da Royal Society, escreve-lhe dizendo que "pareces mais teologizar do que filosofar", mas logo ressalva: "certamente o fazes filosoficamente". Por seu turno, depois de haver lido os *Princípios da filosofia cartesiana*, o calvinista Blijenbergh endereça uma carta a Espinosa para que este lhe dirima dúvidas, garantindo-lhe que escreve ao filósofo movido apenas pelo impulso da busca sincera da verdade.

Oldenburg, após leitura do *Tratado teológico-político*, recusa a obra. Instado por Espinosa, envia-lhe o conjunto das objeções feitas pelos "cristãos razoáveis e sensatos" que só apoiarão o filósofo se este a corrigir nos pontos em que con-

* Este texto foi originalmente uma conferência no Simpósio França-Brasil do *Collège International de Philosophie*, de Paris, em 1988. Foi publicado na revista *Análise*, nº 11, 1989.

traria a revelação e a doutrina estabelecida. As objeções mostram que, afinal, Oldenburg, quando esperava que Espinosa "fizesse como filósofo", aguardava que este se portasse como teólogo.

Quanto a Blijenbergh, após a primeira resposta de Espinosa, mostra-se alarmado e declara seguir "duas regras gerais para filosofar": pela primeira, só admite como verdadeiro o que o intelecto reconhece como um conceito claro e distinto; mas, pela segunda, só admite o que concorda com o Verbo e a Vontade revelados por Deus, rejeitando até mesmo o que pareça verdadeiro ao intelecto. É de Pascal que Blijenbergh, sem o saber, se aproxima: "Nada há mais conforme à razão do que a reprovação da razão nas coisas que são da fé. E nada mais contrário à razão do que a reprovação da razão nas coisas que não são da fé. São dois excessos igualmente perigosos, excluir a razão e só admitir a razão".[1] "A primeira regra", prossegue Blijenbergh, "aplico-a como filósofo; a segunda, como cristão." A resposta de Espinosa é contundente: nada temos a nos dizer, escreve ele, pois "nenhuma demonstração, ainda que seguindo leis rigorosas, tem valor para ti, a menos que seja confirmada por alguma explicação atribuída às Escrituras por ti ou por algum teólogo que conheças".

A correspondência com Oldenburg e Blijenbergh indica que entre Espinosa e seus contemporâneos instala-se um mal-entendido profundo quanto ao "fazer filosoficamente". O mal-entendido não vem tanto do que entendem por filosofia — todos parecem admiti-la segundo os critérios da clareza e distinção intelectual, se cartesianos; ou segundo demonstrações empiricamente verificáveis, se baconianos —, e sim do que entendem por teologia. As objeções dos "cristãos razoáveis e sensatos" e a segunda regra de Blijenbergh têm um pressuposto preciso, qual seja, que filosofia e teologia são saberes, ainda que uma dependa da luz natural e a outra, da revelação. Assim, do lado baconiano, a teoria de Boyle sobre as verdades conformes à razão e à Natureza abriga uma teoria da dupla verdade na qual razão e revelação são compatíveis, exceto para as verdades *acima* da razão e que, não sendo jamais contrárias à Natureza, marcam a verdade da revelação, ainda que incompreensíveis para a razão. Do lado cartesiano, Malebranche diz haver dois tipos de espírito cujos humores são bastante diferentes: o dos devotos, que querem crer cegamente, e o dos filósofos, que querem tudo ver evidentemente. Raros são aqueles capazes do justo meio, que não buscam evidência nos assuntos da fé nem acreditam sem evidências em opiniões concernentes às coisas da Natureza. Esses raros espíritos, Malebranche, como Boyle, chama de "filósofos cristãos".

Ora, a leitura dos capítulos I, II e XV do *Teológico-político* mostra que para Espinosa a diferença entre filosofia e teologia passa por outro lugar. Pelos dois primeiros capítulos, profecia e conhecimento natural se diferenciam graças à distinção entre imaginação e intelecto, certeza moral e evidência racional, prática política e especulação. Assim, ao afirmar que o profeta conhece para além do que permite o intelecto, Espinosa não afirma que o *nabi* conheça as mesmas verdades que a razão, nem outras melhores e superiores, mas sim que a profecia é um conhecimento imaginativo que ultrapassa o que o intelecto permite conhecer e por isso fica *aquém* e não *além* do conhecimento verdadeiro. Isso não invalida a imaginação profética, uma vez que Espinosa deixa claro que o profeta não é teólogo, não pretende nenhum conhecimento especulativo — pois não há conteúdos especulativos nas Escrituras —, não quer conhecer a essência nem a potência de Deus, mas simplesmente aceita Sua existência e justiça, e pretende ser mensageiro e intérprete do que considera vontade divina, isto é, a Lei hebraica. Sua atividade é política e não especulativa. Não creiamos, porém, que disso se deva concluir que o teólogo seja um pensador especulativo. Com efeito, a teologia é definida pela tradição cristã como ciência supranatural ou sobrenatural, pois sua fonte é a revelação divina consignada na Sagrada Escritura. Ora, no capítulo XV, distinguindo entre filosofia e teologia, Espinosa afirma que por revelação (isto é, por imagens, signos indicativos e signos imperativos) não obtemos conhecimento verdadeiro da essência e da potência de Deus. Eis por que, desejando dar fundamentos racionais a essas imagens — "pois ninguém é tão louco que deseje expulsar a razão" —, o teólogo busca o apoio da luz natural e invoca a razão para, "depois de garantir por razões certas" a interpretação do que foi revelado, encontrar "razões para tornar incerta" a razão. Recorrendo à luz natural quando dela carece para impor o que interpreta e expulsando a razão quando esta lhe mostra a falsidade da interpretação ou quando já logrou a aceitação do seu ponto de vista, a ambiguidade teológica em face da razão desenha o lugar próprio da teologia: sistema de imagens com pretensão ao conceito e cujo escopo é obter, por um lado, o reconhecimento da autoridade do teólogo (e não da verdade intrínseca de sua interpretação) e, por outro, a submissão dos que o escutam, tanto maior se for conseguida por consentimento interior. O teólogo visa ao desejo de obedecer e de servir. Dessa maneira, torna-se clara a diferença entre filosofia e teologia. A filosofia é saber. A teologia, não saber, uma prática de origem religiosa destinada a criar e conservar autoridades pelo incentivo ao desejo de obediência.

Desconhecida pelo profeta — que não fala em seu próprio nome, mas em nome da lei —, inútil para a fé — pois esta se reduz a conteúdos muito simples e a poucos preceitos de justiça e caridade —, perigosa para a razão livre — que opera segundo sua necessidade interna autônoma —, a teologia não é apenas diferente da filosofia, mas a ela se opõe. Não há como atender aos "cristãos razoáveis e sensatos".

Documento histórico-político de um povo determinado, a Escritura, lemos no capítulo XIV do *Teológico-político*, legada a outros povos, não foi escrita para doutos, mas para a alma simples dos crentes, e seus relatos, em nada especulativos, procuram provocar espanto e admiração para assim obter obediência ou piedade. Por isso "nenhum comércio e nenhum parentesco pode haver entre filosofia e teologia, pois seus fundamentos e seus objetivos são inteiramente diferentes".

No entanto, se filosofia e teologia se opõem como liberdade e servidão, resta que a teologia ocupa um campo muito próximo ao da política que, como ela, também se refere à obediência e à autoridade. Eis por que a teologia, afastada do interior da filosofia, interessa ao filósofo e ao escritor político. Sob este aspecto, podemos considerar o *Teológico-político* a resposta espinosana à pretensão de judeus, católicos e protestantes de fazer da teologia o fundamento da teoria política. Basta, por exemplo, lermos o prefácio de Suárez ao *De Legibus ac de Deo Legislatore* para percebermos o alvo de Espinosa. Escreve Suárez:

> Mas a teologia [...] leva em consideração a própria lei natural enquanto esta se subordina à ordem sobrenatural e dela deriva maior firmeza. Além disso, considera o direito civil apenas como meio para determinar, em conformidade com uma ordem superior de regras, sua bondade e retidão, ou por sua declaração, em conformidade com os princípios da fé, as obrigações da consciência derivadas das leis civis. Além disso, a teologia reconhece e reclama como lhe sendo próprios os cânones sagrados e os decretos pontifícios, enquanto são obrigatórios para a consciência do ponto de vista da salvação eterna. Consequentemente com respeito a todos esses sistemas de lei, a teologia conduz uma investigação divinamente iluminada quanto às

> primeiras origens e aos últimos fins, isto é, indaga por quais meios tais sistemas se derivam do próprio Deus, no sentido de que o poder para estabelecê-los existe primariamente em Deus, fluindo Dele para os homens, seja por um curso natural, seja por um sobrenatural e sempre cooperando com eles e os influenciando. Finalmente, a teologia claramente revela o meio pelo qual todas as leis são padrões da ação humana relativamente à consciência e, assim, revela o quanto conduzem ao mérito ou ao demérito para alguém na vida eterna [...]. Assim, é do consenso dos teólogos que o estudo da lei tem a ver com a consideração da ciência sagrada enquanto concerne tanto à natureza essencial da lei em geral, como à sua divisão em várias espécies.[2]

A teologia, conhecimento das "primeiras origens e dos fins últimos", é o instrumento para a apreensão de uma ordem jurídica natural que flui sobrenaturalmente do poder divino para o curso natural das coisas, constituindo o direito natural objetivo e, como conhecimento das "leis que são padrões da ação humana", é o instrumento para determinar o mérito e o demérito das ações, isto é, sua conformidade ou não com o direito natural subjetivo, entendido como vontade racional de justiça. Donde, conclui Suárez, é "consenso dos teólogos" que o estudo da lei está fundado na "ciência sagrada" e esta, por seu turno, funda-se na Sagrada Escritura e no que dela disseram os doutores da Igreja. A teologia, portanto, define o direito natural (objetivo e subjetivo), dele infere a avaliação do direito civil, segundo respeite ou desrespeite o ordenamento divino e, por conseguinte, a ela se subordinam a ciência jurídica e a ciência política, enquanto ciências da luz natural. Suárez afirma, assim, a precedência *de jure* da teologia, como ciência especulativa, com relação à política, como ciência prática, uma vez que Tomás de Aquino já explicara que a razão especulativa deriva de si o conhecimento das próprias coisas, enquanto a razão prática apenas causa as coisas que conhece.[3]

Ora, o prefácio do *Teológico-político*, escolhendo como destinatário o leitor filósofo, afirma que se dirige àqueles que poderiam filosofar livremente, se não estivessem convencidos de que a filosofia deve submeter-se à teologia.[4] Além disso, na carta em que responde à preocupação de Oldenburg quanto a estar escrevendo sobre "anjos, milagres e profetas", Espinosa explica[5] que está a compor um tratado sobre a interpretação da Sagrada Escritura e que o faz por três motivos: contra os preconceitos dos teólogos, "que impedem os homens de filosofar livremente"; contra a opinião do vulgar, que o acusa de ateísmo; e, em defesa da liberdade de filosofar e "de dizer o que se pensa", contra a "excessiva autoridade dos pregadores".

Obra liberadora, o *Teológico-político* reencontra o Apêndice da Parte I da *Ética* quando Espinosa demarca o lugar do teólogo, apresentando-o como aquele que, "pretendendo dar mostras de seu engenho", inventou nova maneira de argumentar: o argumento "por redução à ignorância" (*reducendo ad ignorantiam*), pois, incapaz de determinar as causas eficientes reais de todas as coisas, procura explicar a realidade invocando o concurso de causas finais e, seguindo de causa em causa e de fim em fim, quando depara com a impossibilidade de completar uma cadeia finalizada interminável, deposita a causa de todas as causas na vontade insondável de Deus, que, portanto, nada mais é do que *asylum ignorantiae*, "asilo da ignorância". Essa peculiar invenção argumentativa, explica Espinosa, é duplamente determinada: por um lado, responde à imaginação do vulgar, que venera o que não compreende; por outro, responde à ambição dos teólogos, pois estes, cultivando o espanto e a admiração dos ignorantes, sabem que, "removida a ignorância, desaparece o espanto, isto é, o único meio de que dispõem para fazer valer argumentos e manter a autoridade".[6]

Se a vida política há de ser, como lemos no *Tratado político*, o espaço no qual os homens levem uma existência "propriamente humana", isto é, em paz, em segurança, em relativa concórdia e onde se realize o desejo de cada um de "governar e não ser governado", então, mesmo que essa existência seja passional e não definida pelos ditames da razão, é preciso que os homens saibam, pelo menos, os motivos passionais que os levam à obediência e cabe diferenciar a obediência produzida pela teologia e aquela nascida das leis da Cidade. A crítica da teologia e a recusa de aceitá-la, quer como saber especulativo, quer como fundamento da prática política, explica uma das mais espantosas inovações do *discurso político* trazida pela filosofia espinosana, isto é, que o texto político mais importante de Espinosa seja também seu texto ontológico mais importante, a Parte I da *Ética*, o *De Deo*.

Teologia política

Assentada sobre a transcendência da pessoa divina, a teologia cristã construiu o edifício jurídico-político do *imperium* como poder voluntário — "O que apraz ao rei tem força de lei" — e teocrático, porque provém diretamente de Deus por uma graça ou favor especial àquele que O representa enquanto *imago Dei* na terra. O governante é *rex Dei gratia*, rei pela graça de Deus. "Por mim reinam os reis e governam os príncipes", está dito nos Provérbios. "Todo poder vem do Alto", ecoam as Epístolas de Pedro e Paulo. Deus é *imperator mundi* porque teve o poder absoluto para tirar o mundo do nada e tem o poder para conservá-lo ou aniquilá-lo, mas sobretudo porque ocupa o lugar onde estão inscritas as marcas do verdadeiro poder, quais sejam, a separação e a transcendência. O governante terreno é *imperator* porque recebeu de Deus o poder para fundar o Estado, criando as leis, e porque, como Deus, seu poder o separa e o destaca da sociedade, pairando acima dela, *legibus solutus* e *a nemine judicatur*, pois, como autor da lei, está fora e acima das leis e não pode ser julgado por ninguém: *rex imperator in regno suo*, o rei é imperador em seu reino. Possui a *plenitudo potestatis*, ou seja, é plenipotenciário.

Numa formulação inspirada no neoplatonismo do Pseudo Dionísio Areopagita e na causalidade emanativa (em que o efeito flui ou emana diretamente da causa), a teologia política afirma que o poder é um favor divino que emana de Deus aos diferentes tipos de anjos, constituindo a hierarquia celeste, e ao governante terreno, do qual, numa cadeia de eflúvios, se propaga hierarquicamente em graus de comando decrescente, constituindo a hierarquia terrestre, cada um ocupando um lugar inamovível na cadeia de poderes do primeiro até o último grau, no qual não há poder nenhum: o servo, correspondente sociopolítico do último grau da hierarquia metafísica, isto é, a matéria informe e a treva. Essa concepção funda a teoria do direito natural objetivo segundo a qual o intelecto de Deus guia sua vontade e institui uma ordem jurídica natural em que os seres se distribuem por graus de perfeição e de poder, o superior detendo o sentido do inferior e o poder para submetê-lo. A boa sociedade política será, portanto, aquela que reproduz como ordem jurídica humana a ordem jurídica natural divina. Numa outra formulação complementar, inspirada em Aristóteles e suplementada por Cícero, a hierarquia é tomada segundo o modelo do lugar natural que, no plano da política, é definido pelos ofícios, isto é, pela hierarquia de cargos necessários à existência e conservação do reino. Nessa perspectiva, o Estado é concebido como corpo místico em que se distribuem as *dignitates* e os *officia* e no qual o rei é a cabeça, a nobreza, o peito e os membros superiores, e o povo, o baixo-ventre e os membros inferiores.

Em qualquer da formulações, no entanto, como tão bem analisou Marsílio de Pádua, a teologia política, fazendo uso da Doação de Constantino (pela qual o imperador secular entrega ao pontífice cristão os *regalia* — coroa, cetro, manto, anel e trono — e, com esse gesto, lhe dá a plenitude de poder, a *plenitudo potestatis*), tende a colocar o pontífice romano como primeiro grau da hierarquia e a considerar seu ofício o mais importante, condição de todos os outros, cabendo-lhe, mais do que ao rei, a designação de *legibus solutus* e *a nemine judicatur*.

A Cidade de Deus tem o *imperium* sobre a Cidade dos Homens não só em decorrência da Doação de Constantino, mas porque foi diretamente ordenada por Deus quando o Cristo enunciou o princípio petríneo das Chaves do Reino: "Tu és Pedro e sobre esta pedra edificarei a minha igreja e as portas do inferno não prevalecerão contra ela. O que ligares na terra será ligado no céu, o que desligares na terra será desligado no céu" (Mateus 16:19). Princípio desencadeador de um primeiro conflito no interior da própria Cidade de Deus, pois se em Mateus 16:19 garante-se que o poder das Chaves foi dado a Pedro, a partir de Mateus 18:18[7] é possível concluir que foi dado a todos os apóstolos, donde a interminável disputa: quem tem as Chaves do Reino, o pontífice ou o concílio? Disputa que se espraia para a relação entre os dois Reinos: o poder das Chaves se estende também sobre o poder secular ou se restringe à *congregatio fidelium*, a Igreja? A *plenitudo potestatis* e o princípio petríneo, sob formas e circunstâncias variadas, respondem por todos os conflitos políticos da cristandade e por todas as teorias que, de alguma maneira, tentaram resolvê-los definindo a separação dos poderes e discutindo a quem caberia o *jus circa sacra* e o *jus circa humanas leges*, isto é, o direito sobre as coisas sagradas e o direito sobre as leis humanas.

Ora, sobre as inúmeras formulações cristãs, ortodoxas ou heréticas, católicas ou protestantes, medievais ou modernas, prevalece uma mesma concepção de Deus sem a qual a política não consegue ser pensada. É ela que interessa a Espinosa, muito mais do que as diferentes concepções políticas que, de resto, ele não menciona nem examina, com exceção daquela que serve de suporte a todas as outras, a teocracia hebraica.

Dotado de intelecto e vontade, Deus é Pessoa, tal como esta é definida pelo Direito Romano, e Pessoa trina, como afirma o credo de Niceia. Como pessoa, é sujeito de direito, proprietário de seu *dominium*, o mundo. O governante terreno, pessoa régia, é proprietário de seu *patrimonium*, o reino (é marido da terra, filho da justiça e pai da lei). Imagem de Deus, mas humano, é *imago Christi* e, portanto, como Cristo, é pessoa dupla dotada de duas naturezas ou de dois corpos: seu corpo natural, finito e mortal, e seu corpo político, místico e imortal. O Estado, encarnado no governante, dirão os teólogos medievais e modernos, é *persona mystica* e a política é teocrática.

Mesmo quando a teologia recorre a Aristóteles para atenuar a natureza sombria do poder teocrático como fazem os oponentes do agostinismo político, ao introduzir a política como efeito da lei natural e do direito natural subjetivo, que mandam realizar a justiça ou concretizar o sentimento natural do bom e do justo, sentimento próprio de todo ser racional dotado de vontade, a *personalitas* divina permanece como fundamento último do *imperium*, não só porque, como se lê nos Provérbios, "todo poder vem do Alto/ Por mim reinam os reis e governam os príncipes", mas também porque as leis naturais, que levam a Natureza a exigir a instauração do bem comum por meio da comunidade política, decorrem das leis divinas eternas reveladas e, portanto, de uma legislação transcendente, que comanda do exterior o surgimento e a avaliação dos regimes políticos. Em outras palavras, a sociedade cristã possui dois legisladores e duas leis, toda dificuldade estando em conciliá-las, submetendo uma delas (a humana) à outra (divina e natural). Ainda que o Estado possa deixar de ser definido, à maneira teocrática, como *persona mystica*, não deixará de ser *persona*: torna-se, com Ockham e Suárez, *persona ficta*, ou, como dirão os teóricos protestantes, seguindo Althusius, *persona symbiotica* — pessoa moral e artificial, ou personalidade coletiva. Em outras palavras, a plenitude de poder (ou o que, mais tarde, receberá o nome de soberania absoluta) é inseparável da definição jurídica da pessoa, entendida como proprietária legítima do *imperium*, do *dominium* e do *patrimonium*.

A partir da personalidade de Deus, seja qual for a formulação proposta pela política cristã, seu quadro de referências impõe três questões que não podem deixar de ser respondidas. A primeira delas concerne à origem do poder; a segunda, à sua legitimidade, e a terceira, à sua qualidade. O poder desce diretamente da vontade de Deus ao governante, ou lhe é conferido pela mediação dos que detêm o *jus circa sacra* (papa, concílios, sínodos, magistrados cristãos que são fiéis ao modelo dos antigos Juízes de Israel)? Ou nasce da implantação da lei divina na alma humana, por intermédio do direito natural subjetivo entendido como direção da reta razão e do senso de justiça, e do princípio da *lex regia* romana, segundo o qual o *populus*,[8] enquanto Voz de Deus, constitui o governante como *princeps*, isto é, como o primeiro dos cidadãos? A segunda questão indaga: um poder é legítimo apenas por sua fonte ou também pelas qualidades morais e ações do governante? É possível um bom-poder ou um bom-governo num príncipe não cristão ou num príncipe cristão moralmente vicioso? Se todo poder vem de Deus, direta ou indiretamente (no caso de ser instituído pela *vox populi, vox Dei*), pode-se resistir ao mau-governo ou derrubar um tirano? Resistir-lhe ou derrubá-lo não seria resistir a Deus e lutar contra Ele? Mas, se foi posto no poder pela *vox Dei*, visto que a *lex regia* afirma que ninguém pode dar o que não tem, então o poder de Deus está no povo e não teria este o direito de derrubar o tirano, visto que a *lex regia* garante o princípio *vis repellit vim* (a força repele a força)? A terceira questão, por fim, indaga: qual o melhor regime político? Como reconhecer a vontade divina no momento da escolha da forma política para que seja constituído o bom regime? A razão é suficiente para isso ou requer uma graça especial, que lhe confira um saber capaz de decifrar, seja no livro da obra divina, a Natureza, seja no livro da palavra divina, a Bíblia, a vontade de Deus? Essas três questões refluem para uma outra, concernente à origem da própria lei: se a Cidade só está constituída quando legislada, quem é o legislador: o príncipe ou o pontífice? o rei ou o *populus*? o governante, o *populus* ou os doutos e sábios, que são poucos?

Partindo dessa última questão, a teologia a responde em favor dos doutos e sábios (graças à distinção entre razão especulativa e razão prática, e entre agente e artífice).[9] Consequentemente, dá a si mesma o direito e a autoridade para responder às três outras questões, alega imitar o paradigma do antigo profeta hebraico e do jurista romano, e passa a determinar por sua própria conta a natureza do bom poder, sua origem, sua boa forma, sua legitimidade, a partir da personalidade divina como intelecto e vontade transcendentes. Dessa maneira, torna-se teologia política, cuja justificativa plena está perfeitamente explicitada no texto de Suárez, que mencionamos acima. Assentada sobre a ideia de revelação e sobre o preceito romano da autoridade da *antiquitas*, que lhe permite usar os fundamentos jurídicos do Direito Romano e da lei hebraica, a teologia política alimenta a superstição e é alimentada por ela.

Que vínculo secreto une superstição e teologia política? Haverá, aliás, teologia que não seja política? A resposta exige, primeiro, que descubramos a causa da superstição.

> Se os homens pudessem, em todas as circunstâncias, decidir pelo seguro, ou se a fortuna se lhes mostrasse sempre favorável, jamais seriam vítimas da superstição. Mas, como se encontram frequentemente perante tais dificuldades que não sabem que decisão hão de tomar, e como os incertos benefícios da fortuna que desenfreadamente cobiçam os fazem oscilar, a maioria das vezes, entre a esperança e o medo, estão sempre prontos a acreditar seja no que for. [...] Até julgam que Deus tem aversão pelos sábios e que seus decretos não estão inscritos em nossa mente, mas sim nas entranhas dos animais, ou que são os loucos, os insensatos, as aves, quem por instinto ou sopro divino os revela. A que ponto o medo ensandece os homens! O medo é a causa que origina e alimenta a superstição, [...] os homens só se deixam dominar pela superstição enquanto têm medo; todas essas coisas que já alguma vez foram objeto de um fútil culto religioso não são mais do que fantasmas e delírios de um caráter amedrontado e triste; finalmente, é quando os Estados se encontram em maiores dificuldades que os adivinhos detêm o maior poder sobre a plebe e são mais temidos pelos reis.[10]

Ora, prossegue Espinosa, se o medo e a esperança, fazendo o ânimo balouçar na incerteza ou contingência dos males e dos bens, são a causa da superstição, três conclusões se impõem. A primeira é que todos os homens estão naturalmente sujeitos a ela, e não, como afirmam os teólogos, porque teriam uma ideia confusa da divindade, pois, ao contrário, a superstição não é efeito e sim causa da ignorância a respeito da deidade. A segunda é que ela deve ser extremamente variável e inconstante, uma vez que variam as circunstâncias em que se tem medo e esperança, variam as reações de cada indivíduo às mesmas circunstâncias e variam os conteúdos do que é temido e esperado. A terceira é que só pode ser mantida ou permanecer mais longamente se uma paixão mais forte a fizer subsistir, como o ódio, a cólera e a fraude. Facilmente os homens caem em todo tipo de superstição. Dificilmente persistem durante muito tempo numa só e na mesma. Se nada é mais eficaz do que a superstição para dominar as massas, nada é mais difícil do que estabilizá-la:

> Por isso é que estas [as massas] são facilmente levadas, sob a capa da religião, ora a adorar os reis como se fossem deuses, ora a execrá-los e a detestá-los como se fossem uma peste para todo o gênero humano. Foi, de resto, para prevenir esse perigo que houve sempre o cuidado de rodear a religião, fosse ela verdadeira ou falsa, de culto e aparato, de modo a que se revestisse da maior gravidade e fosse escrupulosamente observada por todos.[11]

Vária e tumultuada, a superstição ancora-se na crença em um poder para o qual não há, por definição, ancoradouro: a caprichosa fortuna. O desejo imoderado de bens e o medo infindável de males exprimem uma experiência que se realiza sob o signo da contingência, portanto, de tudo quanto se escapa ao poder dos homens. Na medida em que bens e males parecem não depender dos humanos e estes desconhecem as causas necessárias das coisas, dos acontecimentos e de seus próprios sentimentos e ações, não há como impedi-los de acreditar no poderio da fortuna e de entregar-se a ele. A religião é a prática humana para suportar a contingência; a teologia, a teoria imaginária da fortuna, ora chamada de vontade de Deus, ora de providência divina.

Oficiantes dos cultos, senhores da moralidade dos crentes e dos governantes, intérpretes autorizados das revelações divinas, os sacerdotes buscam fixar as formas fugazes e os conteúdos incertos das imagens de bens e males e das paixões de medo e esperança. Oradores nos púlpitos, disputadores nas cátedras, teóricos nas antecâmaras do poder, censores do pensamento e da palavra, os teólogos realizam na teoria o que os sacerdotes realizam na prática, reduzindo a fé a crendices e preconceitos:

> E que preconceitos estes, que de racionais transformam os homens em irracionais, que lhes tolhem por completo o livre exercício da razão e a capacidade de distinguir o verdadeiro do falso, parecendo expressamente inventados para apagar em definitivo a luz do entendimento! A piedade, ó Deus imortal, e a religião consistem em mistérios absurdos e são os que condenam em absoluto a razão, os que têm aversão e rejeitam o entendimento como coisa corrompida por natureza, são esses, suprema iniquidade, que passam por possuir a luz divina![12]

Ora, lemos no capítulo IV, "o intelecto é a melhor parte de nosso ser" e aperfeiçoá-lo é nosso maior interesse e maior bem. Visto que sem Deus nada existe nem pode ser concebido, pois ele é a causa das essências, existências e operações de todas as coisas, aperfeiçoar nosso intelecto é fazê-lo alcançar o conhecimento de Deus, do qual dependem todos os nossos conhecimentos. Uma vez que todas as coisas da Natureza envolvem e exprimem a ideia de Deus, "quanto mais conhecemos as coisas naturais, maior e mais perfeito conhecimento adquirimos de Deus" e de nós próprios. Por conseguinte, aqueles que, em nome de mistérios e absurdos religiosos, "condenam a razão" e "têm aversão e rejeitam o intelecto como coisa corrompida por natureza", são inimigos do pensamento, contrários ao nosso maior bem, o conhecimento verdadeiro, e ignorantes de que, como toda coisa natural, nosso corpo e nossa mente são expressões singulares finitas de atributos divinos. Nossa mente é expressão singular do atributo infinito do pensamento, e ela é, como ele, uma potência para pensar a partir de sua própria força interna, de seu poder espontâneo para conceber e encadear ideias verdadeiras. Nosso intelecto, diz o *Tratado da emenda do intelecto*, é *vis nativa*, força natural inata para o livre exercício do conhecimento. Se pensar é entregar-se ao trabalho espontâneo do intelecto, que encontra em si mesmo o caminho para as ideias e suas conexões necessárias, então, saber é pensar livremente. Um saber que despreze ou deplore a razão e que procure certezas decretadas do exterior não pensa propriamente, e sim imagina. E imagina segundo um critério preciso, o da autoridade externa incontestável e inabalável que lhe diz o que "pensar". Obediente à autoridade como princípio do conhecimento, a teologia é causada pela crença cega na obediência e por isso mesmo também só pode causar obediência. Consequentemente, não é casual que tenha laços fortes com o poder monárquico (seja este monarquia eclesiástica ou monarquia secular). Ambiguamente, nasce para fortalecer um tipo de poder — o monárquico, que lhe solicita fundamentos teocráticos —, mas, pouco a pouco, incorporando-se nela, esse mesmo poder a transforma em instituição social e, ao fazê-lo, acaba por consolidá-la como um novo poder. Assim consolidada, passa a exigir do poder monárquico, que lhe pedira força teocrática, que ele lhe dê força também, e começa a rivalizar com ele. Transformada em disputa teórica, a teologia rivaliza com a filosofia e, transformada em instituição social, rivaliza com o poder político, ao qual ofereceu fundamentos de legitimidade e estabilidade.

Poderíamos, no entanto, indagar: por que, numa sociedade *cristã*, a teologia não haveria de ser a fonte legítima de estabilidade do poder, oferecendo os fundamentos da cidade ordenada por Deus aos homens? Duas razões oferecidas por Espinosa explicam por que não podemos responder afirmativamente a essa pergunta. A primeira, proveniente do método espinosano de interpretação da Bíblia, mostra que

> podemos compreender facilmente a Escritura e estar seguros de seu verdadeiro sentido, no que concerne a ensinamentos morais, a partir de dados históricos que é possível obter sobre ela. O ensinamento da verdadeira piedade exprime-se, com efeito, por palavras as mais correntes, porquanto é extremamente comum, simples e fácil de entender [...] é evidente que podemos sem dúvida atingir o conteúdo da Escritura no que toca às coisas salutares e necessárias para a beatitude. Também não temos que nos inquietar com o resto, já que, não podendo a maioria das vezes abraçá-lo pela razão e pelo intelecto, é mais um problema de curiosidade do que de utilidade.[13]

Em outros termos, o conteúdo da verdadeira devoção para um cristão piedoso está exposto com simplicidade e clareza na Escritura, sendo imediatamente acessível a todos os homens e, portanto, ao governante e aos cidadãos de uma sociedade cristã. O teólogo, como intérprete abalizado, de cuja mediação dependeria o conhecimento dos decretos divinos para a instituição da Cidade, é dispensável e mesmo inútil.

A segunda razão decorre da primeira: se tudo quanto há de universal na Bíblia é direta e imediatamente compreendido por todos, nenhuma teologia pode ter a pretensão de ir mais longe na universalidade e, por conseguinte, o ensinamento teológico é sempre particular e sectário, o teólogo nada mais fazendo senão impor sua própria autoridade e, com isso, semeando discórdia, dissensões e lutas sem fim na sociedade. Nada preocupa menos o vulgar do que viver segundo o ensinamento da Sagrada Escritura, escreve Espinosa, e quase todos querem fazer passar suas invenções por palavra de Deus, não pretendendo senão, sob pretexto de religião, forçar os outros a pensar como eles. Boa parte dos teólogos, prossegue ele, cuidou em descobrir como extorquir dos Livros Sagrados suas próprias ficções e arbitrariedades, corroborando-as com a autoridade divina. Com isso, "nada fazem com menor escrúpulo e maior temeridade do que a interpretação da Escritura ou da mente do Espírito Santo". Não só isso. Se nesse labor algo os aflige,

> não é o temor de atribuir ao Espírito Santo algum erro e de se afastar do caminho da salvação, mas sim que outros os apanhem em erro e, desse modo, tenham sua autoridade calcada pelos pés dos adversários e sejam alvo de escárnio. Porque, se os homens fossem sinceros quando falam da Escritura, outra seria sua regra de vida: suas mentes não andariam agitadas com tanta discórdia, não se combateriam uns aos outros com tanto ódio, nem seriam arrastados por um tão cego e temerário desejo de interpretar as Escrituras e de inventar coisas novas na religião.[14]

Se o *Teológico-político* destrói as pretensões teológicas, demonstrando que a teologia é um não saber cujo escopo é conseguir a obediência dos fiéis à autoridade do próprio teólogo, sendo por isso mesmo inútil para a fé, perigosa para a política e prejudicial para a filosofia, a Parte I da *Ética*, ou o *De Deo*, por sua vez, destrói o fundamento último da teologia política ao despersonalizar Deus e concebê-lo como substância única absolutamente infinita e causa eficiente imanente do universo.

A ontologia do necessário

O *De Deo* não é, explicitamente, um texto político. Todavia, porque nele acompanhamos a mais incisiva demolição do imaginário teológico, nele encontramos a demolição dos alicerces do poder teológico-político e, por conseguinte, as condições para a determinação do campo político sem as balizas da teologia.

Espinosa parte de dois conceitos muito precisos: o de *causa de si* (*causa sui*) e o de *substância* (*substantia*). É causa de si o ser cuja essência só pode ser concebida existente, isto é, cuja essência é sua própria existência. É substância o ser que é causa de si, ou seja, existe em si e por si mesmo, é concebido em si e por si mesmo e sem o qual nada existe nem pode ser concebido. Uma substância, portanto, não é, como supunha a tradição, o sujeito de inerência de predicados (essenciais e acidentais), por meio dos quais possa ser concebida, mas é a existência em si e a inteligibilidade por si. Toda substância é substância por ser causa de si (isto é, sua essência é autoposição de sua existência ou, como explica Espinosa, sua existência segue necessariamente de sua essência) e, ao causar-se a si mesma, causa a existência e a essência de todos os seres do universo. A substância é, pois, o absoluto.

Causa de si inteligível em si e por si mesma, a essência de uma substância absoluta é constituída por infinitos atributos infinitos em seu gênero, isto é, por infinitas ordens de realidade infinitas e simultâneas, sendo por isso uma essência infinitamente complexa e internamente diferenciada em infinitas ordens de realidade infinitas. Existente em si e por si, inteligível em si e por si, essência absolutamente complexa, a substância é absolutamente infinita e potência absoluta de autoprodução (pois é causa de si) e de produção de todas as coisas (pois é causa eficiente da essência e existência de todas elas). A existência e a essência da substância são idênticas à sua potência ou força infinita para existir em si e por si, para ser internamente complexa, para ser concebida por si mesma e para fazer existir todas as coisas.

Ora, se uma substância é o que existe por si e em si pela necessidade de sua própria essência e pela força de sua própria potência, que é idêntica à sua essência, e se esta é a complexidade infinita de infinitas ordens simultâneas de realidade internamente diferenciadas, torna-se evidente que só pode haver uma única substância, caso contrário teríamos que admitir um ser absolutamente infinito limitado por outro ser absolutamente infinito, o que é absurdo. Por conseguinte, não há nem pode haver substâncias criadas (pois a substância é causa de si) nem substâncias finitas (pois a substância é necessariamente infinita). Há, portanto, uma única e mesma substância constituindo o universo inteiro e essa substância é eterna, não porque contenha o começo e o fim dos tempos, mas porque é ausência de tempo, pois nela existir, ser e agir é um só e o mesmo. *Essa substância é Deus.*

> Deus, ou seja, a substância que consta de infinitos atributos, cada um dos quais exprime uma essência eterna e infinita, existe necessariamente. (*E*, I, P11)

> Afora Deus, não pode ser dada nem ser concebida nenhuma substância. (*E*, I, P14)

Eterno, o ser absolutamente infinito ou a substância é livre, pois a liberdade não é escolha voluntária de um possível entre possíveis contrários, mas o agir apenas pela necessidade de sua própria natureza sem constrangimento algum (seja o de um intelecto determinando uma vontade, seja o de uma vontade determinando um intelecto, seja de um fim que guia um intelecto e uma vontade). A livre potência da substância absolutamente infinita, ou da causa de si, ao causar-se a si mesma, porque sua existência flui necessariamente de sua própria essência, faz existir todas as coisas singulares que a exprimem porque são seus efeitos imanentes. Se, pois, como demonstra Espinosa, "Deus é causa imanente de todas as coisas, e não causa transitiva delas" (*E*, I, P18), isso significa, em primeiro lugar, que, diversamente da causa eficiente transitiva, na qual um ser recebe o nome de causa apenas no momento em que produz o efeito, a substância, como causa de si e causa eficiente imanente, tem sua essência definida por sua causalidade ou por sua potência de agir; e, em segundo, que a substância não se separa de seus efeitos ao produzi-los, mas exprime-se neles de maneira certa e determinada. Consequentemente, Espinosa demonstra que no mesmo sentido em que Deus é causa de si deve ser dito causa eficiente imanente de todas as coisas, pois da liberdade de sua natureza absolutamente infinita seguem necessariamente todas as coisas. É preciso, então, concluir necessariamente que há apenas duas maneiras de ser e de existir: a da substância e seus atributos (existência em si e por si) e a dos efeitos imanentes da substância (existência em outro e por outro). A esta segunda maneira de existir, Espinosa dá o nome de *modos da substância.* Os modos ou modificações são efeitos imanentes necessários produzidos pela potência dos atributos divinos.

> Tudo o que é, é em Deus, e sem Deus nada pode ser nem ser concebido. (*E*, I, P15)

> Da necessidade da natureza divina devem seguir infinitas coisas de infinitas maneiras, isto é, tudo o que pode cair sob um intelecto infinito. (*E*, I, P16)

> Deus não é apenas causa eficiente da existência das coisas, mas também da essência delas. (*E*, I, P25)

À substância e seus atributos, enquanto atividade infinita da causa eficiente imanente que produz a totalidade do real, Espinosa dá o nome de *Natureza Naturante.* A totalidade dos modos produzidos pelos atributos, ou dos efeitos imanentes da ação dos atributos, é designada por ele com o nome de *Natureza Naturada*. Esta é constituída por modificações infinitas dos atributos substanciais, isto é, as leis universais necessárias do mundo material e as leis necessárias de produção e encadeamento das ideias que apreendem o sentido e a ordem das leis materiais — e por modificações finitas —, isto é, as coisas singulares. Por que a *Natureza Naturante* é imanente aos seus efeitos e porque a *Natureza Naturada* é imanente à sua causa, compreende-se a célebre expressão: *Deus sive Natura*, "Deus, ou seja, a Natureza".

> Deus age somente pela necessidade de sua natureza, sem ser constrangido por ninguém. (*E*, I, P17)

> Tudo quanto segue da natureza absoluta de qualquer atributo de Deus deve ter existido sempre e ser infinito, ou seja, é eterno e infinito pelo mesmo atributo. (*E*, I, P21)

> O que segue de qualquer atributo de Deus, enquanto é modificado por uma modificação que, em virtude do mesmo atributo, existe necessariamente e como infinita, deve existir necessariamente e ser infinito. (*E*, I, P22)

> Todo modo que existe necessariamente e é infinito deve ter seguido necessariamente ou da natureza absoluta de qualquer atributo de Deus, ou de qualquer atributo afetado de uma modificação que existe necessariamente e é infinita. (*E*, I, P23)

> A essência das coisas produzidas por Deus não envolve a existência. (*E*, I, P24)

A potência absolutamente infinita, que é autoposição da substância ou causa de si, causa livre (porque age exclusivamente pela necessidade de sua natureza), causa por si (porque produz o efeito exclusivamente por sua natureza), causa primeira (porque incondicionada), causa principal (porque age por sua própria força sem carecer de outras causas auxiliares), causa universal (porque produz a essência e existência de todas as coisas), causa única (porque não carece de causas intermediárias para a produção dos efeitos) e causa eficiente imanente (porque não se separa dos efeitos, mas neles se exprime e eles a exprimem), é também posição da inteira ordem necessária da Natureza, portanto, da ordem e conexão das essências e das existências de todas as coisas singulares finitas que, pela potência dos atributos e dos modos infinitos, são determinadas a ser, existir e operar de maneira certa e determinada, não podendo determinar-se nem indeterminar-se por si mesmas.

> Uma coisa que é determinada a operar algo foi necessariamente determinada a isso por Deus; e a que não for determinada por Deus não pode determinar-se por si própria a operar. (*E*, I, P26)

> Uma coisa que é determinada por Deus a operar algo não pode tornar-se a si própria indeterminada. (*E*, I, P27)

> Qualquer coisa singular ou, por outras palavras, qualquer coisa que é finita e tem existência determinada, não pode existir nem ser determinada a operar se não for determinada a existir e a operar por outra causa, a qual é também finita e tem existência determinada; e, por sua vez, esta causa também não pode existir nem ser determinada a operar se não for determinada a existir e a operar por outra causa, a qual também é finita e tem existência determinada, e assim indefinidamente. (*E*, I, P28)

Tudo está determinado e nenhuma coisa singular pode determinar-se a si mesma a existir nem pode indeterminar-se, depois de haver sido determinada em sua essência e existência. A ordem necessária da Natureza é o nexo infinito das causas, numa cadeia de determinações necessárias postas pela essência e pela potência dos atributos divinos e pelas operações dos modos infinitos. Donde o enunciado da proposição I, P29:

> Na Natureza nada há de contingente; antes, tudo é determinado pela necessidade da natureza divina a existir e a operar de maneira certa. (*E*, I, P29)

Espinosa demonstra que tudo o que é segue necessariamente da essência e potência de Deus. Isso significa, em primeiro lugar, que o mundo (ou a Natureza Naturada) não é criado *ex nihilo*, mas é expressão eterna, necessária e determinada do ser absolutamente infinito porque segue da necessidade da natureza desse ser. Afastando a imagem da criação do mundo a partir do nada, Espinosa afasta o pressuposto que sustenta a teologia da Criação: a ação voluntária de Deus que, por ser voluntária, é contingente ou, como claramente explicara Duns Scotus, "uma causa inteligente é voluntária e uma causa voluntária causa contingentemente". A imagem da contingência do mundo é inseparável da imagem da personalidade divina, isto é, de um deus dotado de intelecto e de vontade, que escolhe criar este mundo entre infinitos mundos possíveis. Em outras palavras, o mundo é fruto de uma decisão contingente porque o possível antecede o real. A teologia da contingência é inseparável da metafísica do possível.[15]

A imagem da contingência é afastada criticamente por Espinosa pela recusa dos elementos constitutivos da imagem de Deus. Essa recusa se realiza em dois movimentos argumentativos, que constituem o processo de desantropomorfização e despersonalização de Deus: no primeiro, Espinosa afasta o intelecto e a vontade como atributos da substância; no segundo, desfaz a separação entre potência (*potentia*) e poder (*potestas*) de Deus.

Espinosa afirma que a essência e existência de todas as coisas *seguem necessariamente* da *natureza* de Deus ou da *livre necessidade* de sua potência. O emprego do verbo "seguir" e da palavra "natureza" indicam, por si mesmos, que a imagem da ação inteligente voluntária foi afastada, pois a tradição teológica estabelecera uma oposição entre *natura* e *voluntas:* a primeira é o que causa necessariamente um efeito, enquanto a segunda é o que o causa contingente e livremente. Por seu turno, o emprego da expressão "livre necessidade" indica que está desfeita a oposição entre o necessário e o livre, pois este não se articula a uma vontade. Embora o vocabulário espinosano seja indicador das subversões conceituais, Espinosa demonstra o que sua linguagem mostra. Demonstra que: 1) o intelecto e a vontade não são atributos de Deus; 2) o intelecto é um modo do atributo pensamento (modo que pode ser infinito ou finito); e 3) a vontade não se distingue do intelecto, pois este é a ação de afirmar ou negar uma ideia, ação que a tradição atribuíra à vontade. Eis por que a causalidade divina é demonstrada como causalidade eficiente ou ativa — Espinosa emprega, neste caso, o verbo *agere,* escrevendo "Deus age" —, e como relação lógico-matemática entre um princípio e sua consequência — Espinosa emprega, neste caso, o verbo *sequor,* escrevendo "da natureza de Deus segue". A realidade é a ação da substância e o que segue necessariamente da essência dela. Assim, a relação entre

Deus e as coisas não é apenas a da necessidade que preside a produção delas, mas é ainda a da necessidade lógica que lhes confere inteligibilidade absoluta. Dessa maneira, Espinosa demonstra a necessidade e inteligibilidade da causa (isto é, da potência divina) e a necessidade e inteligibilidade dos efeitos (isto é, da essência e existência de todas as coisas).

No segundo movimento, a desconstrução do imaginário teológico culmina nas duas últimas proposições da Parte I: na proposição I, P35, que demonstra que a potência e o poder de Deus são o mesmo, afastando a tradição que supunha uma distinção entre a *potentia* (a força da essência) e a *potestas* (a faculdade livre para usar ou deixar de usar a *potentia*), distinção que assegurava que a ação divina poderia ser contingente, pois ele poderia ou não usar sua potência; e na proposição I, P36, que demonstra que tudo o que existe está determinado necessariamente a produzir efeitos necessários, de sorte que as coisas finitas ou os modos singulares finitos estão articulados em ordens e conexões causais necessárias que afastam a contingência também em suas operações e ações.

Acerquemo-nos das proposições que demolem as imagens teológicas de Deus e consolidam a ontologia espinosana como ontologia do necessário.

Na proposição I, P17, Espinosa articula intrinsecamente os conceitos de causa necessária — o primeiro corolário da proposição afirmando que Deus age apenas segundo a perfeição de sua natureza — e de causa livre — o segundo corolário da mesma proposição afirmando que Deus age apenas segundo a necessidade de sua natureza. Por seu turno, o escólio realiza a crítica da imagem da onipotência divina, entendida como poder contingente, para fazer ou não fazer aquilo que segue da natureza divina, imagem nascida de uma outra, qual seja, a de Deus como ato sumamente inteligente ou absolutamente voluntário. Ora, escreve Espinosa,

> mostrarei [...] que o intelecto e a vontade não pertencem à natureza de Deus [...]. Com efeito, o intelecto e a vontade que constituiriam a essência de Deus deveriam diferir sem fim do nosso intelecto e da nossa vontade, e não poderiam ter em comum com eles senão o nome, tal qual o que há de comum entre o Cão, constelação celeste, e o cão, animal que ladra. (*E*, I, P17, *schol.*)

Para que houvesse algo mais do que mera analogia verbal entre o intelecto e a vontade divinos e humanos seria preciso, ou que nosso intelecto e nossa vontade tivessem a potência para produzir as essências e as existências das coisas, ou que o intelecto e a vontade de Deus, idênticos aos nossos, não tivessem tal poder. O engano da imaginação, porém, não está em transferir para Deus predicados humanos ampliando-lhes o poderio e sim em transferir para o absoluto uma imagem do homem que nem sequer corresponde à verdadeira ideia dos modos humanos finitos.

Esse escólio, recusando que intelecto e vontade possam constituir a essência do absoluto, indica que o conceito de liberdade não se opõe ao de necessidade, mas com ele se identifica. De fato, a tradição teológico-metafísica sempre se apoiou na oposição "por necessidade/por liberdade" ou "por natureza/por vontade", oposição que pressupunha a distinção entre a causa eficiente e a causa final. Espinosa, porém, demonstra que o que segue espontânea e necessariamente da natureza de um ser e explica-se apenas por ela é liberdade e que, por conseguinte, esta não se exprime na escolha voluntária de fins possíveis (pois, se assim fosse, estaria determinada pelos fins e pelo possível) nem se realiza sob a forma de decretos que uma outra vontade (no caso, a humana) escolheria obedecer ou transgredir. A imagem da liberdade como escolha voluntária, como imposição de decretos (o beneplácito divino) e como obediência/transgressão (a virtude e o pecado humanos) foi também responsável pela imagem da necessidade tanto como autoridade quanto fatalidade, isto é, sequência cega de causas e efeitos. A demonstração da necessidade por liberdade e da liberdade por necessidade, ao confluir para a demonstração da imanência e para a identificação entre a *causa sui* e a causa de todas as coisas (*causa rerum*), garante a necessidade absoluta que estrutura o real: tudo é necessariamente determinado pela essência/potência de Deus, e nada há na Natureza que seja contingente, pois tudo o que é, ou é necessário pela essência (*causa sui* e *Natura Naturans*), ou é necessário pela causa (efeito imanente da *causa rerum* ou *Natura Naturata*).

Esse movimento demonstrativo chega ao seu ponto culminante quando explicita a diferença entre a potência divina — "A potência de Deus é sua própria essência" (*E*, I, P34) — e vontade e intelecto envolvidos pelos atributos divinos, mas que não são, eles próprios, atributos, pois são modos de um dos atributos da substância (*E*, I, P30 e I, P31), o atributo pensamento. Donde a proposição I, P32 demonstrar que a vontade, por ser modo, não pode ser chamada de causa livre, mas necessária, e o primeiro corolário dessa proposição afirmar que Deus não age por liberdade da vontade, enquanto seu segundo corolário afirma que intelecto e vontade são modos do atributo pensamento que "estão para a natureza de Deus na mesma relação que o movimento e o repouso", os quais são modos do atributo extensão.* Com efeito, a causa livre é aquela que age propriamente, isto é, sem ser determinada por nenhuma outra e que não faz senão desdobrar as disposições internas da essência, sendo, portanto, espontaneidade plena. Em contrapartida, a causa necessária é aquela que atua de duas maneiras distintas: *age* pela necessidade de sua essência, ou seja, é a causalidade substancial e, nesse caso, identifica-se à causa livre; ou *opera* em decorrência das determinações de sua causa, ou seja, é a causalidade modal e, nesse segundo caso, a causa se torna causa *determinada*, operando não segundo as disposições internas da essência da coisa, mas segundo as disposições externas das demais causas que atuam na ordem da Natureza. Torna-se evidente que também no plano dos modos já não será possível falar em vontade livre como faculdade da alma, mas em volições singulares determinadas por causas internas e externas. Eis por que, na proposição I, P17, ao mencionar a diferença entre o cão e a constelação do Cão, Espinosa não só criticara o antropomorfismo teológico-metafísico, mas ainda sugerira que o modelo humano transferido para o ser Deus também não corresponde à essência do homem, uma vez que esta nao é constituída pela distinção entre intelecto e vontade.

Esse conjunto de proposições elimina, portanto, duas imagens teológicas tenazes que sustentam a metafísica do possível: a do intelecto criador e a da vontade criadora. Em seu lugar encontra-se a ideia da substância absolutamente infinita que age segundo a necessidade de sua natureza absoluta, isto é, de sua essência ou de seus atributos constitutivos. Assim, a potência divina, cujas propriedades são a da causa absoluta como causa de si e causa eficiente imanente das essências e existências de todas as coisas, é, na verdade, a necessidade livre que preside a Natureza Naturante e a Naturada. Com isso, Espinosa pode chegar às proposições finais da Parte I:

* Embora a substância absolutamente infinita (Deus) seja constituída por infinitos atributos infinitos, Espinosa considera que conhecemos apenas dois deles, o atributo pensamento e o atributo extensão (pois o Deus espinosano não é puro espírito e sim uma realidade material ou extensa).

A potência (*potentia*) de Deus é sua própria essência. (*E*, I, P34)

Tudo o que concebemos estar no poder de Deus (*in Dei potestate*) existe necessariamente. (*E*, I, P35)

Não existe coisa alguma de que não siga algum efeito. (*E*, I, P36)

A identidade da essência e potência divinas significa, considerando-se a essência, que a ação divina é absolutamente livre e necessária porque tudo o que é segue da necessidade da natureza do ser absolutamente infinito, e significa, considerando-se a potência, que a substância é pura atividade ou que sua essência não é senão sua ação livremente necessária e necessariamente livre. O ser absoluto é o agir absoluto. Donde a identidade entre potência e poder, demonstrada a seguir em I, P35. Ora, como dissemos acima, na tradição teológico-metafísica, a distinção entre *potentia* e *potestas* era decisiva para marcar a presença da vontade divina como ação contingente. De fato, para a tradição, uma *potestas* é uma *facultas* e como tal pode ou não se exercer; e a vontade, enquanto faculdade, era exatamente uma *potestas*. Disso resultava a afirmação de que tudo o que se encontra na potência de Deus não é necessariamente tudo o que o poder de Deus quer, ou seja, o possível é mais vasto do que o necessário e este provém de uma escolha contingente pela qual a *potestas Dei* escolhe um possível contido em sua *potentia* e o faz passar à existência. Assim, ao identificar *potentia* e *potestas*, depois de haver demonstrado que a vontade não é um atributo de Deus, Espinosa demonstra que tudo o que está no poder de Deus é necessário porque esse poder não é senão a potência divina idêntica à essência de Deus, da qual tudo segue necessariamente. Porque nada há de contingente na Natureza, porque tudo segue necessariamente da essência/potência/poder de Deus, e porque tudo o que dela segue é determinado a operar e a agir de maneira certa e determinada, o *De Deo* pode concluir com a demonstração de que não existe nada de cuja natureza não siga um efeito. Em outras palavras, todas as modificações da substância, sejam elas infinitas ou finitas, também são potências ou causas determinadas que produzem efeitos necessários ou determinados.

A desantropomorfização de Deus, afastando da substância absolutamente infinita a imagem antropocêntrica, conduz a uma consequência ontológica e lógica precisa: Deus não é uma pessoa transcendente, dotada de intelecto onisciente e de vontade onipotente, artífice, legislador, monarca e juiz do universo. Donde, na Parte II da *Ética*, no escólio da proposição 3, Espinosa escrever:

> O vulgar entende por potência de Deus a livre vontade de Deus e seu direito sobre todas as coisas que existem, as quais, por isso, são comumente consideradas como contingentes. Com efeito, diz que Deus tem o poder de tudo destruir e de tudo reduzir ao nada. Vai mais longe e compara, muitas vezes, a potência de Deus com a dos reis. Mas nós já refutamos isso nos corolários 1 e 2 da proposição 32 da Parte I; e na proposição 16 dessa mesma Parte, demonstramos que Deus age com a mesma necessidade com que intelige a si mesmo, isto é, assim como segue da necessidade da natureza de Deus que Deus se intelija a si mesmo (o que todos admitem em uníssono), segue igualmente, com a mesma necessidade, que Deus produz infinitas coisas numa infinidade de maneiras. Além disso, mostramos, na proposição 34 da Parte I, que a potência de Deus não é senão a essência ativa de Deus; e, por conseguinte, é-nos tão impossível conceber que Deus não age como conceber que Deus não é. Além disso, se eu quisesse prosseguir, poderia aqui também mostrar que essa potência que o vulgar inventa para Deus não somente é humana (o que mostra que *o vulgar imagina Deus como um homem, ou semelhante a um homem*), mas que envolve mesmo impotência. [...] *Ninguém poderá perceber corretamente o que quero dizer, se não tomar muito seriamente o cuidado de não confundir a potência de Deus com a potência humana dos reis ou com o direito destes.* (*E*, II, P3, *schol.*; grifos meus)

Espinosa conclui o *De Deo* com um Apêndice no qual critica o imaginário finalista em que se apoia a teologia para conservar a dominação sobre os crentes. Ao agir, ao desejar coisas, ao fabricá-las, ao perceber a Natureza como instrumento para satisfação das carências vitais e para satisfação de seus apetites, diz Espinosa, os homens são conscientes dessas operações, mas ignoram suas causas, as quais são sempre causas eficientes. Ignorantes de seus apetites e desejos como causas eficientes e ignorantes das causas eficientes do fazer artesanal, tendem a concebê-los como causas finais ou como ações movidas por finalidades: imaginam que apetites, desejos e fabricação são determinados por fins externos. Ignorando também as causas eficientes das operações naturais, tendem a projetar na Natureza a imagem finalizada ou finalista do apetite e do desejo humanos, imaginando-a movida por fins externos. Além disso, o espanto produzido pela prodigalidade instrumental da Natureza e o espanto provocado pela complexidade da estrutura dos corpos e do corpo humano, em particular, projetam a atividade artesanal humana na Natureza — imaginada, então, como artesã que trabalha em vista de fins — e, a seguir, projetam essa mesma imagem em Deus, que surge como *Artifex Magnus.* A imagem da causa final, por seu turno, vem acompanhada de um cortejo de ilusões necessárias: a criação voluntária do mundo segundo fins, o homem como fim máximo da criação e a criação do homem para deleite, honra, louvor e glória do criador. Da imagem da criação do mundo segue a do governo do mundo pelo seu criador. A imaginação prepara, assim, a intervenção do teólogo: este acrescenta ao artesão divino a vontade providencial guiada pelo intelecto *sub ratione boni*, passando sem solução de continuidade do artífice divino ao governante do mundo. De Agostinho a Leibniz, afirma-se que o mundo foi criado segundo "número, peso e medida", isto é, segundo a beleza, a bondade e a harmonia; e conservado pelo criador segundo a justiça, ou seja, consoante os decretos e mandamentos de seu poder. Ora, na medida em que o monarca divino põe os fins e os conserva, supõe-se que o faça por ter o direito de fazê-lo e que o tenha por ter o poder para pôr e conservar fins; por conseguinte, ele é detentor de *imperium*, *dominium* e *patrimonium*, termos com que o Direito Romano definia a pessoa. Deus, portanto, é Pessoa Transcendente.

Desmontando o imaginário da transcendência e personalidade divinas e de sua ação voluntária contingente, Espinosa libera a política da referência ao polo separado e unificador, que obtém de sua posição na exterioridade a onisciência e a onipotência para o governo do mundo. Ao fazê-lo, libera o campo político da referência ao *imperium Dei* como "*espelho do príncipe*", que permitia aos teólogos, enquanto juristas, formular a posição do governante como *majores singulis* e *majores universis*, ou seja, superior a cada súdito e superior ao corpo político. Isso significa que, a partir de Espinosa, o campo político já não pode contar com imagens do governante que dependiam da referência especular à divindade.

Que imagens são essas? Entre os católicos romanos, a figura do papa como vigário de Deus, em nome do princípio petríneo das Chaves do Reino e da *plenitudo potestatis* do ofício do *monarchatus* e que, sendo espelho de Deus, é a *nemine judicatur*, não podendo ser julgado por ninguém. No Sacro Império, a figura do imperador como ungido do Senhor, em nome do princípio bíblico de que "todo poder vem do Alto" e, por que é *imperator* pela vontade de Deus, "o que apraz ao rei, tem força de lei" (*quod rex placuit vigorem legem habet*). Entre os ingleses, a imagem dos dois corpos do rei como *Persona Mixta et Gemminata*, pessoa física mortal e pessoa política mística imortal, *Majestas Christi* e *Imago Dei et Justitiae* e, após a Revolução de 1640, a imagem do Protetor como resposta ao *calling* de Deus que constitui o *Godly Ruler*. Entre os franceses, a figura do rei como *Petit Phénix Eternel*, cuja imortalidade se transmite aos seus *regalia* e, após os tiranicidas huguenotes, a figura do Magistrado Cristão sujeito à deposição, seja em nome da teoria jurídica do direito de autodefesa (proposta pelos juristas da Saxônia), fundada na teoria do direito natural subjetivo, seja em nome da teoria jurídica do direito natural objetivo dos magistrados inferiores ordenados por Deus (teoria desenvolvida pelos juristas de Hesse). Nas Nederlândias, na sequência de Genebra, a auto imagem do clero calvinista como renovação dos Juízes de Israel, encarregados de escolher, guiar e censurar o Magistrado Cristão e, porque investidos de poder por Deus, com direito de deposição, caso o Magistrado se tenha feito tirano. E, em toda parte, a figura do governante cuja vontade é guiada pela razão, isto é, a figura do Bom Conselho, espelho da Providência, que opera tendo em vista o bem comum.[16]

A síntese dessas imagens teológicas do governante pode ser vista com clareza numa passagem do jesuíta Mariana, quando escreve sobre a educação do príncipe cristão:

> O príncipe está colocado no cume das sociedades para que apareça como uma espécie de deidade, como herói baixado do céu, superior à natureza dos demais mortais. Para aumentar sua majestade e conciliar-se com o respeito de seus súditos está quase sempre rodeado de luxo e aparato, contribuindo não pouco para deslumbrar os olhos do povo e contê-lo no círculo dos deveres sociais: de um lado, seus vestidos de púrpura bordados de ouro e pedraria, de outro, a soberba estrutura de seu palácio e, por outro, o grande número de seus cortesãos e de seus guardas [...] há de juntar-se o esplendor e brilho de todas as virtudes [...] como também o que dão as letras e o cultivo do engenho, com os quais se concilia também muito a veneração dos cidadãos.[17]

A política sob as Sagradas Escrituras

Se a Parte I da *Ética* conduz ao desmantelamento das imagens cristãs do Bom Governo ordenado por Deus, também sustenta a desconstrução efetuada pelo *Teológico-político* da imagem hebraica da Eleição, ou melhor, do imaginário teológico que a sustenta.

No capítulo III do *Tratado teológico-político*, Espinosa introduz a discussão da imagem do Povo Eleito, submetendo à análise um conjunto de expressões que cercam aquela imagem: governo de Deus, auxílio de Deus, eleição de Deus e fortuna. Por governo de Deus (*Dei directio*), escreve ele, entendo a ordem fixa e imutável da Natureza, isto é, o encadeamento necessário das coisas naturais e suas concatenações inteligíveis ou verdadeiras — numa palavra, a ordem necessária da Natureza ou as "leis universais da Natureza", que envolvem sempre uma verdade e uma necessidade eternas. Portanto, como já mostrara o capítulo II e como irá demonstrar o capítulo IV,

> quer digamos que tudo se faz segundo as leis da Natureza ou que se ordena pelo decreto de Deus ou por seu governo, é a mesma coisa.[18]

Auxílio de Deus (*Dei auxilium externum et internum*) é a potência de Deus, pela qual tudo se faz e tudo é determinado, de sorte que tudo quanto o homem, como parte da Natureza, faça para se conservar a si mesmo ou tudo quanto lhe seja oferecido sem trabalho pela Natureza para sua conservação é auxílio de Deus. Auxílio interno, se o esforço de autopreservação da existência se realiza pela potência infinita de Deus; auxílio externo, se as coisas naturais, obtidas sem trabalho, contribuem para o esforço de autoconservação no ser. A Providência divina não é senão a potência da *Natura Naturans* exprimindo-se através da potência da *Natura Naturata*. Disso, escreve Espinosa, ressalta imediatamente o que os homens entendem por eleição de Deus (*Dei electio*): se tudo quanto existe e age, existe e age pela potência determinada da Natureza, segue-se que ninguém faz coisa alguma "sem uma eleição ou vocação singular de Deus", isto é, sem que seja determinado pela potência da Natureza a agir de maneira determinada. Num só lance, justifica-se a imagem hebraica da Eleição, mas, ao mesmo tempo, o alcance de uma eleição tornou-se universal e, valendo para todos, retira dos hebreus o privilégio de uma escolha divina exclusiva.

O essencial no pequeno texto de Espinosa está, antes de mais nada, na metamorfose a que submete a *imagem* da eleição ao transformá-la numa *ideia*, isto é, ao colocá-la como parte da ordem necessária da Natureza, tornando-a inteligível. Essa inteligibilidade aumenta porque *Dei electio* se articula a *Dei auxilium*, de sorte que a eleição nada mais é do que a ação dos próprios homens ou da Natureza Naturada. A eleição reenvia ao auxílio e este, por seu turno, à ideia de potência natural dos homens e das coisas. Essa metamorfose da imagem da *electio* permite a reelaboração da imagem subsequente, isto é, a fortuna.

A fortuna, escreve Espinosa, é o governo das coisas humanas por Deus quando este usa causas externas desconhecidas e inopinadas. Passamos à *ordem comum da Natureza*, isto é, à ordem dos encontros fortuitos ou contingentes entre as coisas, porém, essa ordem está referida às "coisas humanas", de maneira que concerne não à *ordem necessária da Natureza*, mas à relação imaginária que os homens mantêm com ela e entre si. Por outro lado, estando a fortuna vinculada ao governo de Deus (ou definida como uma maneira do governo divino), esse vínculo nos reconduz à necessidade intrínseca do acontecer e dos encontros, de maneira que as "causas externas desconhecidas e inopinadas" se mantêm como externas (as coisas naturais dispostas pelo *auxilium Dei*), mas deixam de ser inopinadas em si, tornando-se inesperadas apenas para nós. Todavia, se em lugar de articularmos fortuna e governo-auxílio de Deus, acompanharmos a articulação feita por Espinosa entre fortuna e eleição, estaremos diante da gênese necessária da imagem do poder transcendente e providencial.

Com efeito, logo após definir a fortuna, Espinosa se refere ao desejo. Essa referência, que poderia parecer uma digressão inesperada, é perfeitamente compreensível tanto porque a fortuna pertence ao campo de bens desejados e males temidos, como porque a pergunta clássica (de Aristóteles a Descartes) sobre a ação humana — "o que está e o que não está em nosso poder?" — sempre fora assim respondida: está em nosso poder o possível; não estão em nosso poder o necessário e a fortuna. Há, escreve Espinosa, três desejos honestos (*quae honeste cupimus*) que podem nos determinar: o desejo de conhecer as coisas pelas suas causas, o de domar as paixões e o de viver em segurança com um corpo sadio. Os dois primeiros, continua ele, dependem apenas da natureza humana enquanto causa eficiente e próxima de suas ações; o terceiro, porém, não parece depender apenas das leis da natureza humana ou da potência humana, mas das coisas exteriores e dos dons da fortuna. Desse ponto de vista, o insensato pode ser tão feliz ou infeliz quanto o prudente. Viver em segurança, não sofrer danos por parte dos outros, requer muita vigilância e governo humano (*humana directio*), ou como dissera o prefácio, exige um *certum consilium*, pois a fortuna nem sempre nos é favorável. Ora, a experiência e a razão ensinam que o melhor meio para não sucumbir às adversidades da sorte é instituir a sociedade (*societas formandum*) ou, em outras palavras, passar do desgoverno da fortuna ao governo dos homens. Até o momento, portanto, Espinosa sugere que mesmo o terceiro desejo, cuja realização parecia depender da fortuna, pode ser realizado contando com a potência humana apenas.

Todavia, prossegue o texto espinosano, para instituir um governo humano seguro, estável e não inteiramente submetido à fortuna, são necessários homens especiais — *prudentes et vigilantes* —, que fundem o corpo político e dirijam a sociedade. Tal não foi o caso do povo hebreu, recém-saído do cativeiro no Egito, vagando pelo deserto como em estado de Natureza, grosseiro e rude. Se, pois, constitui uma nação que subsistiu por longo tempo, resistiu a perigos e prosperou, contrariando tudo quanto se poderia esperar das circunstâncias iniciais, então "deve sua situação ao governo de um outro (*alterius directioni*) e não ao seu próprio". Esse outro, que o *Teológico-político* demonstrará ser Moisés, foi considerado pelo povo como tendo sido Deus, no que foi estimulado a crer pelo próprio Moisés. A Eleição, prossegue Espinosa, não diz respeito aos dois primeiros desejos (conhecimento das causas das coisas e domínio das paixões ou virtude, que dependem de nós ou estão em nosso poder) e, portanto, só pode dizer respeito à instituição social, às leis e à relação do povo com a fortuna. Em outras palavras, a fortuna, que não possui nenhum sentido em termos ontológicos, parece ganhar sentido quando passamos ao campo político, o que, aliás, estaria sugerido desde o momento em que Espinosa, num tom que lembra Aristóteles e Justus Lispsius, articula a fundação política a duas virtudes, a vigilância e a prudência, próprias daquele que delibera e, como se sabe, só se delibera sobre o possível e o contingente.

A imagem do governo de Deus como governo de um povo particular eleito entre outros surge, assim, duplamente determinada: por um lado, pela fortuna — portanto pelo imaginário da contingência — e, por outro, pelo *ingenium populi*, isto é, pela compleição ou índole dos hebreus quando, sob a condução de Moisés, saem do cativeiro egípcio (ou seja, pelos costumes e hábitos de um grupo recém-saído do cativeiro). A fortuna, imaginariamente identificada ao governo de Deus pela mediação da imagem da Eleição, foi, assim, eliminada por

Espinosa da ordem necessária da Natureza e reposta por ele apenas na ordem comum da Natureza, na qual se transforma em imagem do poder providencial e transcendente de Jeová, único recurso imaginado pelo povo para explicar a instituição e conservação de seu Estado. Não percebendo a si mesmo como causa eficiente das instituições sociais e políticas, o povo hebraico terá que depositar fora de si a origem de sua lei. Todavia, a maneira como Espinosa articula as ideias de potência divina e potência humana, ordem necessária e ordem comum da Natureza, e como redefine as imagens de governo e auxílio de Deus assim como as de eleição e fortuna, mostra que a origem das leis hebraicas encontra-se, efetivamente, no *ingenium populi*,na índole do povo. De fato, no capítulo I, durante a análise das causas, formas, conteúdos e sentido das profecias como revelação imediata do "espírito de Deus", Espinosa explica que a expressão "de Deus" é empregada no hebraico tanto para referir-se a propriedades divinas e à potência divina, como para exprimir tudo o que é superlativo, insólito e "que ultrapassava a capacidade de compreensão dos hebreus", sendo por isso referido imediatamente ao poder de Deus, sem nenhuma mediação. É, portanto, característica do *ingenium populi* hebraico o costume de deslocar para um poder externo aquilo de que desconhece a causa eficiente real — o povo não se reconhece como causa de seu Estado e desloca para uma causa exterior imaginária aquilo que efetivamente dependeu dele.[19] Dessa maneira, eleição divina de um povo e fundação de uma teocracia são inseparáveis e produzidas pela articulação entre a índole do povo e a imagem da fortuna.

Se o desejo de teocracia move as várias figuras da política cristã (cujo *ingenium* não é hebraico), que pretendem ou encontrar no Novo Testamento os princípios de uma instituição teocrática (como é caso da invenção do princípio petríneo das Chaves do Reino) ou repetir o paradigma deixado pelo Antigo Testamento (seja o do rei ungido, seja o dos Juízes de Israel), é porque à imagem hebraica da Eleição vem acrescentar-se uma nova determinação, decorrente da atribuição de vontade e intelecto a Deus. Trata-se do suplemento à teologia trazido pela interpretação cristã de categorias do Direito Privado Romano, em particular, da categoria de Pessoa.

Os teólogos cristãos não só aplicam o vocábulo *persona* a Deus, como também o aplicam ao poder político, designando o Estado como *persona mystica.* Mesmo um teórico como Althusius, que afasta a teologia na elaboração da política, emprega o vocábulo para designar a *consociatio symbiotica*, chamando o corpo político de *persona ficta*. E, enfim, Hobbes, a quem não se pode imputar o menor vestígio de teologia no discurso político, mantém o vocábulo ao designar a *Common-Wealth* como *Artificiall Person*. Espinosa, que demonstra na ontologia a inadequação do uso do vocábulo para Deus, também não o emprega para referir-se ao corpo político.[20]

Do lado de Suárez e Althusius, além da presença (expressa, no primeiro, e tácita, no segundo) da elaboração jurídica da Pessoa, vem acrescentar-se a elaboração jurídica medieval do conceito de *officium*. O ofício ou o cargo é, desde Roma, uma *dignitas* conferida a alguém na ordem social e política, de sorte que a dignidade é objetiva, pode ser adquirida ou perdida, uma vez que está inscrita no cargo e não em seu ocupante.[21] Os juristas medievais levam a reificação da *dignitas* ao limite, definindo o *officium* como sujeito do direito, depositário do cargo entendido como "pessoa corporada" ou corporificada no ofício. Ao distinguir entre a pessoa física e mortal, ocupante do cargo, e o próprio cargo, como pessoa corporada, à qual se aplicava a fórmula *dignitas non moritur* ("a dignidade não morre"), isto é, a imortalidade do *officium/dignitas*, os juristas converteram a "pessoa corporada" em *persona ficta*, "pessoa fictícia".[22]

Do lado de Hobbes, a passagem da *persona mystica* (o antigo corpo duplo do rei) à *persona ficta*, entendida como *Artificiall Person*, inscreve-se não apenas no contexto jurídico apontado, mas vem ainda sobredeterminada por duas outras ideias. A primeira delas indica a maneira como a *philosophia prima*, exposta no *De corpore*, incide sobre a definição da pessoa como artificial. De fato, a *philosophia prima* demonstra só existirem fantasmas e suas representações, isto é, espaço imaginário e corpos, isto é, efeitos de causas eficientes (a causa eficiente entendida no sentido medieval de "a causa que faz"). Única realidade alcançável, os corpos são *artefatos*: artefatos divinos, se naturais; artefatos humanos, se artificiais. Como só é possível ciência demonstrativa daqueles corpos cuja produção conhecemos, pois "só sabe quem faz", não pode haver propriamente uma ciência natural ou física (pois os corpos naturais são feitos por Deus) e há somente ciência geométrica dos corpos artificiais, cuja expressão mais alta é justamente o corpo político, que por isso é Pessoa *Artificial*. A segunda linha de ideias que determina o conceito hobbesiano decorre ainda da noção de artefato. Deus e o homem são artífices; visto que a distinção escolástica entre razão especulativa (do agente) e razão prática (do artífice) é desfeita por Hobbes por meio do papel universal conferido à causa eficiente e à *ratio*, como causa que faz, deve-se concluir que aquele que faz a obra é seu melhor conhecedor. Mas não só isso. É também seu legítimo proprietário. Ainda que seja preciso esperar o conceito lockiano de *workmanship* para enlaçar definitivamente artefato e propriedade privada do produto do trabalho, essa relação já se apresenta esboçada em Hobbes, motivo pelo qual não lhe basta referir-se ao corpo político como artifício, mas é-lhe necessário conservar o conceito de pessoa. Esta, portanto, conforme o capítulo 16 do Livro I do *Leviatã*, preenche alguns significados fundamentais da política: representante, mandatário, vigário, ator (casos em que pessoa significa "estar no lugar de outro") e, sobretudo, autor (quando palavras, ações e coisas lhe pertencem como atos de autoridade e bens de propriedade).

O emprego do vocábulo *persona*, cuja filologia nos é amplamente oferecida pelo *Leviatã* I, 16, reaparece quando Hobbes (*Leviatã* III, 35) descreve o surgimento do Estado hebraico. Vale a pena acompanharmos sua descrição porque nos dará a medida do que foi demolido por Espinosa na Parte I da *Ética*.

Como Espinosa, Hobbes considera a eleição hebraica um acontecimento político e interpreta o Reino de Deus como um Reino Civil — "in short, the Kingdome of God is a Civill Kingdome".[23] Ora, prossegue Hobbes, os judeus consideravam seu reino um reino *santo*, e "esta palavra, no Reino de Deus, corresponde ao que os homens, em seus reinos, costumam chamar de *Público* ou *Reis*". De fato, afirma Hobbes, "the King of any Countrey is the *Publique* Person, or Representative of all his own Subjects. And God the King of Israel was the *Holy* One of Israel".[24]

Hobbes sublinha que a expressão "Reino de Deus" exige que Deus seja tomado como pessoa, pois somente a uma pessoa podem ser atribuídos direitos. É por isso que o passo seguinte é o que mais nos importa, pois embora nele Hobbes esteja falando como historiador, intervém o discurso do pensador político que, nesse ponto, compartilha a posição dos teólogos tomistas e calvinistas: por santo, explica Hobbes, os judeus sempre entenderam o próprio Deus ou o que fosse propriedade de Deus (*that which is Gods in property*). Ao designarem a *Common-Wealth* como pessoa pública ou como público o que é da *Common-Wealth*, designavam aquilo que "nenhuma pessoa privada poderia reclamar como tendo alguma propriedade". Assim, toda vez que a palavra santo é empregada propriamente, "there is still something signified of Property, gotten by consent".[25] A humanidade "is Gods Nation in property" e os judeus foram uma "Holy Nation" apenas porque se tornaram propriedade de Deus por um pacto — "they became his property by covenant".[26] Santidade, propriedade e personalidade formam uma espécie de conceito único e é essa unidade que Hobbes explora ao formular a ideia do Estado como Pessoa Artificial.

Aliás, não precisamos ir à parte III do *Leviatã* para apanharmos o vínculo entre Deus e Pessoa. Com efeito, todos conhecemos a abertura do *Leviatã*:

> Do mesmo modo que tantas outras coisas, a Natureza (*a arte mediante a qual Deus fez e governa o mundo*) é imitada pela *arte* dos homens também nisto: que lhes é possível fazer um animal artificial [...]. Porque pela arte é criado aquele grande *Leviatã* a que se chama *Estado* ou *Cidade* (em latim, *Civitas*) que não é senão um homem artificial, embora de maior estatura e força do que o homem natural, para cuja proteção e defesa foi projetado [...]. Por último, os pactos e convenções mediante os quais as partes deste Corpo Político foram criadas, reunidas e unificadas assemelham-se àquele *Fiat*, ao *Façamos o homem*, proferido por Deus na criação.[27]

Não estamos aqui somente diante do *Artifex Magnus*. É verdade que Hobbes não fará depender de Deus a criação da Pessoa Artificial, mas é significativo que abra o *Leviatã* com a figura de Deus como *the Maker*. É que, com essa figura, é introduzida a do artífice como aquele que tem *direito natural à propriedade* de seu corpo, de sua liberdade e dos produtos de sua ação. Aquele que cria algo é proprietário natural do que criou. Eis por que, no exame de Israel, Deus é posto como autor do Estado e a autoria, articulada à noção de pessoa, reenvia à figura do artífice, posta na abertura do *Leviatã*.

A vinculação feita por Hobbes entre Pessoa Pública e propriedade e, no caso, entre Deus como proprietário e a nação hebraica, reaparece nos vários discursos políticos dos teólogos tomistas e calvinistas para explicar a origem do *imperium*: para que o governante seja investido no poder precisa recebê-lo de alguém. A fonte pode ser, à maneira da *lex regia* romana, o povo organizado em comunidade, como pensam Suárez[28] e Althusius,[29] mas também pode ser o próprio Deus, como é caso das concepções teocráticas, particularmente as de estilo agostiniano, isto é, aquelas em que, pelo pecado original, o homem perdeu todos os direitos, incluindo o direito ao poder, devendo recebê-lo de Deus por um favor ou graça especial. Quer seja resultado de um contrato, quer resultado de um favor divino, o *imperium* subordina-se, desde os juristas do final da Idade Média, como Bartolo, e com os teóricos do direito natural subjetivo, como Ockham, ao princípio *nemo plus juris ad alium transferre potest quam se ipse non habet*, "ninguém pode transferir a outrem mais direito do que aquele que possui". Assim, para que o governante seja investido no *imperium* é preciso que quem o invista tenha direito ou poder para fazê-lo — seja o povo, seja o próprio Deus. Essa exigência, como se observa, é dupla: quem investe um outro no *imperium* deve possuir direito para fazê-lo e, sobretudo, esse investimento é uma transferência de direito, *jus*.

Ora, na concepção antiga do *jus* essa dupla exigência era inconcebível.[30] Em primeiro lugar, porque o *jus*, na origem, é uma fórmula religiosa com força de lei para a solução de um litígio, concernindo ao *aequum et bonum* ou ao *utilis*, sem referência a algo que se possua. Como salienta Benveniste,[31] o iraniano e o védico esclarecem o latim *ius* a partir de *yous*: "estado de regularidade, de normalidade que é requerido pelas regras rituais". O *ius*, diz Benveniste, é uma *fórmula* e não um conceito abstrato e os *iura* são as fórmulas que enunciam uma decisão de autoridade, são textos fixados cuja posse é privilégio de certos indivíduos, certas famílias ou certas corporações. O essencial no *ius* não é o fazer, mas o dizer, o *ius dicere*, e *iurare* é "pronunciar o *ius*", o que lhe dá um caráter imperativo, o *ius iurandum*. A origem do termo não é política nem moral, mas religiosa e concerne à noção indo-europeia de *conformidade a uma regra*, da exigência de que algo cumpra sua finalidade ou preencha seu ofício. Enquanto fórmula, *ius* conduz a um ritual que, ao tornar-se moral e social, significa o que nasce de um entendimento entre as partes num litígio quanto ao comportamento correto (*aequum, bonum, utilis*) entre pessoas. Em segundo lugar, e como consequência, o *ius* instaura uma *obligatio* como vínculo entre as partes, definindo o entendimento. Distante do *ius*, a antiga lei romana possuía um outro conceito, o de *dominium*, que não era *jus*, mas puro *factum*, referente ao controle que alguém possui sobre sua casa (*domus*), entendida como seu mundo físico (águas, terras e plantações, animais, edificações, dinheiro, escravos e dependentes).[32] Fala-se no *dominium ad rem*, que não se confunde com o usufruto das coisas, o *usufructum* sendo *usus ad rem* e *in re*, definindo, aqui, posse e propriedade do *dominium*. Todavia, a partir do Império Romano, uma transformação jurídica essencial tem lugar: agora, o imperador, enquanto Pessoa Pública, surge mantendo relações bilaterais com os cidadãos, tendo o controle de todo o mundo físico do Império, tendo, pois, o *dominium publicum*. Porque a Pessoa Pública mantém relações com as pessoas privadas, o *dominium publicum* passa a definir uma relação entre pessoas e por isso se torna *ius publicum*. Concedendo aos cidadãos o *dominium*, o imperador contrata com pessoas privadas e com isso lhes concede um *ius*. Este, identificado doravante com o *dominium*, passa a identificar-se com a propriedade privada. Compreendemos, portanto, por que Hobbes descrevera a *holyness* hebraica como propriedade de Deus, no primeiro caso, e a *Publique Person* do rei como propriedade da *Common-Wealth*, no segundo caso.

Essa transformação decisiva, porém, não nos explica o princípio da transferência de *jus* e de *dominium* para a instituição do *imperium*, ou o princípio do *nemo plus juris*, isto é, de que ninguém pode dar o que não possui e que a fonte do poder deve provir de quem o tenha para dar a outrem. Aqui, coube aos teólogos cristãos o remanejamento conceitual, a partir da querela aberta pelos franciscanos em torno do conceito de *pobreza apostólica* e a resposta dos dominicanos à questão,[33] querela que inaugura a teoria do direito natural subjetivo, com o franciscano Ockham. Distinguindo o *jus suum*, no sentido de *meritum suum* — o direito como aquilo que é devido a quem o reclama —, e o *jus* como *dominium* — o direito de controlar seu mundo físico, isto é, seus bens, seu corpo e sua vida como propriedades privadas —, distingue-se o *jus ad rem* e *ad personam* e o *jus in re* e *in personam*, obtém-se a distinção entre o direito como *facultas* (*ad rem*), isto é, como um direito que pode ou não ser exercido, e como *proprietas* (*in re*), isto é, como direito efetivo ou realmente exercido. É assim que, mais tarde, Grotius definirá o direito natural não só como qualidade do que é justo ou o que se pode fazer sem injustiça, mas sobretudo como "qualidade moral, ligada à pessoa, pela qual se pode legitimamente fazer ou ter alguma coisa".[34] Para que o direito como faculdade e como propriedade pudessem ser identificados foi preciso que recebessem da primeira identificação entre *jus* e *dominium* o essencial: um *jus* (seja ele *facultas* ou *proprietas*) é um *dominium* e, como tal, é poder (*potestas*) que cada um tem sobre sua pessoa e sobre o mundo físico necessário à conservação de sua pessoa e, nessa qualidade, um *jus* não é uma relação, mas é uma coisa e, como tal, é transferível completa ou parcialmente. Essa transferência (que pode ser uma alienação) é *fons et origo* do *imperium*. Pelo direito natural subjetivo, a Pessoa é a entidade jurídica — privada ou pública — dotada de vontade e de razão, capaz de direitos que são seus *jura et dominia* — *facultates et proprietates* —, que podem ser transferidos inteira ou parcialmente para outro, mediante um contrato.

A emergência do *imperium* aparece, portanto, vinculada à figura da Pessoa e do contrato entre pessoas, segundo o modelo romano. Compreende-se, então, por que na perspectiva teológico-política é imperativo que Deus, para ser detentor e doador de *imperium*, seja uma Pessoa que, embora transcendente, é capaz de pactuar com os homens ou de dispô-los por natureza de tal modo que sejam capazes de pactuar entre si. Não é casual, mas imperativo também, que juristas, teólogos e mesmo Hobbes na descrição do Reino de Deus falem em Deus como *auctor* e *auctoritas*, pois esses vocábulos possuem dois sentidos principais: o que faz crescer (a partir de *augeo*), garantindo o que assim cresce; e o proprietário e o direito de propriedade sobre aquilo que se faz crescer e de cujo crescimento se dá a garantia. Esse segundo sentido, perdido hoje, se mantém no latim, no inglês e no holandês do século XVII e transparece no fato peculiar de, no *Leviatã*, *to authorize* aparecer como sinônimo ou como complemento de *to own*, verbo que significa "reconhecer o outro como proprietário". Deus e o Rei são autoridades porque são autorizados, isto é, porque, como diz o texto hobbesiano que citamos há pouco, têm a propriedade de algo que não pode ser reclamado por ninguém. No caso hebraico, o texto hobbesiano é claro: Deus é a Pessoa Pública "representative of *his own* Subjects".[35]

Essas metamorfoses de *jus, dominium e imperium* tornam inteligíveis as construções do imaginário político-teológico, seja na vertente do governante como receptáculo-proprietário da alienação ou da transferência dos direitos-propriedades do povo, por intermédio do contrato, seja como representante imediatamente ordenado por Deus, deste recebendo o *imperium* e o *dominium* públicos. Assim, ao demolir o imaginário do Deus pessoal, voluntarioso, inteligente, *Rector Naturae ac Societatis*, e ao criticar o uso teológico-metafísico de *personalitas*, Espinosa libera o campo político não só do sustentáculo teológico, mas ainda do imaginário jurídico do direito privado, isto é, o imaginário do contrato ou do pacto.

Vimos que o conceito de *jus* envolvia uma relação e uma prática que culminavam numa obrigação e por isso, embora distinto, tornou-se inseparável de um outro conceito, o de *lex*. É no capítulo IV do *Tratado teológico-político* — "Da lei divina" — que podemos acompanhar o duplo movimento pelo qual, a partir da Escritura, Espinosa desfaz a imagem da lei divina e descreve o surgimento da imagem do legislador divino.

Em sentido absoluto (*nomem absolute sumptum*), escreve Espinosa, lei se diz daquilo que um indivíduo ou todos ou alguns da mesma espécie seguem, agindo de uma maneira certa e determinada. A regulação necessária da ação pode depender da necessidade da Natureza — é aquela que se segue (*sequitur*) da própria natureza da coisa ou necessariamente de sua definição — ou pode depender de uma decisão dos homens — aquelas regras de vida que os homens prescrevem a si mesmos e a outros para tornar mais cômoda sua existência. Essa segunda acepção da *lex* Espinosa diz que "se chama mais propriamente direito" (*magis proprie jus appellatur*), declaração surpreendente num leitor de Hobbes, que, filólogo atento, distinguira *lex* e *jus*. Mas não tão surpreendente para o estudioso do direito antigo segundo o qual *jus* era a regra de comportamento correto, estabelecida entre litigantes quanto ao *aequum, bonum et utilis*, engajamento que se tornava *obligatio* e tinha força de *lex*, servindo para a elaboração medieval (seguida por Grotius) do direito natural objetivo como ordem jurídica natural posta por Deus e que obriga todos os homens porque perfeitamente conhecida pela razão humana.

A lei que depende da necessidade da natureza da coisa ou de sua definição necessária, Espinosa chama de lei universal e dela oferece dois exemplos: um, retirado da física, concernente à comunicação do movimento; outro, retirado da psicologia, concernente à associação de imagens na memória. Quanto à lei que depende do arbítrio humano, Espinosa fala em ceder ou ser forçado a ceder algo do direito que se tem por natureza (*de suo jure, quod ex natura habent*) e constranger-se a viver segundo uma certa regra de vida (*ratio vivendi*). Ora, o que é interessante nessa abertura do capítulo IV é a posição da lei — universal ou natural e particular ou humana — como algo que se refere à ação e às ações necessárias à *existência*. Lei, portanto, jamais se diz de essências, apenas da potência e da existência.

Em sentido absoluto, todas as coisas são determinadas pelas leis da Natureza a existir e a operar de maneira certa e determinada — versão, na forma da lei, das demonstrações da Parte I da *Ética*. Em princípio, escreve Espinosa, nada exigiria que se considerassem as leis humanas, ou aquelas regras que os homens prescrevem a si mesmos e a outros quanto à maneira de viver em comum, como distintas da lei natural universal, isto é, como decorrentes da natureza ou da definição necessária da natureza humana. Tanto assim que, logo a seguir, o filósofo afirma que o homem é parte da Natureza e, como tal, *constitui* uma parte da potência da Natureza, de sorte que tudo quanto siga da necessidade de sua natureza ou de sua potência é necessário e isto vale para as leis humanas que, para serem sancionadas, dependem da potência da mente humana. Entretanto, diz Espinosa, se as leis humanas dependem da potência da mente humana, esta, tomada em si mesma como potência natural de pensar, pode ser concebida perfeitamente sem nenhuma referência às leis humanas concernentes às regras de vida — estas dependem da potência da mente humana, mas esta não depende delas. Em suma, essas leis são naturalmente necessárias porque decorrem da potência humana natural, mas seu estatuto é diferente das leis naturais porque as leis humanas não são a causa da ação da mente humana ou de sua potência natural de pensar, mas, em contrapartida, essa potência natural é a causa das leis humanas. Anuncia-se aqui a razão que permitirá a Espinosa defender a liberdade de pensamento e de expressão na república, pois as leis políticas não determinam a essência da mente humana, mas dependem da potência da mente humana.

Todavia, algo mais está sendo dito. A distinção entre a potência da natureza humana e o que dela depende conduz à distinção entre leis universais da Natureza (da qual o homem é parte e da qual depende a potência da mente humana) e as leis humanas particulares, que dependem do arbítrio ou da decisão e sanção humanos. A potência para fazer leis particulares é natural, mas a potência para viver sob tais leis depende da decisão da potência humana. A distinção depende, portanto, das causas próximas de cada uma delas. Se conhecêssemos todas as conexões necessárias das causas naturais, escreve Espinosa, talvez pudéssemos reduzir as leis humanas às leis naturais, mas não dispomos desse conhecimento e por isso as leis humanas devem ser ditas concernentes "às coisas possíveis".

Nada mais estranho para um leitor da *Ética* do que ver surgir diante de si a noção de possível. Mas sua aparição é necessária: o possível se refere, justamente, ao desconhecimento das causas que põem algo na existência. E o prosseguimento do texto nos esclarece: na verdade, escreve Espinosa, a palavra *lei*, em seu sentido absoluto, parece ter sido usada metaforicamente (*per translationem*) para as coisas naturais, pois por *lei* geralmente se entende apenas (*nihil aliud*) um mandato que os homens podem cumprir ou negligenciar porque constrange a potência da natureza humana a certos limites que, por si mesma, ela ultrapassa, ainda que não comande nada que esteja acima de suas forças (*vires*). Portanto, em termos rigorosos, lei deve ser definida apenas como maneira de viver (*ratio vivendi*) que os homens prescrevem a si e a outros.

De imediato, vê-se que a lei se refere ao possível porque é mandato que pode ser ou não ser cumprido; mas vê-se também que sua fonte é natural, na medida em que não *cria* a potência humana e sim a *limita*. Limitação que não é contrária à natureza humana, embora podendo ser de menor força do que ela. A potência da natureza humana pode, portanto, ser mais extensa e mais forte do que a lei humana. Todavia, a lei, podendo estar *aquém* da potência da natureza humana, não pode estar *além* dela. Essa pequena distinção é capital: com ela se anuncia a impossibilidade de que a potência divina dê leis à potência humana, pois, nesse caso, ou Deus teria a mesma potência que os homens ou menor potência do que eles, o que é absurdo; ou teria maior potência do que eles e não lhes daria leis que pudessem cumprir, o que é igualmente absurdo. Absurdo que, no entanto, os teólogos não cansam de repetir quando afirmam que Deus deu leis a Adão, criou as leis do estado de Natureza, enquanto estado de inocência, e instituiu a ordem natural como ordem jurídica.

O vocabulário de Espinosa nesse pequeno trecho do capítulo IV é bastante preciso. Ao se referir à lei como mandato que os homens prescrevem a si mesmos e a outros, fala em *mandatum* sobre a *potentia*; ao se referir, porém, à extensão da lei, fala em *imperare* sobre a *vis*. Essa distinção significa que a lei é *menor* do que a potência (por isso pode deixar de ser cumprida), mas que seu poder (*imperare*) se mede pela força (*vis*) da potência humana (veremos adiante as consequências fundamentais dessa distinção). Em suma, um *mandatum* pode ser ou não respeitado; e um *imperare* só pode ser respeitado porque nada exige acima da força humana.

Todavia, embora a lei humana, afinal, tire suas determinações fundamentais da lei natural universal, nem por isso a imaginação julga que respeita ou desrespeita os mandatos a partir da potência humana natural. A imaginação, sempre finalista, recobre a lei de fins muito diversos daqueles pelos quais foi instituída, isto é, a transforma num sistema legal de recompensas e castigos, em algo que deve ser cumprido porque atende ao que "o vulgar mais ama" ou porque o ameaça com o que "mais teme". Assim, o cumprimento da lei é determinado por finalidades extrínsecas à própria lei e esta é tida como regra de vida que é prescrita aos homens pelo poder (*ex imperio*) de outros. A lei é freio e coerção. Porém, se os legisladores podem legislar com sucesso é porque estabelecem fins estranhos à natureza da lei, mas não estranhos à natureza da imaginação, estimulando o que move esta última (amor, temor). Assim, a lei passa de prescrição (*mandatum*) a comando (*ex imperio*) sob a ação do legislador, cuja prudência se mede pelo conhecimento que tenha da natureza dos que irão viver sob as leis. Chegamos, dessa maneira, à outra significação do termo "possível" aplicado às leis humanas: porque a lei depende da prudência legislativa e, portanto, do conhecimento da natureza dos que serão legislados, a marca da lei humana é sua particularidade. O que é possível para determinados homens não o será para outros. O que, evidentemente, repõe a necessidade noutro plano, isto é, a necessidade da lei é determinada pela natureza particular daqueles sobre os quais se exercerá.

Ora, é essa particularidade que permite a Espinosa afirmar a existência de leis naturais em sentido absoluto, pois o universal não é *mandatum* nem *imperium*, é *factum*. Não há, pois, leis naturais nem leis humanas naturais, só há a lei civil, o que *magis proprie jus appellatur*. A lei civil desvincula-se do sentido absoluto de lei e, vimos, em sentido absoluto, a lei não é lei. Isso significa que Espinosa recusa a teoria do direito natural objetivo e também recusa a posição tomista de um estado de Natureza sob a lei e sob a *justitia*. Mais importante ainda, a tradição jurídica começa pela lei (divina, natural e civil) definida pela *justitia* e pela *ratio*, enquanto Espinosa começa pela distinção entre lei natural e civil, nega que haja lei natural e não define a lei civil pela justiça, mas pela regra de vida prescrita. Tanto assim que, somente após esse trajeto, Espinosa define o justo e o injusto como consequências da lei civil e não como suas condições. Ou, como diz, citando um lugar-comum teológico, ninguém que viva sob a lei pode ser justificado pela lei. Palavra de Paulo que Espinosa subverte, pois simplesmente está a dizer que não se pode ser justificado pela lei porque esta institui a justiça, não nasce da justiça.

Esse percurso tem um objetivo bastante preciso no capítulo IV do *Tratado teológico-político*, qual seja, responder a duas questões: existe uma lei divina? e há *mandatum* e *imperium* divino? Ou, como escreve Espinosa, "pela luz natural podemos conceber Deus como um legislador ou como um príncipe que prescreve leis aos homens?". Antes de prosseguirmos com o *Teológico-político*, recordemos brevemente a tradição teológica.

O que facilitou a apropriação teológica do conceito de *imperium* foi sua própria origem.[36] No princípio, *imperium* significava comando e ordem e, em Roma, assinalava de modo visível a relação entre autoridade militar e autoridade civil, cujos símbolos eram os *fasces*, carregados em procissão para lembrar o fundamento militar do poder político. Ora, detinha o *imperium* todo aquele que também detivesse o *triumphus* e, na origem, a vitória, a glória e a honra militares tinham um significado sacral, a autoridade religiosa sendo responsável por conferir a alguém o triunfo que lhe garantiria o *imperium*. "Isso impõe o exame do papel da religião tanto sobre a glória militar como desta sobre a política."[37] Não é casual, portanto, que no Livro III do *De Republica* Cícero declarasse nada haver de mais natural, isto é, mais "conforme à ordem da Natureza e do direito, do que o *imperium*", sem o qual o gênero humano, a Natureza e o mundo pereceriam:

> O mundo obedece a Deus. Terra e mar obedecem ao mundo. E a vida do homem está submetida ao poder de uma lei suprema.[38]

Também não é casual que os senadores romanos atribuíssem aos cristãos a perda do *imperium* para os bárbaros por haverem forçado a retirada da estátua da deusa Vitória do recinto do Senado, onde sempre estivera para sinalizar (e não apenas simbolizar) o vínculo necessário entre *imperium* e *triumphum*. Essa acusação tem como resultado a redação do *De Civitate Dei* por Agostinho, para quem Roma caiu por obra de sua própria injustiça. Mas também nada mais simples para a Igreja Romana e, a seguir, para os juristas medievais do que associar o Deus dos Exércitos, hebraico, e o *imperium* romano, oferecendo à teologia política os subsídios para a imagem da *lex divina* como ordem e comando.

Por outro lado, a articulação do *jus* e da *lex* com o conceito de *recta ratio* resulta de longo processo[39] no qual o conceito de *jus* vai sendo deslocado para o de *directum*, passando, pouco a pouco, da fórmula solene, pronunciada pelo *judex* para dirimir o conflito entre litigantes, à ideia de correção e medida, de regra apresentada pelo *juris prudens* e pelo *juris peritus*. Assim como no processo de constituição do Império Romano iniciou-se a identificação paulatina entre *jus* e *dominium*, agora, um outro processo, interior ao cristianismo, valendo-se do *directum*, realiza a passagem do *jus* à ideia de *justitia*. A partir do século XVI, a tarefa dos teólogos da Reforma e da Contrarreforma será a de produzir a interiorização da *justitia* como regra divina, natural e racional, ou como o *directum* que somente a *recta ratio*, enquanto presença da vontade divina no homem, pode alcançar. A *recta ratio* completa o percurso iniciado por Tomás de Aquino, segundo o qual o legislador-rei a encarnava porque era espelho da vontade divina guiada pelo intelecto.

Recordemos também a oposição entre tomistas e ockhamistas. Na concepção tomista, distinguem-se, inicialmente, três modalidades da lei: *lex aeterna*, aquela que Deus segue ao agir em vista do bem; *lex divina*, aquela que Deus revela aos homens por meio da Escritura; *lex naturalis* (ou *jus naturalis*), aquela que Deus implanta nos homens para que compreendam Seus mandatos (a *justitia*, o bom e o mau inalteráveis). A essas três modalidades vêm acrescentar-se mais três: *lex humana*, *lex civilis* e *jus positivum*, isto é, aquilo que os homens fazem para criar a comunidade e governá-la. A *lex naturalis* é o conjunto das prescrições divinas regendo a vida moral e servindo de base para a instauração da *lex civilis* — a primeira é interior ou subjetiva, enquanto a segunda é exterior e objetiva. A lei natural possui duas determinações essenciais: é intelectual (pois é intrinsecamente justa e racional) e é voluntária (pois é manifestação da vontade de Deus). A lei natural identifica-se com a norma racional objetiva, que comanda as ações humanas e tanto pode ser chamada de direito natural objetivo como de ordem jurídica natural, posta por Deus. No polo oposto, Ockham desliga a lei natural da referência à *recta ratio* ou ao intelecto divino e a afirma como norma posta pela vontade onipotente de Deus; sua validade não provém de sua racionalidade nem de sua bondade intrínsecas e sim do comando divino, de maneira que o direito natural não é uma ordem racional objetiva, mas uma disposição subjetiva ou uma faculdade. Os teólogos estão divididos: para os realistas, a lei natural é legal por ser justa e racional; para os nominalistas, é legal porque exprime a vontade de Deus. Será preciso aguardar o *De Legibus ac de Deo Legislatore*, de Suárez, para que a unidade seja refeita: a lei natural é lei genuína porque produzida pela vontade do legislador com base na justiça ou no intrinsecamente justo. É *dictamen recta ratio* e vontade de Deus. Dessa maneira, Suárez articula *lex naturalis*, *lex aeterna* e *lex divina*. Embora a natureza racional seja condição necessária da bondade das ações, essa condição não é suficiente para que haja lei, mas é preciso ainda o comando de uma vontade que obrigue ou proíba uma ação, isto é, a vontade de Deus como legislador e governador supremo da Natureza. É a Deus, enquanto legislador e governador, escreve Suárez,

> que pertence a faculdade de proibir o que é mau e comandar o que é bom. Por conseguinte, ainda que a razão natural mostre o que é bom ou mau para a natureza racional, Deus, enquanto autor e governador dessa natureza, manda fazer ou evitar o que a razão prescreve fazer ou evitar [...]. A vontade de Deus, seu mandamento ou interdição, não é a razão inteira da bondade ou maldade que há na observância ou na transgressão da lei natural, mas supõe necessariamente uma certa retidão ou deformidade nesses atos, e ela acrescenta uma obrigação particular enquanto lei divina.[40]

Retomemos exatamente neste ponto o capítulo IV do *Tratado teológico-político*. Espinosa começa, agora, a falar em lei divina. Se a lei humana é o conjunto particular de prescrições para a segurança da vida na república, a lei divina é a que nos prescreve universalmente a buscar o sumo bem, isto é, o conhecimento verdadeiro e o amor verdadeiro de Deus. Compreendida a completa diferença entre lei humana e lei divina, resta saber por que Espinosa designa o conhecimento e o amor verdadeiros de Deus como *lex divina*. Nossa melhor parte, escreve ele, é nosso intelecto e é este que nos faz conhecer a lei divina. Ora, é da natureza de nosso intelecto a potência para o conhecimento verdadeiro e, visto que este depende de que conheçamos as coisas por suas causas eficientes, segue-se que nossa maior potência ou virtude é o conhecimento da causa de todas as coisas ou o conhecimento de que nada pode ser nem ser concebido sem Deus e que todos os entes da Natureza envolvem e exprimem o conceito de Deus. Segue-se daí que quanto mais conhecemos as coisas por suas causas tanto mais conhecemos a Deus, chegamos à nossa virtude que é nosso sumo bem e seguimos fielmente a lei divina. Conhecer a essência de Deus é conhecer tudo, de sorte que o conhecimento verdadeiro é o conhecimento de Deus ou da Natureza e é isso nossa suma perfeição e nosso sumo bem. Por que seria essa uma lei divina? Porque os meios exigidos ao nosso intelecto para que alcance tal conhecimento podem ser chamados de *mandamentos* de Deus enquanto por Ele dispostos em nós quando inscritos na natureza de nossa mente. Ora, diz Espinosa, esses mandamentos nos são dados ou suas ideias estão em nossa mente *enquanto Deus existe em nossa mente* (*quatenus ejus idea in nobis est, quatenus in nostra mente Deum existit*). Em outras palavras, os "mandamentos" de Deus ou a "lei divina" são as exigências que o intelecto faz a si mesmo para conhecer, exigências que decorrem da natureza necessária do intelecto ou de sua definição necessária. Em outras palavras, a lei divina é a lei natural do intelecto e uma lei natural, como foi explicado pelo filósofo, não é lei. O que, exatamente, Espinosa nos dá a entender sem que precise dizê-lo explicitamente? Que não há lei divina e que Deus não é legislador:

> Concluímos, portanto, que Deus só é descrito como legislador ou como príncipe e apelidado de justo, misericordioso etc., em virtude da maneira de entender do vulgar e pela sua falta de conhecimentos. Na realidade, Deus age e dirige todas as coisas unicamente pela necessidade de sua natureza e perfeição; os seus decretos, enfim, e as suas volições são verdades eternas e envolvem sempre necessidade.[41]

Sucede, porém, que a tradição teológica judaico-cristã fala em lei divina. Trata-se, agora, da lei divina revelada, isto é, da Lei Mosaica e das profecias contidas na Escritura. E, evidentemente, os mandamentos recebidos por Adão. Com isto, regressamos ao campo imaginativo.

O caso adâmico é rapidamente resolvido por Espinosa. O intelecto e a vontade de Deus são idênticos e parecem ser diferentes para nós porque nossa imaginação costuma distinguir entre a necessidade de uma essência singular e a sua existência necessária. Assim, por exemplo, a essência do triângulo é uma verdade eterna contida no intelecto de Deus (isto é, no modo infinito do atributo pensamento) desde que a conceba, e está contida na natureza de Deus pela necessidade da natureza de Deus e não pela necessidade da essência do próprio triângulo (pois o triângulo é necessário pela sua causa e não por sua essência). Assim, a verdade do triângulo — sua essência — é uma ideia no modo infinito do pensamento (o intelecto de Deus), mas essa essência, não sendo *causa sui*, não depende do próprio triângulo e sim da natureza de Deus e, portanto, depende da potência pensante de Deus ou da potência do atributo pensamento. Por conseguinte, conceber o triângulo ou "decretá-lo" é o mesmo e o triângulo, contido no intelecto divino, porque posto pela potência pensante divina, é uma verdade eterna, isto é, envolve uma necessidade eterna, pois sua necessidade é efeito necessário da potência pensante de Deus. Se Adão houvesse compreendido como uma verdade eterna o que lhe era revelado, seria impossível que entrasse em contradição com ela, pois contradizê-la seria o mesmo que o triângulo desejasse ser círculo ou que decidisse que a soma de seus ângulos internos deixaria de ser igual a dois ângulos retos. Em outras palavras, uma verdade é eterna quando sua contraditória é impossível ou quando sua negação é impossível. Ora, narra a Escritura que Adão infringiu o que lhe foi revelado. Isso significa, antes de mais nada, que não recebeu a revelação como uma verdade eterna e, em segundo lugar, como consequência, que a percebeu como algo que poderia ser respeitado ou negligenciado, portanto, como um *mandatum* ou como uma lei. Adão imaginou a revelação como instituição legal em que o benefício e o dano não se seguiriam da necessidade intrínseca das ações, mas apenas do arbítrio e do poder absoluto de algum príncipe. É, pois, por uma falha na compreensão de Adão que Deus lhe aparece como legislador.

O texto espinosano é arrasador. Não apenas destrói a imagem do primeiro homem dirigido pela *recta ratio* e pelo senso de *justitia* — destruindo com isto a imagem da racionalidade e perfeição do primeiro homem e do primeiro estado de Natureza como estado de inocência e liberdade pela presença da lei divina respeitada, imagem indispensável aos teólogos do estado de Natureza como vida comunitária justa sob Deus —, como ainda destrói a imagem da liberdade originária, uma vez que o relato da queda indica que se Adão percebe Deus como príncipe e legislador cujos decretos podem ser transgredidos é porque não é livre ou *sui juris*, mas sente-se sob o poder de um outro que o subjuga, estando, assim, *alterius juris*. Com a figura de Adão, ilumina-se o sentido da noção de lei divina, nascida da privação de verdadeiro conhecimento: ela é desconhecimento de si, de Deus, da Natureza e do que é propriamente uma lei.

A argumentação seguinte, sobre o Decálogo — que os teólogos jusnaturalistas consideram parte integrante da lei natural —, sobre a legislação mosaica e sobre os profetas que escreveram leis a partir da Lei de Moisés, obedece exatamente à mesma linha que a seguida no caso de Adão, explicitando as razões pelas quais a imaginação hebraica põe Deus como legislador. E, em ambos os casos, Espinosa insiste na rudeza, ignorância e desamparo de Adão e dos hebreus, indagando por que esses homens tão movidos pelo conhecimento imaginativo se tornaram modelos para a invenção de teorias e modelos políticos.

Entretanto, algo mais se explicita nesse capítulo IV do *Teológico-político*, cuja chave é o conceito de verdade eterna contraposto aos conceitos de preceito e decreto. Na medida em que verdades eternas (isto é, a necessidade causal que põe a necessidade intrínseca de uma essência e torna impossível sua negação ou contradição) não são leis, que o universal necessário não é lei, que lei se diz apenas de preceitos particulares que homens particulares prescrevem a si e a outros e os tornam imperativos pelo reforço do amor e do medo, conclui-se que: 1) a lei divina revelada é lei apenas e somente se for lei para homens determinados — Adão, os patriarcas, o povo hebraico (e todos os povos que considerem seus Estados particulares como resultando de uma escolha divina); 2) visto que não há propriamente lei divina, Adão, Moisés, os profetas instituíram as leis, não as receberam; 3) se não há lei divina no tocante às verdades eternas, necessárias e universais, a lei divina trazida pela Escritura não é verdade eterna, não nasce do conhecimento verdadeiro da essência e da potência de Deus e, portanto, o que ali se chama de lei divina é um instrumento político determinado por condições precisas, que só podem ser conhecidas por meio da *história* hebraica e não da teologia; 4) a lei divina revelada, por ser lei, não é transmissível, aplicável ou imitável por outros povos cuja história seja diversa da hebraica, uma vez que é lei civil e esta é sempre particular. Em resumo, da Escritura não podemos retirar conhecimentos sobre a essência de Deus, da Natureza e dos homens, tampouco deduzir dela os princípios da política em geral.

O mais extraordinário na argumentação de Espinosa é a demonstração de que a lei divina só será lei se não for divina e só será divina se não for lei. A expressão "lei divina" é um oximoro. Rigorosamente, é uma quimera no sentido que lhe dão os *Pensamentos Metafísicos*: uma coisa que envolve contradição interna e que por isso é impossível. Não há lei divina. Não há *imperium Dei*. Não há *speculum divinum*.

PARTE DA NATUREZA

A natureza humana: o conatus *singular*

Se a Parte I da *Ética* libera o campo político das balizas teológicas, as Partes II, III e IV o liberam das balizas da moral normativa e da tradição jusnaturalista cristã.

A primeira, bloqueando o saber sobre a política porque bloqueia o conhecimento da natureza humana, lança o pensamento político no pessimismo satírico ou no idealismo utópico e, em ambos os casos, afasta a teoria de qualquer prática possível — "acredita-se que é na política que a teoria mais difere da práxis".[42] Se os filósofos, ocupados com uma natureza humana "que em parte alguma existe", deixam o campo político desguarnecido, logo parece vir a ser ocupado pelos políticos, cuja imagem não inspira confiança: "mais astutos do que sábios", parecem muito mais ocupados em "lançar armadilhas aos homens do que em cuidar de seus interesses". Essa imagem, na verdade, é inseparável do moralismo filosófico, e a inépcia política dos filósofos está justamente em crer no Bom Governo e no bom governante virtuoso, cujas imagens abstratas costumam opor aos políticos reais, incapazes de perceber que

> um Estado (*imperium*), cuja salvaguarda dependa da fidelidade de alguns e cujos negócios não possam ser corretamente cuidados a menos que os que deles tratam queiram agir lealmente, será pouquíssimo estável.[43]

A tradição do jusnaturalismo cristão, por seu turno, cristianizando Aristóteles — na versão tomista do estado de Natureza sob a lei natural — define o direito natural pela *recta ratio* e pela presença da *justitia*, que levam ao exercício natural da justiça distributiva em estado de Natureza e o submetem ao princípio do *pacta sunt servanda*, "pactos devem ser cumpridos". Ou então, cristianizando Cícero — na versão protestante do estado de Natureza como barbárie resultante do pecado original —, concebe o direito natural como *facultas* decorrente do livre-arbítrio da vontade sob a direção da *recta ratio*, faz dessa *facultas* o correspondente humano da *potestas Dei* e, pela equalização dessas duas vontades, estabelece um pacto entre eles, pelo qual Deus concede *imperium* a Seus representantes. Tanto na versão da Reforma como na da Contrarreforma, o estado natural é concebido como estado sob a razão e sob a justiça, o *jus naturale* é identificado ao *dominium naturale et utile*, pensado, portanto, como propriedade privada do corpo, da vida, da liberdade e dos bens e, por conseguinte, como capaz de operar segundo a categoria do direito privado, isto é, por contrato, para instituir o *imperium* como cessão ou alienação dos direitos, particularmente do *jus gladii*, isto é, o direito à espada.

Ora, se os teóricos não podem dar conta da realidade do campo político já instituído, os teóricos cristãos do jusnaturalismo não podem dar conta da instituição do próprio *imperium*. De fato, na versão aristotelizada do estado de Natureza, os homens vivem sob uma comunidade racional e justa e não se compreende por que a abandonariam pelos riscos da irracionalidade e da injustiça políticas. O recurso aqui, como se evidencia na obra de Suárez, é completar o estado de Natureza aristotelizado com a versão ciceroniana: em decorrência do pecado, os homens introduzem pouco a pouco a injustiça na comunidade natural e a transformam em barbárie; para corrigir essa tendência inelutável cria-se o direito positivo e o *imperium*. Por seu turno, a versão ciceroniana do estado de Natureza coloca exatamente o problema contrário: como, vivendo como brutos, irracionais e bárbaros, os homens descobririam a racionalidade, a utilidade e a justiça da vida social e política? O que os faria passar da liberdade natural à coerção política? O recurso, agora, é completar a versão ciceroniana com uma de tom aristotélico: por natureza, os homens recebem a inclinação ao bem e à justiça, impressa em suas almas por Deus, e que os conduz à razão e à vida social.[44]

Se, como dizem o *Teológico-político* e o *Tratado político*, o conhecimento da política depende do conhecimento da natureza humana, se o saber da política não pretende cair nas armadilhas da moral e da tradição jusnaturalista que, em última instância, é solidária com a perspectiva moral, e se não quiser equivocar-se quanto à prática dos políticos — que o "agudíssimo florentino" reconduziu ao seu verdadeiro sentido —, então é preciso reencontrar a gênese da política para além das balizas herdadas. Essa gênese se prepara nas Partes II, III e IV da *Ética*.

Voltadas para a gênese, operações e ações dos modos finitos na duração, as Partes II, III e IV começam por determinar-lhes a essência como modificações dos atributos divinos: os corpos não são substâncias e sim modificações determinadas da extensão; as ideias, modificações determinadas do pensamento. É, assim, demonstrada a diferença ontológica entre corpo e ideia, porque são efeitos da ação de atributos realmente diversos. Compreendida a diferença, é preciso determinar as relações entre esses modos finitos, demonstrando-se que "a ordem e conexão das ideias é a mesma que a ordem e conexão das coisas" (*E*, II, P7), uma vez que ambas exprimem a atividade única da substância, efetuada pela potência diferenciada de seus atributos. Dessa maneira, demonstrada a diferença ontológica de suas causalidades respectivas (a ordem e conexão das ideias produzem ideias e a ordem e conexão dos corpos produzem corpos), trata-se de determinar como corpo e ideia se relacionam como constituintes de uma singularidade modal determinada, isto é, o homem.

Na Parte I, é um axioma que "a ideia verdadeira deve convir com seu ideado", ou seja, toda ideia é ideia de algo determinado e está internamente articulada ao seu objeto próprio. Na Parte II, Espinosa demonstra que a ideia cujo objeto ou ideado é o corpo humano chama-se *mente* (*mens*), a qual, portanto, como o corpo, também não é uma substância: ela é ideia de seu corpo, na medida em que "a primeira coisa que constitui o ser atual da mente humana não é senão uma coisa singular em ato" (*E*, II, P11) e essa coisa singular é seu corpo porque "o objeto da ideia que constitui a mente humana é o corpo, isto é, um modo determinado da extensão, existente em ato e não outra coisa" (*E*, II, P13). Isso significa, em primeiro lugar, que o ser da mente não a define como *cogito* ou como consciência de si separada do corpo e, em segundo, que, sendo a ordem e conexão das afecções corporais a mesma que a ordem e conexão das ideias dessas afecções na mente, as ideias da mente envolvem ou pressupõem seu corpo (na imaginação) e o conhecem (na intelecção). Porque ideia de seu corpo, a mente é apta a perceber tudo quanto se passa nele e a perceber as afecções corporais, seja por meio de ideias imaginativas ou inadequadas (quando toma as afecções do corpo segundo as imagens dos corpos exteriores que o afetam), seja por ideias propriamente ditas ou adequadas (quando percebe as afecções do corpo segundo as determinações internas necessárias à essência do próprio corpo). A relação entre corpo e mente, como demonstra a Parte III, não é causal e sim de envolvimento recíproco, pois a diferença real dos atributos que os engendram produz a diferença das suas causalidades e por isso "nem o corpo pode determinar a mente a pensar, nem a mente determinar o corpo ao movimento ou ao repouso ou a qualquer outra coisa, se outra coisa houver" (*E*, III, P2). Além de ideia de seu corpo, a mente humana é ideia dessa ideia ou ideia de si, conhecendo-se a si mesma tanto por ideias imaginativas inadequadas como por ideias reflexivas ou adequadas. Se a Parte II, escrita na perspectiva da ideia do corpo, demonstra que a ordem e conexão das ideias é a mesma que a das coisas, a Parte V, escrita na perspectiva da ideia da ideia do corpo ou da mente reflexiva, poderá demonstrar que "como os pensamentos e as ideias das coisas se ordenam e se encadeiam na mente, exatamente da mesma maneira as afecções do corpo, ou seja, as imagens das coisas, se ordenam e se encadeiam no corpo" (*E*, V, P1).

Das Partes II, III e IV interessa-nos a gênese do indivíduo humano, a partir da gênese dos modos singulares e de suas relações necessárias segundo as *noções comuns* (*notiones communes*) da razão. O primeiro conjunto dos conceitos que aqui nos concernem é oferecido pela Parte II:

> Digo pertencer à essência de alguma coisa aquilo que, sendo dado, põe necessariamente a coisa e, sendo suprimido, tira necessariamente a coisa; isto é, aquilo sem o que a coisa não pode ser nem ser concebida e vice-versa, que sem a coisa não pode ser nem ser concebido. (*E*, II, *def.* 2)

> Por coisas singulares entendo aquelas que são finitas e que têm uma existência determinada. Se vários indivíduos concorrem para uma mesma ação, de tal maneira que todos em conjunto sejam causa de um mesmo efeito, considero-os, todos juntos, como uma só coisa singular. (*E*, II, *def.* 7)

> A essência do homem não envolve a existência necessária, isto é, da ordem da Natureza tanto pode resultar que este ou aquele homem exista como não exista. (*E*, II, *ax.* 1)

> Não sentimos nem percebemos outras coisas singulares além dos corpos e dos modos de pensar. (*E*, II, *ax.* 5)

> À essência do homem não pertence ser substância; isto é, a substância não constitui a forma do homem. (*E*, II, P10)

> O que primeiro constitui o ser atual da mente humana não é senão a ideia de uma coisa singular existente em ato. (*E*, II, P11)

Esse conjunto de definições, axiomas e proposições diz respeito à ação dos atributos substanciais modificando-se em modos finitos singulares, de tal maneira que, pela definição II, 2, sabemos que não há essências universais, que toda essência é singular ou em ato, que toda essência é inseparável de sua existência singular e que, embora ela seja condição necessária dessa existência e de sua inteligibilidade, não é condição suficiente dela, uma vez que sua singularidade depende também de sua própria existência e esta depende da ordem e conexão das demais coisas singulares que a engendram, conservam ou destroem. Donde a definição II, 7 apresentar o singular como indivíduo, isto é, como essência singular cuja existência é determinada ou concreta. Essa definição reveste-se ainda de outra importância porque nela a singularidade surge como composição de indivíduos que concorrem para a mesma ação, de sorte que a determinação da existência é dupla: por um lado, depende da ordem e conexão das causas singulares que operam sobre uma essência singular e, de outro, depende da comunidade de ação dos componentes que, ao agir juntos e simultaneamente, passam a constituí-la. Em outras palavras, agir em comum ou agir como causa única para a realização de uma mesma ação torna os componentes partes *constituintes* do indivíduo, de maneira que individualidade significa unidade causal. Há indivíduo singular quando os constituintes operam ou agem como causa única de ações. Aquilo que seria meramente extrínseco (uma reunião de componentes) torna-se intrínseco (uma união de constituintes) quando percebido do ponto de vista da ação conjunta para a produção de um único efeito. Anuncia-se, portanto, a diferença entre mera composição e constituição pela presença do conceito de causa, isto é, da *potentia agendi*.

As definições II, 2 e II, 7 esclarecem o axioma II, 1, que afirma que a essência do homem não envolve a existência necessária (o homem não é *causa sui*), e a proposição II, P10, segundo a qual não pertence à forma do homem ser substância. Finalmente, o axioma II, 5 declara que as únicas coisas singulares que sentimos e percebemos são corpos e ideias, enquanto a proposição II, P11 demonstra que o que constitui o ser atual da mente não é senão a ideia de uma coisa singular em ato, isto é, como demonstrará a proposição II, P13, a ideia de seu corpo. Do corpo encarrega-se a chamada "pequena física", exposta a partir da proposição II, P13 e que nos ensina o que é um corpo em geral, o que é um corpo vivo e o que é um corpo humano.

Após a proposição II, P13, Espinosa enuncia dois novos axiomas: os axiomas II, 1 e II, 2, que apresentam os corpos como entes em movimento e em repouso, podendo mover-se mais ou menos rapidamente e mais ou menos lentamente — movimento, repouso e velocidade são as determinações mais simples de um corpo. Sete lemas e seis postulados, marcando a ruptura espinosana com a física cartesiana, distinguem os corpos não pela substância ou pela matéria, nem apenas pelo movimento e pelo repouso, mas por *proporções* de movimento e de repouso. Os corpos são ditos convir (*conveniunt*) sob certos aspectos: 1) porque são modos do mesmo atributo; 2) porque podem mover-se mais ou menos rapidamente e comunicar movimento uns aos outros. São determinados ao movimento ou ao repouso pela ação de outros corpos que também foram assim determinados; constituem um só corpo quando, aplicando-se uns aos outros ou quando, comunicando seus movimentos uns aos outros, formam uma união de corpos (*unio corporum*), que é o indivíduo.

> Quando alguns corpos, de mesma ou diversa grandeza, são forçados pelos restantes a se juntarem uns aos outros, ou se eles se movem, com igual ou diferente velocidade, de tal maneira que comunicam reciprocamente os movimentos segundo uma determinada proporção, dizemos que esses corpos todos juntos compõem um só e mesmo indivíduo. (*E*, II, *def.* após P13)

O indivíduo se conservará mesmo que lhe sejam retirados componentes, desde que substituídos por outros na mesma proporção de movimento e de repouso (o que permite compreender a fisiologia dos seres vivos) e ainda conservará sua forma quando alguns componentes desviam a direção do movimento, mas continuam a comunicá-lo aos outros segundo a mesma proporção (o que permite compreender a conservação do corpo humano sob as mudanças de afecções que são paixões). Enfim, conserva-se ainda que se mova nesta ou naquela direção, desde que cada constituinte conserve o movimento e o comunique aos demais. A conservação do indivíduo pela conservação da proporção de movimento e de repouso dos constituintes é a primeira aproximação da definição do *conatus*, isto é, o indivíduo corporal se define pelo esforço de conservação em seu estado, que é o esforço de seus componentes — os corpúsculos simplíssimos duros, moles e fluidos que o compõem — sob a determinação exclusiva do princípio de inércia, isto é, da continuação ininterrupta do movimento. Esse esforço de autopreservação em seu estado é descrito por Espinosa como sistema de afecções recíprocas entre os constituintes de um corpo e os corpos ambientes, pois o corpo humano é afetado ou movido por eles porque necessita de muitos outros que o regeneram e conservam na existência, podendo, por seu turno, mover ou afetar os demais corpos de inúmeras maneiras. Assim, a individualidade corpórea ou *unio corporum* define o corpo como singularidade complexa e como singularidade em relação contínua com outras. A unidade decorre da comunidade de operação dos constituintes, seja como operação intracorporal — a complexidade das partes de um só e mesmo corpo agindo umas sobre as outras —, seja como operação intercorporal — os constituintes do corpo operando sobre os corpos exteriores e deles recebendo operações. A conservação da forma do indivíduo corporal decorre dessas duas modalidades de operações quando nelas é conservada a proporção de movimento e de repouso do corpo.

A complexidade individual corporea conduz a duas consequências fundamentais: em primeiro lugar, sendo o indivíduo composição de indivíduos unidos como constituintes de uma causalidade única, segue-se que a própria Natureza extensa pode ser definida como um indivíduo extremamente complexo, composto de infinitos modos finitos da extensão, constituído por infinitas causalidades individuais, conservando-se pela conservação da proporcionalidade do movimento e do repouso de seus constituintes; em segundo lugar, essa complexidade incide diretamente sobre a concepção espinosana da mente humana como complexidade e não como simplicidade. De fato, sendo ideia do corpo (*idea corporis*) e seu corpo podendo vir a ser disposto de inúmeras maneiras, segundo suas operações internas e externas, a ideia do corpo é ideia de todas essas disposições ou afecções, donde a proposição II, P15 enunciar: "A ideia que constitui o ser formal da mente não é simples, mas composta de grande número de ideias". A mente humana é potência de pensar apta a perceber, imaginar, desejar e entender o múltiplo simultâneo porque ela é constitutivamente pluralidade simultânea. Da mesma maneira, a Natureza pensante pode ser concebida como *conexio idearum* e, portanto, como um indivíduo infinitamente complexo. E visto que a ordem e conexão das coisas e das ideias é uma só e a mesma, segue-se que a Natureza Naturada no seu todo pode ser concebida como um indivíduo infinitamente complexo que se efetua como potência de agir.

Todavia, uma terceira consequência, decisiva para a política, pode ser retirada da física do indivíduo e da psicologia que lhe corresponde: assim como o indivíduo é união de corpos (*unio corporum*) e conexão de ideias (*conexio idearum*) e assim como a Natureza é um indivíduo complexo constituído por corpos e ideias, as *uniones corporum* e as *conexiones idearum* podem compor um indivíduo novo e, pela ação unificada ou comum, podem passar a constituir um indivíduo complexo novo: a *multitudo* que, tanto no *Teológico-político* como no *Tratado político*, define o sujeito político. Desde já podemos perceber por que Espinosa não precisará recorrer ao conceito de contrato para explicar a formação do sujeito político.

A física das proporções de movimento e de repouso e da individualidade como operação/ação comum dos constituintes determina o indivíduo corporal como um sistema de forças centrífugas e centrípetas cuja proporção de movimento e de repouso é conservada (equilíbrio das forças), aumentada (se a força centrípeta for maior) ou diminuída (se a força centrífuga for maior). Desse sistema de forças, que acrescenta à cinemática das proporções de movimento e repouso a dinâmica da intensidade das forças, encarrega-se a Parte III da *Ética* ao deduzir a gênese do indivíduo como *conatus*. Entramos, agora, na região concreta na qual os indivíduos não se esforçam apenas para manter seu estado, mas para manter seu *ser*. Para aí chegar, a dedução é antecedida, ainda na Parte II, pela teoria das noções comuns (*notiones communes*) da razão, exposta nas proposições II, P37, II, P38 e II, P39, respectivamente:

> O que é comum a todas as coisas e existe igualmente no todo e na parte não constitui a essência de nenhuma coisa singular.

> Aquilo que é comum a todas as coisas e existe igualmente na parte e no todo só pode ser concebido adequadamente.

> Daquilo que é comum e próprio ao corpo humano e a certos corpos exteriores, pelos quais o corpo humano é habitualmente afetado, e é comum e próprio a cada uma de suas partes assim como ao todo, sua ideia existirá adequada na mente.

A noção comum — aquilo que existe igualmente na parte e no todo e que é concebido adequadamente (segundo sua necessidade interna) pela mente — não constitui nenhuma essência singular e, portanto, não é um indivíduo. A noção comum, objeto próprio da razão ou do conhecimento do segundo gênero, é a maneira como a mente humana é capaz de compreender o *sistema de relações necessárias* de concordância interna entre as partes que constituem um todo. É o que faz com que haja relações intrínsecas de concordância ou conveniência entre aqueles indivíduos que, por possuírem determinações comuns, fazem parte do mesmo todo. Assim, a teoria da individualidade recebe nova determinação, graças a uma teoria das relações necessárias entre os *singularia*, relações que podem ser de composição-constituição, conforme à proporção de movimento e de repouso e conforme à causalidade comum, ou relações de afecção entre os indivíduos, desde que tenham algo em comum, pois o que nada tem em comum com outro, diz a Parte IV, não pode auxiliá-lo nem prejudicá-lo, isto é, não pode com ele se relacionar.

É desse ponto que parte a dinâmica do *conatus*, vindo determinar o sistema complexo das proporções de movimento e de repouso (e suas ideias na mente) com a concreticidade da *dinâmica das forças* e sobretudo com a *intensidade* dessas forças. A partir de agora, o indivíduo singular passa a ser designado como causa: *causa adequada* (*causa adaequata*), se os efeitos que produzir puderem ser explicados apenas por sua própria natureza; *causa inadequada* (*causa inadaequata*), se os efeitos que produzir não puderem ser explicados apenas por sua natureza, mas pela interferência de causas externas ou de potências alheias à sua.

> Chamo causa adequada aquela cujo efeito pode ser clara e distintamente compreendido por ela mesma; chamo causa inadequada aquela cujo efeito não pode ser conhecido por ela mesma. (*E*, III, *def.* 1)

Chegamos, assim, ao indivíduo singular como *potentia existendi et agendi*, potência de existir e agir.

Dessa potência, a Parte III nos diz que pode ser aumentada ou diminuída de inúmeras maneiras (*E*, III, *post.* 1) e que se realiza no corpo segundo as causalidades corporeas e na mente segundo as causalidades imaginativas e intelectuais, de sorte que o corpo não causa pensamentos na mente e esta não determina movimento e repouso no corpo (*E*, III, P2). Isso implica uma inovação de grande envergadura: a ação e a paixão não mais se definem como relação *entre* corpo e alma, isto é, como supunha a tradição filosófica, para a qual a um corpo ativo corresponderia uma alma passiva e a uma alma ativa, um corpo passivo. Ação e paixão não são termos reversíveis (o que é ação num termo seria paixão no outro, e vice-versa), mas são intrínseca e qualitativamente distintas. Somos ativos ou passivos por inteiro, de corpo e mente simultaneamente, pois "somos ativos quando se produz em nós ou fora de nós algo de que somos causa adequada" e "somos passivos quando se produz em nós algo de que somos apenas causa parcial" (*E*, III, *def.* 2).

Além disso, como o corpo e a mente são singularidades complexas, Espinosa pode demonstrar que os constituintes de ambos podem ser desiguais quanto à força de existir e agir, isto é, um corpo poderá ter partes mais fortes e mais fracas, seja quando comparadas entre si, seja quando comparadas às forças das causas externas e, da mesma maneira, a mente poderá ter ideias mais fortes ou mais fracas, na medida em que envolvem fraquezas e forças corporais. Isso significa que corpo e mente se relacionam de maneiras diversas com as causas externas, conforme as afecções corporais e suas ideias dependam de constituintes mais fracos ou mais fortes. Em outras palavras, um indivíduo é um sistema de integração e diferenciação interna de seus constituintes não apenas segundo a estrutura de cada uma das partes constituintes, mas também segundo a força (ou fraqueza) de cada uma delas, ou segundo a variação de intensidade dessas forças. Graças à ideia do indivíduo como integração e diferenciação interna dos constituintes (ou das partes constituintes do indivíduo, que podem ser fortes ou fracas) e do princípio de aumento e diminuição da potência ou intensidade da força pelas relações com as potências externas — os constituintes fracos submetendo-se às pressões externas; os constituintes fortes não só resistindo a elas, mas sobretudo vencendo-as —, Espinosa pode conceber o conflito como interno ao indivíduo, tanto quanto externo a ele. Em outras palavras, o conflito não se dá entre a essência singular e ela mesma, pois isso, como logo veremos, contraria a natureza do *conatus*, mas *entre suas partes* fortes e fracas, exatamente como ocorre no conflito com as potências externas. Em suma, trata-se de um conflito de forças contrárias e de intensidade variável que, como veremos, dependem dos objetos desejados e da intensidade desse desejo.

A dedução do *conatus* se efetua nas proposições III, P4 a III, P8:

> Nenhuma coisa pode ser destruída, a não ser por uma causa exterior. (*E*, III, P4)

> Coisas são de natureza contrária, isto é, não podem estar no mesmo sujeito, enquanto uma pode destruir a outra. (*E*, III, P5)

> Cada coisa se esforça, tanto quanto está em si, por perseverar em seu ser. (*E*, III, P6)

> O esforço pelo qual cada coisa se esforça para perseverar em seu ser não é senão a essência atual dessa coisa. (*E*, III, P7)

> O esforço pelo qual cada coisa persevera em seu ser não envolve um tempo finito, mas indefinido. (*E*, III, P8)

O *conatus* é a essência atual da coisa. Que significa defini-lo como *essência*? Antes de mais nada, significa que uma coisa qualquer não é a realização particular de um universal e que, por conseguinte, um ser humano não é a realização particular de uma natureza humana universal, mas uma singularidade individual por sua própria essência. Que significa defini-lo como *atual*? Afirmar que é uma singularidade em ato e, portanto, não é uma inclinação ou uma tendência virtual ou potencial, mas uma força sempre em ação. Como essência atual, é intrinsecamente indestrutível — coisa alguma, na Natureza, se autodestrói, a destruição sendo sempre efeito da ação de uma causa externa, o que significa que a passividade (quando somos apenas causa parcial de efeitos internos e externos causados por forças externas) indica o campo da destruição de uma essência que, em si mesma, é indestrutível. Porque intrinsecamente indestrutível, o *conatus* não abriga em seu interior nenhuma contradição, uma vez que os contraditórios se destroem reciprocamente e negam a própria definição do *conatus*; por conseguinte, a contradição, quando houver, estabelece-se ou como efeito de causalidades externas (portanto, como algo que sobrevém vindo de fora), ou externamente entre vários *conatus*. É esforço de perseveração no ser: *esforço*, porque a perseveração pode ser freada ou impedida por causas externas; *no ser*, porque persevera como indivíduo singular definido por uma potência interna; *tanto quanto está em si*, pois seu poder é determinado internamente pelo jogo das forças centrípetas e centrífugas, pela atividade e pela passividade. Seu esforço *é* sua duração: atividade — passividade contínua e atual da *potentia existendi* e não sucessão descontínua de atos e virtualidades. A essência de um ser singular é, pois, sua atividade ou as operações e ações que realiza para manter-se na existência e que são logicamente anteriores à sua distinção como irracionais ou racionais, certas ou erradas, boas ou más.

Acompanhando a concepção do *conatus* de Hobbes, que acrescentara à mecânica, fundada no princípio de inércia (ou do movimento contínuo), a dinâmica da pressão ambiental e do esforço infinitesimal vital e animal para vencer obstáculos externos e alcançar o estado de equilíbrio,[45] Espinosa diverge de Hobbes sob três aspectos fundamentais. Em primeiro lugar, porque afirma a indestrutibilidade intrínseca da essência singular, Espinosa formula a conservação ou perseveração no ser como proporcionalidade do *quantum* de movimento e de repouso sem se referir, como Hobbes, à velocidade; o *quantum* da proporção se exprime como *intensidade* atual da força. Em segundo, diferencia entre conservar o seu *estado* (válido apenas para os corpúsculos duros, fluidos e moles que compõem as partes dos corpos propriamente ditos) e perseverar em seu *ser*. Essa diferença, por um lado, reduz o princípio de inércia a um caso particular e subordinado ao *conatus* e, por outro, permite a eliminação de todo vestígio de virtualidade no esforço de autoperseveração, pois o *conatus*, essência atual de uma coisa singular, não é "inclinação" ou "tendência" virtual ao movimento ou ao repouso. A distinção entre estado e ser acarreta duas consequências políticas decisivas: Espinosa não precisará, como Hobbes precisa, distinguir, no interior do *conatus*, entre a *potentia* (o poder de) e o *jus* (a liberdade para), nem precisará, como Hobbes precisa, distinguir entre *potentia* (natural) e *jus civile* (positivo), o que, por sua vez, significa que não precisará introduzir um elemento mediador e legitimador do poder político, isto é, o *auctor* e a *auctoritas*.[46] Finalmente, em terceiro, graças à ideia do indivíduo como integração e diferenciação interna dos constituintes e do princípio de aumento e diminuição da potência ou intensidade da força pelas relações com as potências externas, Espinosa pode conceber a liberdade para além da concepção hobbesiana, isto é, além de defini-la, como Hobbes, pelo não constrangimento externo e pela vitória sobre obstáculos externos, define-a primordialmente como causa eficiente interna adequada e, portanto, como força interna de autodeterminação ou como autonomia. Essa concepção da liberdade, deduzida do *conatus*, esclarece por que a democracia é definida por Espinosa como "o mais natural dos regimes políticos", enquanto Hobbes precisa considerar a monarquia como mais apta para a instituição da *Artificiall Person*, entendida como imposição de um limite ou de um obstáculo ao direito natural ou o incessante desejo de mais poder.

Ser parte da Natureza significa, de um lado, ser uma essência atual ou singular que é uma potência de existir e agir; e, de outro, possuir qualidades, propriedades ou aspectos comuns com outras que participam do mesmo todo. Do ponto de vista político, a teoria do *conatus* como individualidade complexa nos permite compreender a gênese da *multitudo*, ou melhor, da potência da massa (*multitudinis potentia*) como sujeito político e soberano, e a teoria das noções comuns nos permite compreender por que a *multitudo* se forma. Se a ideia do indivíduo como integração interna operada pela potência como causa comum ou única para obter um efeito único leva à ideia do indivíduo complexo como *multitudo*, dotada de seu próprio *conatus*, por outro lado, a ideia do indivíduo como diferenciação interna dos constituintes pela diferente intensidade da força dos componentes permite compreender que a potência da *multitudo* é constituída por diferentes intensidades internas de forças, bem como pela concordância e pelo conflito entre elas. Donde três temas sempre presentes no discurso político espinosano: o primeiro é que o corpo político visa ao equilíbrio interno das potências constituintes por meio de uma ordenação institucional (*res ordinandas*) das forças, equilíbrio que é determinado pelo momento inicial de constituição do próprio corpo político, quando a forma política é definida não pelo número de governantes, mas pela decisão quanto a quem tem o direito ao poder e pelo estabelecimento da proporcionalidade entre as potências individuais, a potência da *multitudo* e a potência do *imperium*, isto é, entre o direito natural e o direito civil; o segundo, que o inimigo principal do corpo político nunca lhe é exterior, mas interno; e o terceiro, que o equilíbrio das forças é continuamente rompido pela diminuição ou pelo aumento da intensidade das forças internas (tanto as dos indivíduos como as da *multitudo* e as do *imperium*), o que leva a compreender a *duração* do *imperium*, isto é, tanto os meios (*cura*) de sua conservação como as causas de sua destruição ou as de sua mudança. Esse terceiro tema afasta Espinosa definitivamente da concepção clássica dos ciclos de instauração e decadência dos regimes políticos segundo leis da repetição e da passagem de um regime a outro que lhe seja inferior e sua negação.[47]

Identificando essência e potência, a demonstração de que o *conatus* é a essência atual de um ser singular nos faz compreender que os apetites (no corpo) e as volições (na mente) são os aspectos atuais da potência de existir e agir, que por isso mesmo são causas eficientes determinadas por outras causas eficientes e não por fins. Do *conatus* decorre a definição da essência do homem:

> O desejo (*cupiditas*) é a própria essência do homem, enquanto esta é concebida como determinada por uma afecção sua a fazer algo (*ad aliquid agendum*). (*E*, III, Definições dos Afetos, *def.* 1)

Porque a essência do homem é *cupiditas*, tem apetites e deles tem consciência. A consciência das afecções corporais são os afetos da mente, consciência adequada na ação (quando o homem reconhece seu desejo como causa eficiente interna e total dos efeitos) e inadequada na paixão (quando o homem imagina o desejado como causa eficiente e final de seu desejo e este é apenas causa eficiente parcial dos efeitos). Todavia, seja causa adequada ou inadequada, o desejo determina afetivamente o *conatus* e seu mundo. Força para existir e agir (alegria) e fraqueza existencial (tristeza), variação da intensidade do *conatus* (passagem a uma alegria maior ou menor, a uma tristeza maior ou menor, ou de uma tristeza menor a uma alegria que poderá tornar-se maior), conveniência/concordância das forças (amor) ou conflito entre elas (ódio), regeneração das forças (glória) ou destruição recíproca (ambição), afecções múltiplas em direção concordante (amizade, generosidade) ou em direção divergente (orgulho, ambição) ou nas duas direções ao mesmo tempo (ciúme, *fluctuatio animi*), expectativa de que um bem aconteça e um mal não advenha (esperança) ou temor de que um mal aconteça e um bem não advenha (medo), o desejo está submetido à determinação rigorosa das relações de ação e reação entre potências em que a mais forte e contrária vence a mais fraca e contrária, pois um afeto só é conservado se contrariado por outro mais fraco do que ele e só é destruído se contrariado por outro mais forte do que ele. Porque corpo e mente podem ser afetados de inúmeras maneiras simultâneas ou sucessivas (ele, pelos corpos circundantes, e ela, pelas imagens de seu corpo e dos demais corpos em suas relações recíprocas) e podem afetar os demais de inúmeras maneiras simultâneas ou sucessivas, a multiplicidade afetiva rege o *conatus*. As afecções que fortalecem o corpo são vividas pela mente como afetos de alegria e de desejos alegres; em contrapartida, as que o enfraquecem envolvem na mente os afetos de tristeza e os desejos tristes.

A vida afetiva, seja ela passional ou racional, é a existência com os outros: a vida corporal é intracorporea (pois nossos corpos são constituídos por corpos em relação) e intercorporea (pois nosso corpo é um sistema de afecções e estas são as maneiras pelas quais nosso corpo afeta e é afetado por todos os que o rodeiam); a vida psíquica transcorre como consciência quer imaginativa quer racional das afecções corporais e, portanto, como relação com os outros que nos afetam e que afetamos. Assim como a intercorporeidade é originária, também o é a intersubjetividade, entendida como consciência de si formada junto com a consciência que cada um tem dos outros. O campo afetivo é campo imaginário por excelência:[48] as afecções do corpo são imagens do corpo próprio mediadas pelas imagens dos demais corpos, e imagens destes mediadas pelas do corpo próprio, envolvendo na mente ideias imaginativas ou os afetos passivos, isto é, as paixões. Nesse campo, tudo pode, por acidente, ser causa de tudo. Qualquer coisa, dependendo das condições ou circunstâncias em que nos afete, e dependendo das partes de nosso corpo afetadas por ela, terá sua ideia na mente sob a forma de um afeto ou de diferentes afetos e até mesmo de afetos contrários, cuja força é maior se o que nos afeta for imaginado como estando presente e mais fraco se imaginado ausente, assim como é maior se imaginado como livre e menor se imaginado como necessário; e por isso mesmo são os humanos (presentes e imaginados livres) e não as coisas (imaginadas necessárias) que nos afetam com maior força. Há imagens que fortalecem o *conatus-cupiditas*: alegra-se com elas, ama-as, esforça-se por conservá-las, procura dominá-las para não perdê-las (pois lhe parecem livres e capazes de escapar de seu alcance), deseja ser desejado pelo objeto do desejo e pode, nesse movimento, tornar-se odiado e não amado. Há imagens que enfraquecem o *conatus-cupiditas*: entristece-se com elas, foge delas, procura afastá-las e, se possível, destruí-las, sendo capaz de ódio, inveja, orgulho, medo, autocomiseração e remorso.

É aqui, nesse campo imaginário e afetivo, nesse espaço passional, que nasce e transcorre a vida política, pois, por natureza, os homens não são avessos ao amor e ao ódio, à amizade e à cólera, à generosidade e à ambição, à comiseração e ao orgulho, à compaixão e à inveja, à piedade e à indignação e, visto que,

> sejam bárbaros ou cultivados, em toda parte os homens instituem usos e costumes e formam algum estado civil, as causas e os fundamentos naturais do Estado (*imperii causae et fundamenta naturalia*) não hão de ser procurados nos ensinamentos da razão, mas devem ser deduzidos da natureza comum dos homens, isto é, de sua condição.[49]

"Da natureza comum dos homens" devem ser deduzidos as causas e os fundamentos naturais do poder. Por natureza, dizem a *Ética*, o *Teológico-político* e o *Tratado político*, os homens não são contrários às lutas. Nada do que lhes aconselha o desejo é contrário à sua natureza e, por natureza, "todos os homens desejam governar e nenhum deseja ser governado". Donde a questão: a experiência mostra que todos os homens, "sejam bárbaros ou cultivados", instituem costumes e se dão um estatuto civil e não o fazem porque a razão assim os determina, mas porque a *cupiditas* assim o deseja. Mas pode a razão encontrar as causas e os fundamentos do que lhe mostra a experiência? Pode a razão determinar como e por que os homens são capazes de vida social e política? Pergunta tanto mais premente porque a razão reconhece como axioma que:

> Não existe na Natureza nenhuma coisa singular em relação à qual não exista outra mais potente e mais forte. Mas, dada uma coisa qualquer, é dada outra mais potente pela qual a primeira pode ser destruída. (*E*, IV, *ax.* 1)

Ser parte da Natureza: conatus *e direito natural*

Para responder à questão precisamos acompanhar uma nova determinação do *conatus-cupiditas*, introduzida na Parte IV da *Ética* com a ideia de *pars Naturae*, parte da Natureza:

> Somos passíveis [padecemos] enquanto somos uma parte da Natureza que não pode ser concebida por si mesma e sem as outras. (*E*, IV, P2)

> A força com que um homem persevera na existência é limitada e é infinitamente superada pela potência das causas externas. (*E*, IV, P3)

> Não pode fazer-se que um homem não seja uma parte da Natureza e que não possa sofrer outras mudanças senão aquelas que podem ser compreendidas só pela sua Natureza e das quais é causa adequada. (*E*, IV, P4)

Ser uma parte da Natureza — e é impossível que um homem não o seja, pois não é substância infinita — é ser um ente finito que não pode ser concebido sem as demais partes; é ter a potência de existir superada em força pela força incalculavelmente maior da potência das causas exteriores; e, enfim, é necessariamente passar por mudanças que não são determinadas pela força interna do seu *conatus*, mas pela potência das causas exteriores. Ser uma parte da Natureza é ser naturalmente causa inadequada e, por isso mesmo, padecer: a passividade está inscrita necessariamente nas partes finitas da Natureza.

Que é ser uma *parte humana* da Natureza? Na resposta a essa questão, Espinosa articula a teoria das noções comuns e a das paixões, de sorte que as relações inter-humanas são relações passionais cuja compreensão depende da ontologia e da física deduzida das noções comuns:

> Nenhuma coisa (*res nulla*) pode ser má pelo que tem em comum com a nossa natureza, mas é má para nós enquanto nos é contrária. (*E*, IV, P30)

> Enquanto alguma coisa (*res aliqua*) convém (*convenit*) com nossa natureza é necessariamente boa. (*E*, IV, P31)

> Os homens podem diferir em natureza enquanto sofrem conflitos de afetos que são paixões; e ainda, na mesma medida, um só e mesmo homem é vário e inconstante. (*E*, IV, P33)

> Enquanto os homens sofrem conflitos de afetos que são paixões, podem ser contrários uns aos outros. (*E*, IV, P34)

> Enquanto os homens vivem sob a direção da razão, só então convêm (*conveniunt*) sempre e necessariamente em natureza. (*E*, IV, P35)

> O que conduz à sociedade comum dos homens, ou seja, o que faz com que os homens vivam em concórdia é útil e, inversamente, é mau o que traz a discórdia à Cidade. (*E*, IV, P40)

Essa sequência de proposições referentes à contrariedade passional entre os homens e no interior de um mesmo homem (*varius est et inconstans*) termina, curiosamente, afirmando a existência da *communem societatem*. As duas primeiras proposições definem bom e mau pela relação com nossa natureza: não é por ser bom ou mau que algo não concorda ou conflita conosco — Espinosa expulsou toda reificação de bem e mal —, mas é porque concorda ou conflita conosco que o dizemos bom ou mau. Sob as paixões, os homens não concordam e, portanto, são maus uns aos outros e se, por natureza, são modos dos mesmos atributos, também por natureza são partes da Natureza em conflito recíproco: iguais pela essência (como modos finitos da extensão e do pensamento), diferem pela potência (pela intensidade do *conatus*). Ora, sabemos que contraditórios não coexistem num mesmo sujeito, pois isso o destruiria; sabemos também que uma parte da Natureza é causa inadequada e, portanto, alterável pela causalidade de forças externas mais potentes e fortes do que a sua; sabemos, enfim, que os homens podem diferir uns dos outros pela potência, que essa diferença torna-se contrariedade e contradição e que, portanto, podem destruir-se uns aos outros. "Enquanto dominados por afetos que são paixões, podem ser contrários uns aos outros", diz a proposição IV, P33. Em contrapartida, *locus communis* clássico, é dito que os homens concordam quando vivem sob a razão e seria de esperar que a proposição IV, P40 nos dissesse que, guiados pela razão e vivendo sob ela, os homens formam a *communis societas*. Em outras palavras, esperaríamos (à maneira tradicional) que a paixão fosse obstáculo à vida em sociedade e que esta fosse instituída pela razão, ou deduzida dos ensinamentos da razão. Mas não é o que nos diz Espinosa. E, para compreendê-lo, precisamos regressar às proposições IV, P30 e IV, P31.

Bem e mal, lemos nas duas primeiras definições da Parte IV, são o que "sabemos com certeza" que nos é útil ou o que nos impede de gozar um bem qualquer. As duas definições não são reversíveis: embora bem e mal sejam apenas maneiras de pensar (*modi cogitandi*) sem nenhuma positividade, mal se diz de maneira inteiramente privativa, isto é, o mal não é algo positivamente nocivo, mas a privação de algo que julgamos um bem. Donde a proposição IV, P30 declarar que nada pode ser mau no que tem em comum conosco, mas somente no que nos é contrário; e o que nos é contrário é o que nos impede a posse e fruição de algum bem. O mal é puro obstáculo ao desejo do que nos conserva, regenera, expande e transforma. Todavia, uma vez que a definição de bem e mal não é reversível, a proposição IV, P31 não dirá que bem é ausência de obstáculo — Espinosa não é Hobbes — e sim que bom é o que concorda com nossa natureza. No entanto, algo mais é enunciado por Espinosa: o que concorda com nossa natureza é *necessariamente bom*, cláusula que não aparece na relação com o mau (isto é, Espinosa não diz que o que discorda de nós é necessariamente mau). E, enquanto a proposição IV, P30 se enuncia negativamente, "nenhuma coisa" (*res nulla*), a proposição IV, P31 se enuncia positivamente, "alguma coisa" (*res aliqua*). É que o que não convém à nossa natureza pode destruí-la, enquanto o que lhe convém necessariamente não a destrói. Ora, o que alguma coisa teria em comum conosco? Sabemos, pela física da Parte II, que o comum se diz da ação em comum para alcançar um mesmo efeito e, pela teoria do conhecimento exposta naquela mesma segunda parte, que o comum é uma propriedade ou uma qualidade possuída por todas as partes de um mesmo todo. Isso significa que a *comunidade não se estabelece entre essências* — estas são singularidades concretas e sempre atuais —, mas entre propriedades ou qualidades que essências singulares tenham em comum e, por conseguinte, entre *as forças das essências singulares* ou entre as *intensidades de potências de agir singulares*.

Porém, é preciso ainda examinar o corolário da proposição IV, P31, no qual Espinosa reintroduz a utilidade: é tanto mais útil o que mais convém com nossa natureza e o que mais convém com nossa natureza é mais útil. Introduzida a utilidade, são explicadas as noções de diferença e de contrariedade: o diverso (ou realmente distinto) é o que nada tem em comum conosco não nos podendo ser útil nem inútil. O realmente diferente é-nos indiferente, como a música para o surdo; ou, como escreve Espinosa, nenhum de nós inveja a coragem do leão e a altura da montanha. O contrário, porém, não é o que é contrário à nossa natureza, mas o que é *contrário ao bem que desejamos*. Assim, *a contrariedade não se estabelece no interior de uma essência singular nem entre essências, mas entre suas* cupiditates *e, portanto, entre as forças de essências singulares ou entre as intensidades de suas potências.* É por esse motivo que as proposições IV, P32, IV, P33 e IV, P34 enunciam que a contrariedade entre os homens *pode* se estabelecer *enquanto seus afetos são paixões*, isto é, no embate entre a força menor do *conatus* e a força maior das potências externas.

Observemos que Espinosa não diz que sob as paixões os homens são *sempre e necessariamente* contrários uns aos outros e sim que, na paixão, *podem ser* contrários uns aos outros, tanto quanto *podem* concordar uns com os outros. Ou seja, assim como as proposições sobre o bom e o mau não são reversíveis, as proposições sobre a contrariedade passional e a conveniência racional também não são reversíveis, pois, assim como o que concorda com nossa natureza é sempre necessariamente bom, também, no caso da razão, os homens convêm *sempre e necessariamente.*

Todavia, isso ainda não nos explica por que, se a concordância entre os homens depende de que vivam *ex ratione ductu* (sob a direção da razão), não é, entretanto, da razão que Espinosa deduz a vida política. Para responder, não basta supor que a identificação operada entre bom e útil seria suficiente para instituir a sociedade sem apelar à condução da razão, pois as definições de bom e mau pressupõem a razão. De fato, nessas definições, Espinosa introduz a expressão "o que sabemos com certeza" nos ser útil (no caso do bom) ou nos impedir a fruição de algo (no caso do mau). Ora, desde o *De emendatione*, Espinosa distingue entre saber e saber do saber, sendo só o segundo saber certo. Mas ali também nos diz que "para saber não é preciso saber que sei", basta saber. Sob a condução da razão — que é o escopo do discurso ético — sei que sei o que é bem e mal. Sob a condução da paixão — instância na qual transcorre a vida política — apenas sei ou imagino saber o que é bom ou mau. É com esse saber empírico que lida o político e, por isso, no *Tratado político*, Espinosa critica os que pretendem trazer à política o saber certo do bem e do mal. Assim, a proposição IV, P40 opera em dois níveis simultâneos: no do sábio, que reconhece a necessidade intrínseca da vida política como útil ou como um bem, e no do homem passional, que, segundo o escólio da proposição III, P39, entende por bem o que lhe traz alegria e por mal o que lhe traz tristeza, julgando "segundo o seu afeto o que é bom ou mau". Em outras palavras, a razão *reconhece* a utilidade da vida social, mas não é ela a *causa e o fundamento* da sociedade. Eis por que cabe indagar se é possível encontrar no interior do bom-útil passional algo que seja igualmente bom-útil para todas as potências, algo que seja conveniente a todas elas ou que concorde com todas elas. Ora, tanto na Parte III como na Parte IV, Espinosa avalia o bom e o mau das paixões segundo um critério preciso: são boas as paixões que aumentam a força da potência do *conatus*; más as que a enfraquecem. As paixões derivadas da alegria e dos desejos alegres são boas, as derivadas da tristeza e dos desejos tristes, más. Ainda que de maneira instável e precária, as primeiras reúnem e unem seres humanos; as segundas os afastam e os desunem. Assim, para compreendermos como e por que os humanos podem unir-se ou combater entre si precisamos acercar-nos de uma nova determinação do *conatus*, isto é, o direito natural.

Se acompanharmos tanto o escólio 2 da proposição IV, P37 da *Ética* como o capítulo II do *Tratado político*, isto é, os textos nos quais *conatus* e direito natural são identificados e considerados causa e fundamento da política, veremos que, nos dois casos, o percurso dedutivo que seguimos até aqui é retomado passo a passo e pode ser assim resumido:

1) Uma coisa singular é uma essência singular cuja existência não decorre de sua definição (somente na substância a definição da essência põe imediatamente a existência necessária), mas de causas determinadas que a fazem existir, causas que, por seu turno, são essências singulares também postas na existência por outras, de sorte que o que põe uma essência singular na existência é a potência da Natureza inteira ou a potência de Deus e, por conseguinte, os indivíduos existem e agem "pelo supremo direito da Natureza" (*summo naturae jure*), conforme o escólio 2, da proposição IV, P37, e esse direito "não é senão a própria potência de Deus enquanto considerada absolutamente livre" (*nihil aliud est quam ipsa Dei potentia, quatenus haec absolute libera consideratur*), conforme o *Tratado político*, no § 3 do capítulo II.

2) Uma coisa singular é um indivíduo complexo, composto de partes simplíssimas e diferenciadas segundo proporções determinadas de movimento e repouso, e constituído por componentes enquanto se integram e operam ou agem como causa única em vista de um único efeito, de sorte que um indivíduo é uma singularidade complexa, internamente diferenciada, que se esforça para se conservar tanto quanto está em seu poder e tal potência é a essência atual desse indivíduo ou um *conatus* e, por conseguinte, conforme o escólio 2 da proposição IV, P37, "cada um age pelo que segue da necessidade de sua natureza"

(*unusquisque ea agit, quae ex necessitate suae naturae sequuntur*) ou, pelo § 3 do capítulo II do *Tratado político*, "toda coisa natural tem por natureza tanto direito a existir e agir quanta potência tem para existir e agir" (*rem naturalem tantum juris ex natura habere, quantum potentiae habet ad existendum et operandum*). Numa palavra, o direito definido pela potência da Natureza ou pela potência de Deus é o direito natural como potência para existir e agir: *jus sive potentia*, "direito, ou seja, potência". Isso significa que o direito natural não é uma obrigação (não há direito natural objetivo) nem é uma faculdade da pessoa moral ou da vontade (como afirmava a tradição jusnaturalista cristã), mas é um fato físico e psíquico singular ou a expressão de uma potência ou natureza individual que opera e age segundo a necessidade da Natureza. Donde, no *Teológico-político*, a definição do direito natural:

> Por direito ou instituição de natureza entendo unicamente as regras da natureza de cada indivíduo, segundo as quais concebemos qualquer ser como naturalmente determinado a existir e a agir de uma maneira certa. [...] É, com efeito, evidente que a Natureza, considerada absolutamente, tem direito a tudo o que está em seu poder, isto é, o direito da Natureza estende-se até onde se estende sua potência, pois a potência da Natureza é a própria potência de Deus, o qual tem direito a tudo. Visto que a potência universal da Natureza inteira não é senão a potência de todos os indivíduos em conjunto, segue-se que cada indivíduo tem pleno direito a tudo o que está em seu poder, ou seja, o direito de cada um estende-se até onde se estende a sua exata potência. [...] Cada indivíduo tem pleno direito de perseverar em seu estado, isto é, de existir e de agir tal como é naturalmente determinado a fazê-lo [...]. O direito natural de cada homem define-se, portanto, não pela reta razão, mas pelo desejo e pela potência.[50]

E no *Tratado político*:

> Por direito natural, portanto, entendo as próprias leis ou regras da Natureza segundo as quais tudo acontece, isto é, a própria potência da Natureza. Por conseguinte, o direito natural da Natureza inteira e consequentemente de cada indivíduo estende-se até onde se estende sua potência.[51]

3) O *conatus* ou potência individual de autoperseveração no ser é parte de um todo, pois algo é parte de um todo desde que possua as mesmas determinações ou as mesmas propriedades que este último. Essa parte da Natureza mantém relações de conveniência ou de concordância com as partes do mesmo todo porque ela e elas possuem determinações ou propriedades comuns, porém, cada parte da Natureza é uma potência que, em si mesma indestrutível, está em relação com a força de todas as outras potências, força que, sendo maior do que a sua, pode tanto destruí-la quanto auxiliá-la. Cada potência individual é constituída por intensidades de forças concordantes ou conflitantes e se relaciona com uma totalidade cujas forças podem concordar ou conflitar com a sua, podendo fortalecer-se ou enfraquecer-se nessa relação. Porque a ordem e conexão das coisas é a mesma que a ordem e conexão das ideias e porque a mente humana é ideia de seu corpo, seja pela mediação das imagens dos demais corpos (na imaginação), seja pelo conhecimento da essência singular dele (na intelecção), é tão complexa quanto seu corpo e as afecções corporais se exprimem na mente como afetos. A mente é também *conatus* e pode ser fortalecida ou enfraquecida pelas imagens e pelas ideias das afecções corporais de que tem consciência, consciência que se chama *cupiditas* e que define a essência atual de um ser humano, seja como passional, seja como racional. Passionais, as *cupiditates* humanas estão em conflito, este dizendo respeito não às essências deles, mas às forças de suas potências. Por conseguinte, "é em decorrência do supremo direito da Natureza que cada um julga o que lhe é bom e o que lhe é mau e atende à sua utilidade como lhe convém" (*adeo summo naturae jure unuscuisque judicat quid bonum, quid malum sit, suaque utilitati ex suo ingenio consulit*), conforme o escólio 2 da proposição IV, P37. Por conseguinte, "não podemos reconhecer aqui nenhuma diferença entre os desejos que a razão engendra em nós e outros de outra origem", conforme o capítulo II, 5 do *Tratado político*. Justamente porque os desejos passionais podem ser contrários uns aos outros, em *estado natural* os homens são "muitas vezes arrastados em direções contrárias e são contrários uns aos outros quando teriam necessidade de se auxiliar uns aos outros" (*atque sibi invicem sunt contrarii, mutuo dum auxilio indigent*), enuncia o escólio 2 da proposição IV, P37.

Encerra-se aqui o trabalho de ontologia. A Parte IV da *Ética* é extremamente lacônica sobre o advento do estado civil, deduzindo-o brevemente da lógica das afecções corporais e dos afetos, isto é, de que uma afecção e um afeto só podem ser freados por outra afecção ou afeto mais fortes e contrários, de sorte que, se o medo de sofrer danos for maior do que o desejo de causar dano, pode-se fundar a sociedade, desde que esta tenha o direito e, portanto, a potência para exercer a vingança, a justiça, promulgar as leis e fazê-las cumprir por ameaças, uma vez que *jus sive potentia*, "direito, ou seja, potência".

Ao afastar o contingente e o possível, tanto em Deus como no homem, a ontologia não só afasta a teologia, mas também oferece à ética e à política os fundamentos de um discurso demonstrativo necessário que, desde Aristóteles, lhes haviam sido recusados. Com efeito, se o desejo é a essência de um homem singular enquanto determinada a fazer algo por uma afecção sua, então podemos imediatamente compreender por que pode haver um discurso demonstrativo ou apodítico sobre os afetos e sobre as operações e ações determinadas por eles, pois a ação não é um acontecimento proveniente de uma deliberação sobre o possível, nem o afeto é, à maneira aristotélica, o *páthos* como acidente que acontece a um sujeito e, na qualidade de acidente, impossível de ser demonstrado apoditicamente. O afeto, ou a *cupiditas*, é a essência atual de um ser humano e, na qualidade de *essência*, possui causas necessárias determinadas e produz efeitos necessários determinados. Da mesma maneira, a práxis política não transcorre num mundo humano contingente nem nasce da deliberação voluntária e racional sobre um possível, mas funda-se no *conatus* ou na potência necessária que define a essência atual de cada singularidade humana e suas operações determinadas na ordem necessária da Natureza. Eis por que, no prefácio da Parte III da *Ética*, Espinosa declara que tratará os afetos *more geometrico* e repete essa mesma afirmação no capítulo I do *Tratado político*, depois de haver criticado a distância que os filósofos cavaram entre a teoria e a prática políticas.[52] O discurso político (contrariamente à teologia política) fala de uma "ordem das coisas" que não é transcendente aos agentes e à sua experiência, nem é uma ordem assentada na distinção entre essência possível e existência fática contingente (como faz a tradição platônico-aristotélica cristianizada), nem é, portanto, a ordem normativa do dever-ser precariamente contraposta à contingência ou ao poder ser ou não ser das ações humanas, mas é "uma experiência ordenada nela mesma"[53] porque nela os acontecimentos e as ações não são a superfície contingente de uma necessidade insondável (destino ou providência, à maneira estoica), nem a necessidade aparente imposta por uma Providência (cristã), que tudo causa contingentemente, e sim uma lógica de forças concordantes e conflitantes que instituem a lógica do poder e o exercício da liberdade. Com efeito, somente a crítica do imaginário da contingência pode alcançar uma política na qual poder e liberdade não se excluem:

> O homem é livre na exata medida em que tem o poder para existir e agir segundo as leis da natureza humana [...], a liberdade não se confunde com a contingência. E porque a liberdade é uma virtude ou perfeição, tudo quanto no homem decorre da impotência não pode ser imputado à liberdade. Assim, quando consideramos um homem como livre não podemos dizer que o é porque possa deixar de pensar ou porque possa preferir um mal a um bem [...]. Portanto, aquele que age e existe por uma necessidade de sua natureza, age livremente [...]. A liberdade não tira, mas põe a necessidade do agir.[54]

A INSTITUIÇÃO DO CAMPO POLÍTICO

> *Yet nature is made by no mean*
> *But nature makes that mean; so over that art*
> *Which you say adds to nature, is an art*
> *That nature makes.*
>
> Shakespeare, *A Winter's Tale*

O sujeito político

A primeira parte da *Ética* termina com um apêndice dedicado à crítica do finalismo. Com essa crítica abre-se o prefácio à quarta parte. Em ambos, o ponto inicial é a imagem da arte como atividade finalizada do homem que, a seguir, é projetada na Natureza e em Deus. No Apêndice, Espinosa simplesmente argumenta contra o finalismo divino a partir das demonstrações do *De Deo*. A Parte IV, já pressupondo o conhecimento da gênese do homem e de sua essência e potência, pode desfazer a imagem da arte como atividade teleológica. Nascida do desejo (*cupiditas*) como causa eficiente, quer inadequada, quer adequada, a arte é apenas realização dessa causa eficiente. Sua imagem finalizada não é aleatória, mas efeito necessário do desconhecimento da causa eficiente atual, desconhecimento que é a marca do imaginário. Este separa agente, ato e obra; põe a obra como causa final que, na qualidade de fim exterior normativo, comanda de fora a ação e o agente. A imaginação inverte a ordem natural, transformando os produtos da ação em modelos universais abstratos, postos como valores e medidas das ações concretas. Numa palavra, a imaginação, nascida da causalidade inadequada, põe essa causalidade como norma do real e da ação: põe a heteronomia do agente como princípio da ação e inventa a moral, orientada por fins (perfeição-imperfeição; bem-mal; justo-injusto; pecado-obediência). A perspectiva moralizante se espalha para as demais atividades humanas: na arte, coloca como fins beleza, harmonia, ordem; na política, inventa os paradigmas da boa sociedade, do bom governante, a teoria dos seis regimes e, na busca do "melhor", inventa a excelência do regime misto, o tirano como mau governante, o rebelde como mau súdito e a noção de "bem comum" como paz advinda da hierarquia e da repressão dos desejos.

É o moralismo normativo e finalista que impede, afinal, o surgimento do discurso político, pois, como lemos na abertura do *Tratado político*:

> A maioria dos filósofos concebe os afetos em nós conflitantes como vícios em que caem os homens por sua própria culpa. Por isso costumam ridicularizá-los, deplorá-los, censurá-los e (quando querem parecer mais santos) detestá-los. Acreditam proceder divinamente e elevar-se ao cume da sabedoria prodigalizando todo tipo de louvor a uma natureza humana que em parte alguma existe, machucando com seus ditos aquela que realmente existe. Concebem os homens não como são, mas como gostariam que fossem. Por isso quase todos, em lugar de uma ética, escreveram sátira e, em política, quimera conveniente ao país da Utopia ou à Idade de Ouro dos poetas, quando nenhuma instituição era necessária. Por conseguinte, dentre todas as ciências que têm aplicação, é na política que a teoria passa por mais discrepar da práxis, e não há homens considerados menos capazes para dirigir a república dos que os teóricos ou os filósofos.[55]

Iniciar um tratado de política começando pelas paixões não surpreende. Esse começo é clássico desde Platão e Aristóteles. O platonismo difuso na tradição ensina que é preciso um único dirigente para ordenar a desordem social, que esse dirigente precisa ser racional e detentor da ciência do político para controlar as paixões que perpassam a cidade e que deve ser o mais virtuoso dentre todos para coibir os vícios dos demais. O aristotelismo difuso ensina (opondo-se ao platonismo) que não há uma ciência teorética da política e que por isso mesmo, na qualidade de ciência prática que opera levando em consideração a contingência, pede um dirigente dotado da única virtude capaz de enfrentar o *páthos* ou a fortuna, qual seja, a prudência. Essas tradições se consolidam no estoicismo romano, que, desde o *De officiis*, de Cícero, ensina que o escritor político deve começar discorrendo sobre as virtudes do governante e dos súditos, uma vez que a política, destinada à instituição do bem comum, exige cidadãos virtuosos e dirigentes dotados não só de prudência, mas também das virtudes da justiça, liberalidade, magnanimidade, constância e clemência. Seguindo a lição do *De officiis*, cabe ao escritor político alertar governantes e governados distinguindo o dirigente virtuoso e o injusto, besta feroz que usa a força como o leão e a astúcia como a raposa. Dessas tradições nasceu um gênero político, o "conselho ao príncipe" ou o "espelho do príncipe", do qual os textos políticos do final do século XVI e início do XVII encontram nas obras mestras de Gracián, para o cortesão, e de Justo Lípsio, para o governante, a forma exemplar do gênero. Cícero escrevera:

> Aqueles que a Natureza dotou de talentos e disposição necessária para governar, deixando de lado todos os escrúpulos, devem aspirar aos mais altos cargos do governo da República. Porque de outra maneira a República não pode ser bem governada nem o cidadão, manifestar a grandeza de seu ânimo. A estes homens é necessária a magnanimidade, o desprezo pelos acontecimentos humanos, a tranquilidade, a constância de ânimo [...]. Essa constância é mais fácil para os filósofos [...], que em seu gênero de vida menos sofrem os golpes da fortuna [...]. Por isso, não sem motivo, os que governam a República estão sempre perturbados interiormente e por isso precisam ter o ânimo mais elevado, não dando ensejo a pesares e inquietações.[56]

Por seu turno, Justo Lípsio abre as *Políticas* definindo a vida civil como "vida em comum em que os homens agem entre si para o bem e a comodidade de todos" e cujos guias são a prudência e a virtude, pois a primeira sem a segunda "é agudeza, malícia, tudo quanto se queira, menos prudência". Lípsio faz sua a lição de Cícero no *De republica,* isto é, que o dirigente deve ter "uma prudência íntegra", qualidade cujo nome diz sua maneira de agir porque *prudentiam ex providentia* (o prudente é o que provê, porque no presente olha o passado e contempla o porvir).[57] Assim, escreve Lípsio:

> Tratarei primeiro da virtude, que é o próprio bem do homem. Todas as outras coisas são perecíveis e de pouca duração: a glória das riquezas e a formosura são frágeis e muito ligeiro nos escapam; somente a virtude dá mostras de natureza eterna, não havendo outra coisa imortal que toque os mortais. [...] Recorramos, pois, à virtude como ao sagrado, pois somente ela está quieta e segura, e senhora de si, enquanto todo o restante está sujeito aos vaivéns da fortuna, que manda e ordena segundo seu capricho; não tendo as calamidades, os danos e as injúrias outro poder contra a virtude do que contra o sol, a neve.[58]

Reconhecemos os temas recorrentes: fortuna e virtude, contingência e deliberação racional. Sabemos também que fortuna e contingência caminham juntas e pavimentam o caminho das paixões, contra as quais se ergue a virtude, a força de ânimo, "quieta e segura de si", escreve Lípsio, pois, como dissera Cícero, "os que governam a República estão sempre perturbados interiormente e por isso precisam ter o ânimo mais elevado, não dando ensejo a pesares e inquietações".

Todavia, se o início do *Tratado político* não tem por que nos surpreender, nem por isso deixa de fazê-lo, pois, em lugar de invocar as paixões para ressaltar o elogio da virtude, Espinosa age às avessas, criticando aqueles que assim procedem, isto é, "os teóricos ou os filósofos". Estes imaginam o homem desnaturado porque passional, e passional porque vicioso por "sua própria culpa", sem compreender que com essa imagem ignoram o essencial, isto é, a naturalidade dos afetos e que alguns deles efetivamente arrastam um mesmo homem em direções contrárias. A crítica espinosana não só indica que o novo discurso político situa-se à distância do "espelho dos príncipes", mas ainda descortina a causa imaginária desse gênero político que, ao desnaturalizar as paixões e ignorar os homens tais como são, preferindo homens que em parte alguma existem, concebe a virtude como racionalidade orientada por fins e, portanto, como obediência a normas ou como dever e obrigação. Em outras palavras, a abertura do *Tratado político* indica os dois efeitos do imaginário da contingência e da vontade livre: de um lado, a imagem do homem vicioso e, de outro, como sua sombra necessária, a moral e a política do dever-ser, isto é, da virtude como regra e norma. De fato, a preferência pelos homens "tais como gostariam que eles fossem" indica a contrapelo o que os filósofos (sejam eles especulativos, satíricos ou utópicos) pensam dos homens realmente existentes, pois é óbvio que os imaginam como essencialmente maus e pervertidos e, visto que o são "por sua própria culpa", também imaginam que assim são por liberdade da vontade ou por livre-arbítrio. Estamos, portanto, de volta às águas da teologia política, o que é brevemente sugerido por Espinosa em dois momentos: logo no início do texto acima citado, quando assinala que o vitupério contra a natureza humana é mais intenso por parte daqueles que pretendem "parecer mais santos"; e mais adiante, quando descreve a imagem que os filósofos (ou como ele mesmo diz: os teólogos) possuem dos políticos. De fato, escreve ele:

> Em contrapartida, quanto aos políticos, acredita-se que estão mais ocupados em lançar armadilhas aos homens do que em cuidar dos interesses deles, e estima-se que são mais astutos do que prudentes (*potius callidi, quam sapientes*). A experiência ensinou-lhes, efetivamente, que sempre haverá vícios enquanto houver homens: preocupam-se, portanto, em evitar a malícia humana e isso graças a meios que, por um longo uso, a experiência ensinou serem eficazes e que homens mais movidos pelo medo do que conduzidos pela razão costumam empregar, parecendo contrários à religião, particularmente contrários aos teólogos, para os quais os poderes soberanos devem tratar os negócios públicos consoantes às regras de conduta que se deve respeitar em privado.[59]

Essa imagem nos ajuda a compreender algo que parecia enigmático na afirmação de Lípsio, quando este escrevera que a "prudência sem a virtude é agudeza e malícia". De fato, sabemos que, desde Aristóteles, a prudência é *a* virtude dianoética que define a própria razão prática, consistindo na capacidade para determinar a boa relação entre meios e fins para a obtenção de um bem para si e para a comunidade, devendo presidir a elaboração das leis, dos decretos e das instituições da Cidade. Soa, portanto, paradoxal que Lípsio a distinga da virtude. Todavia, se nos lembrarmos, de um lado, que Cícero falara em "prudência íntegra" e, de outro, que o príncipe "maquiavélico" é prudente, mas não possui as virtudes principescas próprias ao Bom Governo, compreenderemos que houve dissociação entre a prudência — que permite olhar para o passado e para o futuro — e a virtude, e que, tornando-se malícia, o prudente pode ser astuto como a raposa e feroz como o leão. Em outras palavras, a prudência deixa-se contaminar pelas paixões e, de virtude, pode tornar-se vício. É significativo, aliás, o procedimento de Lípsio. Uma vez que a finalidade da política é a ordem, a paz e a segurança e que o príncipe governa a massa, cujas características são terríveis (instável, sediciosa, crédula, incapaz de julgamento correto, desejosa de novidades, feroz nas palavras), não se pode esperar que seja eficaz se apenas seguir as virtudes privadas e, particularmente, se pretender em todas as ocasiões agir com "prudência íntegra". Para realizar duas de suas virtudes principescas — a justiça e a autoridade — o príncipe precisa exercer a "prudentia mixta" ou misturada, sendo, afinal, raposa e leão. Todavia, há limite para tal exercício: o príncipe pode e deve, quando necessário, ser um dissimulador; pode, quando a situação for extrema, enganar e corromper; mas não pode jamais, sob pena de destruir a república e ofender a Deus, praticar a perfídia. O governante virtuoso é aquele que deve responder eficazmente às conjunturas políticas e às ameaças populares, precisando enganar ou, como escreve Espinosa, ser "mais astuto que prudente".

Opondo-se à tradição, Espinosa afirma não só a naturalidade das paixões, mas também que a religião tem pouca eficácia sobre elas (a menos que prevaleçam o medo e a esperança) e que a razão, embora possa moderá-las, também não tem sobre elas domínio absoluto, tanto assim, diz ele, os que atribuem ao pecado de Adão a causa da impotência humana não podem explicar como um homem "ciente e prudente" poderia ter caído, isto é, perdido a razão e a virtude. E escreve:

> Para contribuir nesse estudo com o mesmo espírito de liberdade da matemática, tomei todo o cuidado para não ridicularizar as ações humanas, nem lamentá-las ou detestá-las, mas entendê-las. Considerei os afetos humanos, tais como o amor, o ódio, a cólera, a inveja, a glória, a misericórdia e outras comoções do ânimo não como vícios da natureza humana, mas como propriedades que lhe pertencem assim como o calor, o frio, as tempestades e trovoadas pertencem à natureza da atmosfera e que, embora incômodos, são contudo necessários, têm causas certas pelas quais nos esforçamos de entender sua natureza e quando a mente deles possui

verdadeiro conhecimento com eles alcança contentamento, como se contenta com o conhecimento do que agrada aos sentidos.[60]

Ao desmontar o imaginário teológico finalista e normativo e demolir os alicerces da política dos filósofos, Espinosa se volta, com o "agudíssimo florentino", para a política dos políticos. E não podemos deixar de aproximar a crítica ao moralismo satírico ou utópico dos filósofos, cujos ensinamentos não são aplicáveis em parte alguma, do que escrevera Maquiavel no capítulo XV de *O príncipe*:

> Sendo meu intento escrever algo útil para quem me ler, parece-me mais conveniente procurar a verdade efetiva da coisa do que uma imaginação sobre ela. Muitos imaginaram repúblicas e principados que jamais foram vistos e que nunca se soube se existiram na verdade, porque há tamanha distância entre como se vive e como se deveria viver, que aquele que trocar o que se faz por aquilo que se deveria fazer aprende antes sua ruína do que sua preservação; pois um homem que queira fazer em todas as coisas profissão de bondade deve arruinar-se entre tantos que não são bons.[61]

Por isso, diante da imagem dos políticos como astutos e contrários à religião, isto é, diante da imagem do príncipe "maquiavélico", Espinosa não hesita em tomar posição, escrevendo:

> Não há dúvida, entretanto, de que os próprios políticos quando escreveram sobre a política o fizeram com mais felicidade do que os filósofos: tendo tido a experiência como mestra, nada ensinaram que fosse inaplicável.[62]

Passagem decisiva que nos deixa compreender por que, desde o início, Espinosa declara não pretender trazer novidades ao escrever sobre a política. Seu primeiro argumento é que a experiência já mostrou todas as formas possíveis de Cidade nas quais os homens podem viver em paz, não sendo possível "estabelecer pelo pensamento um regime que ainda não tenha sido experimentado e que possa ser posto em prática com sucesso".[63] Seu segundo argumento é a experiência consignada numa ampla literatura política em que aqueles que praticam a política, "homens de espírito agudo, hábeis ou astutos", já disseram tudo quanto havia a dizer sobre ela, não sendo crível "que concebamos qualquer procedimento para o governo da sociedade comum cujo exemplo já não tenha sido encontrado e que homens ocupados com os negócios públicos não tenham percebido".[64] A prática dos políticos oferece um ensinamento de princípio, qual seja: um poder que espera segurança, estabilidade, paz e liberdade fundando-se nas virtudes privadas dos dirigentes não conseguirá esses objetivos, pois estes só podem ser alcançados pelo ordenamento institucional cuja força impeça aos governantes, "quer movidos por paixões, quer guiados pela razão", de serem desleais à república e contrários aos interesses dela.

Havíamos começado com uma questão: pode a razão demonstrar o que a experiência mostra? Antes que pudéssemos encontrar a resposta, vemo-nos diante de uma nova questão: pode a experiência dos políticos ser um guia seguro? As imagens que dirigentes e dirigidos têm uns dos outros seriam suficientes para que a razão se deixe conduzir por elas? Não é a experiência o primeiro gênero do conhecimento, campo da imaginação e fonte da ilusão? Não é ela que confunde a paz com a ausência de guerra e crê ser o despotismo mais seguro e estável do que a democracia? Não é ela que, sob o impacto do medo, leva os homens a depositar nas mãos de um só a salvação, colocá-lo acima das leis e preparar-se para a opressão futura? Não é ela que confunde o direito ao poder com a figura do ocupante do governo, levando a crer que se vive numa monarquia quando se está sob uma oligarquia, numa aristocracia quando se está sob uma burocracia, acabando por conduzir os filósofos ao mito da excelência do regime misto? Não é ela que, tomando o olhar do dominante como norma e o desejo do vulgar como princípio, constrói a imagem da plebe como temível quando não teme e servil quando temerosa? Não é ela, enfim, que torna patente que a "maioria ignora a quem cabe efetivamente o *imperium*"?

As dificuldades aumentam porque parece haver dissonância mais funda entre a experiência e a razão, na medida em que esta não poderia dar conta do que aquela lhe mostra. De fato, uma primeira dificuldade encontra-se na experiência da servidão: a razão ensina que o *conatus* é o desejo de autoconservação, que o direito natural é a potência individual enquanto parte da potência da Natureza inteira, e que essa potência é uma liberdade natural que se estende até onde tiver força para se exercer, sem que nada lhe proíba ou coíba a ação; como, então, explicar a experiência da obediência (fundamental na política) ou que um homem possa submeter-se a outro? Mais importante ainda: se o *conatus* é desejo, como explicar que os homens desejem a servidão e a confundam com a liberdade? No entanto, há uma segunda dificuldade exatamente inversa à primeira. A razão ensina que o *conatus* da mente humana é o desejo de conhecer e que sua força aumenta quando passa do conhecimento imaginativo — ou de um sistema de crenças e preconceitos sem fundamento na realidade — ao conhecimento racional das leis da Natureza e ao conhecimento reflexivo de si mesma e de seu corpo como partes da Natureza. A razão ensina também que um dos efeitos mais decisivos da paixão é tornar os homens contrários uns aos outros porque os objetos do desejo são imaginados como posse ou propriedade de um só e cada um imagina que se fortalece se puder enfraquecer os outros e privá-los do que desejam. Se é assim na paixão ou na imaginação, entretanto, Espinosa demonstra que, sob a direção da razão ou na ação, os homens não se combatem uns aos outros, pois, conhecendo as noções comuns (ou as propriedades comuns às partes de um mesmo todo que as fazem convenientes entre si), sabem que é pela concordância que cada um e todos aumentarão a força de seus *conatus* e sua própria liberdade. Em outras palavras, a razão ensina que é preciso fortalecer o que os homens possuem em comum ou o que compartilham naturalmente sem disputa, pois nisso reside o aumento da vida e da liberdade de cada um. Ora, vimos há pouco que, na abertura do *Tratado político*, Espinosa critica a utopia e a Idade de Ouro dos poetas, dizendo que se todos os homens fossem conduzidos pela razão, não precisariam da política para viver em paz e na liberdade. Assim, o *conatus* parece gerar dois efeitos opostos: ou a servidão, como preço da vida em comum, ou o isolamento dos homens racionais, como preço da liberdade. No primeiro caso, a política é um fardo ameaçador; no segundo, inútil. Mas, se assim for, em que Espinosa se distinguiria da tradição satírica, utópica e especulativa que critica na abertura no *Tratado político*?

Na verdade, os dilemas assinalados são falaciosos. Em momento algum Espinosa afirma que a política é instituída *pela* razão — o que tornaria a servidão inexplicável. Pelo contrário, considera a dominação tão natural como a liberdade colocando, como vimos acima, um axioma segundo o qual "não existe na Natureza nenhuma coisa singular à qual não exista outra mais potente e mais forte. Mas dada uma coisa qualquer, é dada outra mais potente pela qual a primeira pode ser destruída" (*E*, IV, *ax.* 1). Nem por isso, entretanto, afirma que a vida política é instituída *contra* a razão — o que a tornaria inútil e mesmo perigosa para todos e particularmente para os homens racionais. O que os problemas assinalados indicam, e a abertura do *Político* afirma, é que não se trata de encontrar a gênese da política na razão e sim no *conatus-cupiditas*, seja ele racional ou passional. Portanto, partir da condição natural dos homens significa começar pela experiência e que compreendê-la racionalmente é a tarefa do discurso político.

Assim, não podemos separar as duas questões — pode a razão demonstrar o que a experiência mostra? a experiência dos políticos é um guia seguro? —, mas examinar a articulação entre experiência e razão como solo de um discurso político inteiramente novo, começando por demarcar o seu objeto: a gênese da *experiência política*. Essa gênese (isto é, o fato de que os homens, quer bárbaros quer cultivados, instituem em toda parte o estado civil) é o movimento de constituição do sujeito político e da instituição do *imperium* ou do poder político.

O direito natural, definido como potência natural de existir e de agir que se estende até onde puder exercer-se, efetua-se naturalmente como esforço de sobrevivência em que os mais fortes subjugam os mais fracos (como no célebre exemplo, oferecido no *Tratado político*, dos peixes maiores que devoram os menores). No estado de Natureza, já é possível distinguir duas modalidades da potência natural humana: a que é senhora de si, *sui juris*, porque age e existe segundo seu *ingenium* e repele a força com a força, vingando-se da violência; e a que está *alterius juris* ou sob a potência mais forte de outrem, quando alguém está sob o poderio de um outro, seja porque este lhe domina o corpo (prendeu-o e tirou-lhe meios de defesa), seja porque lhe domina o ânimo, mediante o medo de castigos ou a esperança de benefícios, fazendo com que se submeta a ponto de considerar como desejo seu a satisfação do desejo desse outro a quem serve. Todavia, diz Espinosa, quem se livra dos grilhões recupera os meios de defesa e se liberta, volta a ser *sui juris*. E se o medo ou a esperança que submetiam o ânimo desaparecerem, também desaparece o vínculo de submissão. Alguém pode, ainda, dominar o ânimo de outrem pelo engodo e o manterá sob seu poder enquanto o logro tiver força sobre o ânimo alheio, mas, desfeito o logro, o subjugado torna-se *sui juris*. Em suma, no estado de Natureza não há justiça, lei, obrigação, mas luta passional que pode manter o jugo de alguém sobre outros e aquele que o tiver, enquanto o tiver, tem o direito de exercê-lo. Astúcia, medo, ódio, vingança, inveja habitam o estado de Natureza, fazendo de todos inimigos de todos, todos temendo a todos segundo o arbítrio e a potência de cada um. Não havendo justiça nem lei, não há a cláusula jurídica *pacta sunt servanda* ("os pactos devem ser observados") e todo compromisso pode ser rompido a qualquer momento, se se perceber que há mais vantagem em quebrá-lo do que em mantê-lo e se se tiver força para rompê-lo sem dano maior do que o de mantê-lo.

Estamos, pois, longe do estado de Natureza como *universitas populi*, de Suárez, e da *communicatio rerum, operarum et juris* das *consociationes symbiotices*, de Althusius. Mas também muito longe do estado de Natureza de Grotius, no qual, em decorrência da admissão do direito natural objetivo, *jus* e *lex*, definidos pelo mérito e pelo direito à punição do injusto, praticamente se identificam, pois, em decorrência da subordinação do direito natural subjetivo ao objetivo, direito e lei definem-se pela obrigação de abster-se do alheio e pela obrigação de restituí-lo, pela obrigação de cumprir promessas e de reparação do dano causado pelo seu não cumprimento. Em outras palavras, Espinosa mostra que a intercorporeidade natural e a intersubjetividade afetiva — a física dos corpos e a lógica dos afetos — determinam o estado de Natureza como pura relação de força. Por isso mesmo, escreve ele, o direito natural em estado de Natureza é uma abstração:

> Como no estado de Natureza cada um está sob seu próprio direito (*sui juris*), desde que possa precaver-se para não sofrer a opressão de um outro e que, sozinho, esforça-se em vão para precaver-se contra todos, isso significa que enquanto o direito natural humano for determinado pela potência de cada um, esse direito será, na realidade, nulo ou pelo menos terá uma existência puramente de opinião, pois não há nenhum meio para conservá-lo.[65]

A marca do estado de Natureza é a impossibilidade de efetuar o esforço de conservação no ser e, portanto, tal estado não é a realização do direito natural e sim obstáculo a esse direito. Em outras palavras, o estado de Natureza é uma força contrária e mais forte do que o direito natural de cada um tomado isoladamente. Justamente porque surge como força mais potente e contrária ao direito natural dos indivíduos isolados, o próprio estado de Natureza desencadeia a lógica natural das afecções e dos afetos, sem que a razão deva ou possa intervir nesse processo natural. No entanto, a razão é capaz de compreender e explicar que uma afecção e um afeto podem ser vencidos por outra ou por outro contrários e mais potentes. Por conseguinte, o discurso político pode mostrar que a vitória do direito natural sobre o estado de Natureza depende do aumento da potência dos indivíduos, a ponto de tornar-se maior do que a desse estado. Esse aumento da potência individual é experimentado pelos indivíduos em estado de Natureza quando suas paixões não são aquelas que os fazem contrários e sim convenientes uns aos outros, de maneira que concordam entre si e unem seus direitos para a realização de um objetivo comum, obtendo um poder maior do que o de cada um deles sozinho.[66] A associação e a cooperação são experiências que confirmam que "enquanto o direito natural humano for determinado somente pela potência de cada um, será nulo". O que é nulo, evidentemente, não é o direito natural em geral, pois este é determinado pela potência da Natureza inteira e é sempre efetivo, e sim o direito natural humano, isto é, daquela parte da Natureza que é incalculavelmente menos potente do que as demais. Assim, basta uma experiência singular de associar potências ou unir direitos para abrir caminho para sua generalização: associar potências e unir direitos é aumentar a força das potências individuais e assegurar para todas elas efetiva conservação do e no ser. Essa união de esforços ou potências ou direitos (tudo isso é o mesmo) pode ser duplamente compreendida: no plano da experiência, pela constatação de sua utilidade ou de seu efeito positivo; no plano da razão, pela teoria das noções comuns, graças às quais sabemos que a conveniência natural entre partes de um mesmo todo permite sua reunião e união. Essa reunião-união dos direitos ou potências não está preestabelecida na Natureza (esta, como diz o *Teológico-político*, não cria povos nem nações, mas indivíduos), mas é um *acontecimento* que constitui o sujeito político e institui o seu *imperium*:

> O direito de Natureza, no que concerne aos homens, dificilmente pode ser concebido senão quando os homens tenham direitos comuns [...] e vivem sob o consenso comum [...]. Quanto mais numerosos os que assim se reúnem num corpo, mais terão em comum o direito [...]. Quando os homens têm direitos comuns e estão todos conduzidos como se fossem uma única mente (*una veluti mente*), é certo que cada um tem menos direitos do que todos reunidos, que o ultrapassam em potência, isto é, cada um não tem sobre a Natureza direito algum senão aquele que lhe for conferido pelo consenso. Por outro lado, tudo quanto for ordenado

pelo consenso, cada um é obrigado a fazer e pode-se obrigá-lo a isto. Costuma-se chamar poder político — *imperium* — esse direito que é definido pela potência da massa (*jus multitudinis potentia definitur*) e possui absolutamente o poder quem, pelo consenso comum, cuida da coisa pública.[67]

A união de corpos e a união de ânimos, constituídas naturalmente pela física do indivíduo como causa interna das ações, a união dos ânimos propiciada naturalmente pela psicologia dos afetos e a união dos corpos e ânimos determinada naturalmente pela lógica das noções comuns como conveniência entre as partes de um mesmo todo, permitindo sua concordância quanto ao que lhes é útil, fazem com que a *reunião* dos direitos (os numerosos indivíduos como partes que apenas compõem um todo) se torne *união* dos direitos (a causalidade comum dos constituintes para a obtenção de um mesmo efeito). Essa união não é uma passagem do menos ao mais, não é algo meramente quantitativo, mas sim é a *criação* de uma potência nova, a *multitudo*, origem e detentora do *imperium*.[68] O *imperium* é a potência da massa unida como se fosse uma única mente e a *multitudo*, o indivíduo coletivo singular, consoante a definição da individualidade (união dos componentes para uma ação única que os transforma em constituintes de um todo) e da singularidade (existência finita na duração, portanto, acontecimento). O *imperium*, "direito definido pela potência da massa", é a ação coletiva ou a potência coletiva que se organiza como *civitas* ou *res publica*.

Os comentadores da obra política espinosana não podem deixar de enfrentar o fato de que a instituição do campo político não parece receber a mesma explicação no *Teológico-político* e no *Político*, pois o primeiro invoca a ideia de pacto como instância instituinte enquanto o segundo invoca o direito da *multitudo* como causa eficiente do corpo político. A diferença entre os dois tratados pode ser interpretada segundo um critério extrínseco ou um outro, intrínseco.

Extrinsecamente, podemos dizer que no *Tratado teológico-político* Espinosa acompanha de perto as posições de Grotius e de Hobbes (tanto assim que, numa carta, Jarig Jelles lhe perguntará em que sua concepção difere da deste último) e por esse motivo a noção de pacto se torna necessária, mormente quando levamos em consideração, de um lado, o estado de Natureza como dispersão individual, guerra e solidão e, de outro, a afirmação de que a Natureza produz indivíduos, mas não cria nações, povos e Estados. Nessa perspectiva, a percepção da utilidade da cooperação leva os homens a unir forças e visto que o estado de Natureza não é contrário às lutas desencadeadas por ódio, vingança, cólera, ambição e inveja e que nele a relação entre os homens é de pura força, a cooperação pode ser destruída a todo momento, se não houver a decisão dos indivíduos de pactuar para transferir à coletividade ou à sociedade sua potência natural ou seu direito natural, delegando à potência coletiva o direito de arbitrar e dirimir conflitos, obrigar os indivíduos a obedecer às leis e empregar tanto a lei como a espada para vingar injúrias cometidas entre os membros da coletividade.

Intrinsecamente, a diferença entre os dois tratados decorre da elaboração, no intervalo entre ambos, da ontologia, da física e da psicologia da *Ética*, graças às quais a noção de pacto perde o aspecto fundante, embora a operação de pactuar não seja afastada por Espinosa. De fato, com a *Ética*, o filósofo dispõe dos elementos para formular a ideia do sujeito político como união de corpos e mentes que constituem um indivíduo coletivo, a *multitudo*, cujo direito natural é o direito civil. Espinosa não só pode manter a ideia, desenvolvida no *Teológico-político*, da utilidade da cooperação e da união de forças, mas sem precisar recorrer à ideia de pacto, como ainda pode oferecer os fundamentos dessa cooperação, graças à teoria das paixões e dos desejos alegres, isto é, dos afetos que fortalecem o *conatus*, de tal maneira que a percepção dos demais homens como semelhantes e da utilidade de cada um deles e de todos para o fortalecimento do *conatus* individual explica que constituam a *multitudo* e instituam o corpo político.

No entanto, mais interessante do que notar essa diferença é observar que, desde o *Teológico-político*, a noção de pacto não possui a relevância que lhe era dada por Grotius ou por Hobbes e, de alguma maneira, sua quase-desaparição posterior não é surpreendente. Podemos observar que, no *Teológico-político*, Espinosa não aceita a ideia do pacto como transferência total do direito natural ou da potência individual a um outro: o pacto é descrito como um acordo mútuo em que cada indivíduo concorda em que o direito natural de cada um a todas as coisas seja exercido coletivamente e não mais seja determinado pelo apetite de cada um e sim pela potência da vontade de todos em conjunto. Essa descrição, por seu turno, é inseparável de dois aspectos de grande relevância: por um lado, o fato de Espinosa considerar a democracia o mais natural dos regimes políticos, e cronologicamente o primeiro, indica que o pacto pressupõe uma transferência do direito natural individual para a coletividade inteira, de maneira "que todos permanecem iguais como antes no estado de Natureza"; por outro lado, Espinosa é enfático ao declarar que os indivíduos concordam nessa transferência desde que ela não implique a perda da liberdade de pensamento e de palavra — os indivíduos concordaram em agir em comum, mas não em pensar em comum, escreve ele —, e que ninguém fará um pacto pelo qual aceite não mais ser consultado e ficar excluído de toda deliberação no futuro — é, aliás, essa cláusula que explica por que, no *Político*, ao falar da *multitudo* como reunião de direitos ou potências naturais, Espinosa afirma que ela é conduzida *como se fosse* uma única mente, *una veluti mente*, pois se ela se tornasse uma mente única, os indivíduos não teriam simplesmente transferido direitos, mas os teriam alienado inteiramente. Essas cláusulas restritivas indicam que Espinosa recusa o núcleo duro do pacto, aquilo que para a tradição era o pacto político propriamente dito, isto é, o chamado "pacto de sujeição".

Tal recusa impõe que o filósofo explique como é possível a conservação de um pacto. Para isso, Espinosa invoca "uma verdade eterna", um axioma universal que ninguém porá em dúvida, qual seja, que os homens não abandonam um bem senão por esperança de um bem maior ou por medo de um mal maior e que, entre dois bens, sempre escolhem o que julgam o maior e, entre dois males, o que julgam o menor e, por conseguinte, "ninguém manterá uma promessa senão por medo de um mal maior ou por esperança de um bem maior". Disso se conclui necessariamente que "um pacto não pode ter força senão em vista de sua utilidade; retirada esta, o pacto é imediatamente suprimido e permanece inválido". No capítulo 16 do *Teológico-político*, Espinosa continua: "Será insensatez exigir de outrem que ele permaneça sempre fiel, se ao mesmo tempo não se fizer de maneira a que a ruptura do pacto acarrete para seu autor mais desvantagem do que vantagem". Portanto,

> mantém sobre todos um direito soberano (*summum jus*) aquele que tem o poderio soberano (*summam potestatem*) para constrangê-los pela força ou pelo medo da pena capital, objeto de medo universal. Mas só conservará esse direito enquanto conservar a potência (*potentiam*) para realizar o que quer; caso contrário seu poder será precário (*precario imperabit*) e ninguém que seja mais forte estará obrigado a obedecer-lhe, se não quiser.[69]

A cláusula espinosana é nítida: visto que o *jus* é idêntico à *potentia*, um pacto é uma transferência de potência e por isso só se mantém enquanto a potência soberana tiver o *imperium* e só o terá enquanto sua potência for superior à potência dos indivíduos tomados um a um, isto é, enquanto o direito natural coletivo ou direito civil for mais potente do que o direito natural de cada um dos cidadãos, podendo obrigá-los tanto pela esperança como pelo medo.

Desse ponto de vista, o *Tratado político* conserva as ideias do tratado anterior, tanto assim que, no capítulo 2, o filósofo reafirma que um pacto perde validade e eficácia quando um dos pactuantes tem potência para rompê-lo sempre que isso lhe parecer mais vantajoso e não lhe causar dano. Em outras palavras, aqui, como no *Teológico-político*, a obrigação de fidelidade ao pacto dura apenas enquanto durarem os motivos para pactuar e enquanto a potência de um dos pactuantes não for maior do que a do outro, permitindo-lhe romper a relação. É justamente por isso que, no *Político*, a ênfase de Espinosa recai sobre a ideia de uma reunião que se torna união de direitos ou potências, de sorte que a *multitudo* é um fundamento mais seguro do que o pacto.

Nesse mesmo capítulo 2, retomando as posições de Grotius sobre o direito natural[70] entendido como regra racional de justiça, como direito à posse do corpo e dos bens necessários à sua conservação e como direito de agir ou de conduzir sua própria ação, isto é, como liberdade, Espinosa começa definindo o direito natural excluindo a razão e, a seguir, define a liberdade a fim de estabelecer a distinção entre aquele que está ou é *sui juris* e aquele que está ou é *alterius juris*. É inegável, escreve ele, que o homem, como todos os outros indivíduos, se esforça para conservar o seu ser. Supõe-se (Grotius) que o que o distinguiria dos demais seres seria o fato de ser dotado de razão e de possuir uma vontade livre (isto é, o livre-arbítrio para escolher contingentemente entre alternativas contrárias igualmente possíveis). Ora, prossegue Espinosa, desde que "não se confunda liberdade e contingência", devemos afirmar que sua liberdade é o esforço necessário para conservar-se e para ser *sui juris*, pois a liberdade é agir segundo a necessidade de sua própria natureza. No caso do homem, sem dúvida o cume da liberdade encontra-se no exercício pleno da razão e a experiência evidencia sobejamente que "não está no poder de cada homem usar sempre razão", mas, ao mesmo tempo, é preciso admitir que o esforço de autoconservação jamais é suspendido, pois "cada um, sempre, se esforça tanto quanto pode para conservar seu ser" e esse esforço é um direito natural cuja medida é a potência de cada um, de sorte que, "seja sábio ou insensato, tudo o que cada um faz, o faz por um direito soberano da Natureza". Definido o direito natural como potência de cada indivíduo para dispor de seu corpo e todas as coisas necessárias à sua conservação, segue-se que alguém está na dependência de um outro enquanto está sob o poder desse outro, mas se mantém nessa condição somente até que tenha potência para repudiar toda violência praticada contra si. De que maneira pode alguém estar *alterius juris*? Se considerarmos a divisão tradicional, retomada por Grotius, alguém está sob poder de outro seja quando este último domina seu corpo pelo ferro e pelo fogo, mantendo-o sob grilhões e tirando-lhe todos os meios de defesa e de fuga, seja quando, por meio de favores, domina inteiramente seu ânimo, assume a condução de suas ações e o faz preferir viver segundo o desejo de seu senhor e agradá-lo mais do que viver consoante seu próprio desejo e agrado. A primeira forma de dominação se conserva exclusivamente enquanto o dominante detém o exercício físico de uma força maior do que a do dominado; a segunda só se mantém pelo medo (de castigos) ou pela esperança (de benefícios), de maneira que, escreve Espinosa, suprimidos esses afetos, o dominado volta a ser *sui juris*. Sob a perspectiva da dominação sobre o ânimo, o dominado, como já dissera o *Teológico-político* a respeito do escravo, é aquele que atua para realizar e satisfazer o desejo de outrem como se fosse o seu próprio (ou, na linguagem da *Ética*, é aquele que é causa inadequada ou cujos afetos e operações são determinados pela potência de uma causa externa mais forte) e, desse ponto de vista, ser senhor de si ou ser livre depende da força do ânimo para libertar-se do poderio externo. Em outras palavras, é *sui juris* aquele que age sob a conduta da razão porque, lemos nesse capítulo 2 do *Político*, "é determinado por causas que podem ser adequadamente conhecidas unicamente por intermédio de sua própria natureza, ainda que tais causas o determinem necessariamente a agir", uma vez que "a liberdade não tira e sim põe a necessidade da ação". Somente ao chegar a esse ponto, Espinosa introduz o pacto.

Essa introdução, portanto, tem como pressuposto que o direito natural e a potência são idênticos, que esse direito ou potência não são privilégios do homem enquanto ser racional e sim é uma determinação necessária de todo indivíduo natural, e que, para o homem, há duas maneiras de ser *sui juris*: quando não se é constrangido física e psiquicamente por ninguém (liberdade meramente negativa, à maneira hobbesiana, a liberdade como ausência de constrangimento externo) ou quando se age adequadamente, isto é, quando as ações do indivíduo humano se explicam apenas pelas leis da sua natureza ou seguem necessariamente apenas de sua própria natureza (liberdade positiva ou propriamente dita). Uma vez que a política não é deduzida dos ensinamentos da razão e sim da condição natural e comum dos homens e uma vez que tem seu fundamento no direito natural de sábios e insensatos, o pacto não poderá repousar na ideia de uma vontade livre guiada pela razão, agindo segundo o critério da justiça e da obrigação (Grotius) nem de uma vontade livre agindo sob a condução de uma razão calculadora (Hobbes). Qual sua origem? Assim como em estado de Natureza os indivíduos costumam se relacionar por meio da busca da dominação de corpos e ânimos alheios, imaginando que isso fortalece seus *conatus*, também podem relacionar-se por consenso e por acordo mútuo e, neste caso, fala-se em pacto. O que significa exatamente um pacto? Um acordo para unir direitos e aumentar a potência individual, graças à potência conjunta. Por conseguinte, "quanto mais numerosos os homens que tenham unido seus direitos, mais direito terão todos juntos".

Assim, com relação ao *Teológico-político*, que definia o pacto como transferência de direitos naturais individuais para a coletividade cujo direito natural é o direito civil, no *Tratado político*, Espinosa sublinha o pacto como *união de potências ou de direitos*, graças à qual o direito ou a potência de cada um aumenta. O ponto de partida é a união por dois motivos principais: por um lado porque, como vimos, em estado de natureza o direito natural é nulo e só pode concretizar-se quando "os homens têm direitos comuns, terras que podem habitar e cultivar em comum, quando podem vigiar a manutenção a seu poder, proteger-se, combater qualquer violência e viver segundo uma resolução comum", de maneira que quanto mais indivíduos convirem entre si, tanto maiores serão os direitos que usufruirão em comum. Por outro lado, porque, graças à física da *unio corporum* e à psicologia da *connexio idearum*, assim como graças à teoria das noções comuns, a união dos indivíduos possui fundamento ontológico, físico e psíquico e o pacto é a expressão imaginativa da aptidão para unir-se. Donde Espinosa declarar que nada tem a objetar, se por não poderem homens em estado natural ser senhores de si, os escolásticos disseram ser o homem um animal sociável. Dessa maneira, o *Tratado político* pode traduzir a linguagem do pacto na da união de direitos como união de *conatus* ou de corpos e mentes, e vice-versa, pode traduzir a linguagem da união na do pacto, mantendo nos dois tratados a ideia de que é a comunidade de direitos que define propriamente o *imperium* como poder político.

Os homens operam constituindo um indivíduo coletivo ou complexo, a *multitudo,* e instituem o *imperium* ou, como lemos no parágrafo 2 do capítulo III do *Tratado político,* "o corpo e a mente do poder" (*totius imperii corpus et mens*), dotado de toda potência que seus agentes lhe derem: o *imperium* é o direito natural comum ou coletivo cuja ação é o ânimo e a mente da massa. Ao ser instituído como poder soberano, esse direito coletivo implica simultaneamente um processo de distribuição de poderes, determinando as duas normas universais do campo político e as formas particulares dos regimes políticos. São normas universais: 1) é necessário que a potência soberana seja inversamente proporcional à potência dos indivíduos tomados um a um ou somados, isto é, a potência soberana — o *imperium* como direito civil — deve ser incomensurável ao poder dos cidadãos — o direito natural individual — tomados um a um ou somados, pois o *imperium* é potência da *multitudo* expressa no direito civil; 2) é necessário que a potência dos governantes seja inversamente proporcional à dos cidadãos, mas agora em sentido contrário ao anterior, isto é, tomados coletivamente, os indivíduos ou a *multitudo* devem ter mais potência do que o governante, pois o poder coletivo ou potência e direito da *multitudo* não se identificam com ninguém. Em outras palavras, o governante não se identifica com o poder soberano. Há distância necessária entre a potência do governante e o *imperium.* Pela primeira vez, portanto, a figura empírica do governante, tanto quanto sua figura mística, descola-se do lugar do poder que, pertencente sempre à coletividade, não se deposita em ninguém. E porque a figura do governante não se confunde com a do poder, os detentores do poder, isto é, os cidadãos como *multitudo,* têm o poder para depor o governante, se tiverem forças para isto. *Vis vim repellit,* a força repele a força.

> O poder político ou direito do soberano é apenas o direito natural que não se define pela potência de cada um dos cidadãos tomados isoladamente, mas pela da massa (*multitudinis*) conduzida de certa maneira como se fosse uma única mente (*una veluti mente*). Portanto, o corpo e a mente do poder (*totius imperii corpus*

> *et mens*) têm um direito medido por sua potência, como era o caso do direito de Natureza; cada cidadão ou súdito, pois, tem menos direito quanto mais potência tiver a Cidade e, consequentemente, segundo o direito civil, nenhum cidadão tem ou possui algo senão o que possa reivindicar pelo decreto da Cidade. Se a Cidade dá a alguém o direito e, portanto, o poder de viver segundo suas disposições, ela se despoja do direito e o transfere àquele a quem deu tal potência. Se ela o der a dois ou mais indivíduos, divide-se e cada um deles tem a potência de viver segundo suas disposições. Se ela o der a cada um dos cidadãos, ela se autodestrói e regressamos ao estado de Natureza [...] de modo algum se pode conceber que a instituição da Cidade permita a cada um viver segundo suas disposições, pois o direito natural pelo qual cada um é *sui juris* desaparece necessariamente com o estado civil. Digo expressamente: com *a instituição da Cidade* (*ex Civitatis instituto*), pois o direito natural não cessa de existir no estado civil.[71]

O *imperium* é intransferível. O que se distribui não é a soberania, pois esta permanece com a *multitudo*, e sim o direito de participação no poder. O que distingue os regimes políticos não é, portanto, a origem do poder (a origem é sempre a mesma, a massa como corpo único e causa única) nem o número de governantes (pois o governante não é idêntico à soberania), mas a definição do direito de *exercer* o poder.

A democracia é designada por Espinosa *absolutum imperium* justamente por ser a única forma política em que o poder da *multitudo* e o poder dos cidadãos é idêntico: cada cidadão é legislador, governante e súdito, a potência coletiva sendo com rigor inversamente proporcional à dos cidadãos. Espinosa a considera também o "mais natural dos regimes políticos" porque nela se realiza o desejo natural de todos e de cada um, qual seja, governar e não ser governado. E, no *Teológico-político*, é considerada a "mais natural" porque mantém a igualdade do direito natural, a condição *sui juris* agora concretizada e, por conseguinte, a liberdade. Nela, ao contrário da monarquia (na qual a proporcionalidade está próxima de zero) e da aristocracia (na qual uma parte da *multitudo* foi despojada do direito de participação no poder), a soberania não se encontra dividida, mas participada. É, portanto, a não divisão do *imperium* o critério para dizê-lo absoluto.

Que pretende Espinosa quando, no texto acima citado, declara que o direito natural não é suprimido com o advento do direito civil? Antes de mais nada, essa afirmação exprime o "materialismo"espinosano, ou seja, que a política não é a espiritualização da existência humana e sim a concretização do útil, isto é, do desejo natural de poder, segurança e liberdade. Da mesma maneira que usaram pedras para forjar o ferro e fabricar martelos metálicos, produzindo instrumentos cada vez mais adequados à utilidade de suas vidas, os homens também partem das condições naturais ou materiais de suas potências para forjar uma potência coletiva que não suprime e sim realiza em melhores condições o desejo do poder, segurança e liberdade.

O que significa a permanência do direito natural ou a afirmação de que o direito civil é o direito natural da *multitudo*?

Em primeiro lugar, que aquele direito não permanece, como em Hobbes, na qualidade de resíduo virtual que se atualiza *in extremis* (quando o soberano ameaça a autoconservação dos súditos ou cidadãos) ou daquilo que é permitido pelo silêncio das leis, mas sim, definindo a potência política, define a atividade política e determina o campo político. O direito natural é medida, guardião e ameaça do direito civil. Medida, porque determina a proporcionalidade nas relações entre os cidadãos e o poder, determinando o campo político como sistema de relações reguladas pelo direito civil. Guardião, porque impede o desejo dos governantes de se identificarem com o poder, desde que a potência coletiva seja mais forte do que a deles e a limite. Ameaça, porque ninguém se despoja do desejo de governar e de não ser governado, nem do imaginário que identifica o poder e o governante e por isso, insiste Espinosa, o maior inimigo do corpo político jamais é externo, mas interno a ele: é o particular ou um grupo de particulares que, a pretexto de defender e proteger as leis, aumenta suas forças a ponto de tomar para si o poder e com ele identificar-se.

Entretanto, também significa, em segundo lugar, que o campo político não se deixa determinar somente pela geometria das proporções na distribuição do exercício do poder, mas é ainda determinado pela dinâmica interna das forças políticas. Com efeito, a lei, porque depende da potência natural do poder, pode ser desfeita ou desfazer aquilo que ela própria institui. Assim, a lei capaz de manter a instauração política originária é aquela capaz de delimitar as fronteiras do direito natural e do direito civil para que o primeiro, medida e guardião, não se faça ameaça ao segundo. Percebe-se, pois, que o ato de instituição do poder inscreve-se numa necessidade natural indeterminada que a lei vem determinar, conferindo-lhe realidade. Mas a lei só é possível porque retoma aquilo que está posto na natureza humana, isto é, as paixões, os conflitos e as concordâncias. Em outras palavras, o advento da vida política não é o advento da boa razão e da boa sociedade. Não elimina os conflitos, apenas torna possível limitá-los porque procura ampliar o campo das concordâncias ou das conveniências entre as forças das partes de um mesmo todo. Ampliação que aumenta a potência da *multitudo* e do *imperium*, assegurando-lhes a força institucional para punir e vingar os ataques à lei. Donde o essencial: operando com conflitos e concordâncias que dependem da lógica das paixões, a Cidade não cessa de instituir-se e essa instituição permanente define sua duração ou seu perecimento.

Podemos agora medir a distância que separa Espinosa da tradição jusnaturalista dos filósofos e dos juristas, que sempre esbarrou na dificuldade para determinar a instituição do *imperium* e de sua conservação. Antes de Hobbes, as posições paradigmáticas da Contrarreforma e da Reforma são, provavelmente, as de Suárez e a de Althusius porque procuram evitar o caminho dos juristas, pelo qual a lei civil cria a soberania.

No *De lege ac de Deo legislatore*, o problema de Suárez é resolver a passagem do estado de Natureza ao estado civil: essa passagem é descrita como resultado de um ato de consentimento pelo povo organizado segundo a racionalidade e a justiça da lei natural e divina (ou o direito natural objetivo), que regem o estado de Natureza. O povo é causa eficiente do estado civil, mas sendo causa eficiente é causa transitiva e por isso seu poder termina com o advento do soberano, ao qual cedeu todos os direitos e ao qual já não pode resistir.[72] Porém, não havendo lei positiva no estado de Natureza, de onde o consentimento do povo tiraria legalidade e legitimidade? Inspirando-se na teoria romana das corporações, Suárez declara que, em estado de Natureza, o corpo social é constituído por determinações morais que permitem ao povo perceber-se como *personalitas* e, portanto, como corpo jurídico sob a lei natural e divina. Sendo *personalitas*, o povo se percebe como *universitas* e, nessa qualidade, realiza o consentimento, que tem força legal. É, insiste Suárez, porque o povo *é personalitas* e não *mera multitudo* que pode dar consentimento e criar o corpo político para ajuda mútua. As *personalitates* corporadas criam a *persona mystica* ou *persona ficta* ou *persona repraesentata*, isto é, o Estado. Essa instituição funda-se, ainda, na definição do *jus naturale* como faculdade moral que cada um possui para engajar-se em ações normativas a partir do *dominium* que tem sobre o que possui (*jus in re*) e sobre o que faz (*jus ad rem*). Essa faculdade (ou seja, o direito natural subjetivo) é a liberdade que, por ser um *dominium*, pode ser transferida ou alienada para outro — essa alienação é o consentimento que institui o Estado e cria o súdito —, como pode ser vendida — venda que caracteriza o escravo por servidão voluntária. O *jus naturale* define a *personalitas corporata* que se distingue da *multitudo* a qual, sendo *personalitas dissociata*, não tem direitos. Todo o cuidado de Suárez está em impedir que tenham direito e poder o indivíduo e a massa, concentrando o direito nas corporações naturais e o poder, no soberano instituído pelas corporações por transferência e alienação de direitos e por consentimento das vontades. Essa transferência e alienação são o pacto e Suaréz o define como *pacto de sujeição.*

Por seu turno, na *Politica methodice digesta*, Althusius, afastando-se do ponto de vista dos teólogos e dos juristas, toma como ponto de partida as *consociationes naturales* (família) e as *consociationes civilis* ou *collegia* (corporações), evitando o emprego do termo *societas* porque este pressupõe a existência legal dos indivíduos. A passagem das primeiras *consociationes* à *consociatio symbiotica universalis* (Estado) se faz por um ato coletivo das comunidades naturais e civis para criar um corpo legalmente constituído dos que vivem juntos e se mantêm juntos pela obrigação de comunicar o que é útil e necessário ao grupo e pelo direito de participar das coisas úteis e necessárias. O corpo político é *communicatio rerum* (de produtos do trabalho), *operarum* (de serviços) e *juris* (de direitos), nascendo da *potestas constituens* das comunidades naturais e civis. O Estado é *proprietas populi* ou propriedade pública dos consociados e se define como *persona ficta.* Novamente, vemos a *personalitas* ser introduzida para eliminar a *societas* (portanto os indivíduos) e a *multitudo* (portanto, a massa como indivíduo coletivo). No caso de Althusius, essa perspectiva tem um objetivo preciso: não propondo, como Suárez, uma monarquia e não admitindo, como Suárez, que o direito das comunidades naturais e civis seja inteiramente alienado num pacto de sujeição, propõe uma totalidade orgânica cuja cabeça é o Magistrado Cristão, eleito pelos membros, os Magistrados Inferiores, escolhidos pelas corporações. Integra, numa única teoria, a de Beza sobre os éforos espartanos e a de Calvino sobre os magistrados inferiores (que reproduzem o papel dos Juízes de Israel), integração que garante a legalidade e a legitimidade do direito de deposição do governante pelos magistrados inferiores, uma vez que eles o colocaram no poder. Em outras palavras, Althusius precisa das *personalitates naturales* e *civilis* para definir o Estado como *propriedade* do povo para poder definir a legitimidade e legalidade do direito de deposição, evitando o risco da sedição e da revolução, o que aconteceria se admitisse que tal poder e tal direito pertencessem à *multitudo*.

Tanto no caso de Suárez como no de Althusius, a chave é a teoria do direito natural e do estado natural como racionalidade, justiça e vontade livre e como *facultas*, *potestas* e *dominium*, assegurando a ideia de pacto como ato da *personalitas*.

No caso de Hobbes, é suficiente lembrar que, embora as noções de sociedade, indivíduo e contrato rompam com as visões organicistas precedentes, Hobbes neutraliza qualquer possibilidade de pensar a *multitudo* como portadora de direitos naturais ou civis e capaz de constituir-se como sujeito político:

> Uma *multidão* de homens é transformada em uma *pessoa* quando é *representada* por um só homem ou pessoa, de maneira que tal seja feito com o consentimento de cada um dos que constituem a multidão. Porque é a unidade do representante, e não a unidade do representado, que faz que a pessoa seja una. E é o representante o portador da pessoa, e só de uma pessoa. Esta é a única maneira possível de entender a unidade de uma multidão.[73]

A neutralização da *multitudo* como sujeito político se realiza graças às ideias de pessoa e de representação, isto é, de mediações entre a coletividade e o poder político soberano, mediações construídas pelos passos iniciais para a constituição da *commonwealth* por meio de pactos e contratos entre indivíduos e grupos de indivíduos, e que garantem que jamais haverá contrato entre súditos e soberano, pois há, de um lado, representação e, de outro, incomensurabilidade de potências. Não havendo contrato fundador da soberania, o que há é a alienação de todos os direitos a um só, isto é, à pessoa representante, e como ninguém transfere força (pois, como ensina a física, uma força se comunica a outras, mas não se transfere a nenhuma outra), o único direito que não se aliena é o direito natural de autoconservação (isto é, a força para permanecer na existência). E, ainda assim, as noções hobbesianas de ator, autor, autorização, pessoa artificial e de não assistência a quem é perseguido como inimigo pelo soberano, ao mesmo tempo que fixam os limites da soberania, também cortam qualquer possibilidade do direito de resistência. Em outras palavras, todas essas categorias devem neutralizar a definição ampla do direito natural como poder, liberdade e cálculo de custos e benefícios.

Medimos, então, o alcance da inovação de Espinosa. Contra as comunidades naturais e corporações, cujo direito natural é lei natural e cujo ato é o consentimento à cessão de direitos ao soberano, Espinosa mostra a gênese da *Societas Civile*, ou do campo político, como efeito da ação da *multitudo* como sujeito coletivo da potência natural, sujeito passional e utilitarista. Não há a boa Natureza comunitária nem há a boa Sociedade das corporações dispostas a pactuar para o surgimento da sociedade política justa. Contra a necessidade de pactos sociais e contratos, que implicam transformar a potência natural numa categoria jurídica, e que pressupõem a identificação entre *jus*, *facultas*, *dominium* e *potestas*, isto é, a pessoa privada como proprietária de seu corpo, de seus atos e de seu mundo físico sob a direção da razão e da vontade, Espinosa identifica *jus* e *potentia* e faz da reunião-união das potências a causa eficiente imanente[74] do *imperium*. Em outras palavras, na tradição jusnaturalista (e aqui incluímos Hobbes), a passagem do *jus* ao *imperium* se fazia pela mediação do *dominium*, o qual punha a necessidade do pacto (no caso de Hobbes, contrato social apenas, mas sem o qual não pode haver transferência de direitos ao soberano), enquanto Espinosa efetua a passagem do *jus* ao *imperium* como causalidade eficiente imanente da *potentia*. Ora, *jus*, *potentia* e *imperium* são um só e o mesmo e, portanto, não há passagem. Não havendo passagem, não há representação, isto é, não há necessidade de mediação entre a massa e o soberano, pois é ela o soberano. O acontecimento decisivo, momento instituinte do campo político, não é uma *passagem*, mas uma *mudança* nas relações de força. A lógica das relações de força, sob a geometria das proporções e a dinâmica das intensidades das causas eficientes, *constitui* o sujeito político e *institui* o campo político como lógica política. "*That art is an art that nature makes.*"

Por que os homens instituem a vida política? Na *Ética*, assim como no *Teológico-político* e no *Tratado político*, a resposta de Espinosa é simples. É, diz o capítulo XVI do *Teológico-político*, "uma verdade eterna" (isto é, uma afirmação que não comporta negação nem contradição) que o *conatus*, na luta contra os obstáculos externos, calcula riscos, ganhos e perdas de sua força e que, nesse cálculo, sempre busca o que o fortalece (ou imagina que o fortaleça) e foge do que o enfraquece (ou imagina que o enfraqueça). Em termos afetivos, a *cupiditas*, sob a ação do útil, escolhe um bem a um mal, entre dois bens, escolhe o maior, e, entre dois males, o menor. No estado de Natureza, a possibilidade de ser *sui juris* é nula, diz o *Tratado político*, e, por conseguinte, o estado de Natureza é sentido como o mal maior de que precisamos fugir ou como obstáculo contrário à potência natural ou ao *conatus*. Essa fuga não significa que saibamos o que seria o bem maior, mas sim que somos capazes de perceber obstáculos à autoconservação, a qual nos faz perceber que é um bem a união de potências ou direitos e que o risco de estar *alterius juris* é um mal necessário toda vez que nossa potência seja menor do que a alheia. Dessas duas experiências, vimos, nascia a *multitudo*. Assim, a primeira resposta de Espinosa, marcadamente hobbesiana, põe a instituição do político sob o signo do cálculo imaginativo de bens e males, ganhos e perdas, aumento ou diminuição da potência de autopreservação no ser.

Na verdade, a resposta espinosana difere tanto da de Grotius — para quem razão, bondade e justiça são constituintes do direito natural e da vida política — como da de Hobbes — para quem a vida política surge para pôr um fim ao estado natural de guerra de todos contra todos. Para compreendermos essa dupla diferença, acerquemo-nos do campo das paixões.

O aumento da potência do *conatus* é experimentado afetivamente como alegria; sua diminuição como tristeza. Ao definir o desejo como afeto determinado por uma afecção, Espinosa o define como determinado pela alegria ou pela tristeza, de sorte que o *conatus* deseja possuir e conservar tudo quanto lhe propicie alegria e afastar e excluir tudo quanto lhe traga tristeza. Enquanto paixão, o desejo alegre é desejo de posse de coisas e humanos, sentidos como causa de alegria; e o desejo triste é desejo de destruição de coisas e humanos, sentidos como causa de tristeza. Assim, amor e ódio, esperança e medo, benevolência e crueldade, mansidão e cólera, misericórdia e vingança, soberba e humildade, glória e inveja habitam natural e necessariamente todos os humanos. Eis por que, contra Grotius e em acordo com Hobbes, Espinosa considera que roubo, assassinato, fraude, perfídia, ambição são condutas naturais e expressões do direito natural. Porém, contra Hobbes, considera também que amizade, fidelidade, generosidade, benevolência, piedade são igualmente naturais e também exprimem a potência natural. Isso significa que, em estado de Natureza, cada um teme todos os outros, mas também espera bens vindos de outros. Assim, se, por um lado, é o medo causado pela guerra de todos contra todos que torna o direito natural nulo em estado de Natureza, não é menos verdade que as paixões alegres são igualmente poderosas para suscitar o desejo de cooperação e de união. Esta, portanto, nasce de uma dupla causalidade: a da percepção dos riscos da tristeza (a guerra) e a dos benefícios da alegria (a cooperação pacífica). Eis por que Espinosa pode buscar o fundamento natural da política na instauração de direitos comuns e, portanto, na *multitudo*. Por outro lado, a marca da paixão, seja alegre ou triste, é a instabilidade: vária e mutável, cada paixão pode tornar-se contrária ou, como lemos na *Ética*, sob a paixão os homens podem ser contrários uns aos outros e cada homem, contrário a si mesmo. Por isso, a paz e a segurança públicas exigem um conjunto de leis e instituições convenientes à índole e aos costumes da *multitudo*, a fim de estabilizar suas paixões, limitá-las e moderá-las.

Todavia, fosse essa a única resposta de Espinosa, não compreenderíamos por que sua primeira referência ao político, na *Ética*, se dá quando inicia a gênese da liberdade humana sob a condução da razão (isto é, quando, na Parte IV, realiza a dedução da virtude ou potência da mente como potência de pensar); nem por que, no *Tratado político*, declara que somente com o advento da política os homens levam uma vida propriamente humana, definida pela fortaleza do ânimo, distingue os regimes políticos pelo grau de liberdade dos cidadãos e elogia o agudíssimo e prudentíssimo Maquiavel como "partidário constante da liberdade e que deu salutares conselhos para conservá-la"; nem, enfim, por que, no *Teológico-político*, toma a democracia para a exposição dos fundamentos do poder político, declarando ser ela a que melhor se presta ao seu intento, isto é, demonstrar a importância da liberdade numa república. Não nos esqueçamos também de que no *Tratado político* Espinosa distingue a paz e a ausência de guerra, explicando que, se numa Cidade, os cidadãos não tomam das armas porque estão dominados pelo terror, nela não vigora a paz, "virtude que se origina da fortaleza do ânimo", e sim a inércia de súditos "conduzidos como rebanho". É que Espinosa oferece, no decorrer de suas obras, uma outra resposta à questão do político. Se soubermos acompanhá-la, poderemos compreender algo curioso, isto é, que no tratado em que Espinosa parece mais próximo de Hobbes, ou seja, no *Tratado teológico-político*, a liberdade é afirmada como objetivo da vida política enquanto, no *Tratado político*, já distante de Hobbes e mais próximo de Maquiavel, Espinosa afirma que a liberdade do ânimo é uma virtude privada e que a virtude do *imperium* é a segurança.

Retornemos, pois, ao direito natural como abstração em estado de Natureza.

A causa de sua abstração é sua própria definição como desejo de ser *sui juris*, pois esse desejo o estado de Natureza não pode concretizar. Imaginário ou racional, bárbaro ou cultivado, causa inadequada ou adequada, o desejo de ser *sui juris* determina a emergência do político. É sua causa eficiente imanente e, por isso mesmo, divergindo de Hobbes, Espinosa afirma que mantém o direito natural firmemente protegido no direito civil. É esse desejo que busca a união das potências. É ele que se define pelo desejo de governar e não ser governado. E porque é causa eficiente imanente, é ele que permanece nos efeitos da instituição política. E porque enquanto se exprime como paixão é causa inadequada, poderá equivocar-se no momento da instituição do regime político. Por esse motivo, a investigação sobre a experiência política indaga quais as ilusões da experiência e propõe uma arte política que as diminua, dando-lhe meios institucionais em que possa exprimir-se sem se iludir.

Porque na imaginação os homens são conscientes de suas ações e ignorantes das causas delas, imaginariamente a liberdade é tida como vontade para escolher contingentemente entre alternativas igualmente possíveis numa ação orientada segundo fins e como capacidade para não estar sob o jugo de ninguém. A imagem da liberdade é a do *imperium in imperio*: embora a experiência ensine que cada um não pode sozinho vencer as forças naturais nem pode vencer a fortuna, cada um crê-se onipotente em face do poder da Natureza, julga rivalizar com ela e não apenas dominá-la; cada um também deseja provar-se mais forte que os demais mantendo outros homens sob seu jugo, isto é, conservando-os *alterius juris* (a imagem da liberdade pode, portanto, ser o espelho em que se reflete a tirania). A liberdade imaginária faz sua aparição como desejo de *dominium*, não sendo de espantar que filósofos e juristas tenham feito deste último a definição mesma do direito e da liberdade[75] e que esta lhes apareça apenas como ausência de constrangimento externo ou como luta contra todo obstáculo externo. Entretanto, se a vida política nasce para dar concreticidade ao desejo de ser *sui juris* e se ela transcorre sob o signo das paixões, não há como nem por que esperar que a *ideia* da liberdade (aptidão do corpo e da mente para a pluralidade simultânea de afecções, afetos e ideias dos quais o *conatus* é a causa eficiente imanente adequada ou total) venha substituir ou eliminar sua *imagem* (ausência de constrangimento externo e escolha voluntária contingente entre alternativas igualmente possíveis). Pelo contrário, a arte política consiste justamente em encontrar na imagem da liberdade vestígios da ideia de liberdade e o principal vestígio é exatamente o desejo de ser *sui juris*.

O *conatus-cupiditas* não é apenas esforço para vencer obstáculos externos, mas é ainda a capacidade para interagir com a exterioridade e para interpretar afetivamente essa interação — eis o motivo pelo qual Espinosa, que não emprega as categorias tradicionais do direito privado, curiosamente, nas obras políticas, refere-se ao direito de julgar e opinar como *facultas* (a expressão aparece nos dois tratados políticos), pois a *facultas*, como vimos, é empregada pela tradição jurídica para designar o aspecto racional do direito natural como vontade de justiça,[76] ou seja, negando que a vontade de justiça seja a racionalidade intrínseca desse direito, Espinosa, contudo, não nega que ele exprima uma *ratio*, isto é, uma relação de proporção ou de desproporção entre potências naturais, e não recusa que quando esse direito se refere à razão como poder de julgar e opinar ele seja, exatamente, uma *facultas*, no único sentido rigoroso do termo. A ação política visa ao direito natural como *ratio* entre potências e a arte política o visa como *facultas*, entendida como capacidade para reinterpretar racionalmente a interpretação passional-imaginativa que a *cupiditas* ofereceu para suas relações com os outros e com os obstáculos externos. Em outras palavras, todos os homens são racionais, mas usam a razão de maneira intermitente, desordenada, mesclada aos dados oferecidos pela imaginação. Assim, embora exercida de maneira precária e fugaz, a razão reinterpreta os dados da experiência e quando se realiza de modo "agudíssimo e prudentíssimo" capta no desejo passional de ser *sui juris* a racionalidade do desejo de liberdade.[77] Que, no plano imaginativo, o desejo realiza uma interpretação, o provam a interpretação do estado de Natureza como um mal, do viver *alterius juris* como um perigo, do estar sob os caprichos da fortuna como uma ameaça, do receber favores do ambicioso como um risco. O que a razão decifra nessas interpretações é a atualidade do desejo de ser *sui juris*, atualidade que se manifesta no interior da heteronomia imaginante. Ora, todo homem, por natureza, deseja governar e não ser governado: é esse vestígio da autonomia que orienta o trabalho do discurso político e é por isso que Espinosa considera a democracia como primeira forma da vida política. No *Tratado político*, essa prioridade parece apenas cronológica:

> Estou persuadido, com efeito, de que a maioria dos poderes políticos (*imperii*) aristocráticos começou por ser democracia: uma população, ao procurar um território onde permanecer, depois de o ter encontrado e cultivado, teve que conservar inteiro seu direito, ninguém querendo ceder o poder a outrem.[78]

No *Teológico-político*, porém, a precedência concerne ao *fundamento* da política:

> A condição para que uma sociedade possa ser formada sem nenhuma contradição com o direito natural e para que o pacto possa sempre ser fielmente observado é, pois, a seguinte: cada indivíduo deve transferir para a sociedade toda a sua própria potência, de maneira que somente aquela detenha sobre todos o supremo direito de Natureza, isto é, a soberania suprema, à qual todos terão de obedecer ou livremente ou por receio de pena capital. O direito de uma sociedade assim formada chama-se democracia, a qual por isso mesmo define um conjunto de homens que detém colegialmente o pleno direito do que estiver em seu poder. [...] Se preferi falar dele [do poder democrático] em vez de falar de outros, é porque me parece o mais natural e o que mais se aproxima da liberdade que a Natureza reconhece a cada um. Em democracia, com efeito, ninguém transfere seu direito natural para outrem a ponto de este nunca mais precisar consultá-lo; transfere-o, sim, para a maioria da sociedade de que faz parte e, nessa medida, todos continuam iguais, tal como acontecia anteriormente no estado de Natureza. Em segundo lugar, quis falar expressamente só desse poder porque é o que melhor se presta ao objetivo que me propus, a saber, mostrar a utilidade para a república da manutenção da liberdade.[79]

A democracia oferece o fundamento da política porque nela a constituição da *multitudo* como poder coletivo e a transformação do direito natural em civil, da lógica da força em lógica do poder são evidentes. Ela não é a boa sociedade conforme à razão. É apenas aquele sistema de potências sociais e poderes políticos em que melhor se concretiza o desejo de liberdade ou de ser *sui juris*.

Examinemos, dessa perspectiva, a aparente discrepância entre o *Teológico-político* e o *Tratado político* acerca do escopo da vida política. No *Teológico-político*, no mesmo capítulo em que a democracia é apresentada como a forma na qual os fundamentos e objetivos da política se mostram claramente, Espinosa afirma, como Maquiavel nos *Discorsi*, que *salus totius populi, non imperantes, summa lex est*, isto é, "a salvaguarda de todo o povo e não a dos dirigentes é a suprema lei". Essa salvaguarda é inseparável da liberdade como *sui juris* e esta, inseparável das ações que buscam livrar os homens da condição *alterius juris* em que os põe o estado de Natureza. Ora, ser *alterius juris* é estar sob o medo e este, lemos na Parte III da *Ética*, "é uma tristeza instável nascida da ideia de uma coisa futura ou passada, de cujo desenlace duvidamos em certa medida"; em contrapartida, "a segurança é a alegria nascida de uma coisa passada ou futura acerca da qual já não cabem dúvidas". A segurança, explica Espinosa, nasce da esperança, assim como o desespero nasce do medo, quando não há dúvida acerca de um desenlace ou de um acontecimento. A segurança como ausência de dúvida não é a certeza, pois "jamais podemos estar certos do desenlace das coisas singulares", mas é estabilidade do ânimo perante o passado e o futuro, uma certa quietude ou ausência de inquietação. Dessa maneira, no *Tratado político*, ao colocar a segurança como virtude do *imperium*, Espinosa indica que o escopo da política é diminuir tanto quanto possível o medo individual e coletivo e superar a condição natural em que os homens se submetem à fortuna e à potência de um outro, quando permanecem *alterius juris*. Noutras palavras, a segurança é condição para que cada um seja *sui juris* e, portanto, livre e se a *securitas* é a virtude própria do *imperium*, não é apenas porque este a garante aos cidadãos, mas também porque pode fazê-lo uma vez que ele próprio é livre ou *sui juris* na relação com os poderes políticos de outras repúblicas. Ora, o *Teológico-político* não disse outra coisa, pois nele Espinosa afirma que para *salus populi et reipublicae*, a melhor forma política é aquela que conserva a liberdade dos cidadãos. Se ali a liberdade aparece muito mais sublinhada do que a segurança é porque seu alvo é a existência do poder teológico-político das confissões religiosas, cuja violência ameaça a liberdade individual e a soberania republicana.

Visto que, repetindo o dito de Paulo, no *Tratado político* e no *Teológico-político* Espinosa insiste em que não há pecado antes da lei, nem justo ou injusto antes dela, é preciso dizer que os vícios e as virtudes dos cidadãos não podem ser imputados a eles, mas à lei, isto é, à Cidade e à sua instituição. Assim, liberdade ou servidão estarão inscritas na Cidade por intermédio de suas leis se, no momento instituinte, prevalecerem as imagens do desejo de ser *sui juris* ou as do desejo de ser *alterius juris* ou, como é dito no *Tratado político*, se o desejo instituinte for desejo de vida ou medo da morte. Assim, é no momento da instituição que podemos decifrar se a Cidade efetiva ou frustra o desejo de ser *sui juris*, se a *multitudo* está movida pela esperança de viver ou pelo pânico de morrer. O desejo de vida institui a democracia; o medo da morte, a monarquia. É na democracia que a arte do político se revela capaz de aumentar o desejo de ser *sui juris*, fortalecendo as virtudes dos cidadãos e enfraquecendo-lhes os vícios, particularmente o desejo de manter os demais *alterius juris*.

Há na democracia três determinações que revelam sua adequação intrínseca ao desejo de liberdade dos cidadãos: em primeiro lugar, nela ninguém une forças para transferi-las a um outro, mas para dá-las a si mesmo enquanto membro de um poder coletivo e público ou, como é dito no *Teológico-político* "nela ninguém transfere seu direito natural para um outro, em proveito do qual, daí em diante, aceitaria não mais ser consultado"; em segundo, e como consequência de ser a democracia *societas civile* em sentido pleno, nela não se passa da condição *sui juris* à de *alterius juris*, mas, ao contrário, nela se passa de *alterius juris*, enquanto estado de Natureza, a *sui juris*, enquanto cidadão; em terceiro, por conseguinte, nela o desejo de liberdade política se concretiza, e essa concretização é o aumento da potência do *conatus-cupiditas* que é, enquanto cidadão, causa adequada da cidadania e da soberania.

Ora, ser causa adequada ou livre é uma mudança decisiva na potência do *conatus-cupiditas*, pois, passando da passividade à atividade, realiza o movimento pelo qual deixa de apenas *ser parte* de um todo (seja este a Natureza, a *multitudo* ou o *imperium*) para *tomar parte* na potência desse todo. Se a Cidade não cria indivíduos — quem os cria é a Natureza — não pode criar indivíduos livres — quem assim se torna é o sábio —, mas pode criar aquilo que a Natureza não cria, pois como diz o *Teológico-político*, a Natureza não cria povos nem cidadãos, isto é, a Cidade pode criar cidadãos livres que deixam de *ser parte* da *multitudo* para nela *tomar parte* ativa, no exercício do poder. Ora, essa criação não é um efeito meramente possível na Cidade e sim é seu ato de instituição. Eis por que, no capítulo IX do *Tratado político*, indagando se haveria remédios para impedir que uma aristocracia descambasse para a tirania, Espinosa descarta todos os remédios (sugeridos por Maquiavel) para concluir que, se tal acontecer, é porque a causa instituinte da Cidade já era tirânica, embora a imaginação dos cidadãos não o percebesse no momento da fundação política. Pelo mesmo motivo, no *Teológico-político*, examinando a prática romana e inglesa do regicídio, afirma Espinosa (seguindo Maquiavel) ser muito fácil destruir um tirano e substituí-lo por outro, pois difícil é extirpar a causa da tirania, uma vez que esta se encontra no momento da instituição quando, não tendo ainda desdobrado todos os seus efeitos, não é percebida pelos cidadãos.

Essas considerações pedem algumas observações sobre a estrutura do campo político e de suas relações com o social, pois o sujeito político e o sujeito social não se superpõem inteiramente.

A estrutura do campo político

O poder político é o direito natural da *multitudo* que, doravante, chamaremos de *povo*. Isso significa que a soberania não é senão o direito natural coletivo que existe apenas enquanto existir o sujeito político instituinte, pois sendo o direito-potência sempre atual, a desaparição do povo como sujeito político é desaparição do poder político — o poder instituinte (ou o sujeito instituinte) não tem existência virtual. Se, do ponto de vista do sujeito político ou da soberania, o poder político é direito natural, ele é, do ponto de vista dos cidadãos, direito civil e lei. Eis por que, no capítulo XVI do *Teológico-político*, logo depois de descrever a emergência do político, Espinosa tem o cuidado de distinguir o escravo e o súdito: o primeiro é *alterius juris* e sua ação realiza não seu desejo, mas o desejo alheio, enquanto o súdito é aquele que, ao obedecer à lei, permanece *sui juris*, pois obedece a si mesmo como sujeito político soberano; obedece a si mesmo e, como súdito, obedece também ao governante porque este recebe o direito para promulgar as leis, exercer a justiça e obrigar ao cumprimento de seus decretos, desde que tenha potência para assim proceder.

Dessa maneira, a estrutura do campo político se oferece originariamente diferenciada: há o sujeito político soberano — o povo que institui o *imperium* ou o direito natural coletivo —; há o cidadão, que participa do exercício do poder conforme sua distribuição decidida no momento da instituição, participação que é seu poder para fazer as leis e participar do governo; há o governante, que executa o que a soberania decide, dando às decisões a forma da lei positiva ou direito civil; e, finalmente, há o súdito, que está obrigado a obedecer às decisões da soberania ou do povo, a respeitar as leis postas pelos cidadãos e a submeter-se aos decretos do governante. Na democracia, todas essas figuras políticas coincidem e também coincidem sua existência empírica e sua existência política. Nos demais regimes, essa coincidência desaparece, uma vez que nelas nem todos são cidadãos, embora todos sejam súditos e ainda que, no momento da instituição, todos sejam sujeito político. Mas porque o sujeito político nunca se torna virtual, as instituições das sociedades divididas em classes, nas quais as divisões sociais determinam a forma da participação no poder, devem contemplar mecanismos pelos quais os excluídos do governo e da cidadania possam satisfazer o direito natural por meio do direito civil. Finalmente, as diferenças internas que estruturam todo e qualquer corpo político deixam entrever todos os conflitos possíveis entre seus componentes e constituintes. Em outras palavras, o ordenamento institucional exprime não só a causa instituinte de uma forma política, mas também a maneira como a política lida com as divisões sociais, com as diferenças, desigualdades e conflitos.

Ora, os indivíduos não formam uma coletividade apenas instituindo o direito civil, mas também dando-se costumes comuns. A articulação entre costumes e direito civil concerne aos sujeitos sociais ou à vida em comum (língua, forma do trabalho e da propriedade, relação entre o sagrado e o profano ou religião e liturgias, forma do parentesco etc.). Quando, pois, Espinosa afirma que a potência soberana tem direito a tudo a que tiver poder, mas que esse poder possui limites, estes são duplos: o primeiro deles é social, isto é, diz respeito aos costumes ou ao *ingenium gentis*, a natureza do povo, isto é, a índole ou o temperamento de uma população determinada (Espinosa não fala em *jus gentium*, pois os *mores* e as *consuetidines* não são jurídicos); o segundo limite diz respeito às medidas governamentais que não podem provocar "furor e indignação da *multitudo*" porque isso acarreta ódio aos governantes, desejo de transgredir as leis para repor as leis originárias, e é ocasião para que a Cidade produza a sedição — querer que os cidadãos amem o que odeiam, odeiem o que amam, respeitem o que julgam infame ou iníquo, pratiquem delação, parricídio, matricídio, fratricídio, profanem o que julgam sagrado, é indigná-los, e a *Ética* define a indignação como "ódio para alguém que faz mal a outrem", isto é, a um semelhante. O campo social é o dos costumes sob o *ingenium gentis* e o campo político é o campo das leis sob o direito civil. A diferença interna entre sociedade e política e entre o social e o político determina a possibilidade do conflito entre eles. Desse conflito a história do povo hebraico é a melhor demonstração.

Com efeito, o leitor do capítulo XVI do *Teológico-político* há de surpreender-se ao ler o capítulo XVII. O primeiro, apontando a semelhança entre a teocracia hebraica e a democracia (pois ambas se caracterizam pelo fato de que nelas nenhum homem ocupa o poder e o exerce), descreve a excelência da fundação mosaica e a sabedoria do legislador que, conhecendo a natureza do povo (o *ingenium* do povo), o qual, tendo experimentado o cativeiro, não suportaria ficar sob o jugo de um outro homem, decidiu legar-lhe um regime não monárquico, cujo segredo e excelência estavam nos seguintes aspectos: separação entre o poder para interpretar as leis e o governo, exercido o primeiro pelos levitas e o segundo pelos chefes das tribos; existência de um exército nacional sob comando dos chefes de tribos que eram, ao mesmo tempo, capitães e dirigentes políticos; propriedade nacional do solo e perdão periódico das dívidas no jubileu, garantindo o princípio da igualdade econômica e a prática da justiça distributiva e comutativa; patriotismo e ritualização da existência cotidiana, cada gesto, ato e palavra sendo obediência à lei; existência dos profetas para corrigir os abusos teológicos e políticos, rememorando a lei ao povo e aos governantes. Ora, quando lemos o capítulo XVII, dedicado à história da república dos hebreus, a imagem hebraica encontra-se inteiramente invertida e tudo quanto, no capítulo anterior, indicava a excelência política, surge, agora, como indício de tirania e presença contínua de guerra civil: conflito entre levitas e reis, entre levitas e profetas, entre reis e profetas, estes usando levitas contra reis, reis contra tribos, tribos contra tribos, povo contra os levitas e contra os reis. Os levitas provocam ódio teológico no povo; os reis, ódio político; os chefes de tribos e os reis, ódios militares. Vemos, assim, a descrição de conflitos entre o social e o político, e entre classes sociais, pois cada um dos conflitos indica a presença de divisões sociais insanáveis pelo poder político, uma vez que este é parte do conflito.

É nesse contexto que, no capítulo XVIII, Espinosa introduz o papel dos costumes, declarando que os hebreus foram mal-avisados ao desejar a monarquia quando a ela não estavam acostumados, "pois é fatal para um povo que não está habituado a viver sob a monarquia e que já tem leis instituídas, eleger um monarca". E reforça essa afirmação invocando o exemplo dos romanos ao passarem da república à monarquia, que os levou à prática contínua do regicídio por não estarem acostumados a reis; o dos ingleses que, acostumados à monarquia, decidiram passar à república também pelo regicídio, retornando, porém, à monarquia; e o exemplo dos holandeses, que nunca mudaram os costumes, não mantendo os condes na direção política e sim entregando-a às Cortes (ou Estados-Gerais). Em todos esses casos, a sociedade, isto é, os costumes, surge como fonte da instituição de uma forma política determinada e como contrária à mudança política. E esta parece desaconselhada por Espinosa:

> Confirma-se, assim, por esses exemplos, aquilo que dissemos: a forma de cada poder político (*imperii forma*) deve ser mantida e não pode ser mudada sem o risco de total ruína do próprio poder político.[80]

Todavia, esses exemplos são sempre acompanhados de uma afirmação que reaparece no *Tratado político*: os regicídios mostram que os homens podem facilmente substituir um tirano por outro, mas não parecem capazes de destruir a causa da tirania:

> Daí o povo mudar tantas vezes de tirano sem nunca abolir a tirania, nem substituir o poder monárquico por outro.[81]

Em toda parte, todas as vezes, as mesmas causas produziram os mesmos efeitos, conclui Espinosa.

Ora, há pelo menos dois aspectos curiosos no capítulo XVII do *Teológico-político*. O primeiro deles concerne aos holandeses e seus condes: Espinosa elogia o costume de tê-los e a prudência de mantê-los sob a direção dos estados-gerais porque esses costumes teriam sido uma das causas da paz na república holandesa. Entretanto, o leitor do *Tratado político* sabe que, ali, Espinosa oferece uma interpretação exatamente contrária à do *Teológico-político*: naquele, a presença dos condes causa a ruína da república:

Objetar-se-á que o *imperium* dos Holandeses não teria subsistido muito tempo sem um conde ou um representante do conde? Respondo que para preservar sua liberdade os holandeses julgaram suficiente abandonar o conde e privar o corpo do poder político (*imperii corpus*) de sua cabeça. Não pensaram, todavia, em reformá-lo, mas deixaram subsistir todos os membros na constituição anterior, de modo que o Condado da Holanda permaneceu sem conde como um corpo sem cabeça e o próprio *imperium*, sem nome. Não surpreende que a maioria dos súditos ignorasse a quem cabia a soberania do poder político (*summa potestas imperii*). E mesmo que não tivesse sido assim, os que detinham o poder eram, na realidade, demasiado pouco numerosos para governar a massa e esmagar os potentes adversários. Disso aconteceu que estes últimos puderam impunemente tramar contra eles e finalmente derrubá-los. Esta súbita subversão da república não veio de que se empregava inutilmente demasiado tempo nas discussões, mas da deformação da condição do *imperii* (*ex deformi ejusdem imperii statu*) e do escasso número de governantes.[82]

Assim, a causa da ruína da república aristocrática holandesa encontra-se não na mudança dos costumes políticos, mas, ao contrário, justamente no fato de os sujeitos políticos não terem sido capazes de efetuar mudanças, conservando costumes que deformavam a forma política e, por isso, obscureciam para a maioria os meios de reconhecer "a quem cabia a soberania", isto é, a relação entre potência e direito. Mas não só isso. Espinosa afirma que mesmo que pudessem reconhecer a quem cabia a soberania, os costumes políticos faziam com que o número de dirigentes fosse escasso para dirigir a massa e conter os adversários. Em outras palavras, embora a forma do poder fosse uma aristocracia, a tradição do Condado era de estilo monárquico (o Conde era a cabeça do corpo político) e esse costume fez com que apenas uma pequena parte da aristocracia estivesse no comando, quando todos os aristocratas deveriam tê-lo para poder controlar a massa e impedir conspirações dos rivais. Costumes monárquicos ocultaram a forma da soberania aristocrática, donde as expressões usadas por Espinosa: deformação e subversão.

Também o exemplo dos romanos reaparece no *Tratado político*, mas sob nova luz. Agora, é o militarismo, costume do povo romano, que se apresenta como causa da ruína da república, pois "por bem ordenada que esteja a Cidade, por excelentes que sejam as instituições", nos momentos de pânico diante da morte, todos se voltam para o homem que granjeou triunfo militar, nele depositam esperanças, colocando-o acima das leis, conferindo-lhe o *imperium* e prolongando seu poderio sobre toda a coisa pública. Assim procedendo, o povo livra-se da guerra sem preparar a paz. "Foi isso o que causou a perda do povo romano", conclui Espinosa. Em outras palavras, não foi a passagem da república para a monarquia a causa da ruína romana (como supunham Cícero e Tácito) e sim um costume existente na própria república aristocrática e que a conduziu à monarquia, isto é, o militarismo, do qual provinham o lugar proeminente dado aos chefes militares por suas conquistas bélicas, suas rivalidades causadoras de guerras civis e o medo plebeu durante essas guerras.

A aparente divergência entre o *Teológico-político* e o *Tratado político* nos coloca de sobreaviso quanto à suposta aceitação, por parte de Espinosa, da tese clássica sobre a sabedoria dos costumes e a necessidade de conservá-los contra a mudança.

Dizíamos, há pouco, existir dois aspectos curiosos no capítulo XVII do *Teológico-político*. Examinamos o primeiro. O segundo deles, porém, é mais decisivo: trata-se do próprio povo hebraico. Espinosa começa afastando a tese tradicional sobre o "caráter nacional", declarando ser pueril a explicação do perecimento da república dos hebreus porque o povo seria, por essência, insubmisso e rebelde. A Natureza não cria nações. Portanto, não há como dizer que um povo é, por natureza, mais ou menos insubmisso do que outros. As nacionalidades são fruto da diferença das línguas, dos costumes herdados e das leis e "somente os dois últimos [costumes herdados e leis] dão índole própria a cada nação e preconceitos que lhe são próprios". Afirmação paradoxal, pois, algumas linhas abaixo, como se a houvesse esquecido, Espinosa parece aceitar a exasperação de Moisés — o grande legislador que conhecia o *ingenium gentis* — contra a natureza rebelde e insubmissa do povo, incapaz de respeitar as leis promulgadas. Essa exasperação nos leva a supor que Moisés ignorava os costumes do povo, só vindo a conhecê-los após haver legislado e não antes, como dissera Espinosa. Porém, os paradoxos não cessam. No início do capítulo V do *Teológico-político* (dedicado às cerimônias da teocracia hebraica) e no início da narração da fundação política, no capítulo XVI, Espinosa afirma que o povo, acostumado ao cativeiro dos faraós, não iria aceitar dar todo o poder a um homem (donde a genialidade de Moisés dando-lhe uma teocracia). Ora, se o povo estava acostumado à monarquia dos faraós, donde lhe veio, de repente, a aquisição de costumes antimonárquicos? Tanto não os adquiriu que, após o primeiro encontro com Jeová, cheio de temor, delegou a Moisés o direito exclusivo de falar com Deus em seu nome, fazendo do legislador um monarca ao dizer que lhe obedeceria como a Deus. Assim sendo, já não é possível dizer que a história política do povo hebraico teria sido a de sucessivas instaurações monárquicas, cujos desastres decorreriam da ação dos profetas, levitas, chefes de tribos e reis, pois o costume monárquico veio com o povo ao sair do Egito. Assim, do ponto de vista dos costumes, o que foi mal-avisado foi haver-lhe dado uma teocracia. Eis por que Espinosa, invocando Ezequiel, afirma que a ira de Deus não se abateu sobre o povo com a fundação da Cidade, como julgara Jeremias, e sim "desde a fundação das leis". Instituindo uma teocracia, leis foram dadas ao povo num ato de cólera e de vingança do fundador, leis que o povo jamais poderia cumprir e que o fez seguir seus próprios costumes, escolhendo reis.

Esses paradoxos de Espinosa pedem para ser decifrados e o *Tratado político* nos oferece a chave do enigma. Ali, ao dizer que vícios e virtudes dos cidadãos não são deles, mas da Cidade, assim como são dela a fraqueza e a fortaleza, Espinosa escreve que os costumes dependem da qualidade das instituições. E estas são postas pela lei. Dessa maneira, a relação lei-costume, costume-forma política, costume-mudança, que parecia ser unívoca, revela-se múltipla e polissêmica, pois o costume determina o que a *lei não pode impor*, enquanto a lei determina o que o *costume deve fazer*. O costume é uma potência limitadora cujo conteúdo é negativo — no sentido rigoroso da expressão espinosana *omnis determinatio negatio est* (toda limitação é uma negação). A lei é uma potência positiva, pois é ela que dá conteúdo político ao costume social. E é precisamente o conflito entre a força do costume e a força da lei que determina o desejo de mudança. Ora, Espinosa não diz que a mudança é desaconselhada pelo costume e sim que a mudança deve submeter-se à nova lei e não à força do costume, pois submetendo-se a esta última o corpo político não dará força à lei nova. Donde o capítulo x do *Tratado político* afirmar que "as leis são a alma da Cidade", só permanecendo invioladas se protegidas, simultaneamente, pela razão e pelas paixões comuns dos homens. Em outras palavras, se é com a política que os homens vivem uma vida propriamente humana, isso significa que somente com ela e nela o *sentido* dos costumes pode ser determinado e avaliado e é isso que Espinosa nos diz quando assegura que a

Natureza não cria nações, povos e cidades, pois é a ação política que os institui, a partir da condição natural dos homens.

Se é fácil derrubar o tirano e difícil extirpar a tirania e se "são sempre as mesmas causas que produzem os mesmos efeitos", a ontologia tem algo a ensinar à experiência política. Assim como a instituição do político é criação de uma potência nova, assim também a mudança da forma política é criação e, se fracassar a mudança, é porque não houve criação do novo. Toda causa é eficiente e imanente. Se inadequada, sua potência interna é fraca para vencer as potências externas adversas. Se adequada, capaz de vencê-las, determiná-las, mudar-lhes o curso e coexistir com elas sem destruição recíproca. No momento da instituição política originária, a causa eficiente imanente pode ser inadequada (medo da morte) ou adequada (esperança de vida) e desdobrará na duração seus efeitos necessários. Destruir a causa da tirania é descobri-la como causa imanente da fundação política e do ordenamento institucional e sua desaparição só poderá ser a verdadeira mudança, isto é, a ação de uma nova causa imanente contrária e mais forte.

Com isso, faz se claro o paradoxal capítulo x do *Tratado político*, dedicado ao tema clássico da medicina política e no qual se conclui que não há medicina possível. Mencionando Maquiavel e acompanhando os *Discorsi* do florentino, Espinosa observa que cada um dos remédios propostos pelos romanos para salvar a república operava como uma nova doença. A pergunta que abre o capítulo é bastante precisa: um corpo político é destruído por causas externas ou internas? A resposta também é clara: infortúnios externos podem arruinar uma república, porém sob a condição expressa de nela se encontrarem causas internas que intensificam a força das causas externas. Ora, a causalidade eficiente imanente opera na Natureza inteira e, por conseguinte, também na política. Qual o remédio proposto por Espinosa para salvar um corpo político que ruma para a tirania? Nenhum, se considerarmos as cidades já instituídas, porque nelas a causa instituinte desdobrará todos os efeitos necessários, apesar dos paliativos que possam ser buscados. Se tirania houver, já se encontra presente no momento da fundação.

Na verdade, porém, Espinosa propõe um remédio contra a causa da tirania: o *Tratado político*. De fato, logo na abertura do tratado, como vimos, Espinosa afirma que a estabilidade, a segurança e a paz de uma república não podem se fundar nas virtudes privadas dos governantes, mas devem apoiar-se no ordenamento institucional (nas *res ordinandae*), de maneira que, quer sejam passionais ou racionais, virtuosos ou viciosos, os governantes só possam se guiar pelo que as instituições obrigam. Por esse motivo, cada um dos capítulos dedicados às diferentes formas políticas apresenta para cada uma delas um conjunto de instituições públicas capazes de garantir que costumes, leis e práticas sociopolíticas fundem e conservem uma forma política segundo as exigências do direito natural, dos tempos e dos lugares, dando-lhe, por um lado, recursos para perceber que o inimigo é sempre interno (o particular ou particulares que pretendam apossar-se da *res publica*) e afastá-lo; e, por outro, fazendo com que o jogo interno das forças sociais e políticas em presença e as suas circunstâncias impeçam que a Cidade se petrifique, pois (como os exemplos dos holandeses, dos romanos e dos hebreus atestam) uma singularidade finita que pretenda escapar da duração, pretende o impossível e, para não durar, não perdurará e sim perecerá. Isso significa que a Cidade não pode cessar de se reinstituir para assegurar sua própria instituição, mesmo que para isso precise fundar-se novamente.

Todavia, o ordenamento institucional não é o bastante: a política transcorre no campo das paixões, de maneira que não basta que a Cidade não seja odiada e que seja temida, é preciso também que, positivamente, seja querida ou aceita.

No *Tratado político*, ao apresentar as instituições aristocráticas, Espinosa faz uma curiosa recomendação, propondo que os patrícios devem vestir-se de modo a se distinguirem do restante da população e que, para cada função ou cargo político, o vestuário deve ser diverso. E explica: para que possam ser imediatamente reconhecidos e que seu posto seja identificado. Não contente, Espinosa ainda afirma que os patrícios devem ser tratados segundo seus títulos e que os plebeus devem saudá-los curvando-se diante deles. Além disso, explica que se um patrício, por infelicidade, perder todos os seus bens e puder provar que não foi culpado, a Cidade deve reembolsá-lo, mas jamais deverá fazê-lo se os perdeu por má administração de seus negócios, "pois quem não sabe governar seus próprios negócios, será incapaz de gerir os da república". Essas medidas sugerem que os patrícios devem ser visíveis para a plebe; sugerem também que a desigualdade social deve ser incessantemente lembrada a todos; que a Cidade aristocrática é protetora da elite econômica; e, enfim, que a boa gerência dos negócios privados é credencial para a gerência dos negócios públicos. Mas a que visa essa ostentação das várias formas de desigualdade? Como não transformá-las numa faca de dois gumes, isto é, em causa tanto de respeito como de ódio por parte da plebe? Como não tomá-las como maneiras de enganar e ludibriar a plebe, procedimentos criticados anteriormente pelo filósofo? Na verdade, a ostentação da desigualdade tem um objetivo preciso, mas seu sentido não pode ser apreendido se não levarmos em conta a distinção espinosana quanto ao uso da riqueza na monarquia e na aristocracia.

De fato, na primeira, impostos e tributos são cobrados do povo, com isenção para o rei e a nobreza, e toda a riqueza pública vai para um número reduzido de indivíduos, isto é, para os cortesãos e os militares, encarregados da guerra e dos exércitos mercenários. Numa palavra, na monarquia, a riqueza pública provém do povo e é gasta com o luxo da corte e com a guerra, pois é dela que rei e nobreza obtêm poder. Ao contrário, na aristocracia, a sociedade depende dos frutos da agricultura, da indústria e do comércio e os patrícios, escolhidos entre os mais ricos, pagam impostos e tributos e contribuem com a maior parte da despesa pública; as cargas são impostas aos cidadãos para salvaguardar a paz e a segurança e não excedem o que podem pagar. É preciso que a plebe veja a riqueza dos patrícios como prova da riqueza nacional e por isso, se quiser conservar o poder e não ter a plebe contra si, o patriciado constantemente terá que exibir prosperidade à massa. Porém, só poderá fazê-lo, se conservar a paz, uma vez que o poder provém da riqueza e esta depende da produção econômica, que só pode prosperar em tempo de paz. Para isso, os patrícios precisam exibir sua competência na administração dos negócios privados e públicos, granjeando respeito e prestígio. Em outras palavras, sem a propaganda da prosperidade e da competência, a elite não poderá assegurar o apoio plebeu e a divisão social se transformará em sedição e guerra civil. Porém, essa ostentação não se esgota em seu aparecer para o olhar da plebe, mas deve possuir sentido para o próprio patriciado: é preciso dirigir a paixão pela riqueza, isto é, a ambição, para o desejo de honra e glória. Esta, alegria nascida por se ver louvado e amado por outros, conduz os patrícios a um movimento passional de emulação coletiva e, escreve Espinosa, "não é duvidoso que todos se esforçarão tanto quanto puderem para conservar seus bens e não queiram viver como estrangeiros em seu próprio país e por isso não desprezarão os costumes da Cidade, como, por exemplo, a glória de vestir roupagens especiais, que cabem aos ocupantes de postos políticos".

Espinosa propõe, assim, um cenário que possa dar vazão ao imaginário coletivo, o qual, alimentado pelas instituições, também as alimenta, de maneira que o imaginário das paixões possa encontrar canais expressivos fornecidos pelas próprias instituições da Cidade que, assim, fica preservada de ser reduzida a um simples efeito do cenário montado.

Na verdade, entretanto, as várias medidas desse teor propostas por Espinosa no *Político* ultrapassam a variedade dos regimes políticos porque dizem respeitos à própria soberania.

No *Teológico-político*, Espinosa observa que a nação hebraica, embora desfeita como república, preserva-se indefinidamente graças a um sinal que a distingue de todas as outras, qual seja, a circuncisão. É muito provável, escreve o filósofo, que os judeus se tenham mantido como nação à parte por dois motivos: por ódio dos e pelos cristãos e por falta de vantagens materiais advindas da incorporação a uma outra sociedade. É cabível fazer tal suposição, explica ele, quando se examina a diferença de sua situação em Portugal e na Espanha: enquanto esta ofereceu vantagens materiais para a conversão dos judeus — e ela se deu em larga escala —, Portugal não o fez — e os judeus fugiram para a Espanha. Apesar disso, a unidade nacional dos judeus tendeu a manter-se forte e isso não se deu pela língua (praticamente perdida), nem pelo Livro (partilhado com os cristãos), nem pela lei (desaparecida com o fim da república), nem pelas vantagens materiais oferecidas por alguns regimes políticos (como a Espanha), mas pela presença de um sinal distintivo gravado no próprio corpo dos homens da nação e que os unifica porque os distingue externamente e os une internamente. A marca da circuncisão tem o mesmo sentido que o vestuário e a pompa dos patrícios de uma aristocracia, não só porque são marcas visíveis de identidade e de reconhecimento, mas sobretudo porque revelam a necessidade política das cerimônias e dos ritos.

Eis por que, no *Teológico-político,* Espinosa apresenta duas consequências da tese (também defendida no *Político*) de que todos os homens desejam governar, nenhum deseja ser governado, ninguém transfere voluntariamente a outrem sua potência ou seu direito natural e nada é mais odioso a um homem do que ser governado e dominado por seus semelhantes. A primeira consequência, que examinamos ao longo deste ensaio, é que a política se institui quando é instituído um poder público coletivo, de tal maneira que ao obedecer-lhe, todos sintam que obedecem a si mesmos. A segunda é que aquele ou aqueles que tiverem o poder soberano devem fazer com que os demais (ou todos) *acreditem* na superioridade desse poder. *Não basta a lei, é preciso a crença.* Sem a fé na superioridade do detentor do poder (rei, patrícios, povo), a *multitudo* jamais se submeterá e jamais obedecerá.[83] No prefácio do *Teológico-político*, essa crença é obtida pelas operações de alguns sobre a superstição de muitos: diante da instabilidade e variação incessante do sentimento da contingência dos bens e dos males da fortuna, diante do desespero causado pela adversidade e pelo risco de morte ou da esperança de riqueza, honra e glória, alguns, transformando a crença supersticiosa em crença religiosa, estabilizam os conteúdos e as formas da superstição, cercam a religião de cerimônias e ritos e persuadem os demais de que os reis foram escolhidos pelos deuses ou são, eles próprios, deuses a ser adorados (ou execrados). Da mesma maneira, lemos nos capítulos dedicados à história da república dos hebreus, para dominar uma população insubmissa, embrutecida por anos de cativeiro e servidão, constantemente ameaçada por guerras externas e internas, Moisés fez o povo crer ter sido escolhido por Jeová e introduziu as cerimônias políticas e econômicas como cerimônias religiosas, conseguindo a ritualização completa da vida cotidiana.

Sob essa perspectiva, a relação entre o prefácio e o último capítulo do *Teológico-político* ganha relevância. No prefácio, como vimos, Espinosa explica por que escreve a obra, isto é, para liberar a política daquilo que nela impedia o livre exercício do pensamento,ou seja, a teologia política. No último capítulo, Espinosa distingue violência e soberania republicana, explicando que a primeira não se exerce apenas pelo ferro e pelo fogo, mas sobretudo pela dominação do ânimo, tal como no poder teológico-político, enquanto a segunda se efetua na certeza de que a liberdade de pensamento e de expressão não lhe é contrária e sim sua salvaguarda. Para tanto, propõe ali o mesmo que propõe no *Político*: que a religião como crença seja mantida em foro interno, que haja uma religião pública oficial da república sob a direção do magistrado, e que nesta os governantes sejam os oficiantes dos cultos. Se a primeira medida visa salvaguardar a liberdade de crença sem risco de sedição, a segunda visa oferecer aos cidadãos a simbólica do cerimonial coletivo que não afeta suas crenças individuais, mas os congrega publicamente em ritos de afirmação da vida comum. É, porém a terceira a mais importante: com ela Espinosa não visa apenas impedir o surgimento de uma casta sacerdotal que queira dividir o poder com os governantes ou rivalizar com estes últimos, mas sobretudo tornar simbolicamente visível a unidade indivisa do *imperium*.

Se reunirmos os relatos do *Teológico-político* e os diferentes cerimoniais políticos propostos por Espinosa ao longo do *Político*, notaremos que cumprem três objetivos principais: lembrar permanentemente a lei da Cidade e a obediência por ela exigida; lembrar incessantemente a forma da Cidade e os benefícios trazidos pela lei, a fim de que a primeira não seja desfeita nem a segunda, transgredida; e lembrar para sempre que, na política, cada gesto, palavra e ação públicos não dependem do desejo privado de quem os realiza, mas de um decreto que os ordena, isto é, da soberania. O cerimonial político (eleições, rodízio de cargos, forma das cortes de justiça, determinação de impostos e tributos, organização militar, títulos, vestuário, cultos religiosos etc.) determina o campo político de modo a figurar a dimensão simbólica da soberania, única a conferir-lhe a aceitação plena dos cidadãos.

3. Direito é potência

Experiência e geometria no "Tratado político"[*]

O CONHECIMENTO VERDADEIRO: A EXEMPLARIDADE MATEMÁTICA

Na Parte I da *Ética*, após realizar o percurso dedutivo, no qual desenvolve o conhecimento verdadeiro da essência, existência e potência do ser absolutamente infinito e, por conseguinte, a demonstração da necessidade absoluta que rege a produção de todas as coisas como efeitos da causalidade eficiente imanente da substância absolutamente infinita, Espinosa escreve um Apêndice no qual apresenta o ponto de vista da imaginação, em tudo contrário ao que foi geometricamente demonstrado.

O Apêndice examina os obstáculos imaginativos à compreensão da ontologia, situa a causa e a origem desses obstáculos no preconceito finalista e retoma um dos lugares-comuns do pensamento moderno, qual seja, a crítica do que os Quinhentos e os Seiscentos chamam de "antropologia", expressão cunhada por Filo de Alexandria para falar dos que creem o universo ter sido criado para uso do homem. No entanto, o exame espinosano da antropologia subverte a tradição, que a criticara para combater os que atribuem a Deus o que só é atribuível a seres

* Esta é uma versão levemente modificada de um ensaio publicado originalmente em *Almanaque. Revista de Literatura e Ensaios*, nº 9, 1979.

dotados de corpo (sensações e sentimentos) e para afirmar a incomensurável distância entre a vontade e o intelecto divinos e os nossos. Quando Espinosa retoma a crítica da antropologia (vocábulo que, aliás, ele não emprega), seu alvo é mais abrangente e profundo, pois o que agora é visado é exatamente o que a tradição afirma quando atribui a Deus intelecto e vontade incomensuráveis com os das criaturas. Em outras palavras, tanto o vulgar como a tradição teológico-metafísica ignoram que Deus é causa livre justamente porque age sem ser incitado por nenhuma causa interna (vontade, sabedoria, bondade, justiça, misericórdia) nem externa (os fins da Criação). A tradição se contentara em afirmar a incomensurabilidade entre a vontade e o intelecto de Deus e nossas faculdades de mesmo nome e em admitir que há no universo mais finalidades divinas que o uso humano das coisas naturais. Espinosa, porém, depois de demonstrar, no correr da Parte I, que vontade e intelecto não são atributos de Deus e que Este age livremente por agir apenas segundo as leis necessárias de Sua natureza, sem ser constrangido ou incitado por causa alguma, interna ou externa, examina, no Apêndice, o preconceito finalista. Este leva a projetar, primeiro na Natureza e depois em Deus, a imagem do comportamento finalizado que os homens imaginam ser o seu e o de todos os seres.

Espinosa indaga qual a causa da aquiescência humana a tal preconceito e de onde vem a propensão natural a abraçá-lo.

O filósofo propõe que se parta do fundamento do imaginário finalista, isto é, de um axioma cuja universalidade e verdade jamais foram contestadas, qual seja, que "toda gente nasce ignorante das causas das coisas e deseja alcançar o que lhe é útil, e disso todos estão cônscios". Por que esse axioma é um *fundamentum*? Porque exprime um *princípio* de (des)conhecimento e de ação que determina a opinião vulgar acerca da liberdade e da finalidade: no que concerne à primeira, escreve Espinosa, por estarem cônscios de suas volições e apetências, os humanos julgam-se livres sem que "nem por sonhos, lhes passe pela cabeça a ideia das causas que os dispõem a apetecer e querer, pois as ignoram"; no que respeita à segunda, diz Espinosa, em seus atos os humanos desconhecem as causas do agir, mas têm consciência da utilidade como fim visado por suas ações, julgando que agem por causa de fins. Essas opiniões sobre a liberdade e a finalidade impõem uma direção ao interesse cognitivo, pois os homens não só se interessam pelas causas finais de suas ações e das alheias, como também só se tranquilizam quando alguém lhas mostra e, na falta disso, buscam-nas dentro de si mesmos, recordando ações passadas que julgam finalizadas. Por projeção, "julgam necessariamente o temperamento (*ingenium*) alheio pelo seu próprio", generalizando a finalidade para todas as ações humanas. Num movimento seguinte, a projeção se amplia e alcança as ações da Natureza porque, "encontrando em si e fora deles bastantes coisas que são meios [...] para alcançar o que lhes é útil", tais como "olhos para ver, dentes para mastigar, vegetais e animais para alimentar-se, sol para iluminar, mar para sustento dos peixes", são impelidos a tomar "todas as coisas da Natureza como meios para sua utilidade pessoal". Ora, reconhecem que tais meios não foram postos por eles, mas por eles achados e disso "tiram motivo para acreditar na existência de um outro que os dispôs para que eles os usassem". Estamos, pois, no campo daquilo que Espinosa designa como *experientia vaga*, a experiência errante, que encontra as coisas e crê que alguém ali as colocou e dispôs para nós:

> depois de haverem considerado as coisas como meios, não podiam acreditar que elas se criassem a si mesmas, e dos meios de que costumam dispor para seu uso próprio foram levados a tirar a conclusão de que houve alguém ou alguns Dirigentes da Natureza [*Naturae Rectores*], dotados como o homem de liberdade, e que cuidaram em tudo que lhes dissesse respeito e para sua utilidade fizeram todas as coisas.[1]

Nada sabendo quanto à natureza desses dirigentes, puderam imaginá-los por uma nova projeção, figurando-os a partir da imagem que fazem de si mesmos e estabelecendo que "os deuses tudo ordenaram para uso humano, a fim de que os homens lhes ficassem cativos e fossem tidos em suma honra". Não surpreende, então, que os seres humanos houvessem excogitado inúmeras maneiras de prestar culto a Deus, na expectativa de que Este os estimasse acima de todos os outros e dirigisse "a Natureza em proveito da cega apetição e da cega avareza". Do adágio "a Natureza nada faz em vão", concluíram que ela tudo faz em proveito dos humanos e daí passaram à busca incessante de causas finais que tornassem compreensíveis as ações divinas e naturais. E toda vez que tais causas não puderam ser encontradas ou contradisseram a experiência cotidiana, em lugar de "destruir essa construtura", a transformaram em doutrina e sobre ela assentaram que "os juízos dos deuses ultrapassam muitíssimo a capacidade humana".

É evidente que "essa construtura" é falsa: os desmentidos cotidianos que a simples experiência lhe impõe, as contradições intermináveis que suscita, a destruição da ordem da Natureza e da perfeição divina que acarreta deveriam ter sido tomados como prova de falsidade. Em vez disso, porém, os "seguidores dessa doutrina" propuseram distinguir "fins de indigência" e "fins de assimilação" para garantir que a ação divina é perfeita e não indigente, que Deus cria não porque lhe falte algo, e sim por superabundância de Si mesmo, mas não puderam explicar por que isso O levaria a agir, senão porque estava privado das coisas que criou. Para justificar os absurdos decorrentes da imagem da ação divina como ação voluntária dirigida por fins, explica Espinosa, acabaram inventando uma novo tipo de argumento: "o da redução à ignorância", em vez da tradicional redução ao absurdo. Com efeito, para cada causa final encontrada precisavam de uma outra que a explicasse e, assim, numa peregrinação infindável de causa final em causa final, encontraram pousada num único refúgio, "na vontade de Deus, asilo da ignorância".

O percurso do Apêndice é, assim, o exame dos passos sucessivos de elaboração do ilusório pela imaginação quando esta, esquecida de sua debilidade e de que a Natureza a excede, dilata-se além de suas forças.

A imaginação (isto é, o conhecimento por meio de ideias imaginativas com que a mente interpreta as imagens produzidas em seu corpo pela ação das coisas externas) é um conhecimento abstrato porque é "uma conclusão sem premissas", pois é a tentativa para conhecer imediatamente a causa de um efeito sem percorrer a cadeia de mediações necessárias que o produzem, ou seja, é a construção de causas para explicar as coisas a partir dos estados do corpo afetado pelas imagens de outros corpos. Por sua imediateza, a imaginação necessariamente forja gêneses inadequadas, cadeias causais imaginárias em que certos efeitos são tomados pelas causas, de sorte que a cadeia causal, além de invertida, é uma sequência de efeitos cujas causas permanecem ignoradas. Como consequência, as cadeias causais imaginativas culminam na imagem de uma causa primeira transcendente, concebida como causa eficiente e como causa final de todas as coisas, extrínseca aos efeitos, identificada à vontade livre e, por isso mesmo, considerada contingente. Confundindo a contingência imaginária da "causa" com a ação livre e tomando a "causa" como antecedente cronológico do efeito, a imaginação confunde contingência e liberdade, cronologia e origem, sentido e finalidade. Espinosa aponta um aspecto essencial da imaginação quando indica que há para ela um limiar que, se transposto, é causa da passagem da força da imagem à fraqueza da ilusão: a partir de um limiar espacial (o aumento da distância entre o imaginante e o imaginado), de um limiar temporal (o aumento do intervalo entre o imaginante e o imaginado), de um limiar quantitativo (o aumento excessivo ou a diminuição excessiva de imagens) e de um limiar de compatibilidade (o aumento excessivo de variação de afecções causadas por um mesmo corpo sobre o nosso ou de oposições entre afecções causadas por diferentes corpos sobre o nosso), a imaginação embaralha e confunde as imagens, disso resultando a ilusão. Não poder ver com nitidez, não poder recordar com nitidez e não poder discernir com nitidez são exatamente as privações que, como as aberrações ópticas, levam à ilusão e desta ao falso e ao erro. No Apêndice, Espinosa oferece a descrição da ilusão finalista e do laço que a prende à ideia de passagem ao limite, isto é, ao movimento que transgride o limiar de nitidez imaginativa e o transforma num ponto de fuga que consiste, exatamente, na passagem do limiar ao limite indefinido e indeterminado, forjando uma cadeia de pseudocausas cuja origem estaria na misteriosa e incompreensível vontade de Deus.

Finalismo antropocêntrico e antropomórfico, desordem teórica e prática, a ignorância se torna ilusão e cristaliza-se em preconceito: "deram por assentado que os juízos dos deuses ultrapassam de longe a compreensão humana". Espinosa é enfático: teria bastado *apenas* essa crença na incompreensibilidade dos deuses e, com ela, na da Natureza e da essência de Deus para que os homens jamais pudessem conhecer a verdade:

> E isso seria a causa bastante para que a verdade se escondesse para sempre do gênero humano, não fosse a Matemática, que não se volta para fins, mas para essências e propriedades de figuras, mostrar aos homens uma outra norma da verdade.[2]

À matemática são atribuídos dois efeitos: o primeiro, liberador, afasta os homens dos preconceitos finalistas, nascidos da superstição e da ignorância das verdadeiras causas, liberando-os da confusão entre a causalidade natural e uma vontade divina onipotente, contingente, secreta e finalizada; o segundo, pedagógico, ensina aos homens uma outra norma da verdade. A matemática é apresentada negativamente — não se ocupa de fins — e positivamente — ocupa-se das essências e propriedades das figuras.

Como seus contemporâneos, leitores e herdeiros da obra cartesiana, Espinosa se situa na confluência de duas atitudes teóricas peculiares aos pós-cartesianos: admite o valor exemplar da matemática como expressão da capacidade inata do intelecto finito para um conhecimento isento de erro[3] e, como os demais, considera insuficiente a definição cartesiana do conhecimento verdadeiro pelos critérios da clareza e da distinção da ideia.[4]

Todavia, a originalidade da posição espinosana encontra-se no fato de que não são os conceitos de ordem e medida (como em Descartes) nem os de cálculos e correspondências algébricos enquanto paradigmas das expressões simbólicas (como em Leibniz) que levam a privilegiar a matemática e sim a natureza da causalidade presente nas operações matemáticas. Graças a ela, o filósofo, sem abandonar a clareza e a distinção como características do verdadeiro, colocará no conceito de adequação a garantia imanente da verdade da ideia — *verum norma sui et falsi est* ("o verdadeiro é norma de si e do falso").

Conhecer, diz Espinosa no *Tratado da emenda do intelecto*, é, como disseram os antigos (Aristóteles), conhecer pela causa. Isso significa, em primeiro lugar, que a própria causa deve ser conhecida, pois, em segundo lugar, conhecer por seu intermédio nada mais é senão conhecer o modo pelo qual ela engendra de maneira necessária um efeito determinado, visto que uma causa verdadeira não pode ser extrínseca ao efeito, mas interna a ele. Ora, a marca da causa final, no que tange à existência e às operações das coisas, é sua exterioridade ao efeito e por isso mesmo não pode explicá-lo nem dar a conhecê-lo. Em contrapartida, operando exclusivamente com causas eficientes ou produtoras, imanentes aos objetos produzidos, a matemática alcança o conhecimento da gênese necessária do conhecido porque conhece a atividade de sua causa geratriz, que assegura imediatamente a verdade de sua ideia.

Matematicamente demonstrado significa, para Espinosa, um conhecimento causal ou demonstrado *a priori*, isto é, no sentido seiscentista de *a priori*, um conhecimento que vai da causa para o efeito, aquela entendida como causa eficiente interna produtora necessária deste, responsável pela essência ou natureza do efeito e por todas as suas propriedades; por conseguinte, um saber em que o conhecimento do efeito depende do conhecimento da causa e o envolve. Assim, um conhecimento só é matematicamente demonstrado e, portanto, verdadeiro sob a condição de: 1) apresentar a causa ou gênese necessária do conhecido, isto é, sua razão total; 2) deduzir da causa e da essência do conhecido suas propriedades necessárias; 3) deduzir as relações necessárias do conhecido com outras coisas já conhecidas ou conhecidas graças ao conhecimento dele; 4) apresentar-se na forma de proposições causais e relacionais universais necessárias; 5) estabelecer a articulação intrínseca entre uma existência singular e uma essência singular pelo conhecimento das leis naturais necessárias de sua produção.

A ideia verdadeira é uma *ideia adequada* na medida em que é conhecida por sua gênese, isto é, a partir de sua causa eficiente necessária e das relações necessárias que mantém com outras ideias com as quais possui laços de dependência ou de reciprocidade. É adequada a ideia que dá a conhecer as razões internas de sua produção, ou seja, a causa eficiente necessária imanente que a engendra como uma ideia singular inteiramente apreendida pelo intelecto que, com ela, conhece a essência da própria coisa, ou seja, a natureza da própria coisa. A causa eficiente de uma ideia adequada é aquela que oferece a razão total dessa ideia e assegura a dedução completa de todas as suas propriedades, entendidas como efeitos internos causados pela própria ideia. Em outras palavras, uma ideia adequada tem como causa uma ideia adequada e ela própria é a causa de novas ideias, quer as de suas propriedades necessárias, quer a de ideias produzidas por suas relações necessárias com outras.

A matemática nos ensina o que é uma dedução *completa* porque oferece a concatenação completa de uma ideia, isto é, sua causa e seus efeitos. Essa completude é o que permite falar em *ideia adequada.* Em outras palavras, como explica Espinosa, uma ideia é dita *verdadeira* quando se quer indicar seu acordo com o objeto, mas é dita *adequada* quando o que se quer afirmar é a natureza da própria ideia, isto é, as propriedades intrínsecas de uma ideia verdadeira tomada em si mesma. Adequada é a ideia verdadeira que, oferecendo a causa ou razão total de si mesma, permite deduzir ou demonstrar a totalidade das propriedades que possui e, portanto, seus nexos necessários com todas as outras de que depende ou que dela dependem e a geometria é a maneira exemplar de apresentar essa articulação dedutiva imanente.

A matemática oferece o caminho para realizarmos a definição perfeita de uma coisa, oferecendo sua essência íntima, graças ao conhecimento de sua causa eficiente interna e necessária. É assim, por exemplo, que uma definição do círculo como figura geométrica em que todos os pontos são equidistantes do centro não é uma verdadeira definição, uma vez que nos dá uma propriedade do círculo, mas não sua essência ou sua causa eficiente interna. A definição perfeita do círculo dirá que é a figura geométrica produzida pelo movimento de um semieixo ao redor de um centro fixo, assim como a definição perfeita da esfera nos dirá que é a figura geométrica produzida pelo movimento de um semicírculo ao redor de um centro fixo.

No entanto, Espinosa também observa que o adágio aristotélico, "conhecer é conhecer pela causa", recebe um sentido novo em sua filosofia. De fato, escreve ele no *Tratado da emenda do intelecto*, a causa a ser conhecida é a causa do próprio conhecimento verdadeiro e essa causa não é a coisa externa agindo sobre nossa mente (seja pela mediação da sensação e da percepção, no caso as coisas sensíveis, seja diretamente sobre o intelecto, no caso das inteligíveis), e sim o próprio intelecto humano, agindo como se fora um *autômato espiritual*. Por que autômato? Porque as ideias adequadas não têm como causa algo externo ao pensamento, mas são efeitos necessários da causalidade eficiente intelectual, isto é, do intelecto agindo como causa interna necessária de suas ideias. Dessa maneira, Espinosa altera o sentido do adágio antigo e lhe confere um sentido moderno preciso, aquele que aparece no adágio seiscentista: "sabe quem faz". O intelecto conhece ideias verdadeiras porque é ele mesmo que as causa ou as faz. Com isso o caráter paradigmático da matemática surge plenamente: a "outra norma da verdade" trazida por ela não é apenas a afirmação do conhecimento causal adequado, mas também a de que nela o intelecto, operando e agindo apenas a partir de si mesmo, mostra sua essência causal porque é a causa que faz e sabe que faz. Eis por que nela a certeza é máxima, uma vez que a certeza, como explica Espinosa, é saber que se sabe.[5]

Evidentemente, Espinosa não negligencia a diferença ontológica entre os entes matemáticos, que são puras idealidades existentes apenas em nosso intelecto (ou entes de razão), e os entes reais, que são essências singulares existentes fora de nosso intelecto (ou os entes físicos reais). Em outras palavras, o emprego da ordem geométrica não significa que Espinosa trataria os seres reais como se fossem essências matemáticas ou puras idealidades. A ordem geométrica é empregada para indicar, de um lado, que o conhecimento verdadeiro é causal segundo a causalidade eficiente e, de outro, que o trabalho autônomo do intelecto, a força interna do "autômato espiritual", se realiza sempre no interior do verdadeiro.

O trabalho geométrico, pensa Espinosa, realiza a passagem contínua de um absoluto a um singular determinado. De fato, na geometria, o ponto de partida é a quantidade infinita tomada absolutamente (a extensão) e a geração dos entes matemáticos determinados ou das essências matemáticas determinadas tem como causa eficiente imanente o modo infinito da extensão, isto é, o movimento, que determina na extensão absoluta singularidades quantitativas determinadas. Assim, a ideia do círculo tem como causa absoluta a extensão infinita, como causa eficiente a ação da extensão enquanto movimento e tem como pressuposto duas determinações anteriores também produzidas pelo movimento, quais sejam, as ideias de semieixo e centro. A geometria opera, portanto, com a produção de objetos singulares pela causalidade eficiente da extensão modificada, isto é, como movimento. Da mesma maneira, a ontologia espinosana parte do ser absolutamente infinito que é causa de si, livre e eterno, constituído por infinitos atributos infinitos em seu gênero (ou por infinitas ordens de realidade infinitas simultâneas) e dele deduz a produção imanente necessária de todos os entes singulares e de suas propriedades necessárias, produção que é a ação necessária da potência infinita dos atributos. Em outras palavras, Espinosa parte da causa de si, demonstra que essa causa é a causa eficiente imanente de todas as coisas e que estas exprimem de maneira certa e determinada a atividade causal do absoluto. Como expressões imanentes da causa, os entes singulares também são causas e produzem efeitos imanentes necessários segundo uma ordem e conexão que constitui a ordem da Natureza inteira.[6]

Abstrato, para Espinosa, significa tudo quanto é aprendido por nós separado da causa eficiente ou produtora.[7] Em contrapartida, é concreto tudo quanto seja apreendido por nós como uma complexidade de determinações cuja causa e cujas ações e operações conhecemos. Uma vez que o conhecimento verdadeiro é aquele que se realiza por ideias adequadas e que, segundo Espinosa, quanto mais determinações um ente possui tanto maior é sua realidade ou perfeição (perfeição significando completude e acabamento), o conhecimento da causa ou razão interna total que constitui uma essência singular é o conhecimento do concreto. Assim, o ser que é causa de si e causa de todas as coisas é absolutamente complexo e absolutamente concreto e dele deve partir nosso conhecimento das coisas singulares complexas produzidas por ele. O conhecimento verdadeiro é o conhecimento das essências singulares das coisas singulares pelo conhecimento das leis do engendramento necessário que as produzem e as situam no interior de uma totalidade real, a ordem inteira da Natureza.

O conhecimento verdadeiro ou por ideias adequadas é aquele que alcança a essência íntima de alguma coisa. Mas, o que Espinosa entende por "essência de uma coisa"?

À luz da definição perfeita do círculo, compreendemos que, matematicamente, uma coisa é sempre uma *essência singular* e que ela é também e sempre uma *causa* da qual podem e devem ser deduzidas perfeita e adequadamente todas as propriedades e efeitos. Como coisa, a essência é o efeito de uma causa eficiente interna (no caso do círculo, o movimento determinado de sua geração) e ela própria é a causa formal de suas propriedades necessárias (isto é, as propriedades não são senão efeitos da própria essência, deduzidos dela mesma e imanentes a ela). Como ideia, a essência conhecida é o efeito da ação autônoma do intelecto (é uma ideia adequada porque é conhecida a ação intelectual que a produz). Em outras palavras, a causa eficiente da coisa geométrica "círculo" é o movimento, a causa eficiente da ideia dessa coisa geométrica (ou a ideia do círculo) é o intelecto, e a coisa geométrica "círculo" é a causa formal de suas propriedades necessárias. Justamente porque a causa da essência formal da figura enquanto coisa geométrica é o movimento e a causa formal da ideia dessa figura geométrica é o intelecto, Espinosa insiste em que "uma coisa é o círculo e outra a ideia do círculo" (ou, como disse um célebre comentador, a ideia de cão não late, e a de açúcar não é doce). Em outras palavras, a causa eficiente da coisa "círculo" é um modo da extensão — o movimento —, mas a causa eficiente da ideia dessa coisa é um modo do pensamento — o intelecto. As operações da extensão são inteligíveis quando suas ideias são formuladas autonomamente pela força inata do intelecto. Uma essência real singular não é uma ideia do intelecto, mas um ente real cuja inteligibilidade é alcançada pelo intelecto quando este conhece a causa eficiente produtora desse ente.

A partir do ensinamento da matemática, Espinosa inova de maneira radical a definição tradicional da essência. Com a tradição, ele afirma que uma essência é algo sem o que uma coisa não pode ser nem ser concebida, mas, subvertendo a tradição, acrescenta: e que sem a coisa não pode ser nem ser concebida. Assim, na definição espinosana, pertence à essência da coisa aquilo que, dado, põe essa essência e, retirado, a suprime. Porém, como explica Espinosa, pertence à essência aquilo sem o que a coisa não pode existir nem ser concebida e, *reciprocamente* (*et vice versa*), aquilo que sem a coisa não pode existir nem ser concebido. Sem a essência, a coisa é suprimida, porém, *sem a própria coisa, não há essência alguma.* Em outras palavras, a essência não é um universal, uma coleção de propriedades gerais, uma *natura communis*, nem gênero ou espécie que se singularizam numa existência determinada, nem é um possível lógico à espera de passar à existência: é singular em si mesma e indissociável de sua própria existência. A essência pertence à coisa e a coisa pertence à essência, ambas sendo inexistentes e inconcebíveis se uma delas faltar. Isso significa, em primeiro lugar, que não há essências universais de que as coisas singulares seriam expressões particulares — toda essência é singular — e, em segundo, que há total reversibilidade entre essência e existência.

Além disso, Espinosa define uma coisa singular como aquela em que todos os constituintes operam juntos e simultaneamente como causa única para produzir um efeito, de sorte que a singularidade também está referida à causalidade, ou melhor, à potência de agir de um ser. Espinosa, portanto, define a singularidade real de uma essência pela identidade interna entre o ser e o existir de um ente singular, identidade que se exprime na sua potência de existir e agir ou seu *conatus* (esforço de autoperseveração na existência que define a essência atual de um ser singular). Uma singularidade real é constituída pela identidade de uma essência, uma existência e uma potência que são modificações determinadas e concretas da essência, existência e potência de um atributo da substância absolutamente infinita. Nessa medida, o conhecimento adequado ou causal das essências reais é o conhecimento adequado da gênese necessária da essência, da existência e da potência concretas de um ente singular.

Espinosa escreve sua obra magna, a *Ética*, em ordem geométrica (*ordine geometrico demonstrata*). É perfeitamente compreensível que seja escrita dessa maneira, pois assim o filósofo indica que o conhecimento aí exposto tem como causa a ação intelectual imanente como produção, encadeamento e conexão de ideias adequadas. Há, ainda, um outro aspecto na ordem geométrica da *Ética* que merece atenção. De fato, nas *Respostas às segundas objeções,* Descartes distinguira duas maneiras matemáticas de demonstrar: a análise, que vai do conhecimento do efeito ao da causa, e a síntese, que vai da causa ao efeito. Tanto a análise como a síntese operam com a passagem contínua e ininterrupta de uma ideia a outra, segundo uma ordem necessária de encadeamentos (ou "longas cadeias de razões"), e por isso Descartes julgara a análise mais conveniente para a metafísica, não só por deixar evidentes as conexões entre as ideias, mas sobretudo porque na metafísica é preciso conhecer as causas primeiras, mas estas são obscuras, não asseguram o ordenamento contínuo das ideias e não podem por isso servir de ponto de partida do conhecimento, o qual deve chegar a elas pela via analítica. Em outras palavras, há descontinuidade entre a causa primeira infinita e seus efeitos finitos (o que, em termos teológicos, é expresso com a imagem da criação do mundo a partir do nada). Ora, a *Ética* está demonstrada sinteticamente, tendo como ponto de partida a ideia de causa de si, ou a causa absoluta. Espinosa pode demonstrar sinteticamente a partir da causa de si porque em sua filosofia, diversamente do que acontece em Descartes (e nos filósofos judeus e cristãos), não há descontinuidade ou salto entre a causa primeira e seus efeitos porque a causa de si, isto é, Deus, não cria o mundo por um ato contingente de sua vontade. Em outras palavras, para uma metafísica que aceita a ideia de criação do mundo a partir do nada pela ação de uma vontade onipotente, há um abismo separando a causa e o efeito, e não se pode partir dela para construir uma ordem contínua e ininterrupta de coisas e ideias. Em contrapartida, para uma ontologia da imanência, que demonstra o caráter imaginário da criação *ex nihilo* e afirma que a Natureza é um efeito imanente da ação da causa de si, a síntese geométrica é perfeitamente adequada e mantém firmemente o adágio "conhecer é conhecer pela causa".

É exatamente essa concepção do conhecimento que guia o *Tratado político*. Neste, a matemática é invocada desde o início em termos que lembram o prefácio da Parte III da *Ética*, pois aqui, como lá, trata-se de deduzir a causa das relações entre os homens a partir do "estudo da natureza humana". Nos dois textos, Espinosa examina a maneira como o senso comum, a teologia e a metafísica se colocam de pleno acordo para a condenação dos afetos e a posição da natureza humana como essencialmente viciosa, de sorte que as noções de liberdade e de solidão, elaboradas imaginariamente, reduzem a ética a uma moralidade imperativa e a política, ora à dimensão de uma utopia, ora a um realismo nascido das imagens que os governantes oferecem aos governados. Como os conflitos entre os afetos são tomados como vício e culpa humana, levando à construção imaginária de uma natureza humana ideal que em parte alguma existe, a ética tende a reduzir-se a regras imperativas de virtudes impraticáveis para seres humanos reais, e a política se confunde com quimeras e utopias.

No Prefácio da Parte III, lemos:

> Na maioria, os que escreveram sobre os afetos e a maneira de viver dos homens parecem ter tratado não de coisas naturais, que seguem as leis comuns da Natureza, mas de coisas que estão fora da Natureza. Mais ainda, parecem conceber o homem como um império num império (*imperium in imperio*). Acreditam, com efeito, que o homem perturba a ordem da Natureza, mais do que a segue, que tem sobre suas ações potência absoluta e que não é determinado por outra coisa senão por si mesmo. Além disso, atribuem a causa da impotência e inconstância humanas não à potência comum da Natureza, mas não sei a que vício da natureza humana, e por isso mesmo a lamentam, riem-se dela, a desprezam, ou, o que acontece mais amiúde, a detestam; e aquele que mais eloquente ou mais argutamente souber censurar a impotência da mente humana é tido por divino.[8]

E na abertura do *Tratado político* Espinosa escreve:

> Filósofos há que concebem os afetos em nós conflitantes como vícios em que caem os homens por sua própria culpa. Por isso costumam ridicularizá-los, deplorá-los, censurá-los e (quando querem parecer mais santos) detestá-los. Acreditam proceder divinamente e elevar-se ao cume da sabedoria prodigalizando todo tipo de louvor a uma natureza humana que em parte alguma existe, machucando com seus ditos aquela que realmente existe. Concebem os homens não como são, mas como gostariam que fossem. Por isso quase todos, em lugar de uma ética, escreveram sátira e, em política, quimera conveniente ao país da Utopia ou à Idade de Ouro dos poetas, quando nenhuma instituição era necessária. Por conseguinte, dentre todas as ciências que têm aplicação, é na política que a teoria passa por mais discrepar da práxis, e não há homens considerados menos idôneos para dirigir a república do que os teóricos ou os filósofos.[9]

Em oposição aos teóricos ou filósofos, encontram-se os homens práticos, isto é, os políticos, cujo realismo parece confundir-se com a imagem do logro e do engodo, uma vez que se crê

> que os políticos tendem muito mais a enganar os homens do que a cuidar dos interesses deles, e que são mais astutos do que prudentes. A experiência ensinou-lhes, com efeito, que haverá sempre vícios enquanto houver homens; preocupam-se, portanto, em evitar a malícia humana por meio de artes cuja longa experiência lhes mostra a eficácia, e que homens mais movidos pelo medo do que pela razão têm o costume de usar, e parecem ir contra a religião, principalmente contra os teólogos, para os quais os poderes soberanos (*summas potestates*) deveriam conduzir os negócios públicos consoante as regras de conduta que observam em privado.[10]

Há um traço comum entre a moralidade do mandamento e a política utópica: a suposição de que existe um saber normativo anterior e exterior à prática, fundado numa certa imagem da natureza humana virtuosa tal que a liberdade se confunde com obediência a preceitos que antecedem e determinam a ação. Por outro lado, entre essa normatividade moral e política e o realismo político também há um traço comum: embora impliquem posições teóricas e práticas diversas, o dever-ser e o fato estabelecem um contraponto entre uma sabedoria impossível, mas que deveria existir, e uma certa habilidade astuciosa, que existiria realmente como decorrência da perversidade originária do homem. O leitor do século XVII pode reconhecer imediatamente os alvos de Espinosa: seu ataque se dirige tanto contra a tradição escolástica da política como ciência prática articulada às virtudes principescas do "bom governante" quanto à imagem satânica do príncipe maquiavélico, que age para perdição dos demais.[11] O empenho espinosano concentra-se na demolição dessas construções imaginárias graças ao conhecimento da gênese necessária do social e do político, cuja causa é a natureza de seus agentes, e do conhecimento das causas que instituem as diferentes formas de vida social e política. Nesse contexto, a geometria é paradigma necessário:

> Aplicando-me à política não quis aprovar fosse o que fosse de novo ou desconhecido, mas somente demonstrar por razões certas e indubitáveis aquilo que melhor concorda com a práxis. Em outros termos, deduzi-las do estudo da natureza humana e, para contribuir para essa investigação com a mesma liberdade de espírito que se costuma ter nas investigações matemáticas, tive a cautela de não ridicularizar as ações humanas, não lamentá-las, nem detestá-las, mas entendê-las. Considerei os afetos humanos [...] não como vícios, mas como propriedades da natureza humana, que lhe pertencem como o quente, o frio, a tempestade, o trovão e todos os meteoros

pertencem à natureza da atmosfera e que, embora incômodos, são contudo necessários, têm causas certas por cuja natureza nos esforçamos para entender, e quando a mente deles possui verdadeiro conhecimento com eles alcança contentamento, como se contenta com o conhecimento do que agrada aos sentidos.[12]

Ainda uma vez, o leitor do *Tratado político* não poderá deixar de reconhecer nessa passagem o texto do Prefácio à Parte III da *Ética*. Em ambos, a referência à matemática é feita para assegurar que será desenvolvida uma *ciência dedutiva* ou apodítica da conduta humana, cuja causa é encontrada a partir do "estudo da natureza humana".

Ora, na ontologia demonstrada na *Ética*, a natureza humana é deduzida da potência de dois atributos substanciais que são causas eficientes imanentes de cada modo humano singular. Compreendidos como efeitos singulares imanentes de potências de agir infinitas, os indivíduos são *conatus*, ou seja, uma potência interna que unifica todas as suas operações e ações para permanecer na existência, permanência que não significa apenas permanecer em seu próprio estado (como a pedra, por exemplo), mas para regenerar-se continuamente, transformar-se e realizar-se (como os vegetais e os animais). O *conatus*, demonstra Espinosa na Parte III da *Ética*, é a essência atual do corpo e da mente.

Que significa defini-lo como *essência atual*? Significa, em primeiro lugar, dizer que um ser humano não é a realização particular de uma essência universal ou de uma natureza humana universal, mas é uma singularidade por sua própria essência. Em segundo, que o *conatus* não é uma inclinação ou uma tendência virtual ou potencial, mas uma força sempre em ato. Em terceiro, e como consequência, significa que a essência de um ser singular é sua atividade, ou seja, as operações e ações que realiza para manter-se na existência e que essas operações e ações são logicamente anteriores à sua distinção como irracionais ou racionais, certas ou erradas, boas ou más. Em quarto lugar, e sobretudo, a afirmação de que o *conatus* é a essência atual de um ser singular nos leva a compreender que apetites, impulsos e volições não são inclinações ou tendências virtuais que se atualizariam ao encontrar uma finalidade de realização, e sim aspectos atuais do *conatus* e, por isso mesmo, são causas eficientes que operam determinadas por outras causas eficientes e não em vista de fins.

O *conatus*, parte finita singular da energia infinita da substância, define o ser do corpo e da mente humanos enquanto constituem uma unidade ou um indivíduo, estrutura complexa e dinâmica de operações e ações que o conservam, regeneram e transformam, assegurando a permanência na existência. Visto que o *conatus* define uma essência singular atual, os aspectos universais que um indivíduo humano compartilha com outros seres e, particularmente, com outros seres humanos, não podem constituir sua essência, mas são apenas propriedades gerais comuns a ele e a outros. Essas propriedades universais e comuns são o que Espinosa designa com o conceito de *noção comum*, definida como aquilo que é comum às partes e ao todo (encontrando-se igualmente em todas elas) e como sistema de relações necessárias e reguladas (ou leis naturais) entre os indivíduos que, por possuírem determinações comuns, fazem parte do mesmo todo. A potência do *conatus* possui uma força cuja intensidade pode aumentar ou diminuir, dependendo da maneira como cada singularidade se relaciona com outras ao efetuar esforço de autoconservação. A intensidade da força do *conatus* diminui se a singularidade for afetada pelas outras de tal maneira que se torna inteiramente dependente delas; e aumenta se a singularidade não perder independência e autonomia ao ser afetada por outras e ao afetá-las. A diminuição e o aumento da força ou intensidade do *conatus* indicam que o esforço de autoconservação pode realizar-se inadequada ou adequadamente. A realização é inadequada quando o *conatus* individual é apenas uma causa parcial das operações do corpo e da mente porque é determinado pela potência de causas externas que o impelem nessa ou naquela direção, dominando-o e diminuindo sua força. A realização é adequada quando o *conatus* aumenta sua força por ser a causa total e completa das ações que realiza, relacionando-se com as forças exteriores sem ser impelido, dirigido ou dominado por elas; o nome da inadequação é *paixão*; o nome da adequação é *ação*.

Espinosa é enfático ao demonstrar que tanto na inadequação-paixão como na adequação-ação o *conatus* está sempre em operação, de sorte que os humanos singulares se esforçam sempre para se conservar, quer o façam passivamente, quer o façam ativamente. A diferença entre paixão e ação é intrínseca e decorre da situação do ser humano como modo finito ou parte finita da Natureza: quando a parte pode ser compreendida em sua singularidade essencial como causa total dos efeitos produzidos, é ativa; quando, porém, a parte só pode ser compreendida determinada pelas demais, é passiva. A condição de parte não é causa da passividade e sim o encontrar-se inteiramente determinada pela potência das outras partes ou causas exteriores. Entender a paixão é entender que é preciso distinguir entre potência (*potentia*) e força (*vis*), ensina também que a força de existir aumenta ou diminui e que esse aumento ou diminuição podem referir-se tanto ao corpo inteiro como a partes dele. Uma potência de existir pode, portanto, ser fraca ou forte e o indivíduo, por ser um complexo singular constituído por partes (pela união de corpos e pela conexão de ideias), pode possuir partes que se tornam mais fortes ou mais fracas (tanto no que respeita ao seu corpo como no que respeita à sua mente, pois esta é tão complexa quanto seu corpo). São fracas aquelas partes que sucumbem sob o peso da força das potências externas; são fortes aquelas que podem coexistir com a exterioridade sem ser por ela destruídas e, mais do que isso, cuja força pode aumentar justamente graças à relação com elas. Isso significa que pode haver desigualdade e desequilíbrio no interior do indivíduo e conflito entre partes fracas e fortes — ou, como lemos na abertura do *Tratado político* e do Prefácio à Parte III da *Ética*, os afetos podem combater-se em nosso interior. Assim, um *conatus* singular não é somente um indivíduo complexo, mas também um ser cujos conflitos não são apenas externos como ainda internos: são externos os conflitos com outras partes da Natureza adversas e poderosas, que podem enfraquecê-lo ou mesmo aniquilá-lo; são internos os conflitos de intensidade da força entre as partes constituintes da individualidade.

Por conseguinte, a potência do *conatus* não se encontra apenas em sua capacidade para vencer os obstáculos exteriores, pois tal capacidade é apenas efeito de uma causa muito mais profunda: sua capacidade para desenvolver em seu próprio interior as partes fortes, aumentando-lhes a intensidade e minimizando, assim, a atuação das partes fracas. A paixão é o predomínio interno das partes fracas sobre as fortes, sob a ação de causas exteriores, isto é, da pressão ambiental. A ação é o predomínio das partes fortes sobre as fracas, graças ao aumento da força interna do próprio *conatus*. Ser causa inadequada é encontrar fora de si a razão de nosso desejo; ser causa adequada é encontrar na força interna do corpo e da mente a razão plena de nosso desejo. Eis por que o desejo é definido por Espinosa como causa eficiente que pode ser determinada do exterior, na paixão, e do interior, na ação. No entanto, e isso é essencial, quer seja causa inadequada quer seja causa adequada, o desejo é sempre *conatus*, esforço de perseveração da existência. Isto significa, em primeiro lugar, que o desejo nos exprime tanto na passividade como na atividade e, como consequência, em segundo lugar, que a passagem da paixão à ação não é passagem do desejo ao poderio imperial da vontade, nem é supressão do desejo pela razão, mas mudança qualitativa do próprio desejo, que passa de causa inadequada a adequada. Por isso a *Ética* demonstra que os mesmos desejos que experimentamos quando passivos podemos experimentar quando ativos.

Espinosa demonstra que o conflito interior, além de determinar oposições e contrariedades num mesmo indivíduo, também determina a forma de sua relação com o exterior: na paixão, o *conatus* está enfraquecido pela ação das forças externas com as quais está em conflito, pois nesse estado os homens naturalmente discordam uns dos outros e se combatem uns aos outros. Na ação, porém, o *conatus* está internamente fortalecido, suas partes se harmonizam e se equilibram reciprocamente; simultaneamente, os homens percebem a utilidade uns dos outros, reconhecem o que possuem em comum, descobrem que a utilidade recíproca e a comunidade de afetos os fortalecem e por isso passam da discórdia à concórdia.

Distinguindo o *conatus* como causa inadequada e o *conatus* como causa adequada, Espinosa distingue intrinsecamente passividade e atividade como maneiras de existir e não as faz depender da ausência ou da presença da vontade, nem da força ou fraqueza dela. A passividade não é causada pela relação com algo externo, pois, neste caso, estaríamos destinados unicamente à passividade, na medida em que somos necessariamente seres finitos e, portanto, sempre rodeados de forças externas, mas decorre da maneira como a relação com o exterior se estabelece. Assim também, a atividade não provém da ausência de relação com algo externo e sim da maneira como se estabelece a relação com o exterior. Na paixão, somos determinados a existir, operar, sentir e pensar segundo a força de uma causa externa interiorizada; na ação, o que somos, pensamos, desejamos, sentimos e fazemos determina como nos relacionamos com as potências externas. A liberdade, portanto, é atividade corporal e psíquica de uma causa eficiente interna adequada ou forte.

Do *conatus* decorre a definição espinosana da essência do homem:

> O desejo — *cupiditas* — é a própria essência do homem enquanto concebida como determinada a fazer algo por uma afecção dela mesma.

> [...]
> Por afecção da essência humana entendemos não importa qual disposição (*constitutionem*) dessa essência, seja inata ou não, quer seja concebida somente sob o atributo do pensamento, quer somente sob o atributo da extensão, quer enfim esteja referida a ambos simultaneamente. Portanto, pelo nome de desejo entendo todos os esforços, impulsos, apetites e volições do homem, os quais variam segundo a disposição variável de um mesmo homem e não é raro vê-los de tal maneira opostos entre si que o homem, puxado em sentidos contrários, não sabe para onde voltar-se.[13]

Ora, no prefácio à Parte IV da Ética, Espinosa escreve:

> A causa a que chamam final não é senão o próprio desejo humano enquanto considerado princípio ou causa primeira de alguma coisa [...] *o desejo singular é, na realidade, uma causa eficiente* [...] os homens são conscientes de seus desejos, apetites e ações, mas ignorantes quanto às causas porque são determinados a desejar ou apetecer alguma coisa.[14]

Vemos, assim, retomada a crítica à noção de causa final ou de finalidade como construção imaginária em que recorremos à noção de um fim para suprir nossa ignorância quanto à causa real e verdadeira de uma coisa, de um acontecimento ou de uma ação. Não existem causas finais, diz Espinosa; só existem causas eficientes. Uma vez que somos expressões finitas da causalidade eficiente imanente da substância absolutamente infinita, como ela somos também causas eficientes.

Se o desejo é a essência de um homem singular enquanto determinada a fazer algo por uma afecção sua e se ele é uma causa eficiente necessária e naturalmente determinada pela ordem da Natureza, então podemos imediatamente compreender por que pode haver uma *ciência more geométrico* da conduta humana a partir de uma *ciência apodítica* dos afetos.

De fato, o que sempre impossibilitou que a ética e a política pudessem ser consideradas objeto de saber apodítico foi o lugar que nelas tiveram uma certa concepção do desejo, da vontade e da finalidade, a partir de uma certa concepção da causalidade. A tradição (particularmente aristotélica e neoplatônica em suas versões escolásticas) estabelecera um conjunto de distinções causais em cujo centro encontravam-se, de um lado, a distinção entre causas internas e externas — a causa formal e a material eram consideradas internas, enquanto a causa eficiente e a final eram tidas como externas — e, de outro, a distinção entre causa natural e causa voluntária. Uma causa natural era considerada uma causa necessária capaz de produzir sempre um só e mesmo efeito, enquanto a causa voluntária era considerada causa contingente e capaz de produzir múltiplos efeitos, de acordo com uma escolha entre contrários igualmente possíveis. Consequentemente, a causa voluntária, que age contingentemente, era definida como causa livre. As causas formal, material e eficiente eram consideradas causas naturais necessárias e delas era possível um saber teorético apodítico. Em contrapartida, a causa final estava articulada à causa voluntária e à ideia de liberdade como escolha entre possíveis contrários. Na medida em que a ação voluntária é contingente, dela não é possível um saber teorético apodítico, mas apenas uma ciência prática de cunho pedagógico, prudencial e normativo, fundada na ideia dos fins como bons e racionais.

Em outras palavras, as chamadas ciências práticas recebiam sua racionalidade da qualidade racional e boa do fim que movia a vontade e guiava a ação voluntária cuja qualidade dependia do domínio da razão sobre o apetite, o desejo e a vontade. Por seu turno, o desejo, concebido como tendência ou inclinação movida por fins, era definido como *páthos*, um acidente que sobrevinha ao *ethos* e, na qualidade de acidente, não podia ser objeto de um saber teorético apodítico, mas de uma intervenção prática racional, capaz de orientá-lo para fins bons, honestos e racionais. Cabia à razão, conhecedora dos fins, guiar a vontade para que esta, dominando o desejo, escolhesse tais fins e cabia à retórica comover, educar e agradar o ânimo (*movere, docere, delectare*) para que, por meio da persuasão, se submetesse à reta razão e à vontade.

Ao criticar o imaginário finalista (inseparável da imagem da vontade que é livre porque age contingentemente), afirmando que na Natureza só há causas eficientes e que o o *conatus-cupiditas* é uma causa eficiente, Espinosa dá um golpe mortal nessa tradição. Definir o desejo como causa eficiente acarreta a desmontagem do imaginário finalista que o aprisionara nos fins postos pela razão para educá-lo, persuadi-lo e governá-lo, dando à retórica o papel pedagógico, à moral o poder normativo e à reta razão a força para imperar sobre a paixão. A filosofia espinosana demonstra que os fins são abstrações criadas pela imaginação para suprir a falta do verdadeiro conhecimento das causas naturais necessárias da ação e da paixão.

Mas não só isso. A geometria ensina que uma causa eficiente não é externa e sim interna ao efeito produzido e a identifica com a antiga causa formal (isto é, aquela que, na tradição, respondia pela essência da coisa); ensina também que o conhecimento verdadeiro de uma essência é o de sua gênese necessária e de seus efeitos necessários, de sorte que o conhecimento verdadeiro é aquele cujo objeto é necessário e cujas operações são necessárias. Quando, portanto, Espinosa demonstra que o *conatus-cupiditas* é a essência atual de um ser humano e que, na qualidade de *essência*, possui causas necessárias determinadas e produz efeitos necessários determinados, afirma *ipso facto* que é possível um saber apodítico sobre os afetos humanos e sobre a conduta humana.

Em outras palavras, havendo ciência teorética dos afetos, porque estão ontologicamente fundados na causalidade eficiente imanente necessária da substância absolutamente infinita da qual a essência singular de cada ser humano é um efeito necessário, a ética e a política tornam-se saberes apodíticos, matematicamente demonstráveis. Eis por que, na abertura do *Tratado político*, Espinosa afirma que, dentre as ciências que têm aplicação, nenhuma parece mais distante da práxis do que a política e, logo a seguir, declara que buscará os fundamentos da política no estudo da condição natural e comum dos homens.

No entanto, comparado à *Ética*, o *Tratado político* não parece possuir uma estrutura geométrica: não vemos aí definições, axiomas, proposições, corolários e escólios, mas uma escrita na qual a argumentação parece emprestar todos os seus recursos à retórica.Aparentemente, a matemática seria invocada apenas por ser dotada de uma forma dedutiva impessoal e não valorativa, opondo-se às valorações do senso comum e das teorias existentes, pois tais valorações já são um efeito da ação da própria vida social e política e não a causa dessa vida sociopolítica, visto que as noções de justo e injusto, de bem e mal, de obediência e crime, de condenação e louvor só existem, diz Espinosa, "depois da lei". Vimos, porém, que a referência à matemática tem como alvo assegurar a apodicidade do discurso fundado no estudo da natureza humana e, como logo a seguir será dito por Espinosa, que a política não seja deduzida dos "ensinamentos da razão", mas de um único fundamento, qual seja, "a condição natural dos homens". Mas não só isso. A geometria não se encontra apenas como paradigma do conhecimento adequado e verdadeiro, mas sua presença é interna ao discurso político espinosano, pois é ela que permitirá a Espinosa demonstrar que o poder político se diferencia em várias formas políticas não segundo o número dos governantes nem segundo valores (a honra, na monarquia, a virtude, na aristocracia, a igualdade, na democracia, como ensinara Aristóteles), mas segundo a *proporção* (ou a *ratio geométrica*) entre a potência soberana e as potências individuais dos cidadãos, instituída em cada uma delas.

Contudo, não podemos esquecer que se o discurso político espinosano pretende opor-se às pretensões normativas da antiga concepção da política como ciência prática prudencial fundada nas virtudes privadas do governante, também pretende opor-se ao realismo engendrado pela experiência imediata da vida política. Assim, a questão da experiência, ao entrar em cena, dá ao emprego da geometria um novo sentido, mais difícil de apanhar.

O LUGAR DA EXPERIÊNCIA E A INOVAÇÃO ESPINOSANA

> *"Dentre todas as ciências que têm aplicação, é na política que a teoria passa por mais discrepar da práxis, e não há homens considerados menos idôneos para dirigir a república dos que os teóricos ou os filósofos.* [...] *Sem dúvida os próprios políticos, em seus escritos, trataram da política com mais felicidade do que os filósofos, pois tendo tido a experiência como mestra, nada ensinaram que fosse distante do uso."*
> *Tratado político*, I, §§1 e 2

Os comentadores costumam apontar como uma das lacunas do pensamento espinosano a falta de um pleno desenvolvimento da noção de experiência e afirmam que o *Tratado da emenda do intelecto* se interrompe justamente ao chegar a esse tema, o filósofo tendo sido obrigado a sustar o discurso por não ter ainda uma clara ideia dessa questão. Outros chegam a dizer que a lacuna decorre da ausência de uma elaboração científica espinosana (uma física) capaz de esclarecer o sentido da experiência. Outros, enfim, declaram que a escolha da geometria torna impossível ao filósofo alcançar a dimensão da experiência real, pois a necessidade absoluta que caracteriza as operações geométricas é avessa às peripécias da experiência, sempre lacunar, contingente e opaca.[15]

Examinemos essa dificuldade.

Assim como há, nos Seiscentos, um significado geral da demonstração matemática, por todos aceito, há também um primeiro sentido de *experiência* que faz parte do conjunto de noções aceitas pelos seiscentistas. Trata-se do sentido que remonta a Aristóteles: experiência é aquilo que toda gente sabe porque conserva na memória as repetições regulares que vê nas coisas naturais e com as quais cada um se relaciona com seu presente e seu futuro. É assim, diz Espinosa, que toda gente sabe que o óleo alimenta a chama e a água a extingue, que ao dia sucede a noite, que o cão é um animal que ladra, que o homem é um animal racional e que morreremos um dia.

No *Tratado da emenda do intelecto,* Espinosa se refere a esse significado comum e emprega a expressão *experientia vaga,* a experiência errante, mas dá-lhe um sentido preciso, definindo-a como conhecimento das existências das coisas singulares mutáveis e das inumeráveis e variadas circunstâncias que as fazem existir ou deixar de existir, não sendo possível apreender a ordem total de seu suceder nem apreendê-las na simultaneidade porque "isso ultrapassa em muito as forças de nossa mente". Em outras palavras, a experiência não conhece as essências das coisas singulares nem as "leis fixas e eternas" das quais essas essências dependem necessariamente. Nela, explica Espinosa, o uso dos sentidos não nos pode convencer da falsidade de alguma coisa, mas apenas substituir uma imagem por outra quando uma experiência é desmentida por outra; por conseguinte e inversamente, nela, os sentidos só confirmam uma ideia enquanto nenhuma outra a desmentir. Em suma, tanto o início da *Emenda do intelecto* como o prefácio do *Teológico-político* indicam que o campo da experiência errante é o da decepção contínua, ou como lemos no *Breve tratado,* o da contínua surpresa toda vez que um universal empírico e abstrato é desmentido por uma nova percepção.

A *experientia vaga* "não é determinada pelo intelecto", escreve Espinosa, mas pelo uso fortuito dos sentidos. É errante sob todos os aspectos: em primeiro lugar, porque não possui objeto determinado (pode ser uma sensação, um ouvir dizer, uma leitura, a obediência a um costume ou a uma autoridade); em segundo, porque pode expressar-se de variadas maneiras (por proposições universais ou particulares, afirmativas ou negativas); em terceiro, porque depende das circunstâncias, das disposições e condições atuais do corpo e do ânimo; em quarto, porque opera segundo as normas da imaginação e, portanto, por associação de imagens contíguas no espaço ou sucessivas no tempo, por semelhança de imagens, por memória associativa que leva do pensamento de uma coisa ao de uma outra sem relação necessária com ela; em quinto, porque é inabalável apenas enquanto uma outra, tão casual quanto ela, não se opuser a ela nem a desmentir.

No entanto, a experiência errante não é *toda a experiência*, mas uma de suas formas, aquela na qual as propriedades gerais da experiência produzem efeitos nos quais a ignorância real é ocultada pela ilusão de saber. Que a experiência é mais ampla do que a experiência errante, basta, para confirmá-lo, observarmos os verbos empregados por Espinosa para referir-se a ela: ensina (*docet*), mostra (*mostrat, ostendet*), comprova (*comprovat*), confirma (*testat*), estabelece (*constat*). No prefácio do *Teológico-político*, a experiência desmente cotidianamente, com inúmeros exemplos, as ilusões que, no entanto, são conservadas porque sua causa, a superstição, é mais forte do que o desmentido experiencial; na abertura do *Político*, como vimos há pouco, Espinosa declara que nada demonstrará que já não tenha sido mostrado pela experiência; na *Ética*, não só os postulados da física são ditos coincidir com a experiência, mas também *experientia* é tanto a consciência (inadequada e adequada) que temos das afecções de nosso corpo quanto o momento culminante da intuição intelectual, quando "sentimos e experimentamos que somos eternos".

Onde, exatamente, Espinosa situa a experiência (errante e docente)? Numa carta a Simon de Vries (a Carta 10), lemos que não precisamos da experiência para conhecer aquilo cuja existência não se distingue da essência e que se obtém pelo conhecimento da definição perfeita da coisa — ou seja, não precisamos da experiência para o conhecimento de essências necessárias; em contrapartida, precisamos dela para conhecer aquilo que não pode ser concluído da própria definição da coisa, como, por exemplo, a existência de coisas que não são necessárias por sua essência e sim pela sua causa. Nesse caso, completa Espinosa, a experiência pode "determinar nossa mente para que pense somente nas essências das coisas". Há, assim, uma primeira localização negativa e restritiva: não precisamos da experiência para o conhecimento de coisas que podem ser deduzidas de suas próprias definições e a experiência nada ensina sobre as essências dessas coisas. Há uma segunda localização, positiva: precisamos da experiência para o conhecimento das existências das coisas singulares finitas e ela é capaz de determinar nossa mente para que pense somente nas essências das coisas.

Ao descrever a experiência errante, o *De emendatione* afirma que ela "é assim chamada" porque "não é determinada pelo intelecto"; porém, na Carta 10, a experiência "pode determinar nossa mente para que pense somente em certas essências das coisas". É na diferença entre a indeterminação da experiência errante e a capacidade da experiência para determinar nossa mente a dirigir-se a certas essências das coisas que vem inscrever-se a mudança de registro epistemológico entre a *experientia vaga* e a *experientia docens*, a errante e a ensinante. Em ambas, o objeto de conhecimento são existências finitas; porém, o *modus operandi* do conhecimento não é o mesmo em cada caso: a experiência errante busca livrar-se da singularidade das existências construindo universais abstratos que a decepcionarão; a experiência ensinante suscita a necessidade de alcançar *certas* essências das coisas a partir das existências de *certas* coisas singulares. É assim, por exemplo, que a percepção do Sol menor do que a Terra, ou da alteração do tamanho das coisas quando vistas de longe ou de perto suscitam a mente a buscar a essência da visão. Da mesma maneira, a percepção da existência de Cidades e de diferentes formas de república nos leva a buscar suas causas ou sua gênese.

Sabemos, pois, qual o lugar, a função e o limite da experiência. Lugar: conhecimento de singularidades mutáveis existentes na duração cuja essência não envolve existência necessária ou dedutível de sua simples definição, uma vez que para aquelas coisas cuja essência envolve existência o intelecto é suficiente para sozinho conhecê-las. Função: incitar o intelecto a investigar algo determinado cujas causas é preciso buscar. Limite: não é capaz de oferecer provas do verdadeiro nem do falso e não pode convencer o intelecto de que é falso aquilo que ele conhece clara e distintamente. Essas determinações da experiência são exatamente as que encontramos no decorrer do *Tratado político*.

Neste, o papel atribuído à experiência parece, à primeira vista, extremamente ambíguo. Já na abertura do tratado, a ambiguidade transparece, pois os teóricos ignoram as lições da experiência, mas o realismo político assenta-se na experiência de homens que enganam outros movidos pelo medo e não pela razão.

De maneira geral, a experiência é invocada para que Espinosa, recusando-se a escrever sátiras e utopias, afirme que não procura pelo pensamento algo novo e desconhecido em política, mas apenas aquilo que a prática mostra ou já mostrou. No entanto, aquilo que é mostrado pela experiência pode ser ilusório (por exemplo, para a experiência, o poder despótico parece mais estável e eficaz do que a democracia), mas também pode estar em conformidade com aquilo que a razão demonstra (por exemplo, que as formas políticas deduzidas pelo discurso racional são as únicas possíveis e as melhores). Como se tal oscilação não bastasse, Espinosa ainda afirma (no Capítulo VII) que as formas políticas deduzidas e descritas por seu discurso nunca existiram em parte alguma, mas ele o diz depois de haver declarado (no Capítulo I) que nada buscaria que fosse novo ou desconhecido e que não fosse trazido pela experiência, pois, escreve ele, "estou persuadido de que a experiência já mostrou todos os gêneros de Cidade que podem ser concebidos para que os homens vivam em concórdia", de maneira que não é crível que se possa "formular pelo pensamento algum que discorde da experiência e que já não tenha sido experimentado". E não contente com essa contradição, o texto do Capítulo VII prossegue com a afirmação de que, embora nenhum regime assim descrito tenha existido, contudo, a experiência mostra que são os únicos possíveis e a experiência aparece, agora, sob a forma de casos históricos concretos.

Como vimos no *Tratado da emenda* e pela *Ética*, a experiência errante ocupa as regiões mais baixas do conhecimento, pois é uma operação imaginativa.[16] Nessa medida, a discursividade geométrica se opõe a ela como um conhecimento adequado dos efeitos pelas causas se opõe a um conhecimento abstrato ou inadequado dos efeitos por meio de outros efeitos. Essa oposição poderia explicar os trechos do *Político* nos quais a experiência fornece um ensinamento ilusório que a dedução racional corrigirá. Mas permanecem ainda sem nenhuma justificativa os dois outros sentidos da experiência, isto é, ser ponto de partida e de chegada do discurso sobre a política e ser um auxílio para a razão, graças à exemplaridade histórica concreta. O mais fácil seria concluir que a noção de experiência não possui um sentido unívoco e que, em cada texto, devemos procurar o significado particular que o filósofo lhe atribui. Contudo não podemos seguir tal caminho, pois, infelizmente, essa solução contraria o pensamento espinosano, que evita ambiguidades e busca sempre trabalhar com definições perfeitas de seus objetos. O que precisamos procurar é exatamente o inverso, isto é, como tendo um sentido unívoco (conhecimento imediato por imagens que são ideias inadequadas ou abstratas), a experiência intervém em múltiplas regiões da dedução geométrica, cujo sentido também é unívoco (conhecimento adequado de uma realidade pelo conhecimento de sua causa ou razão total de onde todas as suas determinações podem ser deduzidas, mesmo que não sejam de uma só vez, pois tais determinações se desdobram na duração).

Uma observação inicial a ser feita apoia-se em dois momentos do primeiro capítulo do *Político*. No parágrafo 3, como acabamos de ver, Espinosa explica por que seu discurso não tem pretensões à novidade e ao inédito. Dois argumentos são mobilizados. O primeiro é o de que a experiência já mostrou todas as formas possíveis de Cidade onde os homens podem viver em paz, de sorte que não é possível estabelecer pelo pensamento um regime que ainda não tenha sido experimentado e que, no entanto, possa ser posto em prática ou ser tentado sem fracassar. O segundo argumento baseia-se na existência de uma literatura política na qual aqueles que praticam a política, "homens de espírito penetrante, hábeis ou astutos", já disseram tudo o que havia a dizer sobre ela, de sorte que "não é crível que concebamos um procedimento qualquer de governo a ser empregado por uma sociedade cujo exemplo já não tenha sido encontrado, e que homens ocupados com os negócios públicos e com a segurança deles não tenham percebido".[17] São, pois, argumentos nos quais a experiência garantirá que a geometria política não é utópica nem satírica.

Se a experiência e a literatura políticas já esgotaram o campo da política, cumpre indagar por que Espinosa toma a decisão de escrever sobre o assunto. No § 4 do capítulo 1, o filósofo delimita o espaço de sua investigação: não procura as experiências políticas dadas ou possíveis, mas "demonstrar com razões certas e indubitáveis o que melhor concorda com a prática" e deduzir essa conveniência "da condição da natureza humana". Em outras palavras, sua investigação busca aquilo que faz de uma experiência humana uma experiência política. Dessa maneira, o primeiro sentido do termo experiência configura-se de modo determinado: a obra irá ocupar-se com a experiência enquanto *experiência política*. Porém, o texto prossegue com uma nova delimitação do campo a ser investigado, pois Espinosa, ao procurar aquilo que faz da experiência política uma experiência humana, encontrará seu necessário fundamento na natureza humana: é na condição da natureza humana, escreve ele no parágrafo 7 desse primeiro capítulo, que devem ser encontrados *as causas e os fundamentos naturais do poder* (*imperii*).

A primeira articulação entre experiência e geometria se realiza, assim, como conhecimento geométrico da experiência política, ou seja, *essa experiência é o objeto da investigação*. Eis por que Espinosa não parece preocupar-se com a novidade de seu discurso na determinação dos diferentes regimes políticos possíveis ou reais, pois a novidade de sua investigação está noutro lugar, qual seja, em fazer da experiência política objeto de investigação geométrica.

Contudo, é preciso ainda voltar ao parágrafo 7, com que se encerra o capítulo 1, para que a articulação experiência-geometria e a novidade da investigação apareçam mais nitidamente. Espinosa escreve:

> Pois que, enfim, visto que em toda parte todos os homens, bárbaros ou cultivados, instituem costumes e formam um estado civil (*statum civilem*), *não é dos ensinamentos da razão, mas da natureza comum dos homens, isto é, de sua condição*, que se há de deduzir as causas e os fundamentos naturais do poder (*imperii causas et fundamenta naturalia*).[18]

A primeira novidade trazida pelo objeto *experiência política* é a de que sua universalidade — "em toda parte todos os homens" — invalida repartições e classificações usadas pela tradição clássica e cristã que distingue os homens em bárbaros e cultos, idólatras e fiéis, gentios e cristãos.[19] Em segundo lugar, também é excluída a suposição tradicional (greco-romana e escolástica) de que a política tem como causa e fundamento a presença de uma alma racional no homem e, consequentemente, fica invalidada a tentativa para compreender a experiência e as formas políticas em sua constituição, conservação e destruição como obra da razão ou de seus desatinos — "não é dos ensinamentos da razão" que a experiência política deve ser deduzida. Ou como o filósofo já escrevera no capítulo 16 do *Teológico-político*, "o direito natural de cada homem não é determinado pela reta razão, mas pelo desejo e pela potência".

A novidade do discurso político espinosano aparece, pois, na universalização da experiência política, que será geometricamente demonstrada a partir da "natureza comum dos homens", definida, no capítulo 2 do *Político*, como desejo e potência natural que se exprimem tanto nos desejos cegos do corpo e da mente como naqueles nascidos da razão, pois, por natureza, os homens não são contrários às lutas, ao ódio, à cólera, à inveja, à ambição ou à vingança, assim como naturalmente também são capazes de discernir a utilidade recíproca e desejá-la. Numa palavra, nada do que lhes aconselha o desejo é contrário à sua natureza, pois o homem é uma parte da Natureza e opera e age em conformidade com suas leis. Encontrar na natureza humana as causas e fundamentos da política significa, portanto, definir e determinar o que é a condição natural dos homens:

> Sabendo, portanto, que a potência pela qual existem e operam as coisas naturais é a própria potência de Deus, entenderemos facilmente o que é o direito de Natureza [...] toda coisa tem da Natureza tanto direito quanta potência tiver para existir e operar, potência que nada mais é senão a própria potência de Deus, cuja liberdade é absoluta. Por direito natural, portanto, entendo as próprias leis ou regras da Natureza segundo as quais tudo se faz, isto é, a própria potência da Natureza. Consequentemente, o direito natural da Natureza inteira e, por conseguinte, de cada indivíduo estende-se até onde for sua potência e, portanto, tudo o que alguém faz, seguindo as leis de sua própria natureza, o faz em virtude de um direito natural soberano, e tem sobre a Natureza tanto direito quanta potência (*tantumque habet juris, quantum potentia valet*).[20]

Depois de deduzir a potência natural ou o direito natural humano da potência ou direito da Natureza inteira, Espinosa esclarece o que é preciso entender por potência natural dos homens:

> [...] a potência natural dos homens, ou seja, seu direito natural, deve ser definido não pela razão, mas pelo desejo [...] quer seja sábio ou insensato, o homem é sempre uma parte da Natureza e tudo pelo que é determinado a agir deve ser referido à potência da Natureza enquanto esta pode ser definida pela natureza de tal ou tal homem [...].[21]

Antes de mais nada, a experiência mostra e a geometria demonstra que o direito natural não é razão, mas desejo e potência, e que cada um tem tanto direito quanto tiver de potência para exercê-lo — a experiência mostra aquilo que a geometria deve demonstrar, isto é, que o homem é originariamente potência, desde que se demonstre que ele é uma parte da Natureza, pois a Natureza é uma potência de agir, *potentia agendi*. Assim, no movimento inicial do discurso, a diferença de sentido entre a experiência e a geometria é irrelevante, pois a primeira serve aqui para assinalar a novidade da investigação, desde que a segunda possa dar conta daquilo que os fatos lhe trazem para pensar.

A experiência mostra que em toda parte os homens instituem regimes políticos e mostra também que eles não são contrários à luta, à inveja, à vingança nem à busca da concórdia e da segurança. A geometria demonstra que essas características universais da experiência decorrem da natureza humana como parte da potência de agir da Natureza inteira, potência que define o direito natural como *conatus* e *cupiditas*.

Declarar, portanto, que a experiência e a geometria permitem excluir a suposição de que a política deveria ser deduzida dos ensinamentos da razão significa, entre outras coisas, afastar como inadequada a definição clássica do direito natural tal como formulada por Grotius:

> O direito natural é uma regra a nós sugerida pela reta razão, que nos dá a conhecer que uma ação, segundo esta seja ou não conforme à natureza racional, está manchada de deformidade moral ou é moralmente necessária e que, consequentemente, Deus, autor da Natureza, a proíbe ou a ordena.[22]

Todavia algo mais profundo se anuncia.

O que a experiência traz, por ser trazido por ela, não mostra nem oferece as causas daquilo que se apresenta. O desconhecimento das causas do que é fornecido pelo material empírico permite, então, compreender uma outra causa, qual seja, a causa do surgimento da literatura política existente e do realismo político vigente, isto é, tanto a tentativa utópico-satírica dos teóricos para interpretar a política como a prática manhosa dos governantes. Em outras palavras, por faltar o conhecimento das causas dos dados empíricos, teóricos, políticos e governados interpretam diversamente a experiência política. Assim, a experiência é tomada por Espinosa sob uma dupla determinação: como universal e como sujeita a interpretações. É como universal que ela interessa ao discurso político fundado na natureza humana, e é como sujeita a interpretações que ela exige a geometria, não porque esta viria encontrar o fato verdadeiro oposto à interpretação ilusória, mas porque encontrará as causas das próprias interpretações.

No que concerne ao estatuto da experiência como capaz ora de confirmar ora de contradizer a geometria, somos obrigados a averiguar qual a origem dessa duplicidade de papéis.

A experiência, por exemplo, confirma a dedução geométrica do regime monárquico-eletivo como o melhor dentre os regimes monárquicos, embora, como diz o filósofo, nenhum regime desse tipo tenha existido exatamente tal como está sendo deduzido. A prova trazida pela experiência é a da história aragonesa e do término de sua monarquia eletiva em uma outra, absoluta.[23] Por outro lado, a experiência contradiz a geometria uma vez que esta demonstra ser a democracia a forma política mais segura, enquanto aquela parece mostrar que os Estados mais sólidos e estáveis são despóticos. O exemplo trazido é o do Império do Grande Turco em oposição às Cidades democráticas.[24] Ora, no primeiro caso, a experiência política aragonesa confirma uma tese espinosana bastante precisa: a de que a alteração da forma instituinte de um corpo político é, a despeito das aparências, sua destruição. No caso aragonês duas coisas estão em jogo. Em primeiro lugar, que a monarquia eletiva é possível porque de fato existiu, mas, em segundo lugar e sobretudo, que essa forma política (como muitas outras) desaparece de fato sem que, no entanto, os agentes sociais e políticos se deem conta de sua destruição, a não ser quando já está inteiramente consumada. Assim, a experiência confirma a geometria não porque mostre, na região dos dados, aquilo que está sendo deduzido na região das idealidades, mas porque, ao trazer os fatos, deixa entrever que o percurso da forma política na duração histórica confirma o percurso geometricamente demonstrado, sem que os agentes históricos cheguem a ter plena consciência desse processo. A experiência confirma a geometria menos porque os fatos corresponderiam às ideias e muito mais porque as *leis* da vida política se manifestam nela e essas leis são o objeto da geometria política.

No segundo caso, no exemplo do Grande Turco, a experiência realmente contradiz a dedução racional, mas isso ocorre no momento de avaliar os regimes políticos. É, portanto, apenas na tentativa para interpretar-se a si mesma como experiência política que ela contradiz a geometria. E isso é algo perfeitamente conforme à essência da experiência, pois, imaginativa, tenta sempre fazer com que as imagens tomem o lugar das ideias que poderiam efetivamente interpretar a realidade política. Ao contrariar a geometria, a experiência não passa a ter um sentido diverso daquele que possuía ao confirmá-la, pois ao contradizer o percurso geométrico-dedutivo nos deixa entrever sua natureza própria como imediateza, e, portanto, sua impossibilidade para alçar-se por si mesma e em si mesma ao saber de si.

Quando a experiência confirma a geometria, a confirmação se dá sem que a própria experiência apareça como saber de si, e quando contradiz a geometria, a contradição aparece porque a experiência pretende dar conta de si mesma interpretando-se. Porém, Espinosa vai ainda mais longe. Nos dois casos, o filósofo realiza um percurso tal que leva a experiência a confirmar a geometria mais do que suporia estar confirmando (os aragoneses não percebem que perderam a liberdade política) e a contradizer a geometria muito mais do que suporia estar contradizendo (os defensores da estabilidade política elogiam o despotismo contra o suposto anarquismo democrático confundindo paz e ausência de guerra, incapazes de perceber que tal ausência decorre do medo reinante em um corpo político escravizado). E é isso que interessa sobremaneira no discurso político novo, isto é, tomando a experiência política como objeto, faz com que esta tenha força para desacreditar no plano dos fatos as teorias dadas, mas que não tenha força para colocar-se a si mesma como um novo saber da política. A experiência se oferece como matéria de uma reflexão que parte em busca da origem do que lhe é oferecido para pensar, de tal maneira que o trabalho do novo discurso, ao fazer o percurso da gênese necessária, desfaça tanto as pretensões teóricas clássicas e cristãs como as pretensões de um realismo político de cunho empirista, crente na suposta positividade e autossuficiência da experiência.

Essas primeiras observações tornam possível esclarecer o sentido profundo da posição da experiência política como objeto da investigação espinosana. O prosseguimento do *Tratado político* revela que a experiência é dotada de uma complexidade à primeira vista insuspeitada, que lhe confere três determinações inseparáveis, embora aparentemente incompatíveis. Com efeito, a experiência é risco de ilusão, ao mesmo tempo que é uma certa sabedoria prática indispensável e, enfim, é ponto de partida e de chegada do discurso sobre a política.

Que a experiência seja campo da ilusão, alguns exemplos presentes no *Político* o demonstram sobejamente. Assim, um dos primeiros enganos presentes nela acarretará a gênese da monarquia. Embora Espinosa afirme que há várias e diversas causas históricas que explicam o advento de uma monarquia, todas as vezes em que se refere à sua emergência, o filósofo não deixa de remetê-la, seja à experiência de dissensões no interior da *multitudo*, seja à experiência da guerra. No capítulo 7, lemos que a instituição da monarquia não decorre de uma cessão voluntária de poder por parte da *multitudo*, mas por desejo de que cessem as dissensões da assembleia quando uma decisão precisa ser rapidamente tomada ou, então, quando há guerra. De fato, escreve Espinosa citando Salústio, ninguém cede voluntariamente poder a outrem e por isso a *multitudo*, se pudesse permanecer na concórdia, jamais transferiria seu direito a alguns ou a um só. Se o faz, não o faz livremente e sim porque perdeu o poder para controlar as dissensões das assembleias, que conduzem à sedição, ou porque perdeu o poder para tomar decisões rápidas. Da mesma maneira,

> se, com frequência, elege-se um rei por causa da guerra porque os reis guerreiam melhor, essa eleição é uma estupidez, pois para fazer a guerra com mais felicidade escolhe-se viver na servidão durante a paz, e isto admitindo-se que haja paz em um Estado no qual o poder soberano foi transferido a um só homem simplesmente por causa da guerra porque nesta o chefe possui um valor que serve a todos e que melhor aparece nessa ocasião, enquanto o valor do poder democrático é muito maior na paz do que na guerra.[25]

Ora, no capítulo 10, Espinosa retoma essa gênese partindo de uma certa determinação presente na experiência social e que faz daquela "estupidez" anteriormente mencionada algo menos estúpido do que poderíamos supor. Agora lemos:

> Aqueles que estão aterrorizados pelo inimigo não se deixam reter por temor algum: jogam-se n'água, precipitam-se no fogo para escapar aos ferros do adversário. Por mais bem regulada que esteja a Cidade, por excelentes que sejam suas instituições, nos momentos de angústia para o poder, quando todos estão possuídos por um medo pânico, quando nada mais existe senão o terror do presente, todos se deixam levar pela tendência ditada pelo temor, sem se preocupar com o futuro nem com as leis, e todos os olhares se voltam para o homem cujas vitórias foram exibidas.

> Todos o colocam acima das leis, por uma decisão desastrosa prolongam seu poder e lhe confiam a coisa pública inteira (*totamque Rempublicam*). Foi esta a causa da perda do poder romano.[26]

Campo da ilusão, a experiência não é ilusão gratuita, mas determinada pelas imagens do social e do político quando perpassadas pelo horror da morte e da perda de si, produzindo um remédio que é verdadeiro veneno: a necessidade de um salvador a quem se outorga muito mais do que a esperança imediata da salvação, pois, para obtê-la, a Cidade entrega a alguém o direito futuro à opressão.

Um outro engano cometido pela experiência nasce ainda das imagens que povoam o político, como é o caso do desejo que causa a monarquia absoluta. Aqui, a massa elege um rei e o investe de toda potência soberana. Ora, visto que o direito se define pela potência (como veremos mais adiante), o rei terá todo o direito sobre a coletividade; porém, a potência coletiva é excessiva em face da potência individual do monarca, havendo, pois, desmedida e desproporção entre elas. Como consequência, ao buscar uma medida comum entre sua potência individual e o exercício de um poder que o ultrapassa, o rei se vê obrigado a delegar poderes aos que o rodeiam para que o auxiliem a governar. Assim fazendo, transforma a monarquia absoluta numa oligarquia mascarada. Os súditos têm, então, a experiência ilusória de viver sob o poder monárquico, vivendo realmente sob uma oligarquia, que é ainda mais poderosa do que imaginam porque a ilusão monárquica, presente em cada um dos delegados do rei e nos súditos, faz com que cada delegado tome a si mesmo e seja tomado pelos súditos como uma nova figura do rei. Assim, o povo se curva a vários senhores *porque* escolheu ter um só. E se tal ilusão ocorre na monarquia, uma outra, exatamente inversa, ocorre na aristocracia. Nesta, "o costume de alguns povos coloca um dirigente (*rectorem*) ou um chefe (*princeps*) vitalício (como em Veneza) ou temporário (como em Gênova), para chefiar o patriciado e a assembleia soberana, mas as precauções tomadas são tantas que isto parece ser um grande risco para o poder".[27] A escolha de um chefe do patriciado abre uma brecha para a passagem da aristocracia rumo à monarquia, sem que os agentes sociais e políticos disto se apercebam senão confusamente, tanto assim que tomam "muitas precauções". Os dois patriciados italianos escolhidos por Espinosa como exemplos não são indiferentes ou casuais: o filósofo escolheu exemplos oligárquicos que realizam uma política monárquica sob a capa do regime aristocrático, como anteriormente a monarquia absoluta se efetivava por meio de uma oligarquia.

Mas o jogo de máscaras, labirinto onde a experiência não cessa de ser ilusória e iludida, não se confina à indiferenciação aparente entre monarquia e aristocracia. Algo semelhante ocorre entre esta última e a democracia. A aristocracia, em qualquer de suas modalidades, é um regime político em que o direito ao poder é exclusivo dos patrícios. Assim sendo, qualquer medida que diminua ou enfraqueça o poder do patriciado é causa da ruína do regime. Ora, numa aristocracia, o funcionalismo público ou corpo de executantes do regime não é constituído pelos patrícios — estes ocupam os cargos do poder, isto é, assembleia, senado e corte de justiça —, mas por homens que pertencem à plebe e que não têm direito a voto. Algumas aristocracias, imperceptivelmente, vão deixando que funcionários ocupem postos deliberativos e se tornem conselheiros indispensáveis aos parlamentos. Com isso, é retirada parte do poder do patriciado, dando uma aparência democrática a um regime aristocrático, visto que a plebe passa a participar diretamente do poder por meio dos funcionários. Porém, como a plebe não vota, o regime mantém o aspecto de uma aristocracia. O que há de ser um regime aristocrático que aparenta ser democrático e no qual os funcionários determinam as decisões a serem tomadas pelos dirigentes políticos que, afinal, são mais dirigidos do que dirigentes? Evidentemente Espinosa não possui uma palavra para designar esse regime que, no entanto, seu discurso deduz nos menores detalhes. Nomearemos em seu lugar: estamos em plena burocracia.

> Os secretários dos conselhos e seus demais servidores, não tendo direito a voto, serão escolhidos entre a plebe. Mas como possuem um amplo conhecimento dos negócios tratados, acontece, frequentemente, que se levem em conta suas opiniões mais do que seria devido e passam a exercer uma grande influência sobre todo o Estado; esse abuso foi a causa da perda da Holanda.[28]

Esses textos deixam clara a origem das ilusões da experiência política, que Espinosa explicita amplamente no capítulo 9: a experiência imediata da política é caracterizada pela dificuldade ou impossibilidade dos sujeitos para reconhecer a quem cabe efetivamente a soberania porque não cessam de confundir as imagens dos dirigentes com o próprio poder soberano.

Contudo, a outra face da experiência política não pode ser negligenciada. Uma vez que dela emerge a instituição de um corpo político determinado, trata-se de compreender a natureza da sabedoria prática que nela se manifesta. Tal sabedoria é apenas o direito natural. Há, neste, duas determinações que, se não forem ignoradas pelos agentes políticos, podem servir-lhes de guia para a manutenção da forma originária do corpo político e, sobretudo, podem evitar o risco da tirania. A primeira determinação, decorrente da simples definição do direito natural como potência, é a de que "nada é mais certo de que ninguém deseja ser governado e todos desejam governar (*regere quam regi*)".[29] A segunda é a de que, por definição, o direito natural é um desejo permanente de transgressão, "pois temos uma inclinação natural por tudo que traga a marca da interdição e desejamos tudo que nos é recusado".[30] Essas duas determinações do direito natural fazem com que a política que "se institucionaliza da melhor maneira" no momento de sua instauração seja aquela que não negligencia essas lições da experiência e que por isso não tenta legislar tudo aquilo que nem o medo nem a esperança possam impedir que os homens façam, isto é, que não tente impor lei ao que não pode suportar o peso da lei. É impossível, escreve Espinosa, uma legislação que imponha amar o que se odeia, odiar o que se ama e, sobretudo, renunciar ao direito de julgar, ao qual a massa jamais renuncia, mesmo que só possa exercê-lo tacitamente em certos regimes.

O segundo ensinamento trazido pela experiência é o de que a política que "se institucionaliza da melhor maneira" é aquela capaz de permitir, por intermédio da própria atividade política, que o desejo natural de dirigir seja satisfeito e, nessa medida, malgrado ela mesma, a experiência mostra que a democracia é a forma mais natural da política, ao mesmo tempo que lança uma luz sobre o significado das medidas institucionais que os corpos políticos não democráticos devem tomar para que os homens, ao serem dirigidos, não se sintam ameaçados por seus dirigentes. Esse aspecto é amplamente desenvolvido por Espinosa nos capítulos destinados à aristocracia, visto que nela tanto a desigualdade como a igualdade são mais visíveis do que na monarquia e, sobretudo, porque nela o poder, não sendo absoluto, pois não pertence ao povo em sua totalidade, faz com que "a plebe permaneça temível para os detentores do poder e conserve uma certa liberdade que, se não tem expressão legal, contudo é tacitamente reivindicada e exercida".[31] A sábia experiência política é, afinal, aquela que não procura desembaraçar-se do direito natural, mas procura encontrar meios para que ele se satisfaça, satisfazendo ao mesmo tempo os interesses da Cidade. Produzir essa convergência ou *convenientia* interna é obra dos "espíritos penetrantes, hábeis ou astutos" que sabem que a máxima maior da política é *salus populi*, a salva-guarda do povo ou o bem-estar popular.

É, portanto, a conjunção da experiência como ilusão e como espaço da vida política efetiva que impõe uma regra ao *discurso* sobre a política: começar por ela e terminar nela.

Basta percorrermos cada um dos capítulos do *Tratado político* para vermos que essa regra é seguida à risca por Espinosa e, sobretudo, para percebermos que todas as medidas propostas geometricamente nada mais são do que maneiras, a cada vez diferentes, para controlar o direito natural, isto é, o desejo de transgressão e de opressão que se manifesta em afetos irredutíveis como a inveja, a ambição e a corrupção, afetos em cujo campo a vida política transcorre. A diferenciação das medidas institucionais não decorre apenas daquilo que a geometria demonstra, mas daquilo que ela demonstra a partir do que a experiência mostra. E esta última revela que institucionalizar é dispor as coisas de tal maneira que sejam

> consentâneas com a natureza dos lugares e da índole do povo (*gentis ingenio*), cuidando para que os súditos obedeçam espontaneamente e não pelo constrangimento das leis. Com efeito, um poder (*imperium*) que visa unicamente conduzir os homens pelo medo suscita mais a ausência de vício do que a presença da virtude. Mas é preciso conduzir os homens de tal maneira que não acreditem estar sendo conduzidos, mas vivendo sob seu livre decreto e conforme à sua própria índole, pois, retê-los apenas pelo amor à liberdade no desejo de aumentar seus bens e na esperança de elevar-se às honras [...]. É a escravos e não a homens livres que são dadas recompensas pela boa conduta.[32]

A lição maior trazida pela experiência e sobre a qual a geometria irá apoiar-se é a de que a vida política desejada e duradoura é aquela em que nada produza furor e indignação nos membros do corpo político e social. Mas, por si mesma, a experiência simplesmente fornece a verdade dessa constatação, sendo incapaz de desvendar sua origem e, sobretudo, incapaz de produzir um saber da política que conserve o ensinamento trazido pelos fatos.

DIREITO, POTÊNCIA E PODER: A GEOMETRIA DO CAMPO POLÍTICO

Se a geometria é a forma necessária ou mais adequada para a exposição do discurso sobre a política, forma exigida pela natureza de seu objeto que, como experiência política, pede um saber de si, no *Tratado político*, trilhando-se um caminho semelhante ao da *Ética*, a cada passo vai-se do mais universal ao mais particular. Assim, no capítulo 1 são assinalados o lugar e a novidade da investigação; do capítulo 2 ao 5 são deduzidas as condições universais da experiência política na gênese das diferentes formas de Estado. Nos capítulos 6 e 7 são deduzidos o poder monárquico e os procedimentos para bloquear o advento da tirania em seu interior, de modo que possa ser deduzido o melhor entre os regimes monárquicos possíveis. Nos capítulos 8 e 9 deduzem-se a aristocracia centralizada (oligarquia) e a aristocracia federada, esta considerada melhor do que a outra, na medida em que o risco da tirania é menor numa federação do que num governo centralizado. Isso implica, portanto, considerar que a monarquia, mesmo quando eletiva, está mais próxima da tirania do que a aristocracia. O capítulo 10 é dedicado à investigação dos possíveis remédios para impedir que uma aristocracia federada se transforme em tirania, demonstrando que não há remédio algum. Enfim, no capítulo 11, inacabado, inicia-se a dedução da democracia.

Se é possível afirmar, logo de imediato, que os primeiros capítulos são mais universais em face daqueles em que são deduzidos os regimes políticos determinados, contudo essa mesma afirmação deixa de ser tão óbvia quando passamos aos capítulos destinados a essas deduções. Com efeito, sendo cada regime político uma individualidade, ou uma essência particular, e esta jamais sendo a realização particular concreta de uma universalidade abstrata, não há como supor os vários regimes como efetivação correta ou defeituosa de uma forma universal abstrata, nem como colocá-los em uma sequência sem cair nas seriações clássicas do pior regime ao melhor regime, ou vice-versa. Tanto isso é verdade que Espinosa não diz ser a aristocracia melhor do que a monarquia, nem a democracia melhor do que a aristocracia. Apenas procura, dentre os regimes monárquicos, qual o melhor e, dentre os regimes aristocráticos, qual o melhor. Não há essa pergunta com relação à democracia, e precisamos compreender por quê. Além dessa questão, há uma outra correlata. Embora Espinosa não faça a sequência do pior ao melhor ao passar de um regime para outro ou para uma forma diferenciada no interior do mesmo regime, contudo fala em superioridade de uma forma comparada à anterior. Há, pois, dois critérios operando na dedução: o do melhor e o da superioridade.

Mas há ainda uma outra questão que concerne justamente a esses critérios: como, tendo rejeitado a universalidade abstrata e a normatividade propostas pelas teorias políticas existentes e tendo feito a crítica da causa final, pode Espinosa usar aqueles dois critérios para avaliar os regimes que deduz?

Uma primeira pista para pensarmos essa última questão aparece nos capítulos dedicados à aristocracia. Com efeito, aparentemente, Espinosa funda a superioridade da aristocracia nas qualidades morais dos patrícios. Isso contradiz a abertura do *Tratado político*, quando o filósofo declarara, opondo-se às teorias políticas greco-cristãs, que uma Cidade que espera sua segurança das qualidades morais e da lealdade de seus dirigentes está fadada à ruína, pois em política o fundamental é "institucionalizar as coisas" de tal maneira que os dirigentes cuidem efetivamente da coisa pública, sejam quais forem suas motivações pessoais para fazê-lo.[33] Ora, nos capítulos dedicados à aristocracia, sempre que elogia moralmente os patrícios, Espinosa logo acrescenta quais são os interesses em jogo que levam o patriciado a ter os comportamentos politicamente esperados. Assim, o melhor na aristocracia é "institucionalizar as coisas" de tal maneira que os patrícios sirvam aos seus interesses ao servirem à coisa pública. O primeiro indício do melhor aparece, pois, no arranjo da coisa pública, isto é, no seu corpo de instituições, dispostas de maneira a fazer com que as motivações pessoais e as qualidades dos dirigentes possam conciliar-se com a atividade de dirigir o que é público. Donde, no decorrer do *Político*, as referências ao "agudíssimo florentino", Maquiavel. Ou seja, as qualidades dos dirigentes são medidas por sua capacidade para mudar de conduta sempre que a conservação do poder e das instituições o exigir, pois a estabilidade delas depende da plasticidade do comportamento deles. O que seria impossível se a figura dos dirigentes estivesse predeterminada por um conjunto fixo de virtudes privadas que deveriam ser exercidas em público.

Contudo, essa pista é insuficiente para demarcar por que há superioridade de um regime com relação a outro e, sobretudo, por que se poderia falar numa dedução que vai do universal ao particular.

Para podermos responder a essas questões precisamos compreender o sentido da forma democrática. Considerada como *absolutum imperium* e como forma mais natural da política, Espinosa coloca a democracia no final de seu livro. É preciso notar que a expressão (espinosana) "mais natural" significa não só concreticidade, isto é, o natural consiste na riqueza das determinações de uma realidade quando apreendemos a sua causa interna ou razão produtora, como também significa o que está mais de acordo com a condição humana quando definida pelo direito natural. Nessa medida, uma pista para pensarmos o sentido da superioridade política pode ser dada pela ideia de que é superior a forma mais próxima do direito natural e a mais rica em determinações, pois a *Ética* demonstra que quanto mais determinações um ser possui, mais real, mais perfeito e, sobretudo, mais livre é. E a liberdade, como também demonstra a *Ética*, sendo a potência intelectual e corporal para o múltiplo e para o plural na simultaneidade, faz com que a democracia apareça no final do discurso político exatamente como a liberdade individual aparece no final do discurso ético; e assim como a liberdade ética sustenta seu próprio discurso, pois nós nos tornamos aquilo que somos ao conhecer o que somos e de onde somos, assim também a democracia sustenta o discurso sobre a política no seu todo, pois uma vez que a experiência política vai ser deduzida da natureza humana e que os homens não nascem livres, mas tornam-se livres, a democracia encontra-se no final do percurso dedutivo como a mais natural e concreta forma da existência política porque nela cada um é cidadão (fundador da lei), súdito (obediente à lei), dirigente (atualiza a lei em suas decisões) e dirigido (realiza as decisões emanadas da lei). Isso significa que a soberania encontra-se presente no todo da sociedade e participada por cada um de seus membros, e o poder, estando participado e não dividido entre classes com e sem poder, é por isso mesmo *absolutum imperium*, poder absoluto. Ora, Espinosa demonstra, partindo do direito natural, que a natureza humana se caracteriza pelo desejo de todos os homens de governar e não serem governados. A democracia é o mais natural dos regimes porque nela esse desejo pode concretizar-se.

Todavia, há ainda um outro aspecto da política espinosana que permite compreender o lugar ocupado pela democracia como suporte da gênese dos regimes políticos. Sabemos que, desde Aristóteles, os regimes políticos se distinguem não só pelo número dos ocupantes do poder, mas pelo fato de que esse número é apenas o índice empírico da natureza profunda do regime. Assim, a aristocracia é o regime político dos patrícios na medida em que é o regime dirigido pelos *aristói*, os melhores, e o valor subjacente a essa direção é a excelência — a *aretê* — ou, como será dito em latim, *virtus*, a virtude. Ao contrário, o regime popular ou constitucional (o que Aristóteles chama de *politeia*) é definido pela participação de todos os cidadãos no poder porque o valor que a sustenta é a igualdade ou isonomia, definida pela liberdade ou *autarcheia*, todos sendo iguais não pelas posses e propriedades, mas por serem livres. A democracia, por sua vez, é considerada uma corrupção da *politeia*, sendo definida como governo dos pobres dirigido pela demagogia dos ricos. Ora, uma vez que para os clássicos (e cristãos) a finalidade da vida política é a vida boa, Aristóteles não titubeia em considerar que a aristocracia é, idealmente (ou em si), o melhor regime, porém, porque a vida boa é a vida justa, realisticamente o melhor é o regime misto (que combina aristocracia e regime popular, excluindo a monarquia e a democracia) porque nele a justiça é maior... Isso significa que a *autarchéia* está mais sujeita à injustiça do que a *aretê* e que a democracia se vale disso para apresentar-se como o regime da liberdade, quando não é senão o do poder da maioria pobre sobre a minoria rica, que, sorrateiramente, ilude a primeira. A ruptura espinosana consiste no fato de que Espinosa coloca o justo como efeito da instauração da Cidade, em lugar de tomá-lo como causa final da política, e concebe a liberdade (ou o desejo de ser *sui juris*) como causa eficiente da fundação política, que por isso tem na democracia sua primeira forma, tanto cronológica quanto logicamente.

Todavia, não é apenas a tradição do regime misto que é recusada, mas também a suposição de Lipsius de que a monarquia tem precedência cronológica e a de Hobbes, para quem, como sabemos, ela tem precedência lógica. No caso de Lipsius, a precedência monárquica é justificada por três argumentos: por sua antiguidade (os primeiros homens escolheram o principado), por sua racionalidade (a soberania é indivisa e indivisível) e por sua eficácia (somente a unidade de comando assegura ordem, paz e segurança). Uma vez que a causa final da política é a ordem e a paz, a monarquia é o regime mais adequado a esse fim. Como para Espinosa, porém, a paz e a segurança estão referidas à liberdade e, por outro lado, como seu ponto de partida são os indivíduos como *conatus* e *cupiditas*, a democracia tem precedência empírica e geométrica.[34]

A superioridade, concreticidade ou liberdade democrática institui um corpo político no qual o poder é imanente ao social e, no entanto, incomensurável à potência individual de cada cidadão.[35] Se considerarmos a maneira como Espinosa deduz a passagem do direito natural ao direito civil como movimento de transferência da potência individual à soberania e como redistribuição social da potência individual pela potência coletiva, veremos que cada forma política, ao mesmo tempo que é deduzida como uma individualidade independente de outras, também revela que a causa universal da vida política (a distribuição da potência no interior do corpo social) é sempre a mesma em todas elas, enquanto a individuação, que define cada corpo político, é determinada pela diferenciação, em cada caso, da proporcionalidade das relações de poder entre a potência individual e a coletiva e entre esta e o poder dos dirigentes. A democracia é definida, pois, como *absolutum imperium* (poder absoluto) porque nela a proporcionalidade entre as potências e seus poderes é integral. Eis por que não há diferentes formas de democracia que suscitem (como nos casos da monarquia e da aristocracia) a pergunta pela melhor — há democracia ou simplesmente não há. Ao contrário, no caso dos demais regimes políticos há variações de proporcionalidade na distribuição do poder entre as potências individuais e a potência coletiva, cabendo por isso a indagação acerca do melhor, isto é, da distribuição de poder mais proporcional que o regime possa suportar. Torna-se claro, então, por que há comparação entre as diferentes formas de um mesmo regime e entre a monarquia e a aristocracia, enquanto a democracia se revela incomparável. Isto explica também por que Espinosa, tomando a experiência política como objeto, pode, no entanto, dizer que nenhum Estado existiu ou existe tal como o deduz: a democracia é o horizonte do discurso político, ao mesmo tempo que é seu suporte.

Enfim, cumpre notar que sendo a variação de proporcionalidade do poder o determinante das individuações do político, a geometria, teoria das proporções, não é apenas a *forma* de exposição do discurso, nem somente algo exigido pelo objeto, mas é o próprio *conteúdo* do discurso. Assim, enquanto a questão democrática ilumina a forma do percurso e o pano de fundo do discurso, a geometria, por seu turno, determina a própria ideia de democracia e de política ao fazer da proporcionalidade na distribuição social do poder político os critérios do melhor (entre formas diferentes do mesmo regime) e da superioridade (entre regimes diferentes). Por outro lado, esses critérios farão com que novas determinações apareçam, de sorte que surjam sobredeterminados: assim, a noção de *convenientia* interna sobredetermina o critério da superioridade.

A proporcionalidade define a forma do regime político porque define a forma do exercício do poder a partir da maneira como a soberania é instituída e das relações que a partir dela se estabelecem entre os membros do corpo político. Para compreendermos por que há o melhor e por que há o superior é preciso, inicialmente, compreender o caráter instituinte da proporcionalidade como fundação de um corpo político.

Ao iniciar o *Tratado político*, Espinosa declara que não há justo ou injusto, crime ou louvor antes da Cidade, isto é, que não há pecado antes da lei, pois a lei cria o social e o político, porque, como dissera o *Teológico-político*, a Natureza cria indivíduos, mas não cria povos. Aparentemente, a instauração da Cidade é uma convenção, tanto mais que em cada Cidade os mesmos atos serão julgados de maneira diversa segundo a lei. Em outras palavras, o direito civil e os deveres civis são produtos de uma norma convencionada entre os homens a partir de certos critérios de utilidade comum.

À primeira vista, os textos espinosanos permitem essa leitura, tanto assim que, no segundo capítulo do *Político*, comentando a definição escolástica de que o homem é por natureza um animal sociável porque em estado de Natureza nao consegue ser senhor de si (*sui juris*), Espinosa diz concordar com tal definição. Ora, essa afirmação é duplamente paradoxal. Em primeiro lugar, porque sabemos que para Espinosa uma definição negativa não é uma definição. Portanto definir o homem como naturalmente sociável porque "não é senhor de si" é defini-lo negativamente pela impotência natural, o que não define coisa alguma. Em segundo, porque quando a escolástica se refere ao homem como animal social não o faz por julgá-lo impotente em estado de Natureza (como sugere Espinosa) e sim por considerar que o direito natural, quando direito natural objetivo, supõe a existência de uma ordem jurídica natural instituída por Deus, e, quando direito natural subjetivo, supõe o homem como ser racional que conhece naturalmente o justo e o injusto. Ora, Espinosa não aceita nenhuma dessas formulações do direito natural. Em outras palavras, somos tentados a considerar que Espinosa desorienta o leitor quando fala em animal social. No entanto, numa carta a Jelles,[36] declara que, em política, se separa de Hobbes porque mantém o direito natural bem protegido no interior do direito civil. Isso significa que o direito civil prolonga o direito natural e que a vida política é a vida natural numa outra dimensão. Além disso, afirma que somente na Cidade o homem vive uma vida plenamente humana, de sorte que a humanidade do homem é política. Novamente, o leitor há de sentir-se desorientado, pois é evidente, agora, que o homem seria animal político por natureza.

Está em jogo, aqui, a discussão milenar acerca da fundação política determinada pela Natureza ou produzida por uma convenção — *physis* ou *nomos*. A determinação do justo e do injusto, do crime e do bem comum só ocorre depois da instauração da lei e, portanto, nesse nível, tais valores não podem ser naturais, invalidando as teorias escolásticas do direito natural objetivo e subjetivo. Porém, seria tomar a causa pelo efeito se disséssemos que o convencionalismo instaurado pela lei define o próprio ser da lei. Esta institui o político fundando-se na natureza humana, definida como uma parte da Natureza e como potência natural ou desejo, toda a questão sendo a de saber o que se passa antes da instituição da lei, ou seja, o que é o direito natural em estado de Natureza, pois é nesse estado que Espinosa declara que o homem não consegue ser senhor de si.

A questão posta pela gênese do social e do político não é a da partilha nem a da distribuição de certos bens que viriam regular a igualdade ou a desigualdade naturais — esse momento regulador da partilha de bens é posterior ao advento da lei e, mais do que isto, é determinado por ela, tanto assim que, por exemplo, a forma monárquica exige, como condição de sua conservação, a propriedade nacional do solo e dos produtos do comércio, enquanto a forma aristocrática deverá proteger a propriedade privada dos bens. *A questão da gênese concerne à participação no poder e à distribuição da potência coletiva no interior da sociedade criada por ela.* A potência individual, parte da Natureza, é natural e a lei vem lhe dar um novo sentido ao fazê-la não mais simples parte da Natureza, mas parte de uma sociedade política. A lei determina a partilha dos bens e a definição do justo e do injusto porque determina *primeiro* a forma da participação no poder. Assim, por um lado, no exato momento em que recusa que o homem seja um animal social, Espinosa estabelece o fundamento natural da lei (por meio do conceito de parte da Natureza) e, por outro lado, como esse fundamento se encontra na determinação das partes da Natureza como *potências* naturais, a fundação política é guiada pela necessidade da proporcionalidade entre essas potências, isto é, algo a ser inaugurado pela própria lei.

A lei instaura não somente uma potência coletiva e, portanto, a soberania, mas, simultaneamente, instaura a forma do exercício dessa soberania. E esta forma, por seu turno, determina qual é a potência da própria soberania. Embora longo, é preciso citar o texto em que essa ideia é desenvolvida por Espinosa:

> O direito daquele que tem o poder público, isto é, a soberania, é apenas o direito natural que não se define pela potência de cada um dos cidadãos tomados isoladamente, mas pela massa (*multitudine*) conduzida, de certa maneira, por um único pensamento. Isto significa que o corpo e mente da Cidade têm um direito medido por sua potência, como era o caso do direito de Natureza; cada cidadão ou súdito tem, pois, tanto menos direito quanto mais potência tiver a Cidade e, consequentemente, segundo o direito civil, nenhum cidadão pode ter ou possuir alguma coisa senão aquilo que pode reivindicar por um decreto da Cidade. Se a Cidade dá a alguém o direito e, portanto, o poder de viver segundo suas próprias disposições, ela se despoja de seu próprio direito e o transfere àquele a quem deu tal poder. Se ela dá esse poder a duas ou a várias pessoas, divide a Cidade e cada um daqueles que têm o poder vive segundo suas próprias disposições. Se, enfim, ela dá tal poder a cada um dos cidadãos, ela se autodestrói, deixa de existir e regressamos ao estado de Natureza. Tudo isto é bastante manifesto e consequentemente não se pode de modo algum conceber que a instituição da Cidade permita a cada cidadão viver segundo sua disposição: o direito natural pelo qual cada um é juiz de si mesmo desaparece necessariamente no estado civil. Digo expressamente a instituição da Cidade, pois o direito natural não cessa de existir no estado civil. Tanto no estado de Natureza quanto no estado civil o homem age segundo as leis da Natureza e cuida de seus interesses, pois em cada um desses dois estados é a esperança e o medo que levam a fazer ou não fazer isto ou aquilo, e a principal diferença entre os dois estados está em que no estado civil todos têm os mesmos medos e esperanças e a segurança tem as mesmas causas para todos, e a regra de vida (*ratio vivendi*) é comum, o que não suprime, mas pelo contrário conserva, a faculdade de julgar de cada um. Com efeito, quem decidiu obedecer

a todas as injunções da Cidade, seja porque teme sua potência, seja porque ama a tranquilidade, cuida da segurança dela e de seus interesses pessoais segundo sua própria disposição [...]. O direito da Cidade é definido pela potência da massa (*multitudinis*) que é conduzida como que por uma só mente (*uma veluti mente*) e essa união das mentes não pode ser concebida se a Cidade não visa realizar aquilo que a razão ensina a todos os homens que é útil esperar.[37]

Esse longo texto traz a grande inovação política de Espinosa, pois define a equivalência entre o direito e o poder (o direito é a potência, *jus sive potentia*), cada um se estendendo até onde se estender o outro. Além disso, se a potência soberana e o direito da soberania são definidos pela potência coletiva, contudo, esta não se confunde com a soma das potências individuais, pois a potência não é tomada aritmeticamente e sim geometricamente. Em outras palavras, a potência da soberania é medida por sua incomensurabilidade frente à simples soma dos poderes individuais. Há uma relação inversamente proporcional entre a potência civil e a individual, ou seja, a Cidade é tanto mais poderosa quanto maior for sua potência comparada à dos indivíduos, e será tanto menos poderosa quanto menor for sua potência comparada à de seus cidadãos, não havendo perigo maior para a Cidade do que a pretensão de alguns particulares, enquanto particulares, a se arvorarem em defensores da lei.

A instauração da Cidade é fundação de uma potência inédita e, no trecho acima, Espinosa já antecipa a dedução das formas políticas: a transferência da soberania a um só identifica a Cidade com um único homem em quem a Cidade fica concentrada, todos os outros cidadãos estando, assim, reduzidos à impotência. Trata-se da monarquia, na qual a proporcionalidade se encontra quase próxima de zero. A transferência da soberania a alguns divide a Cidade, pois a soberania vem encarnar-se em uma parte do corpo social e despoja a outra de todo o poder. Estamos na aristocracia. Enfim, a soberania se transfere para cada um dos indivíduos, já não há Cidade, mas regresso ao estado de Natureza — estado de guerra e autodestruição da vida política. Nas entrelinhas do discurso podemos ler a peculiaridade da democracia e de sua proporcionalidade — aqui, a soberania não é transferida a ninguém, nem se encarna em alguns, mas está distribuída no interior do corpo social e político, sendo participada por todos sem ser repartida nem fragmentada entre seus membros. Assim, mais do que na diferença frente à monarquia e à aristocracia, é na oposição ao processo de autodestruição da Cidade que melhor se revela a democracia, pois nela a soberania não se encontra dividida ou partilhada, mas simplesmente participada. Na democracia, mantém-se integralmente o princípio fundador da política, qual seja, o de que a potência soberana é tanto maior quanto menor a potência individual de seus membros e, sobretudo, a afirmação do *Teológico-político*, segundo a qual a vida política transcorre em um espaço onde os concidadãos decidiram agir de comum acordo ou agir em comum, mas não abdicaram de seu direito natural de pensar e julgar individualmente.

Contudo, se a lei é fundada na Natureza e se é a potência natural que determina a proporcionalidade da lei, no entanto, Espinosa opera uma reviravolta nessa dedução, e a lei vai agora emergir como fundamento do próprio direito natural. Por essa razão o texto anteriormente citado garantia simultaneamente que o direito natural desaparece com o direito civil e que este não suprime aquele. Para compreendermos essa reviravolta do discurso precisamos perceber que uma nova questão entra em cena e graças a ela entenderemos não só a questão da proporcionalidade, mas também o que faz com que uma experiência seja experiência política. O que agora entra em cena é o fenômeno da opressão.

Ainda uma vez o texto espinosano é longo, mas precisa ser citado, mesmo porque é nele que Espinosa explica o motivo de não objetar a afirmação escolástica de que o homem é animal social:

> Como no estado de Natureza cada um é senhor de si (*sui juris*) desde que possa precaver-se para não sofrer a opressão de um outro e que, sozinho, se esforça em vão para se precaver contra todos, isto significa que enquanto o direito natural humano for determinado pela potência de cada um, esse direito será, na realidade, nulo ou pelo menos terá uma existência puramente de opinião (*nullum esse sed magis opinione quam se constare*), pois não há nenhum meio seguro para conservá-lo [...], o direito de Natureza, no que concerne ao gênero humano, dificilmente pode ser concebido senão quando os homens têm direitos comuns, terras que podem habitar e cultivar juntos, quando podem cuidar para a manutenção de sua potência, proteger-se, repelir toda violência e viver segundo um consenso comum a todos. Quanto maior o número daqueles assim reunidos em um corpo, mais terão em comum o direito. E se por esta razão os escolásticos chamaram o homem de animal sociável, porque no estado de Natureza não podem ser seus próprios senhores,

nada tenho a objetar. Quando os homens têm direitos comuns e estão conduzidos como se fosse por um único pensamento, é certo que cada um tem menos direito do que todos reunidos que o sobrepassam em potência, isto é, na realidade, cada um não tem sobre a Natureza nenhum direito, a não ser aquele que lhe é conferido pelo consenso comum. Por outro lado, tudo que lhe é ordenado por um consenso comum ele é obrigado a fazer ou, ainda, se tem o direito de obrigá-lo.[38]

O direito natural, uma vez definido pelo negativo — não ser senhor de si —, é algo que não existe realmente, ou que só tem existência como opinião. Isto é, trata-se de uma abstração. Compreende-se a afirmação do *Tratado político* de que só na Cidade os homens vivem uma vida concreta ou propriamente humana. Um direito ou potência só existem realmente quando podem ser exercidos e conservados, pois Espinosa não define a potência como virtualidade, mas como um poder atual. Ora, no *estado de Natureza* não há *direito de Natureza* efetivo.

Essa distinção entre estado de Natureza e direito de Natureza é fundamental. O estado de Natureza é real — o homem é uma parte da Natureza causado por outras e interagindo com elas. Porém, essa "parte da Natureza" é algo abstrato, pois não nos diz o que é uma *parte humana* da Natureza. Como parte da Natureza, o homem é um *conatus* como outro qualquer, mas sua potência é inexistente porque, nesse nível, não encontra meios para conservá-la, pois, como demonstra a Parte IV da *Ética*, o homem é uma parte da Natureza cuja força é infinitamente menor do que a de todas as outras que o rodeiam e que atuam sobre ele. Por outro lado, o *Político* retoma a demonstração feita na mesma quarta parte da *Ética* de que, enquanto seres passionais, os homens se dividem e nada têm em comum senão o desejo de dominar os demais para que estes vivam segundo as paixões de seus dominadores. Esse estado de guerra é, pois, um estado universal definido pelo desejo de que o outro seja um *alter ego* e pela necessidade consequente do exercício recíproco da opressão.

Na *Ética*, depois de demonstrar as causas que opõem os homens uns aos outros (isto é, a imaginação e a paixão, que concebem cada parte da Natureza isolada das demais e rivalizando com elas numa luta mortal), Espinosa também demonstra como e por que, por Natureza, os homens podem concordar e viver em comum. Essa demonstração funda-se no conceito de *noção comum* conhecida pela razão.[39] A noção comum, propriedade universal comum às partes de um mesmo todo, não define nenhuma coisa singular e nenhuma individualidade, e sim um sistema de relações necessárias de conveniência e concordância naturais entre partes singulares de um mesmo todo. A conveniência e a concordância, embora conhecidas somente pela razão, são percebidas pela imaginação na experiência cotidiana sob a forma do útil à conservação individual, isto é, cada uma das partes de um todo, homogêneo pelas propriedades comuns, percebe a utilidade das outras para sua própria conservação e que lhe convém a concordância com elas. Afetivamente, essa experiência de *convenientia* ou de concórdia transparece nos afetos de alegria e nos desejos alegres (uma vez que neles a potência do *conatus* individual é fortalecida), tais como a generosidade, a benevolência, a amizade, a honestidade, a equidade, bem como na indignação perante a crueldade praticada contra um outro que percebemos ser semelhante a nós. Em dois capítulos finais da Parte IV, Espinosa é explícito quanto à causa eficiente da concórdia: depois de afirmar que demonstrou nada existir de mais concordante com a natureza de algo do que os indivíduos de mesma espécie, escreve no capítulo XII que "aos homens é-lhes útil, primeiro que tudo, estreitar as relações e unirem-se pelos vínculos mais aptos para que todos se façam um; e, em geral, fazer tudo quanto possam para consolidar as amizades". E, no capítulo XXVI, nos diz que "afora os homens, não conhecemos na Natureza nenhuma coisa singular de cujo ânimo possamos fruir e que possamos unir a nós com amizade por algum costume". Os vínculos afetivos de concórdia e cooperação fundam-se nas propriedades comuns aos homens enquanto possuem uma natureza humana comum, que os leva a unir esforços, emular sentimentos, "fazer-se um" ou, como lemos no *Tratado político*, tornar-se *una veluti mente*, isto é, "como se fossem uma única mente". Graças à comunidade de propriedades e à sua expressão afetiva, compreendemos que a noção comum é uma racionalidade operante no interior da experiência imaginativa, determinando aquilo que permite positivamente a conservação do *conatus*.

No *Tratado político*, essa razão operante, que sustenta por dentro a experiência imaginativa, intervém causando a passagem do direito natural abstrato a um direito ou potência comuns concretos. E visto que o comum é aquilo que faz com que uma parte seja parte de um todo, então, no plano político, o direito natural só ganha concreticidade quando surgir como parte de um todo humano, isto é, de uma sociedade. Nessa medida, a lei, que é fundada na potência natural para ser instituída, funda, por seu turno, a própria potência natural encarregando-se de instituí-la como potência natural coletiva ou a potência natural da massa.

Não devemos supor um instante sequer que se trata de um círculo (vicioso ou não). O que se trata de perceber é que Espinosa procura dar conta de categorias que a tradição fez parecerem excludentes: natureza e sociedade, natural e convencional, paixão e razão, potência natural e potência política, direito natural e direito civil. É inevitável que, num plano imediato, essas categorias pareçam excluir-se reciprocamente ou formar sequências que se excluem reciprocamente: natureza, natural, paixão, potência natural, direito natural, de um lado; sociedade, convenção, razão, potência política, direito civil, de outro). Por isso todo trabalho inovador do discurso sobre a política consistirá em demonstrar como cada uma delas vira outra ou se articula com as outras, fundando-se reciprocamente. Compreendemos, agora, por que Espinosa aceita a definição do homem como animal social, mas justamente por razões que nada devem à tradição.

A relação Natureza-Lei não desemboca em um argumento circular porque, simplesmente, revela a complexidade da dependência recíproca entre a fundação política e o seu pressuposto natural, questão nuclear numa filosofia política que recusa a noção de pacto como causa da fundação política (há pactos determinados pela própria lei, mas não há pacto fundador, pois este é apenas a forma imaginária pela qual os cidadãos encontram um meio visível para representar a origem da vida política). A complexidade dessa relação e da argumentação espinosana são explicáveis: de maneira nova e subversiva Espinosa está procurando dar conta do ato fundador do social e do político de tal maneira que o ato seja fundador, mas também esteja fundado. Sem a Natureza, a paixão e o direito natural, não há como determinar a gênese da vida política, mas, sem o político, não há como demonstrar que aquelas categorias são ainda abstratas para determinar a especificidade do mundo humano. Nesse ponto, a intervenção da ideia e do fato da opressão é indispensável para compreendermos a peculiaridade da posição espinosana.

A opressão define simultaneamente o estado de Natureza e seu limite. O direito natural se estende até onde se estender a potência de cada um e, por princípio, é ilimitado. Todo desejo que chegue ao seu cumprimento efetivo define o alcance da potência natural. Ora, esse desejo, ilimitado por princípio, é concretamente limitado, pois no afã de realizar-se encontra limites imediatos nas potências alheias que são temidas e tementes, cada qual buscando concretizar-se às expensas das outras. E mais: o desejo natural ilimitado engendra o circuito da opressão recíproca de tal modo que, ao fim e ao cabo, o medo da destruição pessoal suplanta todos os outros afetos. Ora, o medo, como demonstra a *Ética*, é uma paixão triste e odiosa[40] que freia, enfraquece e aniquila a potência individual. Eis por que o direito natural, estando separado daquilo que permite sua realização efetiva, isto é, por ser uma abstração, dá lugar a uma igualdade fantasmagórica que se realiza sob a forma real da desigualdade absoluta: porque todos temem a todos (nisto são iguais) cada um aspira a oprimir todos os outros (nisto se fazem desiguais).

É preciso uma atenção especial para compreendermos o significado da identificação operada por Espinosa entre direito natural e abstração. O direito natural não é abstrato porque definiria a condição humana fazendo abstração da vida civil, isto é, porque definiria como os homens seriam se não houvesse a sociedade. Também não é uma abstração no sentido de uma hipótese lógica necessária para a dedução do advento do social e do político. O direito natural é uma abstração no sentido espinosano do termo, isto é, como algo que se encontra separado da causa eficiente necessária que lhe confere sentido e realidade. Em estado de Natureza, o direito natural (potência de conservação) encontra-se separado de seu poder vital e, temendo todos os outros, nenhum homem consegue ser *sui juris*. Abstrato, o direito natural é uma realidade negativa — é um não poder.

Embora possa parecer paradoxal usar tal expressão na leitura de uma filosofia que, mais do que qualquer outra, expulsou o negativo, essa expressão é válida espinosamente. Com efeito, o direito natural, definido como potência da Natureza inteira, é uma realidade positiva. E definido como potência de cada parte da Natureza também é positivo, pois sua positividade decorre daquela que o todo possui. Porém, visto que a potência da Natureza não se confunde com as leis da razão e das volições humanas, essa potência não está ainda suficientemente determinada para definir o que seja um direito natural *humano*. Nessa perspectiva, em estado de Natureza o direito natural tem realidade (o homem é parte da Natureza), mas essa realidade é puramente negativa (o direito natural define um desejo de poder que se consome na impotência, é o não conseguir ser *sui juris*).

A Parte III e a Parte IV da *Ética* demonstram que o negativo é uma contradição interna que acarreta a autodestruição da *potentia agendi* ou do *conatus*, o qual é uma realidade intrinsecamente positiva, afirmativa e indestrutível internamente, sua destruição só podendo ser causada pela força de potências externas. Além disso, segundo a *Ética*, aquilo que nada tem em comum com o *conatus* não o conserva nem o destrói, não o auxilia nem o prejudica, e o negativo parece não ter realidade alguma, pois, como diz a carta 21, o negativo é aquilo que, por não pertencer ao ser de uma essência, em nada serve para defini-la e para pensá-la. Pareceria, pois, um contrassenso falar no negativo como se tivesse alguma realidade, uma vez afirmada a indestrutibilidade intrínseca e positiva da potência e essência singular, deixando-se o papel destrutivo a cargo da exterioridade, também definida em si mesma como positiva e como sendo destrutiva apenas sob a condição expressa de possuir algo em comum com o ser sobre o qual atua. No entanto, quando nos lembramos de que Espinosa demonstra que as paixões nascidas da tristeza (como o ódio, o medo, a ambição e o remorso), embora causadas pela operação positiva das imagens exteriores de coisas tristes, desencadeiam um processo interno de enfraquecimento e de aniquilação de uma essência singular, culminando numa abdicação de si que é autodestruição, se nos lembrarmos também de que certas paixões arrastam um homem em direções contrárias, sem que ele saiba para onde voltar-se e, enfim, se nos lembrarmos de que, na paixão, os homens podem ser naturalmente contrários uns aos outros, compreenderemos que o negativo vem do exterior, mas toma posse do interior e pode aniquilá-lo. Em outras palavras, somente uma leitura apressada dos textos poderia levar à admissão de que o negativo foi expulso por Espinosa porque a autodestruição parece ser impossível, visto que o *conatus*, isto é, a potência de existir e agir que constitui a essência atual de um ser, é definido por sua indestrutibilidade intrínseca.

A situação do direito natural em estado de Natureza é exatamente aquela em que cada um, desejando para si todo o poder, trabalha para oprimir todos os outros, que, inevitavelmente, lhe aparecem sob a roupagem do inimigo, isto é, como causa de medo e de ódio. Por outro lado, cada um não podendo alçar-se ao pleno poder, torna-se o alvo fácil de forças mais poderosas e sucumbe vítima de seu próprio apetite. É nesse sentido que o direito natural se oferece como uma realidade negativa, ou como abstração ou irrealidade, determinada por operações imaginárias de exercício da potência que são, na realidade, manifestações de impotência. O que é fundamental para Espinosa é a demonstração, feita na Parte IV da *Ética*, de que essa negação de si é experimentada como afirmação de si, permanecendo dissimulada sob imagens da admiração de si e do orgulho.

Para compreendermos como isso se passa, devemos recordar a distinção espinosana entre "ordem comum da Natureza" (as sequências e conexões percebidas e vividas na experiência imediata) e "ordem necessária da Natureza" (as sequências e conexões necessárias das coisas e das ideias). Evidentemente, numa ontologia do necessário, isto é, numa filosofia da plena necessidade do real, a ordem comum da Natureza é tão necessária quanto a ordem necessária da Natureza. Todavia, a ordem comum é a da experiência vivida ou da imaginação, para a qual a necessidade natural permanece oculta e o mundo surge como multiplicidade de acontecimentos contingentes e de encontros fortuitos entre os seres, de maneira que cada um se imagina só e contra tudo, buscando dominar o pavor do inesperado, recorrendo tanto a um sistema imaginário de crenças e preconceitos, que estabilizariam o mundo (como vimos ao mencionar o Apêndice da Parte I da *Ética*), como ao uso da força para controlar os demais, oprimindo-os e sendo por eles oprimido (como é explicado pelo filósofo no *Teológico-político*). Na ordem comum da Natureza, em que tudo é experimentado como fortuito e contingente, o direito natural engendra uma imagem de poder que, na ordem necessária da Natureza, nada mais é senão um desejo de dominação que arrasta o *conatus* individual para a mais terrível de todas as paixões, o medo, origem das formas de opressão. Com efeito, na ordem comum da Natureza, a potência do direito natural aparece como um poder marcado pela necessidade de possuir algo que outros não possuem e que cada um sente que precisa possuir sozinho, se quiser dominar os demais. Nessa medida, cada indivíduo entra num circuito mortal no qual a posse das coisas torna-se decisiva para manter o poder sobre outrem, de sorte que, para dominar um outro homem, cada um se deixa dominar pelas coisas, imaginando que seu próprio poder estaria inscrito nelas e delas dependeria. Não sendo *sui juris*, estando movido pelo medo de outrem e pela esperança de esmagá-lo, seja pela posse exclusiva de bens, seja pelo uso direto da força, no estado de Natureza é inegável a precariedade e inexistência do direito natural cuja potência só consegue realizar-se pela violência. Essa situação não é objeto de interpretação valorativa: Espinosa não a julga efeito de uma natureza humana viciosa ou culpada, caída e tentada por espíritos malignos, desviada do bem. Trata-se simplesmente da situação natural de realização do desejo de autoconservação, que só pode efetivar-se como destruição do outro e imperceptível destruição de si. Será exatamente a percepção da fraqueza dos que desejam ser fortes e dos que morrem quando desejam viver que desencadeará a passagem da lógica da força para a lógica do poder e fundará a política.

O estado de Natureza é vida intersubjetiva que não chega a alçar-se em si e por si mesma à dimensão da vida social e política. Estado de Natureza e direito natural não pressupõem, portanto, isolamento, mas solidão encravada numa intersubjetividade fundada no aniquilamento e no medo recíprocos. E que Espinosa use os termos solidão, servidão e barbárie como sinônimos é suficiente para que percebamos qual é o caráter específico de abstração de uma potência que só pode cumprir-se com a morte de outrem. E, no entanto, argumento espinosano decisivo, se a desigualdade *real* engendrada pelo direito natural não fosse a forma *imaginária* da igualdade, o direito civil seria impossível. Ao mesmo tempo, compreendemos por que a lei não parte da regulamentação da posse ou propriedade, mas a antecede, pois, caso contrário, legitimaria a força e jamais inauguraria o poder.

No estado de Natureza, a situação das partes, que são todas iguais na fraqueza da potência e na força da violência, faz com que tudo seja comum a todos e, por isso mesmo, que tudo seja cobiçado e invejado igualmente por todos. Assim, a igualdade abstrata produz a desigualdade absoluta, de sorte que a instauração da Cidade corresponderá ao momento em que a determinação da singularidade de cada uma das partes poderá ser reconhecida por todas as outras justamente porque a fundação social e política define o que lhes é verdadeiramente comum e que permanecia ignorado na indeterminação natural. Em outras palavras, somente quando a lógica dos afetos permite a percepção do útil comum (experimentada como amizade, generosidade, misericórdia, equidade) e a utilidade da cooperação e da concórdia, o direito natural se torna concreto e, como direito comum, é direito civil. O direito civil, reconhecimento social da potência individual, é concreto e positivo na exata medida em que o direito natural é abstrato e negativo. Eis por que, afinal, a lei funda o próprio direito natural ao fundar o direito civil, pois só por intermédio deste último o primeiro pode concretizar-se.

Justamente porque a lei conserva o direito natural transformando-o, a questão do político será para Espinosa uma questão de proporcionalidade. Com efeito, a lei pode desfazer aquilo que ela própria instituiu. Isso significa que a lei capaz de manter a instituição é aquela capaz de delimitar as fronteiras do direito natural e do direito civil, e de impedir que este retorne à situação precária em que se encontrava o primeiro. Essa conclusão conduz a três outras: a primeira é que o ato de instituição da Cidade inscreve-se numa necessidade natural indeterminada que a lei vem determinar, conferindo-lhe uma realidade que não possuía antes dessa instituição; a segunda é que a lei só é possível porque retoma aquilo que já estava posto na natureza humana, isto é, a paixão e os conflitos; essa retomada, no entanto, só é possível porque a lei vem dar realidade a uma razão operante que atua no real sem que a imaginação dela se aperceba, e que define o útil como aquilo que favorece a conservação do ser e que estava impedido de aparecer como tal pelo fato da opressão, pois, como diz Espinosa no capítulo IX, "querer estabelecer a igualdade entre desiguais é absurdo".[41] Finalmente, em terceiro lugar, como o direito natural é efetivado pelo direito civil, o social vive sob o risco permanente de que o primeiro usurpe o segundo, isto é, de que a potência individual queira tomar o lugar da soberania, coisa perfeitamente compreensível, visto que a vida política não é inaugurada como um ato da razão, mas como racionalidade operante no interior das paixões. E o direito natural não é contrário às lutas, ao ódio, à cólera e ao engodo, pois são "aconselhados pelo apetite", visto que "a Natureza não está submetida às leis da razão humana que tendem unicamente à utilidade verdadeira e à conservação dos homens".[42] Em outras palavras, o advento da vida social e política não é o advento da "boa razão" humana que dominará as paixões, condenará os vícios, eliminará os conflitos e estabelecerá definitivamente a paz e a concórdia entre os homens. Isso é o que dizem os teóricos, que não fizeram senão escrever sátiras e utopias.

Dessas conclusões impõe-se uma outra: a de que a Cidade não cessa de instituir-se. Com efeito, a Cidade é habitada por um conflito entre a potência coletiva e a potência individual que, como todo conflito, segundo a *Ética*, só pode ser resolvido se uma das partes tiver poder para satisfazer e limitar a outra, pois uma paixão nunca é vencida por uma razão ou por uma ideia verdadeira, mas por uma outra paixão contrária e mais forte do que ela. Assim, a todo momento a lei tem que ser reafirmada, porque a todo momento o desejo de opressão, que define o direito natural, reaparece no interior do direito civil:

> Cada um deseja que os demais vivam segundo sua própria disposição, aprovando e rejeitando tudo aquilo que um só aprova ou rejeita; donde resulta que todos querendo ser igualmente os primeiros, os conflitos não cessam de explodir entre todos e se esforçam para se esmagar reciprocamente, e o vencedor se glorifica muito mais por ter dominado um adversário do que por ter conseguido algum bem.[43]

Isso explica por que Espinosa demonstra que o inimigo político é sempre interno e só efemeramente externo, pois o inimigo nada mais é do que o direito natural de um ou de alguns particulares que operam para conseguir um poderio de tal envergadura que possam tomar o lugar da soberania. E esse risco não depende da boa ou má instituição da Cidade — toda Cidade contém esse perigo — e sim da capacidade que a potência soberana tenha, ou não, para controlar aquilo que lhe dá origem e que se concretiza por meio dela. A política não cria nem elimina os conflitos, como não transforma a natureza humana passional. Ela apenas permite lidar com eles de maneira nova, e a diferença entre os regimes políticos decorre de sua capacidade ou incapacidade para satisfazer o desejo que todos os homens têm de governar e de não serem governados.

Da mesma maneira que a lei confere realidade ao direito natural dando-lhe um estatuto político, passando da lógica da força à lógica do poder, mas encontra naquele direito seu ponto de partida para a fundação política, assim também o direito natural pode operar tanto como garantia da lei quanto como risco de seu aniquilamento. Com efeito, como o poder da potência soberana é medido pela sua proporção inversa diante do poder da potência dos cidadãos, quando um ou alguns dentre eles estão investidos de tamanho poder que é suficiente para tomar a soberania, a lei foi aniquilada. Por outro lado, sendo a potência da soberania medida também pela potência proporcional que confere a cada um dos cidadãos, quando estes podem, em nome da lei, impedir a usurpação do poder soberano, isso significa que o direito natural dos cidadãos foi suficientemente poderoso para defender a lei. Tanto em um caso como no outro, a medida do direito natural é sempre a mesma, isto é, concerne ao poder da massa (*multitudo*). Quando esta se encontra despojada do direito natural em decorrência da desmedida do poder da potência individual daquele (ou daqueles) que açambarcou o poder soberano, estamos em plena tirania. Quando a massa se encontra investida de todo direito natural pela proporcionalidade que se estabelece entre este e o poder da potência soberana, estamos na democracia. Percebe-se, então, que nem o número de governantes, nem o caráter eletivo ou representativo dos governos determinam a forma do corpo político. Esta é determinada exclusivamente pela proporção de poder que se estabelece entre a massa e a soberania.

Essa observação é de grande importância, visto que o *Tratado político* parece abrigar uma contradição. Com efeito, nos capítulos iniciais, o filósofo distingue os regimes políticos segundo o número dos que ocupam o poder e, no entanto, ao iniciar a dedução do regime aristocrático, faz uma declaração paradoxal, afirmando que ainda que todos os membros do corpo político fossem considerados patrícios e mesmo que todos estivessem no poder, ainda assim o regime permaneceria aristocrático. Essa afirmação só se esclarece quando percebemos que com ela Espinosa assinala a diferença de natureza entre a aristocracia e a democracia não pelo número de governantes, mas pelo direito ao poder.

Na aristocracia, o direito ao poder decorre de uma *eleição* entre os pares, isto é, uma parte da sociedade decide por escolha quem será membro do patriciado e somente este tem direito ao poder. Na democracia, todos *nascem* com esse direito e a eleição para os postos de direção não decorre da determinação prévia de quem pode ou não ser eleito, pois todos nascem portadores desse direito. Assim o caráter eletivo do governo (que já aparece na própria monarquia constitucional e está presente na aristocracia) não é a marca distintiva da democracia, como também não o é o número dos governantes (pois já em relação à monarquia Espinosa deixa claro que o rei, afinal, não é o dirigente da república e nunca deve ser deixado só). Jamais o formalismo eleitoral definirá a essência da democracia. A eleição apenas assinala a distância simbólica e necessária entre a soberania e aqueles a quem é temporariamente delegada, revelando que o poder soberano não se confunde com ninguém, visto que por um lapso de tempo seu lugar permanece desocupado, sem que deixe de existir para a sociedade como um todo. De qualquer modo, a eleição não define a natureza de um corpo político pela simples razão de que no pensamento espinosano todos os regimes são eletivos, até mesmo a tirania, cujo momento inicial depende de uma escolha feita pela massa.

Dessa maneira, podemos perceber algo que o texto parecia negar no início: o filósofo dissera que nada novo ou desconhecido deveria ser esperado de seu discurso, pois a novidade estava apenas no procedimento matemático usado para a investigação. Ora, diz Espinosa no *Tratado da emenda*, ninguém deixará de ver a imagem do Sol menor do que a Terra só porque a ideia astronômica revela sua verdadeira dimensão; assim também, não haverá outros regimes políticos afora a democracia, a monarquia, a aristocracia e a tirania. Todavia, o sentido dessas experiências e das instaurações políticas mudou inteiramente ao ser desvendado em sua gênese. Essa gênese é o verdadeiro objeto novo do discurso político.

DIREITO É PODER: AS FORMAS POLÍTICAS E O LUGAR DA "MULTITUDO"

Uma vez que o direito é medido pelo poder, que ser livre é ser senhor de si e que o direito civil é o direito natural da *multitudo* reunida numa só ação, a medida do direito, do poder e da liberdade exige a compreensão de cada forma política a partir da distribuição proporcional das potências que a constituem e, portanto, do lugar que em cada uma delas ocupa a *multitudo*. Por essa medida saberemos qual regime é melhor, qual é superior e qual é livre.

De maneira genérica, tomando como critério o princípio republicano do *salus populi*, cada forma política é melhor quanto menor o risco de tirania, isto é, de passagem do direito soberano ao direito natural de um só homem ou de um punhado de homens. Cada regime político é superior a outro quanto menor for o número de disposições institucionais necessárias para impedir o risco da tirania. E, enfim, um corpo político é mais livre do que outro quando nele os cidadãos correm menor risco da opressão porque sua autonomia é tanto maior quanto maior o poder da república. Consequentemente, quanto mais livre for uma república, menor será seu risco de ser oprimida por outras. Isso significa, por exemplo, que um corpo político monárquico é um dos mais sujeitos a ser dominados por outro porque seus súditos já se habituaram de tal maneira a ser dominados por um só homem que passar da submissão a um dominante à obediência a um outro lhes é indiferente. Ao contrário, na democracia, estando a autonomia individual claramente firmada na autonomia coletiva, cada um e todos estão dispostos a lutar até à morte para impedir tanto o risco da usurpação interna como o da invasão externa. Apesar de o filósofo demonstrar que todo e qualquer corpo político pode apresentar em graus variáveis o melhor, o superior e o livre, torna-se claro que o parâmetro subjacente a esses critérios é a política democrática não só porque nela a causa universal da vida política (a distribuição proporcional do poder) coincide com a causa singular da instauração democrática, mas também porque nela a questão da preservação se transforma.

Com efeito, quando Espinosa deduz a monarquia, uma questão preside o caminho dedutivo: quais as instituições necessárias para limitar o poder do rei e jamais deixá-lo sozinho no governo sem, contudo, permitir o aumento de poder da nobreza (que transformaria o regime numa aristocracia disfarçada)? A resposta de Espinosa se desdobra em duas direções: para limitar o poder do rei são necessários conselhos consultivos e deliberativos e cortes de justiça independentes; para limitar o poder da nobreza, a propriedade do solo deve ser nacional. Porém, a instituição mais importante, porque apta a limitar tanto o poder do rei como o da nobreza, é o exército popular, ou o povo armado. As duas medidas institucionais propostas são extraordinárias. A primeira porque, se a monarquia nascer para dar cabo da dissensão interna da *multitudo* que, dividida nas assembleias, perdeu o poder de tomar decisões e impedir sedições, seria de supor que seu funcionamento eficaz dependeria do poder conferido a um só e das decisões solitariamente tomadas por ele. No entanto, tendo a democracia como parâmetro do *salus populi*, Espinosa propõe exatamente o contrário, isto é, para impedir que o regime se torne tirânico, o rei jamais deve estar só e suas decisões devem depender de conselhos deliberativos e cortes de justiça. Por outro lado, se a monarquia nascer sob os efeitos do medo da guerra quando, desarmada, a *multitudo* recorre àquele que tem a posse das armas e sabe manejá-las com felicidade, seria de supor que ela deveria renunciar às armas e deixar que os exércitos sejam mercenários, sob o comando do rei e da nobreza. Mas Espinosa propõe o contrário. Em outras palavras, a causa geradora da monarquia é precisamente o povo desarmado, mas a instituição proposta para conservar o regime é exatamente o seu oposto, o povo armado.

Todavia, uma leitura mais demorada do texto espinosano indica que essas teses se preparavam desde o início da dedução do regime monárquico. De fato, ao apresentar a causa da monarquia, Espinosa não se refere às questões tradicionais da legitimidade ou ilegitimidade dos reis, nem ao surgimento natural e espontâneo deles numa comunidade que busca um único chefe, mas a deduz nos termos em que a tradição grega descrevia a subida ao poder pelo tirano e em que a tradição romana explicava a necessidade do ditador. De fato, tanto o homem de qualidades físicas e morais excepcionais, o *tyranikós*, como o cidadão romano encarregado de suspender as leis por um período determinado, o *dictator*, são figuras de exceção buscadas em momento de séria desordem política, numa palavra, em situação de guerra externa, guerra civil e sedição. Ora, Espinosa situa o aparecimento dos reis nessas circunstâncias e, portanto, seu leitor sabe que não há diferença entre a causa geradora da monarquia, da tirania e da ditadura. Assim, visto que o *Tratado político* indaga como manter a liberdade, a segurança e a paz em qualquer regime político, ao propor as teses do rei acompanhado e do povo armado, Espinosa reafirma que, em última instância, o poder deve continuar nas mãos da *multitudo*, pois é ela o sujeito político.

Na dedução da aristocracia, a questão central que orienta o percurso é: uma vez que a aristocracia se funda na divisão social das classes (patriciado e plebe) e que apenas uma delas detém o poder, quais as instituições necessárias para evitar a oligarquia (que provocará rebeldia da plebe) e a burocracia (que diminuirá o poder do patriciado)? As instituições necessárias, agora, serão a propriedade privada do solo (origem do poder do patriciado) e assembleias deliberativas cujos membros são eleitos por períodos determinados e com rodízio nos cargos (pois, dessa maneira, ninguém tentará fortalecer um conselho ou assembleia às expensas dos outros, uma vez que cada membro, por rodízio, passará de uma instituição a outra e não deseja ver nenhuma delas enfraquecida). Essas duas medidas mantêm a distribuição do poder no interior do patriciado, evitando os riscos da guerra civil. Todavia, no centro da dedução do regime aristocrático, encontra-se a tese mais importante: o regime deve satisfazer os desejos da plebe, excluída do poder e, por isso mesmo, temível, pois ignora tudo quanto se passa no governo e julga apenas contando com vagos indícios, podendo enfurecer-se e derrubar o regime. De fato, escreve Espinosa, a plebe precisa ser periodicamente consultada e sempre ser informada dos negócios públicos para que não julgue enviesadamente os governantes, pois, se excluída do governo e dispondo de parcos indícios ainda assim julgasse bem, "então mereceria governar em vez de ser governada". Isso significa que, excluída do governo, a plebe não perde o direito natural e não perde potência, permanecendo, enquanto parte da *multitudo*, como parte do sujeito político.[44]

Comparada às outras formas políticas, o caso da democracia é inteiramente diverso, uma vez que nela não há divisão política que exclua do poder uma parte da sociedade. Tanto assim que, agora, Espinosa apenas afirma que nela a soberania coletiva é de tal modo decisiva para a liberdade individual que o único cuidado dos cidadãos é o de impedir que os postos de decisão sejam ocupados por indivíduos que tenham laços pessoais de dependência com outros, pois isso os levaria a dirigir a coisa pública sob a forma do favor, único tipo de relação que eles próprios parecem conhecer. Ou seja, o único risco na democracia é o da corrupção da *res publica* por relações privadas de favor e clientela.

Se a democracia revela o sentido da vida política, a tirania, por sua vez, exibe os avatares da experiência política.

Ao iniciar o *Tratado*, retomando uma ideia desenvolvida no Prefácio da Parte III da *Ética*, Espinosa afirma que a paixão imagina a liberdade como um "império em um império", um poder rivalizando com outro, porque a parte finita da Natureza imagina-se dotada de vontade livre capaz de opor-se à potência da Natureza inteira. Mas não só isso. Por depender de causas externas e ser insaciável carência, a paixão engendra imagens do que poderia satisfazê-la e crê saciar seu estado de privação pela posse de algo tido como um bem e, dentre todos os bens almejados, ter a posse de um outro homem parece ser o bem supremo, uma vez que a alegria causada por outrem é amor que fortalece nosso *conatus*, levando-nos à busca da dominação do desejo de outrem para que este também nos ame e se entregue a nós. Dessa maneira, ser livre aparece imaginariamente tanto como ser capaz de opor-se à necessidade natural quanto como ser senhor de outrem e, como consequência, a liberdade se define não por sua oposição à escravidão, mas pela posse de escravos. Por isso mesmo ela também não se define pela fortaleza do ânimo e sim pela soberba ou pelo desejo de ser amado e louvado pelos demais. Uma vez que todos têm esse desejo, o amor não correspondido transforma-se em ódio e o orgulho ferido, em crueldade. A liberdade imaginária se torna uma força destrutiva. No entanto, a razão, ainda que exercida de maneira intermitente e precária, aconselha aos homens que vivam em paz, pois sem esta seus desejos serão satisfeitos apenas momentaneamente e com o risco de se voltarem contra si mesmos. A racionalidade que assim aconselha a paz aos homens vale-se de uma regra que a imaginação e a paixão são capazes de compreender e seguir, qual seja, preferir o maior entre dois bens e o menor entre dois males. Entre o risco de ficar na dependência do poder de um outro e o de ficar na dependência de um poder comum, a segunda alternativa se impõe como menor dos males que é, assim, o bem mais útil. O primeiro movimento em direção à liberdade consiste, pois, na percepção da utilidade da fundação da Cidade, pois nesta a liberdade se determina como aptidão para não cair sob o poder de outrem, graças ao poder que todos conferem à lei.

A Cidade mais livre e poderosa, isto é, a mais autônoma, é aquela cujos cidadãos a ela se submetem porque respeitam e temem sua potência ou porque amam a vida civil. Qual é o poder da Cidade? O da *multitudo* reunida num só corpo e numa só ação. Até onde vai o poder da Cidade?

Em um primeiro momento, Espinosa deduz a potência da Cidade pela designação de seu limite, isto é, daquilo que escapa necessariamente ao seu poder. Assim, tudo aquilo que a Cidade não puder exigir dos cidadãos, seja por ameaça ou por promessa, está fora de seu poder. O que escapa ao poder da Cidade? Tudo aquilo a que a natureza humana tem horror e que, se lhe fosse imposto, desencadearia a fúria e a indignação populares. Em suma, escapa ao poder da Cidade tudo o que a faça odiada pelos cidadãos, de sorte que o que lhe escapa é o negativo, desde que nos lembremos que é negativo tudo aquilo que ao enfraquecer uma potência pode aniquilá-la. Ora, o ódio é a mais aniquiladora das paixões e, portanto, nesse primeiro momento, Espinosa apenas assinala que a Cidade não pode ser odiosa nem odiada, pois se assim for, irá aniquilar-se, isto é, perderá a potência por ter desejado um poder impossível. Parricídio, matricídio, fratricídio, infanticídio, genocídio, falso testemunho, amor pelo que se odeia, ódio pelo que se ama, renúncia ao direito de julgar e de se exprimir — eis o que é impossível a Cidade exigir sem provocar indignação e furor populares. No entanto, os exemplos trazidos pela experiência e espalhados aqui e ali no decorrer do *Tratado* deixam claro que essas exigências são realmente feitas aos cidadãos e são o conteúdo das leis tirânicas. Ora, se nos lembrarmos de que para Espinosa o conceito de impossível, além de designar aquilo que não pode existir por essência (um negativo absoluto), também designa tudo aquilo que, vindo a existir em uma essência determinada, produz sua autodestruição (negativo operante e real), compreenderemos que a tirania é impossível não porque não possa existir, pois de fato existe, mas sim porque nela se lê a morte da vida política, embora tiranos e tiranizados tenham a ilusão de viver politicamente.

A realidade insana da tirania permite compreender a primeira exigência política de proporcionalidade. Com efeito, a desmedida do poder tirânico revela que

> uma exigência que provoque a indignação geral nada tem a ver com o direito da Cidade. Certamente, obedecendo à Natureza, os homens conspirarão contra ela, seja em decorrência de um temor comum, seja pelo desejo de vingança por algum mal comum, e visto que o direito da Cidade se define pela potência comum da *multitudinis*, é certo que o direito e a potência da Cidade diminuem, pois criou motivos para que os cidadãos conspirassem contra ela. Certamente, a Cidade tem perigos a temer e assim como no estado de Natureza o homem tem mais razões para temer porque é menos independente, assim também a Cidade é menos senhora de si quanto mais temer seus cidadãos.[45]

Os cidadãos não podem odiar a Cidade e esta não pode temê-los. A essas exigências negativas, Espinosa acrescenta uma exigência positiva fundamental: se a Cidade não deve temer seus cidadãos, deve, porém, temer seus inimigos. Para isso precisa instituir-se de maneira a impedir que estes últimos encontrem meios para surgir e para se justificarem. Isso significa, por um lado, que a Cidade deve ser respeitada e temida pelos cidadãos, mas que só pode sê-lo na medida em que suas exigências forem proporcionais ao que a *multitudo* pode respeitar e temer sem se enfurecer. A soberania só pode existir sob a condição expressa de não ser odiada porque não é odiosa. Se a Cidade exigir mais ou se exigir menos, deixará de ser um corpo político. Positivamente, isso significa que a primeira exigência da proporcionalidade se estabelece entre a potência soberana da Cidade e as potências dos cidadãos:

> o poder que temos em vista exercer não deve ser medido apenas pela potência do agente, mas também pela aptidão que o paciente oferece. Se digo que tenho o direito de fazer o que quiser com esta mesa, certamente não significa que poderei fazê-la pastar capim. Assim também, embora digamos que homens não dependem de si mesmos, mas da Cidade, não queremos dizer que possam perder a natureza humana e revestir-se de uma outra [...]. Entendemos que, sob certas condições, a Cidade inspire temor e respeito e que, cessadas tais condições, não há mais temor nem respeito, de sorte que a Cidade deixa de existir. Assim, para

conservar-se senhora de si, a Cidade deve manter as causas do temor e do respeito, sem as quais deixa de ser Cidade.[46]

A fundação política não é, pois, mutação da natureza humana em uma outra que lhe seria estranha. Esta afirmação de Espinosa tem vários alvos. Por um lado, retoma a afirmação do *Teológico-político* de que a instituição política precisa acomodar-se ao *ingenium populi* ou à índole dos que serão governados, assim como retoma a abertura do *Político* quanto à recusa de escrever uma política utópica, destinada a homens que deveriam ser o que não podem realmente ser. Por outro lado, se é na Cidade que os homens vivem uma vida realmente humana, a afirmação contém uma crítica da tirania, pois nesta os homens são reduzidos à animalidade temerosa e à passividade do rebanho. Está presente também a recusa de que a instituição da Cidade seja destruição do direito natural, pois este é a primeira determinação da natureza humana como potência de agir. Justamente porque a vida política não é mutação da natureza humana, mas sua concretização, o direito natural dará as causas do temor e do respeito à Cidade, de sorte que não se poderá dizer que estes são causados pela legislação civil, visto que esta é um efeito da instituição da Cidade.

Dizer que o direito natural fornece a primeira medida do poder político significa dizer que a Cidade não poderá tornar-se inimiga de si mesma e que, portanto, os conflitos que a habitam só podem ser conflitos dos cidadãos sob a lei e não dos cidadãos contra a lei. Se a Cidade for capaz de impedir a usurpação da lei por particulares, sem que isto signifique supressão dos conflitos sociais, terá determinado sua autonomia e seu poder. Temer e respeitar a Cidade não poderá, então, confundir-se com o medo nem com o ódio, pois quem odeia não teme e quem tem medo, não respeita. Eis por que não será proporcional às exigências passionais dos cidadãos "uma Cidade que não suprimiu as causas das sedições e na qual a guerra é um temor constante e as leis, frequentemente, violadas, de sorte que não difere muito do estado de Natureza". Espinosa prossegue afirmando que tanto os vícios como a licença excessiva e a insubmissão dos cidadãos devam ser imputados à Cidade e, em contrapartida, sua virtude e constância no respeito à lei devem ser atribuídas à virtude da Cidade e ao estabelecimento de um direito civil absoluto. Vícios e virtudes dos cidadãos, enquanto cidadãos, são vícios e virtudes da Cidade e por isso mesmo:

> Se numa Cidade os cidadãos não tomam das armas porque estão prisioneiros do terror não se deve dizer que aí reina a paz, mas que nela não há guerra. A paz não é mera ausência de guerra, mas uma virtude que se origina da força do ânimo, pois nela a obediência é o desejo constante de seguir o direito comum da Cidade.[47]

A paz não é ausência de guerra, mas o desejo *constante* de obedecer à Cidade. Qual a relação entre o direito/potência e a obediência? O *Teológico-político* distinguira o cidadão e o escravo levando em consideração os *motivos* para obedecer. A obediência, escrevia ali Espinosa, diminui a liberdade sem, contudo, implicar escravidão, pois escravo é aquele que age para o bem de um outro que lhe ordena uma ação, enquanto o cidadão, que cumpre uma ordem porque nela se realiza seu próprio desejo, não pode ser tido como escravo. Ser escravo é ser *alterius juris*; ser cidadão é permanecer *sui juris* graças à obediência à lei, porque esta nasce para concretizar o direito natural. Por outro lado, como os dois tratados políticos demonstram, na democracia (ao contrário dos demais regimes políticos), a obediência exprime apenas a recriação ininterrupta da Cidade, pois nela se obedece a uma lei que, no momento de sua instauração, foi posta por todos os sujeitos políticos, de sorte que, ao obedecê-la, obedecem a si próprios enquanto cidadãos. A obediência é apenas a repetição ou reiteração, na dimensão do imaginário, do ato fundador da Cidade, pois nesse ato, a criação da potência coletiva engendra a incomensurabilidade entre a soberania e os particulares que vivem sob ela. A obediência é um ato segundo ou derivado e, por isso mesmo, exprime muito mais a virtude da Cidade do que a dos cidadãos, pois a Cidade obedecida só pode ser aquela cuja instauração, como diz o *Político*, cumpre o desejo do agente e a aptidão do paciente. Ao transferir para a soberania tanto o vício como a virtude dos cidadãos, Espinosa procura distinguir a escravidão e a liberdade no nível da própria Cidade e não no de cada um de seus membros. Se numa Cidade o princípio fundador é impotente para suprimir a sedição, visto não ser esta um conflito entre os cidadãos, mas entre eles e a lei da Cidade, então, a Cidade ainda não foi verdadeiramente instituída, pois falta-lhe aquilo que a constitui como tal: o poder da potência soberana para ser reconhecida como soberana.

A guerra civil assinala, portanto, a injustiça da Cidade e a necessidade de destruí-la para que tenha lugar uma nova e verdadeira instituição. Eis por que numa Cidade onde os cidadãos não tomam das armas porque estão aterrorizados, a injustiça é maior do que naquela onde explodem as rebeliões. Não são os homens que são bons ou maus, virtuosos ou viciosos, mas a Cidade, pois "não há pecado antes da lei". Uma população que vive em paz por medo ou por inércia não vive numa Cidade, mas na solidão, e a Cidade não é habitada por homens, mas por um rebanho solitário. Donde a segunda exigência da proporcionalidade, decorrente da "aptidão que o paciente oferece": é preciso, na instituição da Cidade, que agente e paciente constituam um *único sujeito político*. Eis por que o momento fundador de um corpo político, seja ele qual for, tem a *multitudo* como sujeito político.

Não é pelo direito civil que Espinosa distingue a Cidade "estabelecida por uma população livre" de uma outra, "estabelecida por conquista sobre uma população vencida", pois nesse nível, diz o filósofo, são indistintas. Isso significa que a diferença entre elas não é dada pelo critério clássico da legitimidade ou ilegitimidade do poder. Espinosa distingue entre uma Cidade "que tem o culto pela vida" e é instituída pela esperança, e uma outra que, submetida pelo medo, "apenas procura escapar da morte". A primeira é livre; a segunda, escrava. A Cidade que enfrenta o risco da morte imposto pelo direito natural e vence o perigo supremo pela esperança da vida política é espaço da liberdade. Aquele que aceita estar vivo para não enfrentar o risco da morte é escravo. A diferença entre a Cidade livre e a Cidade escrava não passa, portanto, pelo direito civil, mas pelo sentido da vida coletiva instaurada por elas, pois

> entre um *imperium* criado por uma população livre e aquele que se origina da conquista não há diferença essencial quanto à noção geral do direito civil, mas há entre elas *uma enorme diferença quanto ao objetivo que procuram e quanto aos meios de que dispõem para se manter.*[48]

E Espinosa já dissera haver enorme diferença entre "comandar apenas porque se tem o encargo da coisa pública e comandar e governar o melhor possível a coisa pública".[49] Podemos observar, dessa maneira, que a segunda exigência da proporcionalidade é mais concreta ou mais determinada do que a primeira, porque agora vem sobredeterminada pelo critério do melhor e, neste, a questão não é mais a da simples *convenientia* entre a lei e a natureza humana, mas entre a lei e a liberdade.

A experiência mostra que os homens, de modo geral, ignoram a quem cabe a soberania. Essa ignorância é um efeito necessário da dimensão imaginária da política, em que os ocupantes do poder parecem identificar-se com ele, tornando-o irreconhecível. Além disto, a permanência do direito natural no interior da vida política não só provoca aquela ignorância, pois os ocupantes do poder tendem a fazer dessa ocupação uma usurpação, como ainda produz um movimento contrário, pois todos desejam governar e ninguém deseja ser governado. Assim sendo, o direito natural aparece ininterruptamente como risco para a vida política e como sua maior garantia. Essa duplicidade inerente ao direito natural torna possível a afirmação espinosana de que tanto o perigo como a preservação da Cidade são determinações internas ao corpo político, de sorte que uma Cidade livre é aquela capaz de assumir as duas faces do direito natural, limitando o desejo desmedido de dominação que habita os ricos e poderosos e fazendo da massa o aliado indispensável da soberania.

A geometria, por seu turno, demonstra que a lei ou a causa fundadora de um corpo político não lhe é extrínseca, cronologicamente passada (quando vista como eficiente) ou futura (quando imaginada como final). A causa instituinte é eficiente, imanente e atual, manifestando no presente, por intermédio das instituições, seus efeitos intrínsecos.

A causalidade imanente nos leva, então, a compreender o enigmático capítulo 10 do *Tratado político*, no qual Espinosa, repetindo um gesto clássico, busca remédios que pudessem salvar um corpo político em vias de cair numa tirania. Apresentando e descartando vários remédios possíveis, o filósofo conclui que não há remédio algum. Se, num primeiro momento, essa conclusão parece chocante, fazendo supor que Espinosa levanta um problema que não sabe resolver, todavia, ao regressarmos ao texto, perceberemos que ele respondeu perfeitamente à pergunta formulada.

Que significa afirmar a impossibilidade de salvação para um regime que está a descambar na tirania? Significa afirmar que a tirania já estava lá desde o princípio, que a fundação política a continha como um efeito necessário e não como um desvio acidental imputável a maus dirigentes ou à insubmissão popular. Causa eficiente imanente, a causa instituinte permanece no interior dos efeitos que necessariamente produzirá. Quando um corpo político ruma para a tirania, não há como remediá-lo; resta apenas destruir a causa que lhe deu origem. Operando com a causa eficiente imanente, a geometria revela à experiência as ilusões do reformismo, pois, insiste Espinosa, é mais fácil derrubar um tirano e substituí-lo por outro do que destruir as causas da tirania.

4. Quem tem medo do povo?

*A plebe e o vulgar no "Tratado político"**

Em 1581, colocando-se sob a proteçao do duque de Anjou, os Estados-Gerais das Neerlândias proclamam o Ato de Deposição, pelo qual recusam obediência e fidelidade ao rei de Espanha, afirmando que o fazem porque não há rei, mas tirano. Nessa ocasião, um documento, de autor desconhecido, é distribuído em Antuérpia para persuadir os que não estão convencidos da necessidade da deposição:

> Deus criou os homens livres e deseja que sejam governados justa e corretamente, não arbitrária e tiranicamente. Por isso não deu a um único homem deste mundo permissão para fazer o que quiser nem declarou que houvesse alguém isento de punição. Estabeleceu Sua Vontade como única regra de justiça. Por este motivo, o povo e os Estados das províncias comprometem o rei ou senhor que instalam no poder e o obrigam a condições que julgam úteis para o país. Está claro, portanto, que o rei não é proprietário das províncias, pois, se o fosse, todo nós seríamos não livres

* Este texto foi originalmente uma conferência no Simpósio *Spinoza: conocimiento, religión y política*, realizado na Universidade Católica do Chile. Foi publicado em P-F. Moreau et P. Vermeren (eds.) *Spinoza. Connaissance, politique et réligion*, Paris, L'Harmattan, 1996, e nos *Cadernos de História e Filosofia das Ciências*, vol. 5, nºs 1-2, 1995.

e escravos, todas as nossas posses, nós próprios e nossas famílias pertenceríamos ao rei como um cavalo ou uma vaca pertencem aos seus proprietários [...]. Pela lei, portanto, direitos e poderes régios são definidos da seguinte maneira: o povo do país escolhe o rei e a ele confia seu poder, sob as condições costumeiras existentes no país [...] se o rei se tornar um assassino em vez de pai, um açougueiro em vez de pastor, um tirano em vez de príncipe, o povo não mais está obrigado a obedecer-lhe.[1]

O panfleto de Antuérpia, retomando ideias e palavras do Ato de Deposição, argumenta como este último porque parte do mesmo pressuposto: as *Vindiciae contra tyrannos* calvinista, que legitima o direito de resistência ao governante tirânico. Com efeito, o Ato de Deposição abre-se declarando ser do senso comum e de conhecimento geral que

o príncipe é apontado por Deus como cabeça de seus súditos para protegê-los e escudá-los contra toda iniquidade, perturbação e violência, como o pastor é chamado a proteger suas ovelhas, e não que os súditos tenham sido criados por Deus para benefício do príncipe, submetendo-se a todos os seus decretos, piedosos ou ímpios, justos ou injustos, e servindo-o como escravos.[2]

Ao mesmo tempo, e nos mesmos termos do Ato de Deposição, o panfleto de Antuérpia define a figura do bom governante — pai, pastor, príncipe — e, seguindo a *lex regia romana*, coloca a origem do poder régio numa eleição popular e num pacto pelo qual o povo transfere seu poder a um outro, conforme as leis da terra ou o direito consuetudinário.

Em 1587, quando os Estados-Gerais e os Estados Provinciais das Sete Províncias do Norte envolvem-se numa crise com o novo protetor (que substituíra o duque de Anjou), o governador-geral inglês, Earl de Leicester, é escrito um documento que se tornaria, do século XVI ao XX, a pedra de toque de todas as interpretações históricas e políticas sobre as ideias e práticas republicano-federativas existentes, desde tempos imemoriais, nas Sete Províncias do Norte: a *Breve demonstração* ou *Dedução de Vrancken*, redigida por Francke Vrancken, Pensionário de Gouda.[3]

Vrancken reafirma os termos do Ato de Deposição, de 1581: o príncipe existe para os súditos e não estes para ele. Quando essa relação estiver invertida, sabe-se o nome do regime: é tirania. O Pensionário de Gouda reafirma também o estabelecido no documento de 1581, isto é, que o governo de um príncipe, nas Sete Províncias do Norte, sempre dependeu do juramento principesco de manter privilégios, tradições e costumes da terra e de um contrato entre ele e os súditos, contrato que estaria rompido se o juramento não fosse respeitado. Em outras palavras, tanto o Ato de Deposição como o documento de Antuérpia e a *Breve demonstração* enfatizam o caráter legal e legítimo do direito de resistência ao tirano e, também em acordo com as exigências das *Vindiciae*, os três textos relatam as ações políticas dos resistentes que lhes permitiram legal e legitimamente derrubar o regime, pois em nenhum instante a derrubada foi ato violento da plebe enlouquecida, mas deliberação meditada dos magistrados, dos nobres e dos representantes das corporações urbanas. Embora Vrancken não o diga explicitamente, pressupõe que seus leitores compreendem que agiram à maneira dos antigos Juízes de Israel e dos éforos de Esparta, cujo modelo serviu para a instituição do Magistrado Cristão que, em conformidade com o estabelecido jurídica e politicamente pelos calvinistas, tem poderes para restaurar a lei quebrada por um tirano.

Todavia, a *Breve demonstração* vai além dos documentos anteriores porque seu intuito é demonstrar a singularidade e a natureza da política neerlandesa, afirmando o federalismo e, portanto, a soberania dos Estados Provinciais aos quais os Estados-Gerais estão submetidos. Segundo o autor, a legitimidade do federalismo neerlandês decorre de sua antiguidade: por mais de oitocentos anos, escreve Vrancken, as províncias foram governadas por condes e condessas cuja soberania e governo lhes foram legalmente outorgados por cavaleiros, nobres e cidades, "representando os estamentos do país". Esses "oitocentos anos" possuem a função precisa de assegurar que está sendo respeitado um dos requisitos principais da concepção protestante da *história perfeita*, isto é, determinar a origem nacional da fundação política, desligando-a de uma origem imperial romana, seja esta o Império romano, seja a Igreja romana. Por esse motivo, durante o século XVII, os "oitocentos anos" serão a base da elaboração mítica da fundação holandesa, com a posição da *origem batava* da república, supostamente confirmada pelos relatos nas *Histórias* de Tácito sobre o fundador batavo, Claudius Civilis.

Garantida a legalidade pela legitimidade trazida pela *antiquitas*, Vrancken apresenta as qualidades da instituição política federada e os poderes sobre os quais se encontra assentada. Após descrever o modo de composição e funcionamento dos Estados Provinciais e dos Estados-Gerais, o autor demora-se nas qualidades dos dirigentes, isto é, dos condes enquanto *princeps*, colocados à frente dos Estados-Gerais e do país: lealdade ao juramento feito, moderação, nenhuma decisão tomada sem reunir as assembleias de nobres e cidades, credibilidade junto à população, que sempre os honrou e respeitou, garantindo-lhes vitórias em todas as guerras externas e impedindo guerras civis: "duvidamos de que tal possa ser dito de qualquer outro país, com exceção de Veneza". Assim, aos "oitocentos anos" batavos vem acrescentar-se outro poderoso elemento na construção mítica das Sete Províncias do Norte, a imagem de Veneza, símbolo do governo perfeito, isto é, do regime misto bem-sucedido, o conde holandês sendo visto como equivalente ao *duce* veneziano.

Qual a razão da segurança e estabilidade política nas Províncias do Norte? A existência do Bom Governo, em sua acepção clássica, isto é, a virtude dos governantes e do povo, ou, como escreve Vrancken, a união, o amor e o entendimento entre os príncipes e os estamentos. Mas também um cuidado propriamente institucional: os príncipes não possuíam recursos próprios, dependendo das contribuições enviadas pela nobreza e pelas cidades para manter governo, corte e exército, sendo, portanto, indispensável, para se conservarem no poder, que respeitassem liberdades, privilégios e costumes dos estamentos. E, finalmente, mas não menos importante, o fato de que, declarada a incapacidade de um príncipe (por doença, infância ou senilidade), cabia aos Estados Provinciais e Gerais designar um regente e um *Städtholder*, ou comandante em chefe dos exércitos, que agia sob as ordens dos regentes e dos Estados.

De onde vinha a autoridade governamental? De duas fontes principais: de um contrato entre o príncipe e o povo, de um lado, e do poder das assembleias provinciais da nobreza e das corporações urbanas, de outro, em suma, dos Estados. Os nobres eram membros natos dos Estados, "em razão da dignidade de seu nascimento" e da posse de "senhorias que lhes dão jurisdição nas províncias"; as cidades, governadas por assembleias de cidadãos, enviavam aos Estados seus representantes, escolhidos pelos membros das assembleias locais. Confederação, as Sete Províncias, representadas pelas corporações da nobreza e das cidades, que "indubitavelmente representam o corpo de todos os habitantes", sempre tiveram uma forma de governo exemplar e nenhuma outra poderia ser imaginada em que melhor fossem tomadas decisões com maior "unanimidade, autoridade ou efeito". Além disso, todo membro dos Estados-Gerais participava deles não na condição de indivíduo ou pessoa privada, mas como delegado de sua cidade, devendo relatar-lhe as discussões e decisões da assembleia e garantir a todos "o conhecimento da condução dos negócios públicos". Acrescenta-se, assim, à origem batava, à excelência veneziana e à imagem do Bom Governo, a imagem de uma república democrática. À Veneza do Norte vem acrescentar-se a Atenas do Norte.

Todo aquele que procure minar a autoridade do príncipe, colocando-o contra os Estados (isto é, as assembleias das ordens ou estamentos), ou a autoridade destes últimos, lançando-os contra o príncipe, escreve Vrancken, pretende destruir a autoridade política como tal:

> Pois, que poder tem um príncipe se não estiver em bons termos com seus súditos? Que tipo de relação terá com eles, que apoio obterá deles se se deixar persuadir a colocar-se contra os Estados que representam a comunidade, ou, propriamente falando, contra seu próprio povo? E também como o país sobreviveria se a comunidade fosse persuadida a colocar-se contra os Estados, isto é, contra os nobres, os magistrados e os conselheiros municipais, que são seus protetores e dirigentes legais? Por este motivo, é óbvio para todo povo prudente que a comunidade não pode ter inimigos maiores, piores e mais mortais do que os que jogam o povo contra os Estados.[4]

É a delicada *balança do poder*, termo tão caro aos políticos holandeses do século XVII, que deve ser mantida em equilíbrio perfeito. O desequilíbrio decorre ou de que o príncipe se ponha contra os Estados ou de que o povo seja persuadido a colocar-se contra eles, de sorte que os Estados são, efetivamente, a balança do poder não só porque são eles que realizam ou desfazem o contrato com o príncipe, mas também porque, enquanto representantes do povo, governam em seu nome. Em outras palavras, o pensamento político neerlandês pretende ser republicano e concebe o regime como um principado aristocrático, avesso à monarquia. Será dessa maneira, no início do século XVII, na *Antiguidade da república dos batavos ou holandeses*, que Grotius descreverá o regime, explicando que a monarquia "dá licença a um só para errar de muitas maneiras" e a democracia concede "licença à massa ignorante" e por isso, evitando os dois perigos, os batavos escolheram, desde a origem, "a majestade do principado":

> É, pois, visível que os batavos tinham o costume do governo dos notáveis em conjunto com o principado, fosse este perpétuo, com o nome de rei, ou temporário, com o nome de duque ou chefe de guerra. Os notáveis eram tomados de duas ordens, a saber: os grandes e os príncipes eram tomados dos nobres; e os deputados, tirados do povo. Todos unidos e em conjunto num mesmo conselho tinham nas mãos o poder soberano.[5]

Essa descrição indica que, como Vrancken antes dele, Grotius julga que os batavos escolheram o regime misto e por isso, prossegue ele, os antigos disseram a verdade quando afirmaram que

> toda república se conserva por certa harmonia que, se faltar, o Estado público se aniquila. Tal concerto não é de cordas e sons, mas consiste no bom acordo do príncipe com o povo e do povo com o príncipe e os estamentos perfeitamente unidos em conjunto. Por esse concerto, os príncipes da Holanda, os nobres e o povo viveram por longo tempo em esplendor. O príncipe era respeitado pelos particulares, a nobreza tinha sua dignidade e o povo, sua liberdade.[6]

Quem é esse povo de que falam o Ato de Deposição, o documento de Antuérpia, a *Breve demonstração* e a *Antiguidade da república*? A nobreza e os membros das corporações (os burgueses), ou seja, os estamentos. Donde o cuidado, nos quatro textos, de narrar como e por que *este* povo estava legítima e legalmente constituído para derrubar a tirania e governar-se a si mesmo. Grotius, aliás, é explícito, escrevendo que por *multitude* "não se deve entender a arraia-miúda (*le menu peuple*)", mas o conselho e a assembleia. Na mesma direção, na altura dos anos 1650-60, os irmãos De la Court, membros da burguesia e defensores do regime popular (e não mais do regime misto), escreverão que *populu, et multitudinem differentia permagna est* — "é enorme a diferença entre povo e massa". Da mesma maneira, em 1672, um panfleto anônimo, espalhado logo depois do assassinato do Grande Pensionário Johannes de Witt e de seu irmão Cornelius de Witt, é esclarecedor, pois indica quanto aquela delimitação de classe havia sido incorporada pela sociedade holandesa. Retomando as ideias de 1581 — o príncipe existe para os súditos e não estes para ele —, as de Vrancken — os membros dos Estados-Gerais não são pessoas privadas nem governam para seus próprios interesses, mas para os da federação que representam —, e a de Grotius sobre a harmonia entre os estamentos, o panfletista (que iniciara a primeira parte do panfleto, escrito antes do massacre, atacando vigorosamente Johannes de Witt, mas terminará a terceira parte condenando fortemente o assassinato, ocorrido antes da conclusão e distribuição do panfleto) mantém-se fiel à ideia de Bom Governo principesco e até mesmo hereditário e afirma que cada cidade, cada Província e o Estado não pertencem ao Partido dos Regentes, mas aos Estados-Gerais enquanto representantes eleitos da comunidade e do *povo livre*, que efetua um contrato com os governantes. Quem é o povo livre? O panfletista o define diferenciando-o da *ralé*. Assim, estão excluídos do povo:

> Todos aqueles a que chamamos de ralé, todo tipo de vagabundos que, em todos os tempos, querem mudanças e conflitos a fim de poderem pilhar e roubar, assassinar e queimar.[7]

Em contrapartida, o povo é o *cidadão*: "O contrato é feito entre o governo e os cidadãos bons e honestos".[8]

O que é visível em todos os textos citados é a presença da concepção política de Políbio acerca da excelência do regime misto (ou a mescla de monarquia ou principado, aristocracia e regime popular, que servem de contrapesos recíprocos) e a concepção romana do *populus* como conjunto dos *optimates* e *honestiores* (os melhores e os honrados) contraposto ao conjunto dos *humiliores* (os humildes), isto é, à *plebs*. No caso do panfleto de 1672, a referência à ralé deixa implícito o *topos* de Tito Lívio sobre a plebe como animal terrível quando não teme, e serva abjecta quando teme[9] — ou, como escreve o panfletista, os vagabundos que querem desordens para pilhar e roubar, queimar e matar.

No contexto da história e das teorias políticas das Sete Províncias do Norte, o *Tratado político* possui o mesmo efeito que, antes dele, tivera o *Teológico-político*: fulgura como raio em céu azul. Em primeiro lugar, porque nega que a resistência ao tirano se faça porque este se tornou injusto ou ilegítimo, afirmando, ao contrário, que, embora o desejo de resistência nasça do sentimento de indignação popular (quando o governante põe como justo, bom e verdadeiro o que os governados julgam injusto, mau e falso), no entanto, o direito de derrubá-lo depende exclusivamente da força para fazê-lo, pois o direito é medido pela potência para exercê-lo — *jus sive potentia*. Em segundo, porque nega que a instituição do corpo político nasça de um contrato entre o povo e o príncipe, tanto porque, como dissera Salústio a César, ninguém transfere voluntariamente direito e poder a outros, como porque todo contrato depende da existência de um corpo político, do direito civil e das leis, sendo efeito e não causa do poder. Em terceiro, porque recusa a ideologia do Bom Governo, afirmando, desde a abertura do *Tratado*, que um Estado que dependa da lealdade e das virtudes privadas dos governantes está fadado à instabilidade perene, pois a segurança e a paz dependem de *res publicae ordinandae*, isto é, do ordenamento institucional da coisa pública e não das razões privadas que os governantes tenham para agir virtuosa ou viciosamente. Em quarto lugar, e como consequência, porque contrapõe à história neerlandesa narrada pelo Ato de Deposição, pela *Breve demonstração* e pela *Antiguidade da república dos batavos*, uma outra, na qual a fragilidade institucional holandesa se evidencia.

De fato, na *Antiguidade*, Grotius narra a independência das Sete Províncias do Norte explicando que os notáveis não quiseram que a república ficasse sem principado e, assim como o comando da guerra havia sido conferido aos duques (que faziam o papel de reis durante a guerra), decidiram, com o nome de conde, atribuir o poder político legítimo ao príncipe de Orange. Essa decisão, diz Grotius, foi sábia e excelente, graças ao bom entendimento entre o conde e os Estados, trazendo prosperidade e paz, expansão ultramarina e reconhecimento por todos os reinos da terra de uma "república bem concertada". Ora, não só o próprio Grotius foi vítima, no início do século, de um golpe de Estado por parte dos Orange, que derrubaram a bela república e instalaram a monarquia, como ainda, com a morte do rei e um herdeiro infante, os Estados, sob a condução do Partido dos Regentes (os estamentos dos notáveis saídos das corporações urbanas, isto é, os burgueses), retornaram ao poder. Nesse retorno, excluíram a figura do conde, julgando, assim, afastar o perigo de novo golpe monarquista. Exclusão inútil, pois perderam o poder quando, em 1672, a república federada das Sete Províncias teve seu governante assassinado nas ruas e viu a monarquia orangista restaurada. É dessa história que fala Espinosa e, com ela, indica a causa da instabilidade política da república, qual seja, o desconhecimento de quem é o portador da soberania:

> Objetar-se-á que o poder político da Holanda (*imperium Hollandorum*) não teria subsistido muito tempo sem um conde ou um representante do conde em seu lugar? Respondo que, para preservar sua liberdade, os holandeses julgaram suficiente abandonar o conde e privar o Estado de sua cabeça. Não pensaram, todavia, em reformá-lo, mas deixaram subsistir todas as partes tais como estavam, de modo que o condado da Holanda permaneceu sem conde e o próprio poder político (*imperium*) sem nome. Nada de espantoso nisto; os súditos, na maioria, ignoravam a quem pertencia a soberania.[10]

Donde, em quinto lugar, o desmantelamento do mito do governo misto e do exemplo veneziano, não só porque realmente a confusão entre o regime misto e a desordem institucional existente de fato indica um problema de fundo — a ignorância quanto à soberania —, mas também porque a própria Veneza não é símbolo do bom regime misto (mesmo porque para Espinosa não existem regimes mistos) e sim de uma oligarquia que realiza uma política monárquica.[11] Além disso, o desconhecimento da natureza do poder enquanto *absolutum imperium* e a quem ele efetivamente pertence é também responsável pela imagem da Atenas do Norte, os holandeses imaginando praticar a democracia ao permitir que os negócios políticos fossem tratados por numerosos funcionários saídos da plebe que, ao fim e ao cabo, sem ter direito de voto e sem cidadania, decidiam os destinos do Estado.[12]

Todavia, é sob um outro aspecto que a posição espinosana mais se afasta do imaginário político holandês. E Espinosa tem plena consciência dessa distância ao abrir o parágrafo 27 do capítulo 7 do *Tratado político*, escrevendo:

> Talvez este texto seja acolhido com riso por aqueles que restringem à plebe (*ad solam plebem*) os vícios inerentes a todos os mortais: no vulgar (*in vulgar*) não há moderação, nem tremor sem temor; a plebe (*plebs*) ora serve humildemente, ora domina com insolência; para ela (*ei*) não há verdade, nem é capaz de ajuizar etc. A natureza, porém, é uma só (*una*) para todos e comum (*communis*) a todos.[13]

O *topos* de Tito Lívio sobre a plebe, agora explicitamente apresentado, vem acrescido do que escrevera Justus Lipsius, para quem a plebe é ignara e estulta, crédula e instável, covarde e soberba, desconfiada e sem interesse pela coisa pública, "um espírito desassossegado, sedicioso, amotinado, sequioso de novidade, inimigo da paz e do repouso".[14] Essa aparição situa-se entre duas afirmações: a do riso, por parte dos que restringem os vícios humanos apenas à plebe, e a da Natureza como uma só para todos e comum a todos. Há, porém, algo intrigante no texto, pois Espinosa parece oscilar entre duas designações, referindo-se ora à *plebs*, ora ao *vulgus*.

Em consonância com o ideário seiscentista, essa oscilação poderia ser admitida sem maiores problemas. De fato, basta lembrarmos o que frei Luiz de Granada escreve sobre a plebe ou o que diz Balthazar Gracián do vulgar, para que os termos pareçam intercambiáveis. Aconselhando os que, do púlpito, proferem sermões, Granada lhes explica que à plebe faltam perspicácia, discernimento, juízo e por isso recomenda-lhes que, ao se dirigirem a ela, os pregadores não busquem ensinar-lhe, mas comover-lhe o ânimo:

> Porque a rude e néscia massa (*muchedumbre*) há de ser ganha com amplas orações, pois para que ela não só saiba e entenda, mas também faça o que queremos, importa aterrorizá-la e comovê-la com afetos e grande golpe de eloquência. E isso pede não um raciocínio breve e preciso, mas acre, veemente e copioso.[15]

Por seu turno, Gracián, identificando o vulgar e a plebe, escreve:

> [...] declara-se homem vulgar e plebeu; porque vulgo não é outra coisa senão uma sinagoga de ignorantes presumidos que falam mais das coisas quando menos as entendem. [...] apareceu [...] um monstro, embora raro, muito vulgar. Não tinha cabeça e tinha língua, sem braços e com ombros para a carga, não tinha peito, tendo tantos, nem mão em coisa alguma; dedos sim, para apontar. Era seu corpo em tudo disforme, e como não tinha olhos, dava grandes quedas; era furioso em acometer, e logo se acovardava [...] Este é — respondeu o Sábio — o filho primogênito da ignorância, o pai da Mentira, irmão da Estupidez, casado com sua Malícia: este é o tão afamado Vulgacho.[16]

O prosseguimento do texto espinosano, porém, revela que Espinosa não pratica oscilação alguma, e sim realiza uma construção em três movimentos: no primeiro, acima citado, temos a descrição da plebe a partir do olhar dos dominantes, que imputam apenas a ela os vícios próprios a todos os mortais; no segundo, o vulgar se torna portador das características que haviam sido atribuídas à plebe; finalmente, no terceiro, as determinações que definem o vulgar são exatamente aquelas que definem os dominantes, de tal maneira que, numa reviravolta espetacular, o *topos* liviano se aplica, agora, aos dirigentes e Espinosa indaga se, afinal, a plebe não mereceria governar, em vez de ser governada. Esse percurso, em cujo centro se encontra tematizada a divisão social e política, é realizado graças à manutenção do mote "a Natureza é a mesma em todos", que permite justa e paradoxalmente diferenciar *plebs* e *vulgus*.

Essa operação diferenciadora sugere que Espinosa se apropria da tipologia proposta pela retórica moralizante dos jesuítas ibéricos seiscentistas subvertendo-a, uma vez que desfaz a identificação entre a plebe e o vulgar.

O ponto de partida daquela retórica, particularmente na obra de Gracián,[17] é a oposição entre o *vulgar* e o *discreto*, segundo a distinção entre as *res factibilia* e as *res agibilia*, as coisas factíveis e as coisas agíveis, o fazer e o agir (ou, se se quiser, técnica e práxis). O discreto possui o saber de ambos: é o *doctus*, o douto, que conhece com perfeição e esmero as regras de sua arte e possui o decoro em sua conduta. Dotado de um conjunto de atributos distintivos que o constituem como um *tipo moral*, o discreto é portador de um atributo epistemológico — o discernimento (como indica seu nome) —, um atributo psicológico — a agudeza de engenho — e um atributo ético — a prudência, que o guia para dirigir-se aos inferiores sem orgulho e aos superiores sem servilismo, sendo capaz de fingimento honesto ou de dissimulação honesta sempre que precise tratar com o vulgar. Socialmente, é o cortesão perfeito e, na política, o príncipe engenhoso e agudo.

Enquanto *tipo*, o vulgar nada mais é do que privação de discrição. Do ponto de vista epistemológico, é o ignorante ou o *barbarus*, que tudo ignora do fazer e do agir; psicologicamente, é o néscio. Sob a perspectiva moral, é o homem vicioso, soberbo com os inferiores e servil perante os superiores. Socialmente, é a ralé, e na política, a plebe murmurante, cuja murmuração sediciosa destrói reputações e impérios.

Para avaliarmos a subversão espinosana, leiamos todo o restante do § 27:

> Mas nós nos deixamos enganar pela potência e pelo requinte. Donde esta consequência: agindo dois homens da mesma maneira (*idem faciunt*), frequentemente dizemos que o que era permitido impunemente para um, não o era para outro; os atos não são dessemelhantes (*dissimilis res fit*), mas quem os faz (*qui facit*) sim. A soberba é própria dos dominantes (*dominantibus*). Se uma designação anual basta para inflar um homem de soberba, que sucederá aos nobres, que perseguem honras perpétuas (*honores in aeternum agitunt*)? Porém, sua arrogância adorna-se de fausto, luxo, prodigalidade, de uma certa coordenação de vícios, de uma certa estupidez douta e uma certa torpeza elegante de tal maneira que vícios que, considerados isoladamente, aparecem em todo seu aspecto odioso e sua ignomínia, parecem honestos e decorosos aos inexperientes (*imperitis*) e ignaros (*ignaris*). É no vulgar (*in vulgar*), em geral, que não há moderação, sendo temível quando não teme, pois, com efeito, servidão (*servitium*) e liberdade (*libertas*) dificilmente se misturam. Não é de admirar, enfim, que para a plebe (*plebs*) não haja verdade nenhuma e nenhum ajuizamento lhe seja possível quando os maiores negócios do poder (*imperii*) são tratados fora dela e não dispõe de nenhum meio para deles saber, senão por parcos indícios que não puderam ser dissimulados. Virtude rara, com efeito, é suspender o juízo. Querer, portanto, tratar de todos os negócios com o desconhecimento dos cidadãos (*civibus*) e, ao mesmo tempo, que não emitam sobre eles juízos enviesados (*prava judicia*) nem interpretem funestamente (*sinistre*) os acontecimentos, é rematada loucura. Com efeito, se a plebe (*plebs*) fosse capaz de moderar-se, suspender o juízo sobre aquilo que conhece pouco, e ajuizar corretamente a partir dos parcos indícios de que dispõe, seria digna de dirigir, em lugar de ser dirigida (*ut regeret, quam ut regeretur*). Mas, como dissemos, a Natureza é a mesma em todos. São todos os homens que a dominação torna soberbos que são temíveis quando não temem. Em toda parte a verdade é deturpada pelos irados (*ab infensiis*) ou pelos culpados (*obnoxiis*), sobretudo quando um só ou uns poucos dominam e quando, nos processos, não valem o direito e o verdadeiro, mas a grandeza das riquezas.[18]

A maestria retórica dessa passagem é inegável. O lugar-comum de Tito Lívio situa a plebe naquela região que a retórica seiscentista considera indecorosa, pois decoro significa conveniência e medida determinadas por preceitos que regulam a boa conduta e a boa escrita, de acordo com os bons costumes e as boas opiniões. Temível quando não teme, serva abjeta quando submissa, a plebe encarna a completa ausência de decoro. Espinosa, porém, desloca o indecoroso: soberba, arrogância, luxo, fausto, vícios elegantes e douta estupidez "parecem honestos e decorosos", mas não são. As palavras escolhidas indicam que se trata do mundo cortesão, e que é esse mundo dos dominantes que escapa à regra e aos preceitos do decoro. Isso, porém, nada tem de antinatural nem de contranatureza. Muito pelo contrário. Porque a Natureza é a mesma em todos e comum a todos, deixamo-nos todos enganar pela aparência de virtude recoberta pela potência e pelo refinamento dos vícios. Para os inexperientes e ignaros, a ignomínia e a torpeza são invisíveis, escondidas sob o fausto e o luxo, e para eles a ignorância se mostra douta e elegante. É nesse preciso momento que Espinosa afirma do vulgar o que a tradição sempre afirmara da plebe: é o vulgar que é imoderado, temível quando não teme. O deslocamento dos atributos da plebe para o vulgar foi sutilmente preparado pelo texto com a distinção entre atos semelhantes e agentes diferentes, contraposta ao mote "a Natureza é a mesma em todos".

De fato, a Natureza que é una e comum a todos e a mesma em todos é aquela de que o *Tratado* deduz o *conatus* como direito natural, portanto, é potência universal de que os seres humanos são expressões finitas singulares ou potências de autoconservação. Essa potência natural comum a todos já aparecera no parágrafo 1 do capítulo 6 sob a forma do medo em comum, da esperança em comum e da vingança em comum, que antecedem a instituição do corpo político; no parágrafo 4 do capítulo 7, ela viera sobredeterminada pelas ideias de utilidade ("cada um busca com o maior ardor o que é mais útil para si mesmo") e de aumento dos bens (cada um "julga justíssimas aquelas leis que crê necessárias ao aumento de seus bens"); e, no parágrafo 5 desse mesmo capítulo, ela se traduzira naquilo que será o próprio princípio da democracia, como também naquilo que dá ao direito natural uma dupla função no interior do campo político, a de guardião das instituições e, simultaneamente, a de ameaça contínua para o poder: "é certo que não há ninguém que não prefira governar em vez de ser governado".[19] Todavia, o parágrafo 27, distinguindo entre atos iguais e agentes desiguais, indica que a Natureza, a mesma em todos e comum a todos, é, agora, tomada sob novo ângulo, não mais na perspectiva daquilo que os homens experimentam em comum, mas daquilo que, sendo todos eles *conatus* e direito natural, neles se passa sob os efeitos da desigualdade instalada pela divisão social, nascida ela própria de algo comum a todos e que no parágrafo 12 do capítulo 8 é apresentado sob a forma da inveja e inimizade naturais: "Os homens, como já o dissemos, são por natureza inimigos e, apesar das leis que os unem e ligam, guardam sua natureza".[20]

Assim, enquanto os textos holandeses afirmavam a comunidade e unidade políticas, delas afastando dois extremos desviantes e perturbadores — o tirano e a plebe —, Espinosa faz o movimento exatamente inverso: afirma a unidade e comunidade da Natureza e, nela, da natureza humana e mostra que a divisão é operação do social e do político, realizada a partir da comunidade natural passional. Ora, como demonstra a Parte IV da *Ética*, possuir uma natureza comum (isto é, ser um *conatus*, uma *cupiditas* ou um direito natural) não significa, de maneira nenhum, que espontaneamente os homens vivam em concórdia, pois são naturalmente passionais e "na medida em que vivem sob as paixões, não se pode dizer que suas naturezas concordem". Todavia, a natureza passional de que fala o parágrafo 27 não é qualquer uma e sim aquela tecida numa intersubjetividade muito determinada, aquela que, encontrando no *conatus* como *cupiditas* o fundamento para uma expansão imaginada como ilimitada, é longamente descrita no escólio da proposição 57 da Parte IV da *Ética*, dedicada à soberba e seus efeitos. A proposição enuncia que "o soberbo ama a presença dos parasitas, ou dos aduladores, e odeia, pelo contrário, a dos generosos", e o escólio comenta:

> Seria demasiado longo enumerar aqui todos os males da soberba, pois que os soberbos estão sujeitos a todos os afetos, mas a nenhum menos que aos do amor e da misericórdia. Porém, não se deve passar em silêncio que também se chama de soberbo àquele que tem dos outros uma opinião muito desvantajosa e, por conseguinte, sob este aspecto, a soberba deve ser definida como a alegria nascida de uma opinião falsa, pela qual um homem julga-se acima dos demais. E a abjeção contrária a essa soberba deveria ser definida como a tristeza nascida da falsa opinião pela qual um homem se crê abaixo dos demais. Ora, isto posto, facilmente concebemos que o soberbo é necessariamente invejoso e que odeia sobretudo os que mais louvados são pelas virtudes; que seu ódio não pode ser facilmente vencido pelo amor ou pelo favor; que só se deleita com a presença daqueles que lhe mostram mais complacência e que de estúpido o fazem doido.[21]

Nesse escólio Espinosa sublinha que, com essa descrição, não pretende expor como vícios e absurdas as ações dos humanos, como se as paixões não fossem determinações necessárias de nossa natureza, mas, ao contrário, devem ser tomadas como indicando, se não a potência dos homens, pelo menos a da Natureza, da qual os humanos são uma parte. Todavia, observa ele, tratando dos afetos do ponto de vista de sua utilidade ou nocividade, isto é, do ponto de vista do bom e do mau, deve-se atribuir-lhes valores diferentes, conforme estimulem o que há de comum entre os homens ou segundo promovam contrariedades e conflitos entre eles. Sob esse aspecto, a soberba é paixão das mais nocivas, porquanto aquela que, movida pela ambição, pelo ódio e pela inveja, não pode ser freada pelas do amor, da misericórdia e do favor, isto é, aquelas que a Parte IV apresenta como propícias à concórdia, e, como consequência, é uma paixão que suscita uma forma de relação entre os homens fundada na adulação e no desprezo pelos demais, pondo em movimento todas as paixões que alimentam contrariedades, conflitos e guerras.

A sociabilidade instaurada pela soberba tende não só a aguçar a divisão social — atos iguais são julgados diversamente segundo a diferença social dos agentes —, mas ainda a mantê-la sob uma forma precisa de relação: a dominação exercida por meio do logro, uma vez que o soberbo, assim como o abjeto, possuem falsas opiniões sobre si mesmos e sobre os demais e as fazem valer para todos. O soberbo, no orgulho desmedido, considera que tudo lhe é permitido; o abjeto, na humilhação desmedida, considera que nada lhe é permitido. O primeiro se torna dominador insolente; o outro, servo adulador, invejoso e ressentido. Ambos, submissos às suas paixões, são fonte de novas servidões, pois o soberbo julga-se livre porque domina e despreza os outros, enquanto o abjeto adulador imagina-se dependente dos favores do soberbo que, por definição, nunca hão de vir.

Assim, o segundo movimento do texto do *Político* inicia-se quando, transferido o *topos* liviano da plebe para o vulgar, passamos daquele que *se deixa enganar* por inexperiência e ignorância àquele que *deseja ser enganado* por orgulho e ambição ou por autoabjeção. Por isso, servidão e liberdade não andam juntas, pois o soberbo é servo de suas paixões que o fazem servo de seus aduladores e estes, servos de suas paixões que os fazem servos do dominador. É assim também que, postos sob a lógica da dominação pelo engano, todos são enganados pelas aparências de virtudes vestidas no luxo e na elegância dos vícios dos dominadores, aceitando que os mesmos atos sejam diferentemente julgados segundo a diferença dos agentes, numa palavra, segundo a divisão social e a desigualdade das fortunas, tidas pela plebe como naturais. No entanto, a situação de dois pesos e duas medidas não possui o mesmo sentido para a plebe e para o dominante: a primeira aceita a divisão social como algo empiricamente dado, justificando as desigualdades imediatamente percebidas; o segundo, porém, não constata nem justifica a divisão, mas a *produz e conserva*, o que se comprova nos processos judiciários, quando o critério do justo e do verdadeiro é substituído pelas fortunas em jogo, critério que não pode ter sido estabelecido pela plebe, mas pelos detentores do *imperium*.

Eis por que o terceiro movimento do texto nos mostra que não é simplesmente o vulgar que é temível quando não teme, mas todo dominador, pois a dominação enche de soberba o dominante, tornando-o temível quando não teme. Ora, o que o escólio da proposição 57 da Parte IV afirma é que a soberba (como a abjeção) *não possui limites* — o soberbo, "mais do que estúpido, é um louco" —, não podendo ser freada segundo a lógica das paixões, isto é, por outra paixão contrária e mais forte. Essa ausência de limite explica por que Espinosa trata longamente da relação *plebs-imperium* no regime monárquico e volta a tratar dela no regime aristocrático, o que, aliás, é sugerido pelo parágrafo 27, quando indica que o problema discutido existe não apenas ali onde um só domina, mas também onde uns poucos dominam.[22]

Para compreendermos o terceiro movimento do texto, precisamos relembrar que, como já observamos, o uso espinosano dos termos *plebs* e *vulgus* aproxima e distancia Espinosa de seus contemporâneos. Aproxima porque, como seus contemporâneos, Espinosa emprega *plebs* com sentido eminentemente político — é aquela parte do povo que, numa monarquia e numa aristocracia, não é detentora do *imperium* —, enquanto *vulgus* tende a opor-se a *doctus* na relação com a arte e o saber — o vulgar é aquele que segue espontaneamente seu *ingenium* e seus impulsos naturais, enquanto o douto guia-se pela razão e pelo *studium*,[23] ou, se se quiser, a diferença se estabelece entre o bruto e o cultivado. Distancia, porém, porque tanto no *Teológico-político* como no *Político*, Espinosa politiza a noção de vulgar, uma vez que a política espinosana busca seus princípios na natureza humana, nos "homens tais como são e não como [os teóricos] gostariam que fossem", e, portanto, funda-se na lógica das paixões e dos *ingenia*, isto é, das índoles ou caracteres singulares.

É assim que o prefácio e o capítulo XX, do *Teológico-político*, ao descreverem o que chamaremos de *sistema do medo*, insistem na figura do vulgar, encarnada tanto no devoto supersticioso como no teólogo manipulador e no governante violento, descritos como habitados pela ambição: o supersticioso despreza a razão, a virtude e a liberdade, por desejar imoderadamente os "bens incertos da fortuna", que teme não ganhar; o teólogo perverte a Escritura Sagrada por desejar imoderadamente fama e autoridade, temendo os ataques e o sucesso de seus adversários; e o governante violento, por sua vez, é arrastado pelo desejo imoderado de dominar corpos e mentes dos governados, mas teme que os deuses não o favoreçam nessa empresa. O primeiro torna-se presa fácil do poder monárquico e tirânico, que lhe prometem saciar o desejo, desde que obedeça incondicionalmente e aceite dar a própria vida para servir à ambição de um só. O segundo, por seu turno, buscando satisfazer sua própria sede de dominação sobre os espíritos, oferece ao poder monárquico e tirânico, em troca de alguma participação na autoridade, o mais eficaz instrumento para conseguir a obediência cega e suicida do vulgar: a superstição, que alimenta e conserva o medo dos que se colocam sob o jugo da incerta e caprichosa fortuna. Como consequência, o governante violento ou tirânico, também oscilando entre o medo e a esperança, obriga-se a submeter-se à autoridade teológica, instrumento de que precisa para obter a servidão voluntária dos súditos. Dessa maneira, desde o *Teológico-político*, o vulgar, em suas várias fisionomias de opressor e oprimido, é constitutivo do campo político.

A tarefa do *Tratado político* consiste em distinguir, no interior desse campo, entre a *plebs* e o *vulgus*, isto é, entre duas modalidades de relação com o *imperium*, distinção com que o *Teológico-político* não se ocupa porque nele os conceitos de *populus, plebs* e *vulgus* são indiscerníveis em razão do objeto do tratado, isto é, o sistema do medo, engendrado pela superstição e alimentado pelo poder teológico-político, a preocupação maior de Espinosa está então na diferença entre súdito (*subjectus*) e cidadão (*cives*).[24] É a diferença entre a plebe e o vulgar que, agora, no *Tratado político*, vem exprimir-se nas afirmações (que, por certo, causariam o riso dos contemporâneos, leitores da obra) de que os vícios imputados à plebe são próprios a todos os mortais e que a plebe seria "digna de dirigir, em lugar de ser dirigida". A primeira afirmação, que conduz à politização da figura do vulgar, "despolitiza" a plebe ao humanizá-la, mas a segunda volta a politizá-la num contexto triplamente inédito: em primeiro lugar, opondo-a ao vulgar (no primeiro e segundo movimentos do texto ou pela distinção entre deixar-se enganar e desejar ser enganado[25]); em segundo, descrevendo-a sob a dominação exercida pelo segredo; e, em terceiro, expondo a situação real de quem governa. Esses dois últimos pontos constituem o terceiro movimento do parágrafo 27.

A imagem tradicional da plebe como fera temível é construída pelos dominantes de tal maneira que ignoram alguns fatos e deixam na sombra outros tantos. Por um lado, ao propor a teoria contratualista de transferência do poder do povo ao soberano, ignoram que "ninguém cede voluntariamente o comando a outrem [...] e que a massa da população nunca transferiria seu direito para um punhado reduzido de homens ou para um só",[26] pois o direito natural é inalienável e os homens conservam sua natureza sob o direito civil. Despojando a plebe de direitos e liberdades, o regime político ignora que prepara o campo para a rebeldia e insurreição populares. Por outro lado, e como consequência, usando a plebe como bode expiatório, ignora que "sedições, guerras, violação das leis ou desprezo por elas são imputáveis não à malícia dos cidadãos, mas a vícios do regime instituído",[27] em outras palavras, ignora que são imputáveis a equívocos durante a fundação (equívocos que impedem instituir o *absolutum imperium* dos dirigentes) e a defeitos nas *res publicae ordinandae* (defeitos que tornam as instituições públicas inadequadas à forma do regime político). Mais importante, porém, a imagem costumeira deixa na sombra o fundamental: como a plebe poderia estar na verdade e julgar corretamente, se está inteiramente excluída do poder e desconhece tudo quanto se passa no governo? Em outras palavras, como regimes assentados no segredo da "razão de Estado" podem esperar que a plebe enuncie juízos políticos adequados?

Significativamente, empregando, agora, o termo *cives* (cidadão) para referir-se à plebe, Espinosa usa as expressões *prava judicia* — juízos enviesados — e *sinistre* — interpretações funestas — para qualificar a manifestação popular em governos fundados no segredo. A primeira expressão indica que, se a plebe deforma e perverte o sentido das ações e decisões governamentais, isso se deve a uma perversão do próprio regime que, deixando os cidadãos na ignorância, ainda espera que saibam julgá-lo corretamente. A segunda expressão, mais interessante do que a primeira, pertence ao vocabulário dos augúrios e oráculos, indicando com isso que a plebe se vê compelida a interpretar funestamente ações e decisões governamentais porque dispõe apenas de parcos indícios obscuros que precisam, como todo oráculo e augúrio, ser interpretados e que ela só pode fazê-lo como o faz — funestamente — porque entre ela e o governo existe um abismo, o poder aparecendo-lhe como transcendente, exterior à sociedade e separado dele. Numa palavra, os regimes políticos da "razão de Estado" operam com os *arcana imperii*, os segredos e mistérios do poder, de maneira que não surpreende que a plebe perceba o governo como são percebidos os *arcana deorum*, os segredos e mistérios dos deuses da astrologia. Onde está a "rematada loucura" dos que, nessas circunstâncias, esperam clarividência dos plebeus? Não só em esconder o que se passa na esfera do poder, mas em esperar da massa aquilo que é "rara virtude": suspender o juízo quando não há informações suficientes para emiti-lo. Espera-se da plebe tudo quanto ela não está em condição de oferecer e, frustrada a expectativa, volta-se contra os plebeus o que é engano e loucura dos dirigentes.

Uma surpresa, porém, nos aguarda. A conclusão de que a plebe "seria mais digna de dirigir em lugar de ser dirigida" é antecedida de uma hipótese: se fosse capaz de moderação, se conseguisse suspender o juízo sobre as coisas ainda mal conhecidas e se estivesse capacitada a julgar corretamente a partir dos poucos indícios que possui. Ora, se tudo isso tornaria a plebe digna de governar é porque essa hipótese não se restringe *ad solam plebem*, mas descreve as qualidades de quem pode e deve ter o governo e, assim, num último lance, descrevendo a maneira como necessariamente precisam operar os ocupantes do poder, Espinosa retoma aquilo que é o objeto próprio do *Político*: a experiência enquanto *experiência política*, isto é, um campo de práticas e de imagens que não funciona normativamente a partir "dos ensinamentos da razão", isto é, de uma *teoria* — o capítulo 1 assegura que a política não é ciência prática e sim arte de homens hábeis, penetrantes ou astutos —, mas de uma sabedoria prática que se realiza com e sobre indícios oferecidos pelo jogo das paixões e das forças antagônicas ou concordantes que elas mobilizam e por isso "virtude rara é saber suspender o juízo":

> quando homens, em pequeno número, decidem tudo segundo sua paixão, é a liberdade, é o bem comum que perece. O engenho humano (*ingenia humana*), com efeito, está sempre muito embotado (*hebetiora*) para tudo poder penetrar de uma só vez; mas deliberando, ouvindo, discutindo, afina-se e, de tanto tatear, os homens acabam encontrando o que procuravam, conseguindo assim a aprovação de todos na qual ninguém antes havia pensado.[28]

A conclusão é evidente: a experiência política e a experiência *da* política indicam que, do ponto de vista da prática, não há diferença entre a situação da plebe e a dos dirigentes, e se a primeira não consegue atuar como sujeito político é simplesmente porque a relação de forças instituída a exclui do exercício do poder e não porque seria portadora de uma essência que a incapacitaria a exercê-lo. Esse jogo das forças políticas, descrito no parágrafo 27 por meio da figura do vulgar como dominador soberbo, é descrito, no parágrafo 29, por meio de uma forma política precisa: o despotismo, cuja pedra de toque é exatamente a "razão de Estado".

> Todos hão de reconhecer comigo que mais vale o inimigo conhecer os desígnios honestos de um Estado do que permaneçam ocultos dos cidadãos os maus desígnios de um déspota. Os que podem tratar secretamente dos negócios do Estado o mantêm inteiramente em seu poder e, em tempo de paz, estendem armadilhas aos cidadãos, como as estendem ao inimigo em tempo de guerra. Que o silêncio seja frequentemente útil ao Estado, ninguém haverá de negar; mas ninguém provará também que o Estado não possa subsistir sem o segredo. Entregar a alguém, sem reserva, a coisa pública e querer preservar, ao mesmo tempo, a liberdade, é completamente impossível, e é loucura querer evitar um mal menor para admitir um grande mal. O mote daqueles que ambicionam o poder absoluto foi sempre que é do interesse da Cidade que seus negócios sejam tratados secretamente [...]. Quanto mais se cobrem com o pretexto da utilidade, mais perigosamente tendem a instituir a servidão.[29]

Demonstrar que o vulgar dominador é temível quando não teme significaria afirmar que a plebe não é temível? De maneira nenhuma. Isso, aliás, pode ser comprovado pelos parágrafos 4, 5, 6 e 7 do capítulo 8, onde lemos que o poder, numa aristocracia, só é *absolutum imperium* se a plebe não for temida, mas também se não temer ser escravizada porque as leis e instituições lhe garantem liberdades e direitos que não precisam ser reivindicados nem defendidos por ela e sim afirmados e protegidos pelos detentores do poder.

> O poder político (*imperium*) detido por uma aristocracia nunca retorna à massa (*ad multitudinem*) nem precisa jamais consultar a massa, mas toda vontade da assembleia tem força de lei e deve ser considerada como absoluta e, consequen-

temente, tem seus fundamentos (*fundamenta*) apenas na vontade e no juízo da assembleia e não na vigilância da massa (*multitudunis vigilantia*), pois esta não penetra nas assembleias nem é chamada a votar. A razão que faz com que, na prática, o poder não seja absoluto é, portanto, a de que a massa permanece temível para os detentores do poder, conservando uma certa liberdade que, embora não tenha expressão legal, nem por isso é menos tacitamente reivindicada e mantida [...] a condição do Estado aristocrático aproxima-se de um poder absoluto se houver instituições tais que a massa popular seja tão pouco temível quanto possível e não tenha outra liberdade senão a que, em virtude da própria constituição do Estado, lhe deve ser atribuída e que é menos o direito da massa e mais o de todo o Estado.[30]

Aqui, mais do que no capítulo 7, evidencia-se por que a plebe pode tornar-se temível. A chave do texto é dada quando Espinosa declara que, numa aristocracia, "o poder *não retorna* à massa", indicando, portanto, que *veio* dela como sujeito político originário.

De fato, se naturalmente todos desejam governar e ninguém deseja ser governado, se o poder não nasce de um contrato fundado na transferência para alguém ou para alguns de todo o direito natural da massa (a *multitudo*) e se, como Espinosa afirma no parágrafo 12 do capítulo 8, "a maioria dos Estados aristocráticos começou por ser democracia" (pois, como dirá no último capítulo da obra, a democracia é o mais natural dos regimes políticos e o único no qual se pode falar rigorosamente em *absolutum imperium*), então é evidente que a plebe, enquanto conjunto de indivíduos que, com outros e em igualdade de condições, era constitutiva da *multitudo,* era membro do sujeito político originário e detentora do poder. *Tornou-se* plebe exatamente ao se deixar excluir do poder, ou ao permitir que dele fosse excluída, no processo de passagem da democracia originária à aristocracia, isto é, no movimento que instaura a divisão social das classes. Ora, visto que o direito natural não desaparece no direito civil e que os homens não mudam de natureza ao passarem à vida política, a plebe, ainda que excluída, continua tacitamente reivindicando e mantendo a liberdade, tornando-se temível para os aristocratas ou patrícios.

Espinosa, porém, determina precisamente em que a plebe é temível: não o é porque seria um dominador insolente e um servo abjeto, mas porque o direito natural a faz reivindicar direitos e liberdades e, uma vez que o direito civil, exatamente como o natural, é *potentia,* ela será temível se sua potência for maior do que a dos aristocratas. Donde o arranjo institucional proposto por Espinosa para o regime aristocrático no qual o patriciado afirma, garante e protege os direitos plebeus *como direitos de todo o Estado*. Essa cláusula tem uma função política bastante precisa: dadas a divisão social e a reivindicação plebeia, o regime aristocrático somente será *imperium absolutum* dos aristocratas (isto é, estes só terão efetivamente a soberania), se diferenciar claramente patrícios e plebe, excluindo esta última do exercício do poder, e se, ao mesmo tempo, ocultar a divisão social, pois os direitos plebeus não devem ser percebidos como os de uma classe social determinada, mas como direitos do cidadão em geral. Aquilo que se mantinha tácito na plebe deve tornar-se explícito no cidadão, por obra do próprio Estado, que mantém a divisão social sem que esta o destrua. Não poderia ser mais clara a descrição da república burguesa estável e segura. E não poderia ser mais claro o motivo pelo qual ela não é a palavra final de Espinosa, pois nela o direito natural está contornado, mas não plenamente realizado pelo direito civil.

Dessa maneira, a expressão frequentemente usada por Espinosa durante a obra, *experientia docet* — a experiência ensina — pode ser mais bem vislumbrada por nós. O *Político*, ao fazer da experiência política seu objeto, apresenta-a sob duas formas aparentemente irreconciliáveis: por um lado, a experiência, por ser imaginação, é espaço da ilusão, labirinto de imagens que não cessa de iludir e de iludir-se; por outro, é ela o ensinamento fundamental, a sabedoria prática sobre a qual se ergue o discurso político. Dois são seus principais ensinamentos. O primeiro nada mais é do que o próprio direito natural como *conatus* e *cupiditas* que se manifesta como desejo de governar e não ser governado e como "inclinação natural por tudo quanto traga a marca da interdição, desejando tudo o que nos é recusado".[31] Eis por que a política que melhor organiza as instituições públicas é aquela que, no momento da fundação, não negligencia essa primeira lição da experiência e por esse motivo não tenta legislar tudo aquilo que nem o medo nem a esperança possam impedir que os homens façam, isto é, que não tenta impor leis ao que não pode suportar o peso da lei. É impossível uma legislação que imponha amar o que se odeia e odiar o que se ama sem causar a indignação popular e a destruição do Estado (capítulo 3), ou que imponha renunciar ao direito de julgar ao qual a massa não renuncia, ainda que forçada a exercê-lo tacitamente (capítulo 8) ou em condições perigosas para o poder (capítulo 7).

O segundo ensinamento da experiência, por conseguinte, é o de que a política que melhor se ordena institucionalmente é aquela capaz de permitir, pelo exercício da própria atividade política, a satisfação do direito natural e, por isso, contrariando-se a si mesma, a experiência indica que a democracia é o mais natural dos regimes políticos (ainda que, em sua face ilusória, a experiência julgue a tirania mais natural, mais estável e mais segura), lançando uma luz sobre o significado das medidas institucionais que os corpos políticos não democráticos acabam tomando (ou precisariam tomar) para que os homens, ao serem governados, não se sintam ameaçados pelos dirigentes e não se rebelem contra eles.

Assim, os dois ensinamentos da experiência resumem-se a indicar que a vida política desejada, duradoura e segura é aquela na qual não são gestados e desenvolvidos o furor e a indignação da *multitudo*.

Partindo desses ensinamentos, o *Tratado político* explicita a gênese do direito natural; explica que o estado de natureza é uma abstração e efetivamente opressão recíproca universal; define a massa (a *multitudo*) como sujeito político que institui o direito civil para concretizar o direito natural; e apresenta aquilo que é sua originalidade maior: a diferenciação dos regimes políticos não pelo número dos governantes, mas pela proporcionalidade na distribuição da *potentia* da *multitudo*, proporcionalidade que determina a forma de participação no *imperium* e, portanto, o modo como a soberania é instituída e as relações entre os membros do corpo político.[32]

Na monarquia, a proporcionalidade encontra-se no ponto mínimo, tendendo a zero e nela é o rei a ameaça maior ao direito civil e à segurança, a tirania espreitando o corpo político. Na aristocracia, a proporcionalidade funda-se numa divisão interna que exclui do poder uma das partes da *multitudo* — a plebe —, transformando-a em ameaça permanente para a outra — o patriciado. Na democracia, a proporcionalidade é integral porque o poder, sendo participado por todos, não se divide nem se fragmenta, deixando visível a incomensurabilidade entre a soberania e os indivíduos e a impossibilidade de algum ou alguns se identificarem com o próprio poder; nela todos são autores da lei e, obedecendo a ela, não obedecem a ninguém, mas a si mesmos como sujeitos políticos soberanos. Na democracia, a ameaça é dupla: as relações econômicas e sociais podem fazer surgir um patriciado, que tenderá a dividir a soberania e desfazer o *absolutum imperium* dos cidadãos, ou, fragmentado em facções que causam a guerra civil, o patriciado faz com que a plebe, aterrorizada pelo medo da morte e desarmada, busque num homem armado a salvação, rumando para a monarquia.

Assentado sobre os ensinamentos da experiência, o novo discurso político desmantela as ilusões da experiência, que tecem a rede das relações políticas. Não se trata, porém, de substituir a trama imaginária da experiência por uma outra, supostamente transparente porque racional, pois tal intento faria o discurso político espinosano recair naquilo que ele critica: escrever uma política para seres humanos que em parte alguma existem. Ao contrário, seu escopo é permitir que, seja qual for a forma política, os homens saibam a quem cabem a soberania e o modo de participação no poder exigido pela forma instituída para que o corpo goze de paz, segurança e liberdade. O discurso político de Espinosa desmonta as ilusões da experiência para que os ensinamentos da experiência recuperem seu valor para a vida política, e um dos exemplos mais instigantes dessa desmontagem encontra-se, justamente, nas análises sobre a plebe, desfazendo o *topos* herdado de Tito Lívio e mantido pelos políticos e teóricos holandeses. Sob esse aspecto, o elogio a Maquiavel, que perpassa as páginas do tratado, transparece com clareza porque Espinosa faz sua a afirmação do florentino nos *Discorsi*: "La moltitudine è piu savia e piu costante che uno príncipe", devendo, contra a opinião de Tito Lívio, participar do governo.

5. Direito natural e direito civil em Hobbes e Espinosa*

Respondendo a seu amigo Jarig Jelles, Espinosa escreve:

> No que respeita à política, perguntas qual a diferença entre mim e Hobbes. Consiste nisso: conservo o direito natural sempre bem resguardado e considero que em qualquer Cidade o magistrado supremo só tem direito sobre os súditos na medida exata em que seu poder sobre eles supere o deles, como sempre ocorre no estado natural.[1]

A resposta de Espinosa é curiosa. Parece sugerir que concorda com Hobbes no restante das ideias políticas, restringindo a diferença apenas à relação entre direito natural e direito civil. Ora, visto que a articulação desses dois direitos determina a gênese da própria vida política, podemos supor que as consequências dessa única divergência sejam de grande envergadura. Não será ela, por exemplo, que leva Hobbes a considerar a monarquia como o instrumento mais adequado para a realização do Leviatã, enquanto Espinosa diz ser a democracia "o mais natural dos regimes políticos"?

* Este texto é uma versão levemente modificada de uma comunicação apresentada durante o Simpósio Hobbes, no Departamento de Filosofia da Universidade de São Paulo, em outubro de 1979, e publicado na *Revista Latinoamericana de Filosofia*, vol. VI, nº 1 (março 1980).

Se compararmos algumas passagens do *Leviatã* com passagens do *Tratado teológico-político* e do *Tratado político* torna-se irrecusável a concordância entre inúmeras teses hobbesianas e espinosanas.

De fato, os dois filósofos elaboram uma teoria das paixões como manifestação originária da natureza humana e de cujo jogo nascem o medo recíproco e o desejo de dominação, desencadeando conflitos que exigem o advento da vida política, se os homens desejarem conservar-se em vida. Para ambos, a política é o campo privilegiado para conter a violência natural, diminuir o medo e, sobretudo, para evitar a funesta consequência do terror do desconhecido, isto é, a superstição. Eis por que ambos analisam as religiões reveladas como resultado do medo e consideram a teologia manipulação fraudulenta do pavor da massa com a intenção de dominá-la. Pelo mesmo motivo, há em ambos o cuidado para distinguir as relações de favor ou graça e as relações propriamente políticas, visto que a ideia do favor sustenta a teoria política cristã (romana e reformada) que concebe os regimes políticos (na verdade, a monarquia e a aristocracia) como teocracias, pois tanto o poder dos reis como o dos magistrados cristãos é dito provir de Deus, que por um favor misterioso (uma graça) concede a alguns o direito de governar e de representá-Lo. A leitura crítica da Bíblia, em ambos, tem a finalidade de impedir a legitimação teológica do poder político, culminando na exigência de que o poder soberano também detenha o poder religioso: só há soberania quando o poder não se divide e por isso mesmo as igrejas devem ser instituições particulares, ao lado de outras, sem aspirar à universalidade que lhes permitiria reter o poder espiritual, declarando-o superior e maior do que o poder temporal.

Além dessas primeiras semelhanças, outras podem ser assinaladas. Definindo o estado de Natureza como guerra causada pelo jogo passional, ambos se afastam da concepção agostiniana do estado de Natureza como inocência perdida pelo pecado original, e da posição tomista acerca do homem como animal social cuja natureza, embora corrompida, é auxiliada pela graça. Tanto em Hobbes como em Espinosa, não há pecado antes da lei e a vida política nasce para superar aquilo que, mais tarde, Kant designaria como "sociabilidade insociável". Para ambos, o advento da política não transforma a natureza humana (não há como desfazer o núcleo passional), mas simplesmente cria condições para que uma sociabilidade pacífica e segura tenha lugar. Os dois filósofos definem o direito natural como um *fato* (da Natureza) e como um *poder* (de autoconservação), distanciando-se tanto da perspectiva jusnaturalista estoica (conhecida, mais tarde, como teoria do direito natural subjetivo), na qual o direito natural exprime a vontade racional de justiça, como da perspectiva cristã, na qual o direito natural subjetivo é acrescido da teoria do direito natural objetivo, entendido como existência de uma ordem jurídica natural decretada pela vontade de Deus sob a forma de leis divinas naturais e anterior à ordem jurídica positiva, instituída pelos homens. Nas duas perspectivas tradicionais, o direito natural tenderá a ser interpretado como um dever-ser: o dever de ser racionalmente justo e o dever de cumprir a lei divina natural. Por recusar a noção de obediência natural, Hobbes e Espinosa concebem o direito natural como um poder (o poder de autoconservação do indivíduo) e consideram a expressão "lei natural" inadequada (embora a empreguem), pois a noção de lei, contendo a de mando, estabelece uma analogia indevida entre a Natureza (que não conhece o mando) e as relações inter-humanas mediadas pela figura da autoridade. Hobbes estabelece uma oposição entre as "leis" da Natureza (que, na verdade, se reduzem ao princípio que aconselha a não fazer a outro o que não queremos que nos faça) e as paixões naturais (que levam a querer que o outro faça o que queremos). Espinosa, por sua vez, demonstra que a concepção de "leis" naturais leva à suposição, mesmo que implícita, de uma vontade divina secreta e onipotente com a qual a ordem e necessidade da Natureza passam a ser tomadas como ordem jurídica natural e, portanto, como decretos impostos por um querer absoluto e contingente, levando à confusão crescente entre necessidade e autoridade, confusão que não só acarreta a oposição entre necessidade e liberdade como também faz imaginar essa última como livre-arbítrio cuja bondade estaria na obediência e cuja perversidade estaria na transgressão aos mandamentos da "lei" natural divina.

Os dois filósofos concebem a política como ação que pode ser objeto de uma ciência demonstrável oposta à utopia e à moralidade normativa (portanto, oposta à concepção medieval da ciência prática como arte prudencial e normativa), e fundada no conhecimento das paixões humanas, surgindo, para Hobbes, como meio de controlar o desejo insaciável de mais poder, e, para Espinosa, como meio de dar vazão ao desejo natural dos homens de governar e não ser governados, sem que se destruam uns aos outros. Para ambos, a política é também uma arte para produzir instituições públicas adequadas à segurança e à paz, e não as ações principescas ditadas pela busca da honra, da fama e da glória. Para ambos, uma vez instituída a soberania, nenhum particular, enquanto particular, tem o direito de se apropriar do poder sob pretexto de defender as leis — essa tentativa é usurpação e como tal deve ser punida. No entanto, para ambos, o escravo, contrariamente ao súdito particular, tem pleno direito de rebelar-se, pois a relação de escravidão não se funda em vínculos políticos e jurídicos, mas é pura relação pessoal de dominação — ou seja, para ambos não existe o escravo por Natureza. Espinosa distingue o escravo e o súdito/cidadão pelo motivo da obediência: o primeiro, coagido pelo ferro e pelo fogo, obedece para realizar o desejo de um outro, estando por isso *alterius juris*, enquanto os segundos obedecem por reconhecer a soberania como obra sua e por isso são *sui juris*.

Enfim, Hobbes e Espinosa não estabelecem oposição entre liberdade e necessidade, pois a ação livre possui causas necessárias definindo-se, primordialmente, pela ausência de constrangimento externo. Por essa razão, o súdito (em Hobbes) e o cidadão (em Espinosa) têm plena liberdade sobre coisas e atos cujo direito não tenha passado para a esfera da soberania, que poderia constrangê-los.

Uma vez que o direito civil transforma e absorve o direito natural, a liberdade política passa a ser uma determinação do próprio Estado e não mais dos indivíduos enquanto súditos ou cidadãos, pois, escreve Hobbes, "a liberdade, à qual se encontram tantos elogios e tão honrosas referências nas obras de história e de filosofia [...] não é a liberdade dos indivíduos, mas a do Estado".[2] Por seu turno, Espinosa demonstra que tanto os vícios quanto as virtudes dos cidadãos não podem ser imputados a eles, mas devem ser atribuídos à Cidade.[3] Nessa perspectiva, Hobbes pode afirmar que não há diferença qualitativa entre monarquia e tirania, mas apenas uma diferença de nome: os homens chamam tirano àquele governante que não os satisfaz. A semelhança entre monarquia e tirania também aparece nos textos espinosanos. Após ter distinguido entre o Estado por instituição e o Estado por conquista, Hobbes afirmará que os direitos e consequências da soberania serão os mesmos nos dois casos.[4] A afirmação de que não há diferença, do ponto de vista do direito civil, entre o Estado conquistado e o instituído também é feita por Espinosa. Enfim, Hobbes declara que o soberano jamais pode ser acusado de injustiça, mesmo que possa ser acusado de iniquidade, nunca podendo ser julgado por ninguém, uma vez que a acusação, o julgamento e a punição recairiam sobre o próprio súdito que, tendo sido autor da lei no momento da criação do corpo político, deixa de respeitá-la após ter aceitado a soberania. De maneira semelhante, Espinosa considera que nenhum particular pode julgar o soberano e apresentar-se como defensor da lei, pois, seja qual for a forma do regime político, a instauração da soberania foi obra dos súditos e cidadãos.[5]

No entanto, uma análise mais minuciosa dessas afirmações revela que a semelhança entre os dois filósofos é menor do que sua diferença. Se começarmos pelas últimas teses e rumarmos para as primeiras que aqui foram assinaladas, poderemos iniciar a avaliação das divergências.

Assim, por exemplo, a ideia da indiferenciação entre monarquia e tirania, em Espinosa, não decorre de uma questão de linguagem (*chamar* de tirano um soberano) nem da apreciação do governo por parte dos insatisfeitos, mas sim do fato de que ambas possuem a mesma origem: o medo da morte na guerra, levando homens desarmados a buscar um salvador naquele que possui armas e conhece seu manejo, entregando-lhe o direito exclusivo ao poder. Se, por medo da guerra, os homens escolhem um rei, diz Espinosa, cometem grave engano, pois para vencer o perigo imediato escolhem nunca mais conhecer a paz, visto que a delegação de poder a um só prepara a tirania futura.[6]

No que concerne à indistinção entre o Estado por instituição e por conquista, para Espinosa a identidade se restringe ao direito civil, pois o dominador imporá seu próprio direito civil ao dominado e, por isso, do ponto de vista do direito civil, os dois Estados não se distinguirão. No entanto, há entre ambos profunda diferença: o corpo político instituído nasce por ato de uma população livre e em nome da esperança de vida, enquanto o conquistado se conserva apenas por medo da morte e por aceitação da servidão.[7]

Enfim, no que diz respeito ao julgamento da soberania por um particular, no caso de Espinosa essa questão encontra-se articulada a uma tese essencial da teoria política espinosana, qual seja, a de que, em geral, os homens desconhecem a quem cabe verdadeiramente a soberania e tendem a confundir o ocupante do poder com o próprio poder soberano. Por essa razão, escreve Espinosa, os inimigos maiores do corpo político não lhe são externos, mas internos: trata-se daqueles particulares (designados pelo filósofo como "grandes e poderosos") que, sob o pretexto de defender as leis, procuram tomar o poder, identificar-se com ele e transformar seu interesse particular em interesse comum e soberano.[8] É ilegítimo (e não apenas ilegal) que um particular, como particular, julgue e puna a soberania, pois com isso procura anular algo que é o cerne da política, isto é, a incomensurabilidade necessária entre a potência individual dos cidadãos e a potência coletiva, simbolizada pela soberania cuja potência é em termos geométricos inversamente proporcional ao poder de cada um dos cidadãos tomados individualmente. Quando, ao contrário, os homens sabem a quem cabe verdadeiramente o poder soberano, exigem que o espaço político seja plenamente visível, que todos os atos, motivos e palavras dos ocupantes do poder possam ser vistos, ouvidos, avaliados e julgados, aceitos ou recusados pelos cidadãos. Possuindo zonas de invisibilidade e de segredo, proibindo ou censurando o julgamento dos cidadãos, o poder se torna violento e o governante pode ser destituído, se os governados tiverem poder para derrubá-lo.[9]

Comparado a Espinosa, pode-se dizer que, em certa medida, Hobbes conserva o princípio medieval no qual o rei é *a nemine judicatur* (não pode ser julgado por ninguém), abolindo essa prescrição apenas no caso-limite, isto é, quando o soberano não cumpre a finalidade para a qual foi instituído (a segurança e a paz), de modo que, ao semear a discórdia e ameaçar a vida dos governados, deve ser deposto. Eis por que, em Hobbes, a ideia de uma assembleia pública e numerosa com funções de governo parece ineficaz e inoperante, seja porque, em decorrência do número, jamais chegará a um consenso, seja porque uma minoria hábil terá oportunidade de manipular uma maioria inepta. Há mais risco de guerra civil nesse caso do que num outro, defendido por Hobbes: o do monarca governando auxiliado por um pequeno conselho secreto escolhido pelo próprio rei:

> Um monarca recebe conselhos de quem lhe apraz, quando e onde lhe apraz. Em consequência, tem a possibilidade de ouvir pessoas versadas na matéria sobre a qual está deliberando seja qual for a categoria ou qualidade dessas pessoas e com a antecedência que quiser, em relação ao momento da ação, assim como com o segredo que quiser.[10]

Ora, Espinosa considera que, muito pelo contrário, se se desejar a estabilidade política, será preciso multiplicar conselhos e assembleias e fazê-los muito numerosos quanto à quantidade de membros para que "seja impossível a um particular corrompê-los", isso porque "quando um punhado de homens decide tudo segundo sua paixão, é a liberdade que perece". É preciso ter sempre em mente que monarquia e aristocracia não são poder absoluto (*absolutum imperium*) porque são formas políticas fundadas na desigualdade social e na exclusão do poder de uma parte da sociedade (a plebe). Ora, escreve Espinosa, uma das causas mais frequentes das guerras civis e das rebeliões populares encontra-se na tentativa de tratar secretamente os negócios públicos, pois embora a massa popular não possua poder e sua liberdade não tenha expressão legal, tacitamente não cessa de reivindicá-la e mantê-la, permanecendo temível para os governantes. Para que um monarca ou uma assembleia aristocrática não tenham que temer a plebe, é preciso que esta não só tenha alguns direitos reconhecidos e conservados, mas também que possa conhecer as causas das deliberações e os rumos dos negócios públicos, pois, afirma Espinosa, se o povo, excluído dos negócios públicos, que são tratados à sua revelia, for capaz de moderação e de juízo correto, então merece governar em lugar de ser governado.[11]

Essas primeiras diferenças entre os dois filósofos tornam a resposta de Espinosa a Jarig Jelles um tanto paradoxal, pois já podemos notar que as divergências com Hobbes ultrapassam aquela mencionada na Carta 50. No entanto, se examinarmos o significado da distância entre Hobbes e Espinosa no tocante à conservação do direito natural, certamente possuiremos um fio condutor para encontrar o significado das diferenças posteriores.

A leitura do *Leviatã* torna, inicialmente, obscura a afirmação de Espinosa de que, diferentemente de Hobbes, conserva o direito natural sempre bem resguardado após a instituição do direito civil. Com efeito, o capítulo 21 do Livro II, dedicado à liberdade dos súditos, deixa clara a manutenção do direito natural, tanto assim que Hobbes conserva como direitos naturais invioláveis a defesa da própria vida, a educação dos filhos, todas as ações e coisas cujo direito não pode ser transferido por um pacto, o término da obrigação política quando o soberano não cumpre sua parte (isto é, a defesa e segurança dos cidadãos) e, enfim, tudo quanto é permitido pelo silêncio das leis. Além disto, o fato de que não desaparece a ameaça de guerra civil após o surgimento do corpo político evidencia a permanência do direito natural, pois, como lembra Hobbes, embora os que instituíram a soberania a desejassem imortal, nem por isso deixa de ser mortal tanto pela ação de forças externas como pelas dissensões intestinas, nascidas das paixões e da ignorância. Por outro lado, quando Hobbes indaga por que indivíduos que já vivem sob o direito civil saem armados, trancam suas casas e seus baús, a pergunta indica que os homens continuam temendo ataques e esse temor indica que o direito natural não foi suprimido com o advento da vida civil. Enfim, o fato de que um cidadão possua escravos e, portanto, mantenha uma relação que pertence à esfera anterior ao direito civil (aquela examinada pelo filósofo no capítulo dedicado ao pátrio poder ou poder despótico) deixa clara a presença do direito natural após o direito civil. Assim sendo, de duas uma: ou Espinosa não compreendeu Hobbes, ou a conservação hobbesiana do direito natural não coincide com aquilo que Espinosa entende por mantê-lo "bem resguardado".

Após o advento do direito civil, o direito natural é conservado por Hobbes de duas maneiras. Em primeiro lugar, como aquilo que permanece na qualidade de direito individual por não ter sido transferido por nenhum pacto ou em virtude do silêncio das leis. Em segundo lugar, o direito natural permanece na condição de virtualidade ou de inclinação latente que, em determinadas circunstâncias, pode vir a atualizar-se, como é o caso da guerra civil.[12] O direito natural, portanto, é algo operante no interior da vida social, mas não possui realidade alguma para a vida política propriamente dita (a não ser no caso-limite da guerra civil e da renúncia do soberano, com a qual os súditos regressam à liberdade natural). Por essa razão, a distinção hobbesiana entre *lex* e *jus* é de grande importância, isto é, a diferença entre "obrigação e liberdade, as quais são incompatíveis quando se referem a uma mesma matéria".[13] Em outras palavras, Hobbes julga compatíveis necessidade e liberdade, pois ambas se referem a uma cadeia de causas, a primeira iniciando-se numa cadeia natural e a segunda numa cadeia voluntária; porém, em contrapartida, julga incompatíveis liberdade e obrigação porque ambas têm na vontade a origem da cadeia causal. Em outras palavras, a vontade de submeter-se e de obedecer politicamente anula (ou deveria anular) a vontade de viver segundo seu próprio desejo, pois duas vontades contraditórias ou se autodestroem ou uma delas deve vencer a outra.

As duas formas de conservação do direito natural, como resíduo não pactuado e como virtualidade, são exatamente o que Espinosa considera como sua não conservação. Em estado de Natureza, diz Espinosa, o direito natural é uma abstração. Em sentido espinosano, abstração não significa hipótese lógica ou idealidade sem correspondente factual, mas tudo quanto se encontre separado das condições que permitem sua realização, ou seja, abstrato possui sentido ontológico. Em estado de Natureza, o direito natural é abstrato porque se encontra separado das condições de sua efetuação concreta, pois todos podendo tudo (visto não haver leis determinando o permitido e o proibido), na realidade ninguém pode coisa alguma.[14] A vida política surgirá para que o direito natural se concretize e por essa razão ela não poderá suprimi-lo nem apenas conservá-lo como resíduo ou virtualidade. Espinosa conserva o direito natural tomando-o como *medida* do direito civil. A potência da soberania será o direito natural coletivo positivado no direito civil e será avaliada pela potência natural dos cidadãos, isto é, por seu direito natural individual.

No capítulo XVI do *Teológico-político*, dedicado aos fundamentos do Estado, Espinosa define o direito ou instituição natural de cada indivíduo como regras naturais que determinam cada ser a existir e agir de certa maneira. Tomada absolutamente, a Natureza tem direito a tudo quanto está em seu poder,

> isto é, o direito da Natureza estende-se até onde se estende sua potência, pois a potência da Natureza é a própria potência de Deus, o qual tem pleno direito a tudo. Visto, porém, que a potência universal de toda a Natureza não é mais do que a potência de todos os indivíduos em conjunto, segue-se que cada indivíduo tem pleno direito a tudo quanto esteja em seu poder, ou seja, o direito de cada um estende-se até onde se estender a sua exata potência.[15]

E, no *Tratado político*, lemos:

> Por direito de Natureza entendo, portanto, as próprias leis ou regras da Natureza segundo as quais tudo acontece, isto é, a própria potência da Natureza. Por conseguinte, o direito natural da Natureza inteira e consequentemente de cada indivíduo estende-se até onde se estender sua potência e, portanto, tudo o que cada homem faz seguindo as leis de sua própria natureza, ele o faz por um direito de Natureza soberano, e tem na Natureza tanto direito quanto potência (*tantumque in naturam habet juris, quantum potentia valet*).[16]

Tantum juris quantum potentia valet. A equivalência entre direito natural e potência natural se define como proporção geométrica diretamente proporcional entre direito (*jus*) e poder (*potentia*), de sorte que o direito é medido pela proporção direta de poder que seja efetivamente exercido: tem-se direito a tudo quanto se tenha poder para obter e manter. E o direito de cada um estende-se até onde se estender seu poder. Ou na formulação célebre: *jus sive potentia*. Essa proporcionalidade direta define também o direito da soberania e é ela que encontramos na resposta de Espinosa a Jelles.

De fato, o direito da Cidade (isto é, o direito civil) vai até onde for sua potência para exercê-lo e é medido por ela.

> O direito do poder (*imperii*) ou do soberano não é senão o próprio direito de Natureza, determinando-se não pela potência de cada um dos cidadãos tomados à parte, mas da massa (*multitudinis*) dirigida como que por uma só mente, isto é, assim como em cada um em estado natural o corpo e a mente possuem tanto direito quanta potência, assim também com o poder (*imperii*): cada cidadão, ou súdito, tem tanto menos direito quanto mais a própria Cidade for mais potente. Consequentemente, segundo o direito civil, cada cidadão não pode ter nem fazer senão o que pode reivindicar por um decreto comum da Cidade.[17]

A definição do poder político ou do direito civil pelo direito natural decorre da maneira como Espinosa concebe a fundação política que, como sabemos (particularmente no *Tratado político*), dispensa o conceito de pacto para determinar a gênese da vida política.

Vimos que o direito natural de cada um é definido nos dois tratados espinosanos como parte da potência da Natureza inteira. Tanto na *Ética* como no *Político*, Espinosa demonstra que os homens são partes da Natureza e nada poderá ser feito para que deixem de sê-lo, a menos que se queira escrever uma sátira ou uma utopia. Para compreendermos as consequências políticas dessa tese precisamos compreender o que é a Natureza e o que é "ser parte" dela. A Natureza é um indivíduo infinitamente complexo. Como toda individualidade, define-se pela união de constituintes que agem como causa única para a produção de um efeito determinado. Esses constituintes são, de um lado, o movimento e o repouso cujas proporções determinam a existência de novos indivíduos, os corpos, e, de outro, as conexões e os encadeamentos de ideias dos corpos individuais, isto é, no caso dos homens, as mentes. Cada homem, enquanto parte da Natureza, é um indivíduo constituído pela união de um corpo individual e de uma mente individual — o corpo é uma união de corpúsculos em relações determinadas de movimento e repouso, e a mente é uma conexão de ideias que percebem os estados corporais internos e as relações do corpo próprio com os demais corpos. A Natureza é uma estrutura complexa de relações internas entre partes (corpos e mentes) concordantes e conflitantes e sua essência é a de uma *potentia agendi*, pois ela não é senão a expressão ou o efeito imanente da potência de agir absoluta, isto é, de Deus. A potência de agir define a Natureza como totalidade ativa e define também cada uma de suas partes como individualidades ativas. *Ser parte* é, portanto, ser uma atividade determinada no interior de um todo e possuir propriedades comuns com o todo de que se é parte e com as demais partes desse todo. Como partes da Natureza, todos os homens são uma potência de autoconservação, isto é, o direito natural; e também possuem propriedades, qualidades ou determinações comuns, isto é, todos os corpos são proporções determinadas de movimento e de repouso e seguem as mesmas leis naturais, assim como todas as mentes são conexões e encadeamentos determinados de ideias que seguem as mesmas leis lógicas. O fato de que haja entre as partes uma comunidade natural (de potência e de propriedades ou qualidades) significa que esta existe antes da vida civil e que esta surja a partir daquela, sem necessidade de um pacto para instaurá-la.[18] Ou seja, em estado de Natureza existem partes que naturalmente formam o que Espinosa chama de *multitudo* e quando esta se comporta como um indivíduo, isto é, como uma potência de agir coletiva ou união de constituintes que agem como causa única para a produção de um efeito, institui a vida política. Em outras palavras, não há pacto porque os homens constituem um indivíduo coletivo ou um corpo complexo e uma mente complexa dotados de todo poder que seus constituintes lhe conferem: o corpo político. O poder político (o *imperium*) é, portanto, o direito natural comum ou coletivo.

Ao ser instituído como poder soberano, esse direito coletivo implica simultaneamente um processo de distribuição de poder no interior da sociedade, definindo as normas universais da política e as formas particulares dos regimes políticos. Duas normas universais presidem a fundação política: enquanto no nível do indivíduo particular o direito é *diretamente* proporcional à potência, a primeira norma da política determina que é necessário que a potência soberana seja *inversamente* proporcional à potência dos cidadãos tomados um a um ou somados, isto é, a potência soberana (direito civil) deve ser incomensurável com o poder individual dos cidadãos (direito natural); em segundo lugar, é necessário que a potência dos governantes seja *inversamente* proporcional à dos cidadãos coletivamente tomados, isto é, estes devem ter mais poder do que os dirigentes ou, em outras palavras, o governante não se confunde com o poder soberano que tem como causa a *multitudo* e com ela permanece, seja explicitamente, como na democracia, seja tacitamente, como na monarquia e na aristocracia.

A partir dessa distribuição do poder realiza-se sua redistribuição, isto é, a forma de nele participar e que determina a emergência dos diferentes tipos de regimes políticos. Assim, não é o número de governantes, nem são os procedimentos para sua escolha que determinam as diferenças entre os regimes, mas a forma da participação do poder. Definidas as condições da distribuição e redistribuição do poder, Espinosa pode considerar todos os regimes políticos como legítimos (seu ponto de partida sendo sempre o povo ou a *multitudo* como agente político, visto ser ele o portador do direito natural comum) e, ao mesmo tempo, afirmar que a democracia é o "mais natural dos regimes" ou o "poder absoluto", isto é, sem exclusão de uma parte da sociedade. De onde vem essa peculiaridade da democracia? Em primeiro lugar, porque nela todos sendo, de direito e de fato, legisladores, cidadãos, súditos e governantes, permanecem livres e iguais, como eram em estado natural, e a potência coletiva é absolutamente proporcional ao direito natural, conservando a incomensurabilidade da soberania. Em segundo lugar, porque é a única forma política capaz de realizar o desejo natural de todos os homens, qual seja, governar e não ser governado. Assim, enquanto para Hobbes o desejo natural é o de sempre obter mais poder, precisando por isso do advento de um poder soberano limitador, preparado para obrigar os súditos a não aspirar pelo governo e a aceitar a delegação de poder como a única forma possível de manter a paz, para Espinosa, o desejo natural sendo o de governar e não ser governado, sua resolução pode seguir dois caminhos: ou as instituições são criadas de modo a dar aos cidadãos a aparência de que não estão sendo governados (por isso a exigência de incomensurabilidade entre soberania e governo, além de um conjunto de disposições institucionais para a monarquia e a aristocracia) e instituir um imaginário social e político que satisfaça parcialmente o desejo natural e conserve a forma política em paz e segurança, ou, então, as instituições satisfarão real e plenamente ao desejo natural, o que só pode ocorrer numa democracia.

Diversamente de Espinosa, Hobbes enfatiza o significado da criação da Pessoa Artificial e das leis civis que, por meio de pactos mútuos, decidiram obedecer e às quais se submetem no ato de autorização das ações do soberano. Trata-se de uma *criação*, portanto, a criatura ganha autonomia e poder por si mesma, forçando os criadores a passar da liberdade (natural) à obrigação (política), reconhecendo que a liberdade, agora, pertence ao soberano. Donde duas conclusões importantes: a primeira é que a liberdade é a mesma, seja qual for o regime político — "quer o Estado seja monárquico, quer seja popular, a liberdade é a mesma", lemos no capítulo 21 do Livro II do *Leviatã*. A segunda, derivada da anterior, é que não se pode identificar a liberdade com o regime popular, identificação feita pelos antigos, como Aristóteles e Cícero, pois eles simplesmente escreveram sobre a política particular de seus Estados e não sobre a política universal, como gramáticos que julgaram haver escrito gramáticas universais quando estavam a escrever a gramática do grego ou do latim. Ignorando o etnocentrismo dos antigos, que odiavam a monarquia e ensinavam a depor o soberano,

> através da leitura desses autores gregos e latinos, os homens passaram desde a infância a adquirir o hábito (sob uma falsa aparência de liberdade) de fomentar tumultos e de exercer um licencioso controle sobre os atos de seus soberanos. E por sua vez o de controlar esses controladores, com uma imensa efusão de sangue.[19]

Qual a origem das diferenças entre Hobbes e Espinosa? Podemos localizá-la em dois níveis: na concepção da causalidade e na concepção do *conatus*.

Hobbes e Espinosa rejeitam as explicações baseadas em causas finais e criticam o finalismo aristotélico e sua versão medieval não apenas porque consideram as causas finais uma ficção e uma projeção antropomórfica sobre a Natureza, mas, sobretudo, porque para ambos nem mesmo as ações humanas se explicam por causas finais. Quando estas são invocadas ocultam o motivo real de seu uso, isto é, transformar uma ação natural e uma ação humana natural em execução de um decreto divino, exterior à Natureza. As causas finais não são apenas um engano teórico que uma nova física viria corrigir, mas são um instrumento de dominação mascarado, visto que convertem a necessidade natural numa autoridade.[20] A crítica hobbesiana e espinosana vem acompanhada da ênfase na causalidade eficiente que, no homem, é designada pelos dois filósofos como apetite e desejo. No entanto, não se trata da mesma causalidade eficiente. A causa eficiente hobbesiana é transitiva, isto é, uma vez produzido o efeito, a causa se afasta e se mantém separada do resultado. Eis por que o direito natural pode ser causa eficiente da vida civil e depois quase desaparecer, uma vez o direito civil estabelecido. Em contrapartida, a causa eficiente espinosana é imanente, isto, é, o efeito é sua expressão ou sua realização particular, de sorte que a causa é mantida naquilo que produz.[21] Dessa maneira, aquilo que o homem é por natureza não pode ser suprimido por um artefato produzido por sua natureza: o artesão realiza o artefato pela ação de uma causa eficiente imanente (o desejo) e seu efeito, isto é, a obra, exprime a natureza do artesão. Em linguagem anacrônica diríamos que o artesão se objetiva na obra. A permanência da causa no efeito que a exprime de maneira determinada esclarece por que o direito natural permanece bem resguardado no direito civil, uma vez que este é o direito natural coletivo. É sobre essa diferença que Espinosa fala a Jelles.

A razão profunda dessa diferença consiste no fato de que a ideia espinosana de causa eficiente imanente opera uma crítica radical do pensamento medieval, na medida em que, por seu intermédio, o filósofo recusa qualquer realidade ao virtual. Uma potência não é uma potencialidade, um possível virtual. Só é potência se for atual, pois só existe o que é atual. Um direito que não se exerça é um poder que não existe. Espinosa não dirá, por exemplo, que o escravo tem virtualmente o direito de rebelar-se porque tem virtualmente direito natural e liberdade de revolta, mas dirá que o direito natural do escravo só existe no momento em que efetivamente o exercer, rebelando-se. Pelo mesmo motivo não admitirá que o poder da Cidade seja ilimitado nem que seus limites sejam aqueles apontados por Hobbes, mas dirá que o direito da Cidade irá até onde for seu poder para exercê-lo. O limite, portanto, encontra-se no direito natural dos cidadãos, uma vez que o poder soberano se mede pela relação inversamente proporcional que mantém com o deles. Não é impossível, escreve Espinosa, que a soberania legisle sobre tudo quanto queira desde que, por alguma razão, os cidadãos tenham abdicado de seu direito natural e de seu próprio poder. Dessa afirmação, Espinosa retira duas consequências: a primeira é a de que a superioridade de um corpo político depende da capacidade da soberania para ser temida e ser respeitada, o que só é possível se não for odiosa nem odiada, pois quem odeia não teme nem respeita. O ódio, diz o *Tratado político*, nasce quando o poder soberano desencadeia a fúria e a indignação populares, fazendo ressurgir a medida do poder a partir de sua própria fonte, o povo. A segunda consequência é a de que a tirania não nasce apenas por usurpação do poder, mas do próprio consentimento dos cidadãos, seja porque ignoram a quem cabe verdadeiramente a soberania, seja porque estão fascinados pelos benefícios trazidos pelo tirano, seja, enfim, porque estão aterrorizados pelo medo da guerra. O fundamental, porém, é a tese implícita que sustenta essas afirmações, qual seja, a causalidade imanente efetuando-se nos efeitos: o consentimento, o fascínio ou o terror dos cidadãos não é algo que surja repentinamente no corpo político, mas já se encontra ali desde o momento da fundação, quando a redistribuição do poder foi feita de modo a permitir que o direito natural de alguns não fosse medido pelo direito civil e vice-versa. Em suma, o direito natural não é uma virtualidade que pode atualizar-se em certas circunstâncias, mas é uma potência atual que opera, simultaneamente, como guardião do direito civil e como sua ameaça permanente. Seu guardião, porque define a potência do poder soberano (a incomensurabilidade do poder coletivo em face das potências individuais); mas sua ameaça porque pode fortalecer-se às expensas da soberania e levar um punhado de particulares a se apossarem do direito soberano.

Vejamos agora a diferença no tocante à teoria do *conatus*.

Em Hobbes, o pacto social aparece como categoria que deve dar conta de duas exigências: no plano econômico, a acumulação do capital e, no plano político, o poder da monarquia absoluta como forma superior e mais segura da soberania absoluta. Problema delicado, pois consiste na exigência de conciliar aquilo que Hobbes designa como desejo natural de mais poder e as limitações impostas por um poder central. Usando categorias jurídicas do direito romano (propriedade, contrato, pessoa, pátrio poder, *dominium* e *imperium*) e da tradição do direito natural (igualdade), Hobbes considera a igualdade natural uma igualdade na insegurança, sendo obra da política a produção da igualdade na segurança. Para pensá-la e propô-la, Hobbes ancora-se fortemente nos conceitos da nova física e, em particular, no conceito de inércia,[22] ou melhor, no princípio de conservação indefinida do movimento. O uso do conceito de movimento originário ou contínuo permite que compreendamos a definição da liberdade oferecida no capítulo 14 do Livro II do *Leviatã*: "Entende-se por liberdade, no sentido próprio dessa palavra, a ausência de obstáculo exterior", de sorte que o *conatus* é um poder ilimitado de movimento ou de esforço para conservação que só será freado ou limitado por um obstáculo externo. Por essa razão, a ideia de silêncio das leis é solidária com a de liberdade dos súditos, pois aquele silêncio significa ausência de obstáculo externo ao movimento do *conatus*. Da mesma maneira, a guerra e a competição econômico-social são motores de liberdade, isto é, meios para eliminar obstáculos ao desejo de mais poder. Torna-se compreensível também por que o poder soberano hobbesiano obriga, isto é, aparece como limite e obstáculo ao movimento contínuo de cada indivíduo em estado de Natureza. Enfim, compreende-se por que Hobbes distingue liberdade e poder a partir do princípio de inércia: no capítulo acima citado, afirma que se o obstáculo ao movimento for interno ao agente, então não lhe falta liberdade, mas falta-lhe poder para mover-se. Por esse motivo o escravo tem liberdade, embora não tenha poder. Em estado natural, o movimento é centrífugo (por isso desencadeia a sociabilidade insociável) e por isso deve encontrar um limite ou obstáculo no movimento centrípeto, imposto pelas leis civis. Eis por que a passagem do direito natural ao direito civil é descrita como passagem do direito (liberdade) à lei da natureza (ditames da razão) e desta à lei civil (obrigação política). Em outras palavras, a passagem é uma sequência de imposições de obstáculos ou de limites externos ao movimento natural, tendo como ponto culminante a Pessoa Artificial ou o Estado que, por ser artifício e artefato, é exterior ao natural. Sem a exterioridade não há como frear, dirigir ou limitar o movimento inercial, isto é, o *conatus*. E é essa exterioridade necessária que dá à soberania seu aspecto obrigatório. Na esfera privada, a liberdade natural ou individual é conservada, enquanto na esfera pública é limitada por uma força externa. Portanto, é a mesma física que sustenta a concepção do direito natural como liberdade ou *conatus* e a do direito civil como obrigação, sem que Hobbes tenha que sair da região dos fatos e rumar para a dos valores, a fim de explicar a origem da obrigação política.[23] Aliás, Hobbes deixa claro que a diferença entre liberdade natural e obrigação política, determinada pela mediação dos ditames da razão (entenda-se: do cálculo da utilidade), não é uma diferença entre Natureza e vontade e sim uma diferença no interior do movimento voluntário, cujo sentido veremos a seguir.

O *conatus* é uma reação interna desencadeada por um movimento centrípeto externo e seu modelo explicativo encontra-se no fenômeno da pressão ambiental como reação centrífuga a uma pressão centrípeta que afeta o corpo a partir do exterior. Ora, a noção de pressão ambiental possui um alcance explicativo insuspeitado à primeira vista. Com efeito, a física da pressão ambiental pressupõe a definição de um corpo por oposição a outros corpos externos que o afetam e supõe ainda uma oposição no interior do próprio corpo entre sua face inercial e sua face pressionada. Qual o valor explicativo dessa física? Se nos lembrarmos de que McPherson[24] sustenta a tese de que os postulados físicos hobbesianos dão conta da primeira face do direito natural, isto é, a igualdade na insegurança, mas não podem dar conta de sua outra face, isto é, o conflito, tornando-se necessário acrescentar aos princípios físicos o modelo do mercado possessivo, podemos perceber a incorreção do intérprete. Na verdade, Hobbes não precisa desse modelo econômico para explicar o advento do conflito, pois sua física da pressão ambiental fornece os elementos necessários para a compreensão desse fenômeno. De fato, a física da pressão ambiental supõe e exige a ideia de contexto antagônico.

Tomando o corpo como uma totalidade de partes fluidas sujeitas à pressão ambiental, Hobbes pode estabelecer a ideia de busca de equilíbrio global como tendência ou inclinação dos corpos definidos como *conatus*. Para tanto, é preciso introduzir um novo conceito: o de velocidade, tal como é concebida por Galileu, isto é, variando segundo a natureza dos corpos e dos meios. Por essa razão, na política hobbesiana é uma questão fundamental determinar os meios políticos necessários ou adequados para que o equilíbrio seja obtido (a paz) pela regulação da velocidade do *conatus* (desejo de mais poder, de segurança e de satisfação ou abundância). A boa lei, dirá o *Leviatã*, é como a sebe que margeia o caminho: não está ali para impedir que o viajante prossiga, mas para que não se desvie de seu destino.[25]

Enfim, ao lado das preocupações físicas, Hobbes introduz postulados fisiológicos inspirados na teoria da circulação do sangue de Harvey e que lhe permitem distinguir entre movimentos animais (voluntários) e vitais (involuntários), sem desfazer sua identidade fundamental, isto é, ambos são movimentos nos quais a interação ocorre exclusivamente por contiguidade e jamais à distância.[26] Partindo desses postulados, podemos compreender por que Hobbes declara que os pactos só podem ser feitos entre indivíduos no interior da sociedade e não entre eles e a soberania, visto que, nesse caso, seria suposta uma relação de contiguidade entre eles e ela, o que é absurdo, ou então seria preciso supor uma relação à distância, o que contraria o mecanicismo da teoria. A interação exige proximidade e contacto direto, e isso não pode ocorrer senão num pacto entre os indivíduos do qual nascerá a soberania, à distância dos pactuantes. Por outro lado, a ideia de movimento vital prepara a de virtualidade, permitindo a Hobbes manter o direito natural na qualidade de inclinação virtual que se reatualiza cada vez que o direito civil bloquear o *conatus* a tal ponto que este seja obrigado a agir em sua forma não política, ou seja, como guerra.

Obedecendo ao movimento inercial, os corpos fisicamente homogêneos se diversificam segundo relações reversíveis do todo com as partes e das partes com o todo. Por esse motivo o capítulo 15 do *De Corpore* e o capítulo 6 do Livro II do *Leviatã* definem o *conatus*, isto é, a parte, segundo o modelo matemático infinitesimal e de integração, ou seja, como movimento efetuado no menor tempo e no menor espaço possíveis.[27] Com isso, o conceito de *conatus* se torna mais importante do que o de inércia. Sendo esforço infinitamente e infinitesimalmente veloz para desfazer obstáculos externos, não só é mais veloz do que o movimento inercial, mas supõe os antagonismos como situação dos corpos e como sua condição, e não como uma hipótese de intervenção possível sobre o movimento contínuo. Eis por que, no capítulo 14 do Livro II do *Leviatã*, a definição do direito natural (movimento inercial) é logo suplantada pelo da liberdade (*conatus*).

O conceito de *conatus* permite, ainda, reunir o conceito de inércia e o de equilíbrio global de um corpo, pois a tarefa do *conatus* é restabelecer no tempo mais curto possível e no menor espaço possível qualquer ruptura de equilíbrio suscitada pela pressão ambiental. O que nos permite passar do *conatus* como fato natural a ele como fato político, isto é, ao soberano como conservador e restaurador do equilíbrio do corpo político. Porque o soberano é, simultaneamente, artefato externo ou obstáculo ao movimento inercial e *conatus* ou conservador do equilíbrio, compreende-se como Hobbes possa sobredeterminar juridicamente essa figura por meio da distinção entre ator e autor: como artefato, o soberano é o ator que representa a unidade da *multitudo*; como *conatus*, o soberano é o autor, aquele a quem pertencem as palavras que pronuncia e as ações que realiza por autoridade.

É curioso observar como o mesmo quadro conceitual fornecido pela física produz resultados diferentes na filosofia de Espinosa.

Ao contrário de Hobbes, que toma os corpos exclusivamente como fluidos, Espinosa começa distinguindo os corpos simplíssimos (que são abstrações) e os corpos complexos (que são reais). Os primeiros podem ser duros (contato por grandes superfícies), moles (contato por pequenas superfícies) ou fluidos (partes que se movem umas através das outras). Os corpos complexos são produzidos pela integração dos simplíssimos segundo diferentes proporções de movimento e repouso: são os indivíduos ou *unione corporum* (uniões de corpos), únicos que são concretos porque possuem aquilo que falta aos simplíssimos, isto é, o *conatus*. Assim, a ideia de *conatus*, além de pressupor um sistema de movimento e de repouso individual interno e sua relação com o exterior, supõe, sobretudo, a ideia de singularidade complexa,[28] que determinará tanto a forma como a capacidade de cada *conatus* para relacionar-se com a pressão externa, produzida por outros corpos tão complexos quanto o seu e que também são *conatus*. A relação interna do indivíduo consigo mesmo, assim como sua relação com os corpos exteriores, jamais será simples, mas múltipla e diversificada, pois estamos sempre diante de corpos complexos internamente e de afecções recíprocas externas também complexas. Por esse motivo, a ideia de movimento contínuo só é válida, segundo Espinosa, para os simplíssimos, não podendo valer para os indivíduos. Em outras palavras, o princípio de inércia é apenas um caso particular do *conatus* e o mais abstrato de todos, não podendo servir como princípio de definição do próprio *conatus* tomado concretamente. Sem dúvida, Espinosa afirma que o *conatus* é o esforço para permanecer indefinidamente na duração e que só pode ser destruído pela ação de causas externas, porém o princípio de inércia não define plenamente o *conatus* enquanto essência atual de seres concretos. Nessa medida, o conceito espinosano de *conatus* não se encontra articulado ao de inércia e ao de velocidade, mas a um outro: o de intensidade ou força. Definidos pelo *conatus* como *potentia agendi*, os indivíduos se definem pela variação incessante de suas proporções internas de movimento e repouso, ou variação de sua força interna para a conservação, de sorte que o esforço de autoconservação visa menos à quantidade e à velocidade do movimento e muito mais a manter a *proporção interna* no embate com as forças externas, pois são elas que podem destruí-lo, como também são elas que o auxiliam a regenerar-se e ampliar-se. Não é por desejarem sempre mais (velocidade ou poder) que os indivíduos lutam, e sim para não morrer. É isso que significa a expressão *jus sive potentia*, direito, ou seja, potência. Por esse motivo, a noção de proporcionalidade entre direito e potência, definidora do *conatus* individual, reaparece na definição da soberania, *conatus* coletivo, ou do *imperium* como proporção entre direito e poder.

O essencial, porém, na diferença com Hobbes, consiste no fato de que a definição do *conatus* como esforço de manutenção da proporção interna para vencer as forças externas adversas e para compor com elas, quando concordantes com a essência e potência individuais, ao introduzir a ideia de intensidade, revelará que a noção de conflito não pode ser circunscrita à relação com o exterior, mas deve também ser encontrada no interior de cada indivíduo complexo. Espinosa define o *conatus* como *essência atual* do modo humano e o designa, inicialmente, como apetite no corpo e desejo na mente, ou como percepção reflexiva (imaginária ou intelectual) que temos de nossos apetites. E, na Parte III da *Ética*, nas Definições dos Afetos, Espinosa identifica apetite e desejo:

> O desejo (*cupiditas*) é a própria essência do homem enquanto esta é concebida como determinada a fazer alguma coisa (*ad aliquid agendum*) por uma afecção sua.

Até aqui, a semelhança com Hobbes é nítida: o desejo é uma causa eficiente e não uma causa final e é uma causa determinada por uma outra, isto é, a afecção do ou sobre o *conatus*. Todavia, a semelhança se interrompe aí. De fato, como Aristóteles e Descartes, Hobbes distingue ação e paixão apenas extrinsecamente: a ação se refere ao termo de onde parte um movimento, enquanto a paixão se refere ao termo sobre o qual um movimento incide. Isso significa, numa perspectiva hobbesiana, que além de externa, a diferença entre ação e paixão é apenas de grau e não de natureza. Duas consequências são imediatas: em primeiro lugar, é evidente que quando o soberano é ativo, os súditos são passivos; em segundo lugar, cada indivíduo pode ser passivo em algumas situações (quando recebe ações externas) e ativo em outras (quando age sobre outros). Para Espinosa, no entanto, a diferença entre ação e paixão é intrínseca e de natureza. Em outras palavras, pode haver interação puramente passional entre os homens, ainda que alguns sejam o ponto de partida da operação e outros sejam seus receptores. Mas, em segundo lugar, se uma soberania ativa tiver como condição a passividade dos cidadãos, então a tirania seria a forma superior da política.

Nas partes III e IV da *Ética*, Espinosa demonstra que o *conatus* opera incessantemente, mas que pode fazê-lo de maneira inadequada ou adequada. A operação inadequada chama-se paixão, a adequada, ação. A realização é passiva quando o *conatus* é causa inadequada do desejo e dos efeitos daí advindos, isto é, quando o *conatus* é apenas uma causa parcial das operações do corpo e da mente porque divide a causalidade com a potência de causas externas que o impelem nessa ou naquela direção, dominando-o e diminuindo sua força. A realização é ativa quando o *conatus* é causa adequada do desejo e dos efeitos dele decorrentes, isto é, quando o *conatus* é a causa total e completa das ações que realiza, relacionando-se com as forças exteriores sem ser impelido, dirigido ou dominado por elas. Ou, como lemos nos capítulos II e III do Apêndice à Parte IV da *Ética*:

> Todos os nossos esforços ou desejos (*conatus, seu cupiditates*) seguem da necessidade de nossa natureza de tal maneira que podem ser conhecidos ou por ela mesma, como sua causa próxima, ou enquanto somos uma parte da Natureza que não pode ser concebida adequadamente por si mesma sem os outros indivíduos.
>
> Os desejos que seguem de nossa natureza de tal maneira que só podem ser entendidos por ela mesma são os que se referem à mente enquanto é concebida como constituída por ideias adequadas. Os outros desejos, pelo contrário, só se referem à mente humana enquanto esta concebe as coisas inadequadamente. A força e crescimento deles não se definem pela potência humana, mas pela das coisas exteriores a nós. É por isso que, corretamente, os primeiros são chamados ações, enquanto os últimos são chamados paixões. Aqueles sempre indicam nossa potência; estes, nossa impotência e um conhecimento mutilado.[29]

A diferença intrínseca ou qualitativa entre ação e paixão decorre da situação da "parte da Natureza": quando esta pode ser compreendida em sua singularidade essencial como causa total dos efeitos produzidos, estamos na atividade; quando, porém, a parte só pode ser compreendida determinada pelas demais, estamos na passividade. Não é, pois, a condição de "parte" que engendra a passividade e sim o encontrar-se inteiramente determinada pela potência das outras partes. Donde a definição da paixão:

Um afeto dito paixão do ânimo (*animi pathema*) é uma ideia confusa com que a mente afirma a força de existir (*existendi vim*) maior ou menor do que antes de seu corpo ou de uma parte deste, e que, estando dada, a mente é determinada a pensar uma coisa preferencialmente a outra.[30]

A definição geral da paixão nos ensina que é preciso distinguir entre potência (*potentia*) e força (*vis*). Assinala também que a força de existir aumenta ou diminui e que esse aumento ou diminuição podem referir-se tanto ao corpo inteiro como a partes dele. E é isso o que nos interessa aqui.

Todo *conatus*, por ser parte da Natureza, é uma potência de agir atual; a força (*vis*) define a intensidade dessa potência, que, sem jamais desaparecer (a não ser na morte), pode sofrer variações, aumentando ou diminuindo. Uma potência de agir pode, portanto, ser fraca ou forte e todo indivíduo, sendo um complexo singular, é constituído por partes que, por seu turno, podem ser ou tornar-se fracas e/ou fortes (tanto no que respeita ao seu corpo como no que respeita à sua mente, pois esta é ideia do corpo e ideia de si, sendo tão complexa quanto o corpo próprio do qual é ideia). São fracas aquelas partes que sucumbem sob o peso da força das potências externas; são fortes aquelas que podem coexistir com a exterioridade sem ser por ela destruídas e, mais do que isso, cuja força pode aumentar justamente graças à relação com elas (é assim que Espinosa explica, por exemplo, a fisiologia da respiração e da digestão). Assim sendo, um *conatus* singular não é somente um indivíduo complexo, mas também um ser cujos conflitos não são apenas externos como ainda internos. São externos os conflitos com outras partes da Natureza adversas e poderosas, que podem enfraquecê-lo ou mesmo aniquilá-lo. São internos os conflitos de intensidade da força entre as partes constituintes da individualidade, isto é, os conflitos entre partes fracas e fortes.

Ora, isso significa que a potência do *conatus* não se encontra apenas em sua capacidade para vencer os obstáculos exteriores, pois tal capacidade é apenas efeito de uma causa muito mais profunda: sua capacidade para desenvolver em seu próprio interior as partes fortes, aumentando-lhes a intensidade e minimizando, com isto, a atuação das partes fracas. A paixão é o predomínio interno das partes fracas sobre as fortes, sob a ação de causas exteriores, isto é, da pressão ambiental. A ação é o predomínio das partes fortes sobre as fracas, graças ao aumento da força interna do próprio *conatus*. Isso significa, ainda, que o conflito interior pode definir a forma da relação com o exterior e por isso Espinosa demonstra que, na paixão, o *conatus* está enfraquecido pela ação das forças externas com as quais está em conflito, pois, nesse estado, os homens naturalmente discordam uns dos outros. Na ação, porém, o *conatus* está internamente fortalecido, os homens desenvolvem a percepção da utilidade, reconhecem o que possuem em comum com os outros e em que concordam.

A ideia de variação da intensidade da potência de agir ou da força do *conatus* acarreta três consequências conceituais com que podemos melhor avaliar a diferença entre Hobbes e Espinosa:

1) Embora o conceito espinosano de liberdade implique, como o de Hobbes, a inexistência de coação ou de constrangimento externo e embora pressuponha, como em Hobbes, a autodeterminação diante de obstáculos externos, entretanto, não se *define* pela ausência de constrangimentos, mas pela potência interna de agir quando esta é mais forte do que a potência das causas externas. Para que a liberdade se exerça é necessário que o *conatus* desenvolva internamente uma força não só capaz de remover obstáculos, mas ainda capaz de interpretar o significado do próprio obstáculo, sem o que jamais poderá verdadeiramente enfrentá-lo. Distinguindo o *conatus* como causa inadequada (isto é, produzindo efeitos causados pela pressão das forças externas que o determinam a agir e deixando-o ignorante da origem da ação) e o *conatus* como causa adequada (isto é, produzindo efeitos causados por sua força interna e consciente da origem de sua ação), Espinosa distingue intrinsecamente passividade e atividade como modos de existir e não precisa vinculá-las ao exercício da vontade. A passividade não decorre de uma relação com algo externo, pois, nesse caso, estaríamos destinados unicamente à passividade, na medida em que somos seres finitos, e seria compreensível que se procurasse minimizar a finitude concebendo-se a reversibilidade entre paixão e ação, e dando à vontade a iniciativa da ação. A passividade decorre do modo como a relação com o exterior se estabelece, da mesma maneira que a atividade não decorre da uma ausência de relação com algo externo e sim do modo como a relação se estabelece: na primeira, somos determinados a existir, operar, sentir e pensar segundo a força de um desejo externo interiorizado; na segunda, o que somos, pensamos, desejamos, sentimos e fazemos determina como nos relacionamos com a exterioridade. A liberdade é atividade corporal e psíquica de uma causa eficiente interna forte. Espinosa

a define como aptidão do corpo e da mente para a pluralidade simultânea, isto é, como força do corpo para afetar outros corpos e ser por eles afetado de inúmeras maneiras simultâneas, sem ser dominado por eles nem dominá-los, aumentando sua capacidade de viver; e como força da mente para conceber inúmeras ideias simultâneas e desejar simultaneamente tudo que aumente sua capacidade de pensar. Eis por que, em estado de Natureza, o *conatus* ou direito natural é uma abstração. Em contrapartida, compreende-se por que o direito civil vem dar concreticidade ao direito natural, na medida em que a reunião das potências individuais num corpo político permite o desenvolvimento das forças internas de cada um pela mediação da lei criada coletivamente. Por essa razão, a liberdade não é a condição para a vida política — a condição é a igualdade natural como potência que não consegue se concretizar —, mas sua expressão mais alta. Se as virtudes e vícios dos cidadãos não devem ser imputados a eles, mas atribuídos à própria Cidade, é porque a liberdade e a servidão são determinações da própria soberania. No entanto, Espinosa não concordará com a tese hobbesiana (e dos republicanos renascentistas) de que a liberdade é apenas liberdade do Estado, uma vez que a relação estabelecida entre direito natural e direito civil faz com que a liberdade do Estado deva exprimir-se como liberdade dos cidadãos. Em outras palavras, por não vincular desejo e vontade nem liberdade e vontade Espinosa não concebe a passagem do direito natural ao direito civil como passagem da liberdade natural à obrigação política que exclui a primeira porque seriam vontades antagônicas. Por esse motivo, pode escrever a Jelles, dizendo-lhe que conserva o direito natural bem resguardado no direito civil. Compreendemos também por que o *Teológico-político* termina com um capítulo dedicado à liberdade dos cidadãos, e por que Hobbes pode preferir a monarquia, enquanto Espinosa defenderá a democracia:

> Na democracia ninguém transfere seu direito natural para outro homem, em proveito do qual, a partir de então, aceitaria não mais ser consultado. Cada um transfere seu direito natural para toda a sociedade de que faz parte e assim *todos permanecem iguais* como o eram outrora em estado de natureza. Detive-me no exame desse regime porque ilustra melhor do que todos os outros minha demonstração, a saber, a *importância da liberdade* em uma comunidade politicamente organizada.[31]

2) Definindo o homem como *conatus* e como parte da Natureza, e esta como um, indivíduo infinitamente complexo constituído de partes concordantes e conflitantes, fracas e fortes, Espinosa define o homem como "ser parte de" e como uma singularidade complexa corporal e espiritual, originariamente passional e, portanto, em conflito interno e externo. Todavia, a discórdia não é a única relação natural, ainda que possa ser a primeira. A concórdia também está naturalmente determinada. A ideia de partes concordantes ou de concordância (*convenientia*) articula-se a um conceito bastante preciso no pensamento de Espinosa, o de noção comum (*notio communis*) que, como vimos, é entendida como um conjunto de determinações e propriedades comuns ao todo e suas partes e comuns às partes entre si. A noção comum se refere a propriedades e qualidades universais que se encontram no todo e em suas partes, fazendo com que naturalmente convirjam, concordem e se fortaleçam reciprocamente. Isso não significa que, passionais, os homens conheçam diretamente as noções comuns e desejem por isso a vida social e política. A noção comum é uma racionalidade natural operante no real e percebida indiretamente pelos homens por meio da imaginação: ela se oferece como percepção da utilidade ou do princípio segundo o qual é mais útil, entre dois males, escolher o menor e, entre dois bens, escolher o maior. Em outras palavras, a imaginação calcula que é mais útil à conservação de cada um passar da guerra à concórdia e à paz, pois trazem segurança à insegurança natural. Todavia ela só pode ter essa percepção e fazer esse cálculo porque, de fato, as noções comuns são ontológicas e produzem a concordância e conveniências entre as partes de um mesmo todo. Com elas, Espinosa pode passar da ideia de "ser parte de", como parte separada das demais, para a de *pars communis* ou "ser parte de um todo" em que as partes coexistem porque possuem algumas determinações essenciais em comum. O corpo político é um desses todos no qual a determinação comum é o direito natural que, por isso, não pode ser suprimido pelo direito civil. Ora, o direito natural individual não define seres harmoniosos, mas conflitantes. Uma das teses fundamentais da política espinosana é a de que os homens se dispõem a viver em comum não porque puseram fim a seus conflitos (a política não é o advento da boa sociedade reconciliada consigo mesma), mas porque se dispuseram a viver em paz. A paz, definida pelo filósofo como força de ânimo e coragem, é a capacidade para coexistir sob leis comuns porque podem exprimir a satisfação

de desejos comuns, mas, muitas vezes, também contrários. A noção comum, pressuposto da vida em comum, é mais uma realidade que, ao lado da realidade do indivíduo como unidade de ação dos constituintes, dispensa o pacto como categoria explicativa da gênese do corpo político.

3) Se, diferentemente de Hobbes, Espinosa explica a Jelles que conserva o direito natural bem resguardado no interior do direito civil é porque a peculiaridade do direito natural consiste em sua ambiguidade insuperável: é guardião e ameaça do direito civil. Guardião, pois é a medida do poder político. Ameaça, pois é ele que, sob o efeito das paixões, pode tornar alguém um usurpador. Por isso, a arte de governar realiza-se no interior dessa duplicidade, sem recusá-la usando a violência da tirania, nem descambando na licença da anarquia. Isso significa que a instituição do Estado não cessa de ser refeita e isso não tanto pela ação das forças exteriores e sim muito mais pelas tensões internas, pois o *conatus* coletivo é feito de concordâncias e conflitos, de partes fortes e fracas, de risco incessante de diminuição da liberdade e da igualdade e da confusão entre a paz e a mera ausência de guerra. Isso significa também que o direito civil institui as leis e as regras da vida política, mas que, em si mesmo, ele não pode ser uma realidade normativa, como o direito civil hobbesiano, pois ele é o direito natural coletivo e o direito vai até onde for o poder para exercê-lo.

Notas

1. POLÍTICA E PROFECIA [PP. 7-80]

1. *TTP*, *Praef.*, G, III, p. 12; trad. Pires Aurélio, p.118.

2. Ibidem, 15, G, III, p. 187; trad. Pires Aurélio, p. 305.

3. Ibidem, 7, G, III, p. 111; trad. Pires Aurélio, p. 220.

4. No capítulo III, Espinosa escreve: "Queremos, além disso, mostrar que os hebreus não foram superiores às outras nações, nem pela sua ciência nem pela sua piedade, mas por uma outra razão. Quer dizer, os hebreus, apesar de terem sido muitas vezes admoestados, não foram escolhidos por Deus, dentre as outras nações, para a verdadeira vida nem para altas especulações: foi para algo completamente diferente e vou agora expor". *TTP*, 3, G, III, p. 45; trad. Pires Aurélio, p. 152. Esse "algo completamente diferente" é a política hebraica ou a teocracia mosaica.

5. Ibidem, 6, G, III, p. 82; trad. Pires Aurélio, p. 190.

6. Ibidem, 4, G, III, p. 66; trad. Pires Aurélio, p. 174.

7. Ibidem.

8. "Entre os Grandes Profetas encontra-se a palavra de ordem de reação contra a canaanização da religião de Jeová. Oseias, Isaías, Jeremias, Ezequiel protestaram contra certas práticas emprestadas aos indígenas ou que consideravam canaaneanas, mas seria empobrecer suas críticas apresentá-las como dirigidas somente a um culto adulterado, como acreditam certos historiadores [...] A polêmica contra certas práticas do culto reputadas como canaaneanas aparece apenas em primeiro plano entre os epígonos e discípulos. A ideia fundamental dos verdadeiros chefes do movimento profético era muito mais profunda: atacam a suposta eficácia que todas as religiões antigas haviam atribuído aos ritos do culto e aos sacrifícios; sejam quais forem e seja qual for o lugar em que se realizem, tais gestos não têm valor diante de Deus, não exercem nenhuma influên-

cia sobre Ele; são-lhe indiferentes", Adolph Lods, *Les prophètes d'Israël et les débuts du judaïsme*, Paris, Albin Michel, 1979, p. 73. "A originalidade dos Grandes Profetas consiste em ter declarado que a justiça divina é absoluta, rigorosamente igual para todos, sem sombras e sem reservas; Jeová é inacessível tanto ao capricho quanto ao interesse; oferendas e ritos não podem agir sobre Ele", ibidem, p. 81. "As catástrofes do exílio obrigaram os Grandes Profetas a se tornarem consoladores e diretores espirituais de seu povo, reconstrutores da cidade, agindo não mais na serena região dos princípios, mas às voltas com a pesada realidade com todas as forças do passado", ibidem, p. 83.

9. *TTP*, 19, G, III, p. 237; trad. Pires Aurélio, p. 363 (grifos meus).

10. Ibidem, p.363.

11. Ibidem.

12. Ibidem, 7, G, III, p. 110; trad. Pires Aurélio, p. 218 (grifos meus).

13. Ibidem, 1, G, III, p. 15; trad. Pires Aurélio, p. 121.

14. Ibidem, 11, G, III, p. 151; trad. Pires Aurélio, p. 267.

15. Ibidem.

16. Ibidem, 11, G, III, p. 152; trad. Pires Aurélio, p. 268.

17. Ibidem, 11, G, III, p. 153; trad. Pires Aurélio, p. 271.

18. Ibidem.

19. Ibidem, 11, G, III, pp. 156-7; trad. Pires Aurélio, p. 272.

20. Ibidem, 11, G, III, p. 157; trad. Pires Aurélio, p. 273.

21. Ibidem, 11, G, III, p. 158; trad. Pires Aurélio, p. 274.

22. Por inimigo do corpo político, Espinosa entende o particular ou o grupo de particulares que, para defender seus interesses de classe, pretende identificar-se com o lugar simbólico da soberania. A ditadura, para Espinosa, não se confunde com o regime político no qual haja apenas um governante ou alguns — aliás, Espinosa afirma que, na democracia, o pequeno número de governantes não destrói o regime porque a característica fundamental da forma democrática é a abolição da diferença entre dirigentes e dirigidos ou executantes. A opressão ditatorial consiste na passagem do lugar da soberania a indivíduos empiricamente determinados cujos interesses particulares passam a figurar imaginariamente o interesse da coletividade. No *Tratado político* o filósofo designa tais inimigos como "ricos, poderosos e ambiciosos". Para melhor compreensão da figura do inimigo político, vejam-se os capítulos do *Político* dedicados à gênese da soberania que, para Espinosa, não nasce de um pacto. Este é apenas a maneira como o imaginário coletivo representa para si mesmo o advento da vida política.

23. *TTP*, 17 (nota marginal 38), G, III, pp. 266-7; trad. Pires Aurélio, p. 333.

24. M. Bataillon, "Le Brésil dans une vision d'Isaïe", *Bulletin des Etudes Portugaises*, Paris, 1964, vol. 25, pp. 19-20.

25. M. Bataillon, op. cit., p. 20.

2. A INSTITUIÇÃO DO CAMPO POLÍTICO [PP. 81-196]

1. Pascal, *Pensées*, Lafuma 182-183; Brunschvicg 272-253; in *Oeuvres*, Paris, Seuil, 1963, p. 524.

2. Suárez, *De Legibus ad de Deo Legislatore*, ed. G. L. Williams, Oxford, Oxford University Press, 1944, Pref., pp. 16-7.

3. Tomás de Aquino, *Summa Theologica*, I, II, 3-5 I. A distinção tomista inspira-se numa distinção feita por Aristóteles entre o agente e o artífice: o agente possui um conhecimento normativo e prescritivo do que faz; o artífice não possui esse conhecimento e por isso não tem competência para avaliar o resultado de seu fazer; mas o agente possui um saber especulativo (o conhecimento especulativo do fim ou do modelo e as normas para fabricar alguma coisa em conformidade com ele), que lhe permite avaliar não só o resultado de sua ação como também o produto fabricado pelo artífice. O fazer, portanto, não dá conhecimento àquele que faz.

4. Lemos no prefácio do *Tratado teológico-político*: "É isto, leitor filósofo, o que submeto aqui à tua apreciação, na esperança de não ser mal acolhido, tendo em conta a importância e utilidade do tema, quer da obra, quer de cada um dos capítulos [...]. Quanto aos outros, não tento sequer recomendar-lhes este tratado, pois nada me leva a esperar que ele, por qualquer razão, possa agradar-lhe [...]. Não convido, portanto, o vulgar, nem aqueles que compartilham das suas paixões, a lerem este livro [...] não aproveitando eles nem deixando que aproveitem os que poderiam mais livremente se a tanto não os impedisse o julgarem que a razão deve ser serva da teologia: porque a estes ainda tenho, efetivamente, esperanças de que a obra venha a ser de extrema utilidade". Trad. de Diogo Pires Aurélio, Lisboa, Imprensa Nacional-Casa da Moeda, 1988, pp. 118-9.

5. Carta 30 de Espinosa a Oldenburg, possivelmente do outono de 1665, G, IV, p. 166. Politicamente, as Sete Províncias do Norte (ou as Nederlândias) estão internamente divididas por dois grandes partidos políticos — o monarquista, ligado à Casa de Orange, e o republicano, ligado aos Regentes, isto é, à burguesia — cujo pensamento é traduzido imediatamente na linguagem da religião: os monarquistas têm como porta-vozes os seguidores de Gomar e o clero calvinista ortodoxo, de inspiração teocrática (para estes, a autoridade política está subordinada à autoridade religiosa, que detém o *jus circa sacra* e, em nome da religião, pode intervir politicamente, por exemplo, destituindo governantes ou usando a censura da palavra e do pensamento contra dissidentes ou hereges); os republicanos aliam-se aos seguidores de Arminius e do clero calvinista heterodoxo, partidários da separação entre o poder político e a autoridade religiosa e da tolerância religiosa. A distinção entre gomaristas e arminianos provém, em termos teológicos, da diferença na interpretação do dogma da predestinação tal como formulado por Calvino.

6. *E*, I, App., G, II, p. 81.

7. "Em verdade vos digo: tudo quanto ligardes na terra será ligado no céu e tudo quanto desligardes na terra será desligado no céu." Mateus, 18:18. Acrescentemos ainda Mateus 18:19-20: "Em verdade ainda vos digo: se dois de vós estiverem de acordo na terra sobre qualquer coisa que queiram pedir, isto vos será concedido por meu Pai que está nos Céus. Pois onde dois ou três estiverem reunidos em meu nome, ali estou eu no meio deles".

8. Usamos o termo latino no qual está pressuposta a diferença entre ele e a plebe, diferença que se perde quando usamos *povo*, que, em português, tanto pode significar o conjunto indiferenciado de todos os cidadãos ou apenas a plebe.

9. Cf. acima nota 3.

10. *TTP*, Praefatio, G, III, pp. 5-6.

11. Ibidem, G, III, p. 6.

12. Ibidem, G, III, p. 8.

13. Ibidem, 7, G, III, p. 111.

14. Ibidem, 7, G, III, p. 97.

15. Desde Aristóteles, a tradição filosófica opera com a oposição entre "por natureza" e "por vontade" e identifica a primeira com "por necessidade" e segunda com "por liberdade". O natural e necessário é o que não admite o contrário; o voluntário e o livre é o que admite a existência de contrários igualmente possíveis e que são objeto de escolha. Para melhor aquilatar o alcance da crítica espinosana ao contingente e ao possível, acompanhemos brevemente o tratamento dado à ideia de potência de Deus por Duns Scotus e por Guilherme de Ockham. Que há contingência no mundo, dizem os scotistas, ninguém há de duvidar, o que é preciso mostrar, porém, é que há uma causalidade contingente. Além disso, se os entes finitos são causados pelo ente necessário, que os cria, como impedir que a causa criadora seja apenas possível ou contingente, uma vez que possibilidade e contingência denotam potencialidade, mas o ser necessário é justamente aquele que, ato puro, não pode ser dito dotado da mera potencialidade para escolher entre contrários? Será preciso, aqui, identificar potência e poder atual. Scotus distingue causa motriz, isto é, aquela cujo efeito é um movimento, e causa eficiente, ou aquela que tem um ser como efeito. A causa primeira, causa formal eminente e causa final, é eficiente porque criadora de seres *ex nihilo*. Por ser causa agente e final, só pode ser a ação de um ser inteligente e valente, e, por ser causa primeira, só pode ser ação de um ser infinito incausado, causa de todas as coisas: Deus. Pela via da causalidade, Scotus chega a Deus e por essa mesma via demonstra que uma causa infinita inteligente, voluntária e primeira causa contingentemente. Tendo estabelecido a existência de um ser que tem a primazia causal, ou seja, que é causa primeira eficiente, final e eminente, Scotus enfatiza a diferença entre *natura*, o que causa por necessidade, e *voluntas*, o que causa livremente, de maneira a identificar a causa primeira com a vontade. O doutor sutil afirma que a mera existência de criaturas prova por si mesma a contingência existente no mundo e exige que a causa primeira cause contingentemente. No entanto, Aristóteles admitira a causalidade contingente sem que por isso fosse levado a afirmar que a ação da causa primeira é contingente, pois a contingência é o que se opõe ao necessário e ao eterno, encontrando no poder do agente voluntário seu princípio e na imperfeição da matéria o ancoradouro para o acaso e o monstro. Boécio, Maimônides e Tomás também haviam aceitado a contingência, considerando que as coisas necessárias pela ciência divina podem ser contingentes por suas causas próximas (o intelecto divino concebe o necessário e a vontade divina permite que as causas segundas produzam efeitos contingentes). Scotus, porém, afirma que a causa única que leva Deus a querer as coisas é apenas a vontade divina soberanamente livre, que põe para si mesma a regra de sua própria operação, qual seja, impedir o que contradiga intrinsecamente Sua essência e o que contrarie aquilo que Sua potência decretou, afirmando a imutabilidade de Seu ser. O mais importante para Scotus é deslocar o nervo da questão, passando de "algo é contingente" para "algo é contingentemente causado". Isso significa passar de uma propriedade do efeito à natureza da própria causa e encontrar no poder dela a origem da contingência. Uma causa (eficiente ou final, ou ambas) comanda e dirige naturalmente quando realiza o efeito necessariamente, isto é, cegamente, sem conhecê-lo e sem amá-lo; pelo contrário, uma causa comanda e dirige voluntariamente quando realiza o efeito por deliberação e escolha, conhecendo e amando o que realiza. Ora, "não há princípio de operação contingente, exceto a vontade e o que acompanha a vontade" e por isso não se trata de buscar se há *algo contingente* no universo e sim se algo *é causado* contingentemente. Em outros termos,

quando se busca o comando, busca-se a *arché*, o *principium*, e por isso é preciso saber se algo é causado inevitavelmente, de tal maneira que seu oposto não possa ser causado naquele momento, ou se é causado contingentemente, de tal maneira que seu oposto também poderia, sem nenhuma contradição, ter acontecido. Nesse segundo caso, não se pode seguir Aristóteles, Boécio ou Tomás e afirmar que a causa primeira é necessária, embora os efeitos possam ser contingentes. De fato, uma série causal ordenada é aquela na qual os efeitos estão essencialmente ordenados às suas causas, e, portanto, uma série cujo início é necessário só pode produzir efeitos necessários, não podendo ter a contingência em seu término. Donde a afirmação peremptória de Scotus: "Algo é causado contingentemente, algo é causado voluntariamente". Scotus não se ocupa, portanto, com a contingência das existências, isto é, do que vem ao ser pelo poder de uma vontade capaz de escolher entre contrários, mas se ocupa com a contingência das próprias essências e, por conseguinte, julga que a fonte dessa contingência não pode estar nelas e sim na livre escolha Daquele que as cria como essências. No caso de Ockham, a potência e o conhecimento divinos são coextensivos, e a potência é absoluta, criando como causa primeira, permanente e imediata todos os seus efeitos, encontra-se sempre presente, mesmo quando concorre a potência ordenada ou as causas segundas, pois estas dependem imediatamente da causalidade divina. A potência absoluta é o poder absolutamente contingente porque pode tudo quanto não seja contraditório, e o possível é o não contraditório: possível é o que a potência divina pode produzir sem contradição. O possível produzível não é o possível absolutamente, pois "é possível absolutamente que Deus é", porque Ele poderia ter escolhido não ser, porém não é a potência que produz o ser de Deus ou, em outras palavras, Ele não é causa eficiente de si. Uma vez que o possível não tem de ser produzido em ato para ser dito produzível, mas assim é dito porque está no poder de Deus, ele não é uma qualidade inerente, intrínseca à criatura, mas apenas uma denominação extrínseca que lhe vem da causa eficiente. Em outros termos, a criatura é possível não porque isso lhe conviria por natureza, e sim porque Deus pode produzi-la. Se para Duns Scotus o possível é denominação intrínseca do ente inteligível, isto é, da ideia da coisa no intelecto divino, precedendo o ato da potência divina absoluta, para Ockham o possível é simultâneo à onipotência de Deus sem que sua ideia preceda sua posição na existência. O possível não é inerente às próprias coisas criadas e sim ao poder divino como um poder-fazer que se exerce sem nenhum limite e põe para si mesmo a não contradição como forma de seu exercício. Não só os atos dessa potência são contingentes, mas também os efeitos dela, porque, por um lado, o mundo não é constituído por uma rede de universais que organize horizontal e verticalmente sua ordem, e sim apenas a distribuição discreta de singularidades imediatamente dependentes de Deus; e, por outro lado, porque não há relações causais reais entre os singulares nem coesão causal necessária entre eles (as relações causais *seguem* a existência dos singulares, mas não as *presidem*). Ockham não nega as regularidades causais na Natureza, mas elas são exatamente isto, regularidades, e não necessidades. A potência ordenada de Deus ou as causas segundas estão inteiramente sob o poder da potência absoluta, e Deus pode quebrá-las a qualquer momento sem que isso afete os singulares, uma vez que a potência absoluta significa que "Deus *pode* fazer muito mais coisas do que as que *não quer* fazer" e que a potência ordenada são leis que Ele instituiu e pode aniquilar, isto é, refere-se ao que Ele quer e pode deixar de querer. A potência absoluta diz respeito, portanto, a tudo quanto não seja contraditório; a ordenada, a tudo quanto não seja contrário à vontade divina, e por isso a potência absoluta não excede a ordenada. Em outras palavras, não há uma dualidade real de potências nem subordinação de uma delas à outra, porque a potência ordenada é a operação da potência absoluta, ou seja, a potência ordenada é a ação contingente da potência absoluta produzindo os possíveis.

16. Para a elaboração histórica dessas imagens, cf. W. Ulmann, *Medieval political thought*, Hardmondsworth, Penguin Books, 1975; C. N. Cochrane, *Christianity and classical culture*, Londres, Oxford University Press, 1977; E. Kantorowicz, *The king's two bodies*, Princeton, Princeton University Press, 1970; E. Kantorowicz, *Mourir pour la patrie*, Paris, Presses Universitaires de France, 1984; Q. Skinner, *The foundations of modern political thought*, Cambridge, Cambridge University Press, 1978; C. Hill, *The world turned upside down*, Harmondsworth, Penguin, 1972; C. Lefort, *Machiavel — Le travail de l'oeuvre*, Paris, Gallimard, 1972.

17. J. Mariana, S.J., *Del rey y de la institución real*, apud João Adolfo Hansen, "Educando príncipes no espelho", in *Textos apresentados ao concurso de livre-docência na área de Literatura Brasileira*, mímeo. São Paulo, Faculdade de Filosofia, Letras e Ciências Humanas, USP, 2002, p.113.

18. *TTP*, III, G, III, p. 46.

19. É sugestivo observar que, no capítulo XVI do *Teológico-político*, antes de entrar no tema da eleição hebraica, Espinosa introduz a figura de Moisés comparando-a com a de Alexandre, marcando, no contexto do *ingenium populi*, a diferença entre judeus e macedônios, comparação que é precedida pela de Alexandre e Augusto. "[...] pensavam que, se os súditos e todos os outros os considerassem, não como seus semelhantes, mas sim como deuses, suportariam mais facilmente ser governados por eles e entregar-se-lhes-iam com facilidade. Foi assim que Augusto convenceu os Romanos de que descendia de Eneias, o qual acreditava ser filho de Vênus e pertencer ao número dos deuses, e quis ser adorado nos templos sob a efígie das divindades, por flâmines e sacerdotes. Alexandre, esse quis ser saudado como filho de Júpiter. E parece que o fez, não por orgulho, mas por prudência [...]. E o mesmo fez Cleon, no discurso com que tentava convencer os macedônios a se submeterem ao Rei. Com efeito, após ter emprestado à simulação uma aparência de verdade, descrevendo entusiasticamente as glórias de Alexandre e enumerando seus méritos, refere assim as vantagens desse processo: *não era só por piedade que os Persas prestavam aos reis o mesmo culto que aos deuses, era também por prudência: porque a majestade é a garantia da segurança do Estado* [...]. Os Macedônios, porém, eram pessoas mais esclarecidas e, de resto, os homens, a menos que sejam bárbaros por completo, não toleram ser tão abertamente enganados e que os façam baixar de súditos a escravos inúteis. Mas houve outros que lograram facilmente fazer crer que a soberana majestade é sagrada, que faz na terra as vezes de Deus, que foi instituída por Deus e não por sufrágio e consentimento dos homens, e que, além disso, se mantém e defende por especial providência e auxílio divino" (trad. de Diogo Pires Aurélio, op. cit., pp. 325-6). Entre esses "outros", o texto nos mostrará, encontra-se Moisés.

20. Nos *Pensamentos metafísicos*, a crítica ao emprego de *personalitas* a Deus é bastante clara: "A vontade de Deus, pela qual quer amar a si próprio, decorre necessariamente de seu intelecto infinito, pelo qual conhece a si próprio. Mas como se distinguem essas três coisas — sua essência, seu intelecto e sua vontade — é o que colocamos entre os conhecimentos que nos faltam. Não nos escapa o vocábulo *personalidade* que nessa ocasião os teólogos empregam abusivamente para explicar a coisa. Na verdade, embora não ignoremos o vocábulo, ignoramos sua significação [na teologia] e não podemos formar dela um conceito claro e distinto, embora possamos crer firmemente que Deus se revelará aos seus nessa visão bem-aventurada que foi prometida a seus

fiéis" (*CM*, II, 8). O leitor da *Ética* sabe que a distinção entre a essência de Deus e o intelecto e a vontade é distinção entre a substância absolutamente infinita e os modos infinitos e finitos de um atributo substancial, o pensamento. O leitor do *Teológico-político* sabe que a visão bem-aventurada prometida aos fiéis não é conhecimento intelectual da natureza divina. Resta saber por que, nos *Pensamentos metafísicos*, Espinosa faz referência à *personalitas*. O motivo é duplo. Em primeiro lugar, concerne à recusa espinosana de um Deus trinitário. No *De Trinitate* (XV, 21), Agostinho prova a Santíssima Trindade por analogia com as três faculdades da *mens*: memória, inteligência e vontade, isto é, assim como o espírito humano pode diversificar-se em três *potestas* ou faculdades, também Deus se diversifica em três pessoas (*hypostasis*). Em segundo, como já sabemos, Espinosa se refere à incompreensibilidade do emprego teológico de *personalitas* para indicar que recusa a imagem de um Deus pessoal.

21. Essa concepção aparece claramente na *Oratio de homine dignitate*, de Pico della Mirandola: a dignidade do homem encontra-se no lugar excepcional que Deus lhe reservou na obra da criação como ponto central em que se cruzam todas as ordens de realidade (mineral, vegetal, animal, racional), microcosmo que contém em si mesmo o macrocosmo e espelha o divino ao espelhar o mundo.

22. Cf. E. Kantorowicz, *Mourir pour la patrie*, op. cit., p. 63.

23. Hobbes, *Leviathan*, III, 35, ed. MacPherson, Harmondsworth, Penguin Books, 1968, p. 448.

24. Ibidem, p. 449.

25. Ibidem.

26. Ibidem.

27. Ibidem.

28. Suárez, *De Legibus ad Deo Legislatore*, op. cit.

29. Althusius, *Politica Methodice Digesta*, ed. C. Friedrich, Cambridge, Harvard University Press, 1932.

30. Para as transformações desses conceitos, cf. M. P. Gilmore, *Argument from Roman law in political thought — 1200/1600*, Cambridge, Harvard University Press, 1941; B. Nicholas, *An introduction to Roman law*, Oxford, Oxford University Press, 1962; R. Tuck, *Natural rights theories*, Cambridge, Cambridge University Press, 1979; J. Tully, *A discourse on property — John Locke and his adversaries*, Cambridge, Cambridge University Press, 1980; E. Benveniste, *Le vocabulaire des institutions indo-européennes*, Paris, Minuit, 1969, vol. 1; A. de Genaro, *Introduzione alla storia del pensiero giuridico*, Turim, Giappichelli Editore, 1979.

31. E. Benveniste, *Le vocabulaire des institutions indo européennes*, op. cit., vol. 2.

32. Cf. R. Tuck, *Natural rigths theories*, op. cit.

33. Ibidem.

34. Cf. Grotius, *De jure belli ad pacis*, Livro I, capítulo I, § IV, 1.

35. Convém lembrar que Benveniste, op. cit., recusa a etimologia derivada de *augeo*. O significado de *to own* na linguagem política inglesa do século XVII é analisado por Jean Hampton, *Hobbes and social contract tradition*, Cambridge, Cambridge University Press, 1986.

36. Cf. M. Finley, *Politics in the ancient world*, Cambridge University Press, 1983, pp. 104-6.

37. Ibidem.

38. Cícero, *De republica*, Livro VI, § XV.

39. Cf. E. Benveniste, op. cit., p. 131; e R. Tuck, *Natural rigths theories*, op. cit.

40. Suárez, *De Legibus ad Deo Legislatore*, II, 6, 8 e 11, op. cit.

41. *TTP*, 4; G, III, p. 65 ; trad. Pires Aurélio, p. 173.

42. *TP*, I, § 1; G, III, p. 273.

43. *TP*, I, § 6; G, III, p. 275.

44. Sobre as várias versões do estado de Natureza, cf. E. Panofsky, "Les origines de l'histoire humaine", in E. Panofsky, *Essais d'iconologie*, Paris, Gallimard, 1967, pp. 53-85. Panofsky enfatiza duas grandes vertentes: a do estado de Natureza como "primitivismo doce", com Hesíodo, e a do "primitivismo duro", com Lucrécio, isto é, a oposição entre estado de Natureza como idade de ouro e como barbárie. Examina também as duas vertentes na tradição da passagem do estado de Natureza ao estado de sociabilidade ou civilização: a concepção técnico-artesanal, que confere à descoberta do fogo e ao trabalho a causa da passagem e a concepção, de estilo ciceroniano, na qual a descoberta da linguagem, o surgimento do orador e com ele o do legislador determinam o momento da passagem. É interessante observar que Espinosa, como Hobbes, opta pela versão do "primitivismo duro", mas se compararmos o *De Emendatione* e o *Teológico-político* com o *De Cive* e o *Leviatã*, notaremos que o primeiro opta pela versão "materialista" da passagem à civilização, isto é, pelo trabalho (artesanato e agricultura), enquanto o segundo se decide pela versão "idealista", na qual a emergência da linguagem, de seus usos e abusos, comanda a passagem de um estado a outro. Essa diferença por si só exigiria um outro ensaio, uma vez que, em Hobbes, o vínculo entre *fazer* e *ter* é decisivo para o surgimento do soberano como artifício e proprietário, ao passo que em Espinosa o vínculo entre potência individual e coletiva conduz à ideia de *decisão coletiva declarada* de passar de um estado a outro e instituir a soberania.

45. Cf. P. Jacob, "La politique avec la physique à l'âge classique", *Dialectiques*, n. 6, 1974.

46. Cf. abaixo o ensaio sobre Hobbes e Espinosa.

47. Sobre esses três temas, cf. abaixo o ensaio "Direito é poder".

48. Imaginar é perceber, isto é, conhecer as imagens sensoriais das coisas e, por meio delas, conhecer uma imagem de nós mesmos. A imagem é um efeito da ação de causas externas sobre nosso corpo (coisas luminosas produzem em nós imagens visuais, coisas sonoras, imagens auditivas, a textura das coisas nos oferece imagens tácteis, sabor e cheiro são imagens de coisas em nosso paladar e nosso olfato). Assim, a imagem não nos oferece a própria coisa tal como é em si mesma e sim a maneira como ela nos afeta ou o efeito que ela produz em nós; e nossas imagens das coisas variam com o estado de nosso corpo e com as partes de nosso corpo afetadas pelas coisas exteriores, de tal maneira que, afetando diferentes partes de nosso corpo uma mesma coisa pode produzir imagens diferentes e, ao contrário, coisas diferentes afetando as mesmas partes de nosso corpo podem produzir uma mesma imagem. Na mente, as imagens das coisas e a imagem de nosso corpo são ideias imaginativas. Na imaginação não conhecemos as coisas exteriores tal como são e sim tal como afetam nosso corpo e não conhecemos nosso corpo tal como é em si mesmo e sim tal como o sentimos afetado pelas coisas exteriores. No corpo a relação com a coisa exterior é sempre direta e imediata, mas as imagens exteriores e interiores vão sendo gravadas em nosso corpo e nossa mente opera associando essas imagens. Assim, na mente, a imaginação, operando com os efeitos das coisas sobre nós e de nós sobre elas, associa e generaliza as imagens formando outras, novas, que são efeitos de efeitos. A cada nova associação e generalização mental, aumenta a distância entre a experiência corporal e sua ideia, aumentando a distância entre a coisa

externa e a imagem, pois a imaginação tende a operar com as próprias imagens como substitutos das coisas. Ora, se a imagem corporal já não nos oferecia a própria realidade da qual era imagem, mas nos dava um estado de nosso corpo, as associações de imagens são ainda mais incapazes de apresentar a própria realidade, isto é, as ideias imaginativas são incapazes de apreender a realidade do nosso corpo e a do mundo exterior. Esse distanciamento entre a experiência corporal e o mundo e entre as operações mentais imaginativas e as imagens das imagens constitui um campo cognitivo e prático que formam o imaginário como efeito necessário da própria imaginação, cuja marca é o desconhecimento das causas que a produziram, levando-a a forjar causas imaginárias para as próprias imagens. Eis por que as ideias imaginativas são definidas por Espinosa como ideias inadequadas, pois: 1) desconhecem sua própria causa; 2) desconhecem as causas das coisas imaginadas (nosso corpo e as coisas exteriores); 3) distanciam-se da experiência corporal e se tornam cada vez mais generalizações abstratas; 4) são conhecimento parcial, mutilado e confuso do corpo, da mente e das coisas; 5) tendem a oferecer explicações da experiência e da realidade invertendo a ordem causal real numa ordem imaginária na qual os efeitos são tomados como causas e estas como efeitos; 6) por desconhecerem as causas produtoras dos efeitos e inverterem a ordem causal real, propõem uma causalidade imaginária, isto é, a explicação por meio de causas finais. A ideia inadequada ou imaginativa é uma *opinião* na qual depositamos nossa confiança enquanto nenhuma outra imagem a puser em dúvida. O intelecto, ao contrário, conhece por meio de ideias verdadeiras ou por meio do que Espinosa designa como ideias adequadas: trata-se do conhecimento de alguma coisa pelo conhecimento das causas eficientes necessárias que a fazem ser o que ela é e tal como ela é. O intelecto conhece a gênese necessária de uma coisa e de uma ideia, conhecendo a maneira como são necessariamente produzidas e os efeitos que necessariamente decorrem delas. Por isso mesmo, o intelecto não opera com generalizações abstratas, mas conhece essências singulares e as relações necessárias que cada uma delas mantém com outras de que depende e com aquelas que dependem dela. Espinosa distingue no intelecto duas maneiras de conhecer: a razão e a intuição intelectual. A razão conhece adequadamente as *noções comuns*, isto é, as leis necessárias ou as relações necessárias entre um todo e suas partes, bem como as relações necessárias entre as partes de um mesmo todo; ou seja, a razão conhece leis e relações entre seres e entre acontecimentos. A intuição intelectual alcança as *ideias adequadas*, isto é, as ideias das coisas enquanto essências singulares, conhecendo sua natureza íntima por conhecer suas causas e efeitos necessários, assim como suas relações internas necessárias com outras e com a realidade inteira. Ao contrário da opinião, a ideia adequada é uma *certeza* intelectual que nos faz saber que sabemos. Nas ideias inadequadas ou imaginativas, somos passivos: as imagens se formam em nós em decorrência da ação das coisas exteriores sobre nós. Nossa atividade se reduz a associar imagens que nos parecem semelhantes e a separar as que nos parecem diferentes, para com elas formarmos ideias imaginativas gerais ou universais sobre a realidade e sobre nós próprios. As ideias imaginativas ou inadequadas não são falsas em si mesmas, pois correspondem ao modo como realmente as coisas exteriores nos afetam: são parciais e confusas porque se formam em nós sem que conheçamos as causas verdadeiras que as produziram. A imagem exprime a maneira como nosso corpo é afetado pelas coisas externas e a maneira como as afeta. Como tal, a imagem é sempre verdadeira. Só será falsa quando a tomarmos por uma ideia de nosso intelecto, pois este não conhece segundo as afecções corporais, mas segundo sua força interna para pensar. Nas ideias adequadas, somos plenamente ativos: nosso intelecto, por uma força que lhe é própria, produz as ideias e conhece por si mesmo as causas e efeitos delas (sua ordem e conexão), a gênese necessária delas, os nexos que formam com outras em conexões e ordens internas e necessárias. Na razão, as ideias adequadas nos oferecem sistemas de relações (as leis universais que ordenam e articulam a realidade); na intuição intelectual, as ideias adequadas são o conhecimento de essências singulares de coisas singulares, conhecimento de sua gênese necessária e de suas relações necessárias com outras e com a ordem inteira da realidade. A diminuição e o aumento da força do *conatus* indicam que o desejo (*cupiditas*) pode realizar-se inadequadamente ou adequadamente. A realização é inadequada quando o *conatus* individual é apenas uma causa parcial das operações do corpo e da mente porque é determinado pela potência de causas externas que o impelem nessa ou naquela direção, dominando-o e diminuindo sua força. A realização é adequada quando o *conatus* aumenta sua força por ser a causa total e completa das ações que realiza, relacionando-se com as forças exteriores sem ser impelido, dirigido ou dominado por elas. O nome da inadequação é *paixão* (a passividade diante do poderio das forças externas); o nome da adequação é *ação* (a atividade autônoma que coexiste com as forças externas sem se submeter a elas). Tanto na inadequação-paixão como na adequação-ação o *conatus* está sempre operando, de sorte que os humanos singulares se esforçam sempre para se conservarem, quer o façam passivamente, quer o façam ativamente.

49. *TP*, 1, § 7, G, III, p. 276.

50. *TTP*, 16, G, III, pp. 189-90.

51. *TP*, 2, § 4, G, III, p. 277.

52. Sobre a contingência e a impossibilidade de uma ciência teorética da ética e da política em Aristóteles, escreve Osvaldo Porchat Pereira: "[...] contrariamente ao saber em que não se visa senão o mesmo saber, como posse do objeto que se nos dá a alma e se contempla, as ciências práticas e poiéticas se adquirem para a ação e a produção a que, de algum modo, se subordinam instrumentalmente; dada a relativa precariedade de seus objetos, em que apenas não sucumbe a necessidade ante a contingência, em que a *frequência* e a constância com dificuldade se divisam, sob a interferência continuada de causalidades acidentais [...]. Se o saber científico prático e poiético respeita a contingência, não é, então, porque, sob qualquer prisma que seja, possa a contingência tornar-se objeto de ciência [...]. Resta, de qualquer modo, que ciências da ação e da produção com ação e produção não se confundem, obviamente; mas possuindo-as, pode o homem aristotélico, agindo e produzindo, trabalhar de pautar sua vida pelo conhecimento que sempre ou no mais das vezes é, até o extremo limite em que não triunfa o que sempre pode ser de outra maneira", Osvaldo Porchat Pereira, *Ciência e dialética em Aristóteles,* São Paulo, Edunesp, 2001, pp. 276-7. Para a fundamentação de uma ciência apodítica da política, cf. infra o ensaio "Poder e proporção. Experiência e geometria no *Tratado político*".

53. A expressão é de Claude Lefort in *Machiavel — Le travail de l'oeuvre,* Paris, Gallimard, 1972, p. 358.

54. *TP*, 2, §§ 7 e 11, G, III, pp. 279-80.

55. *TP*, 1, § 1, G, III, p. 273. No ensaio "Spinoza et la politique thomiste", Mathéron considera a abertura do *TP* uma crítica de Espinosa a Tomás de Aquino, tanto pela reunião tomista (que transforma a distinção aristotélica) da ciência especulativa e da ciência prática (pois Tomás julga possível uma ciência teorética da prática *secundum quid,* no caso, segundo os fins) como pelo efeito dessa concepção (os fins levam Tomás a escrever uma política normativa para homens

não como são e sim como ele gostaria que fossem), resultando na impotência dos filósofos para escrever algo que seja aplicável. Mathéron julga também que a crítica à utopia ou a Morus é a crítica à política tomista depois que o "maquiavelismo" entrou em cena, de sorte que, embora Morus não seja Tomás, os pressupostos de ambos são os mesmos: finalidade e normatividade. Cf. A. Mathéron, *Anthropologie et politique au XVII siècle. Etudes sur Spinoza*, Paris, Vrin, 1986.

56. Cícero, *De officiis*, Livro I, § XXI, Buenos Aires, Austral, 1946, pp. 86-7.

57. Cícero, *De republica*, Livro VI, § 1, op. cit., p. 107.

58. Justus Lipsius, *Políticas*, I, 1, Madri, Tecnos, 1997, p. 10.

59. *TP*, 1, § 2, G, III, pp. 273-4.

60. Ibidem, 1, § 4, G, III, p. 274.

61. Maquiavel, *O príncipe*, XV, São Paulo, Martins Fontes, 1996, p. 73.

62. *TP*, 1, §§ 1 e 4, G, III, pp. 273-4.

63. Ibidem, 1, § 2, G, III, p. 274.

64. Ibidem, 1, § 3, G, III, p. 274.

65. Ibidem, 2, § 15, G, III, p. 281.

66. Como observa Adolfo Ravà em "Un contributo agli studi spinoziani. Spinoza e Machiavelli", in vários autores, *Studi filosofico-giuridici dedicati a Giorgio del Vecchio*, Modena, Società Tipografica Modenense, 1931, embora Espinosa (junto com Hobbes) siga Maquiavel no estudo analítico das paixões como base para construir uma ciência da política (e seja mais fiel a Maquiavel do que Hobbes), no entanto, a ênfase de Maquiavel recai sobre uma imagem do homem como muito mais propenso ao mal, à astúcia e à malícia, como *simulatore e dissimulatore*, enquanto Espinosa é capaz de determinar um conjunto de paixões (as alegres e os desejos alegres) muito mais fortes para explicar não só a gênese do poder político, mas também a conservação do Estado. Assim, embora o medo e a esperança, a ambição e o desejo de vingança sejam paixões constitutivas dos homens, não é apenas sobre elas que Espinosa se apoia para descrever a experiência do nascimento da vida política. Na mesma direção (e criticando o lugar que Mathéron concede à indignação na gênese do político), caminha Fernando Andrade em *Pax espinosana*, Tese de Doutoramento, Departamento de Filosofia, Faculdade de Filosofia, Ciências e Letras, Universidade de São Paulo, 2001. Andrade sublinha o papel da amizade, da piedade, da generosidade e da liberdade na formulação política espinosana e o lugar que, consequentemente, nela tem a democracia.

67. TP, 2, §§ 15, 16 e 17, G, III, p. 282.

68. P.-F. Moreau (*Spinoza. Expérience et éternité*, Paris, PUF 1994, pp. 441-59) e Diogo Pires Aurélio (*Imaginação e poder. Estudo sobre a filosofia política de Espinosa*, Lisboa, Colibri, 2000, pp. 261-304) examinam o estado da questão concernente ao estatuto do Estado em Espinosa, apresentando as posições divergentes que o consideram natural ou artificial, constituído ou instituído. A posição "naturalista" (defendida por A. Mathéron em *Individu et communauté chez Spinoza*, Paris, Minuit, 1969, e por Moreau, op. cit.) considera o Estado um indivíduo complexo no sentido físico do termo, tendo, portanto, um *conatus* e uma *mens*, composto de outros indivíduos, de acordo com a "pequena física" da Parte II da *Ética*. O Estado é um ente natural porque Espinosa não opera com a distinção entre natural e artificial. A posição "artificialista" (defendida por Lee C. Rice em "Individual and community in Spinoza's social psychology", in P.-F. Moreau e E. Curley (orgs.), *Spinoza. Issues and directions*, Leidenm Brill, 1990; e por D. J. de Uyl em *Power, state and freedom. An interpretation of Spinoza's political philosophy*, Van Gorcum, Assen, 1983)

declara que não há base textual para a tese "naturalista" e que, uma vez que Espinosa declara, no *TTP*, que a Natureza não cria nações nem povos, mas indivíduos, e, no *TP*, que os indivíduos não nascem cidadãos, mas se tornam, e, por outro lado, visto que Espinosa não emprega os termos *indivíduo* e *conatus* para referir-se ao Estado e, além disso, usa uma cláusula restritiva para referir-se à mente do Estado — *una veluti mente*, isto é, "como se fosse uma mente única" —, é preciso afirmar que o Estado é artificial. Diogo Pires Aurélio considera, tomando como referência a obra de Norbert Elias, que as duas teses se equivocam porque uma delas, a "naturalista", corre o risco de reificar o Estado como indivíduo físico, enquanto a outra, a "artificialista", corre o risco de reificar os indivíduos, únicos que seriam naturais. Por esse motivo, ainda seguindo Elias, Pires Aurélio prefere pensar o Estado espinosano a partir da noção de *configuração*, graças à qual, por um lado, indivíduo, nação e Estado não são noções que possam ser pensadas separadas ou isoladamente e, por outro, "a expressão espinosana *una veluti mente*, ao fazer o Estado aproximar-se do estatuto de coisa singular e, ao mesmo tempo, assinalar a margem que o separa desse estatuto — *veluti* [como se] —, furta-se à polarização apontada por Norbert Elias e parece antes remeter para aquilo que este designa por 'configuração' (p. 303). O exemplo da configuração é dado pelo de um jogo, no qual os jogadores formam uma configuração e o jogo não é uma entidade objetiva nem uma entidade ideal e sim o que resulta dos atos dos jogadores como indivíduos interdependentes que interpretam respectivamente suas ações. A configuração é "a figura global, sempre a mudar, que formam os jogadores, e que inclui não só a sua mente, mas toda a sua pessoa, as ações e as relações recíprocas" (p. 304). De nossa parte, julgamos que todas essas teses estão corretas, desde que *cum grano salis*: o *imperium* é natural porque para Espinosa a expressão "somente por causas naturais" e "a partir da natureza dos homens" não significa um "naturalismo positivista", mas quer dizer sem causas transcendentes imaginárias; o *imperium* é artificial porque é uma instituição humana, e Espinosa jamais disse que um artefato não é natural, pois se o dissesse, recairia no imaginário finalista e normativo das ciências práticas e poiéticas, contra o qual escreve o Prefácio da Parte IV da *Ética* (não nos esqueçamos também de que o primeiro artefato de que fala Espinosa é justamente o famoso martelo de pedra do *De Emendatione*, com a ajuda do qual será forjado o martelo de ferro, de sorte que o martelo de pedra é uma coisa natural *interpretada* como instrumento e como artifício humano); o *imperium* é uma "configuração", no sentido de que é constituído por relações entre potências e pelas forças das potências, bem como pela interpretação simbólica dessas relações — preferiremos, porém, como se verá, empregar o termo *estrutura*. Pensamos que além dos problemas muito bem apontados por Pires Aurélio, há ainda um equívoco de fundo nessa discussão. De fato, discute-se se o *imperium* é ou não um indivíduo e se é ou não natural, mas deixa-se de lado aquilo que é realmente natural (no sentido espinosano do termo) e um ser singular, a *multitudo* como indivíduo coletivo ou como sujeito coletivo, pois dela Espinosa fala em termos de *potentia* e é sua constituição que pode ser aproximada da física e da psicologia da *Ética*. O *imperium não é o Estado*: para referir-se a este último, Espinosa emprega os termos *civitas* e *res publica*. O *imperium*, como procuraremos mostrar, é uma *lógica do poder*, uma estrutura de ações que se corporifica nas instituições (nas *res ordinandae* de que fala a abertura do *TP*) e se exprime nos costumes e nas leis (e estes é que são *una veluti mente*). O *imperium* é a potência da *multitudo* em ação, e, como tal, é uma individualidade ou uma singularidade nos termos em que Espinosa define o indivíduo e uma coisa singular. Foi para evitar os equívocos da discussão supramencionada que empregamos a expressão usada por Lefort para se referir à experiência política como uma "experiência ordenada nela mesma", significando com isso tanto a exclusão da transcendência (o *imperium* é natural) como a inclusão dos artifícios e dos artefatos da e na ação coletiva (o *imperium* é uma instituição e um acontecimento). Julgamos também que uma das originalidades mais interessantes do pensamento político de Espinosa está na maneira como, tendo recusado a subjetividade especulativa cartesiana na ontologia, introduz a ideia de um sujeito coletivo que se autoinstitui pela prática. A *multitudo* e o *imperium* são *acontecimentos* (coisas singulares na duração); a *multitudo* se constitui em decorrência das determinações naturais da física, da psicologia e das noções comuns; o *imperium* se institui em decorrência das operações naturais do *conatus* humano; o campo político é uma estrutura ou uma ação ordenada nela mesma.

69. *TTP*, XVI, G, III, p. 191.

70. No *De jure belli ac pacis*, Grotius oferece três sentidos para o direito natural: 1) o que é justo em sentido negativo, isto é, o que não é injusto; 2) uma qualidade moral da pessoa, em virtude da qual pode-se legitimamente ter ou fazer alguma coisa, isto é, trata-se do *dominium* sobre o corpo e as coisas necessárias à sua conservação, e da liberdade, como faculdade para escolher e para dirigir suas próprias ações; 3) a lei, tomada em sua extensão mais ampla, isto é, regra das ações morais que obriga ao que é bom e louvável. O direito natural é uma posse (*dominium* do corpo), um poder (*facultas* da ação) e uma lei ou uma obrigação ou dever.

71. *TP*, 3, §§ 2 e 3, G, III, pp. 284-5.

72. Na causalidade eficiente transitiva, algo recebe o nome de causa ao produzir um efeito e deixa de ser causa depois de havê-lo produzido. A causa e o efeito são dois seres positivos que podem ser pensados separadamente, ela antes e depois de produzi-lo, ele, depois de produzido. Em contrapartida, uma causa eficiente é dita imanente quando seu ser é atividade que se exprime nos efeitos que produz e que dela não se separam porque são suas expressões determinadas. Em outras palavras, a causa eficiente imanente é uma atividade na qual causa e efeito não preexistem à ação nem subsistem sem a ação.

73. Hobbes, *Leviathan*, I, 16 (grifos meus).

74. Cf. supra nota 69.

75. Lembremos o que escreve Grotius: "Os jurisconsultos designam a faculdade com a expressão 'seu'; quanto a nós, a chamaremos doravante de *direito propriamente dito*, que abarca o poder tanto sobre si mesmo — o que se chama liberdade (por isso os jurisconsultos definem muito bem a liberdade pela palavra faculdade) — como sobre os outros, tais como o poder paterno, o poder dominical, o domínio pleno e íntegro, ou o domínio menos perfeito, como o usufruto, e o direito de crédito ao qual corresponde a obrigação", *Do direito da guerra e da paz*, Paris, PUF, 1999, pp. 35-6.

76. Novamente Grotius: tomado como qualidade que se refere à pessoa, "o direito é uma qualidade moral ligada à pessoa para possuir ou fazer alguma coisa com justiça [...]. Quando a qualidade moral é perfeita, eu a chamo de *faculdade*; quando não o é, *aptidão*: a primeira corresponde ao que nas coisas físicas é designado como *ato*, e a segunda ao que se chama *potência*", op. cit., p. 35.

77. Sobre a diferença entre o exercício desordenado e intermitente da razão e seu exercício contínuo e ordenado, cf. Moysés Floriano Machado Filho, *Historiola animi. A experiência intelectual no Prólogo do Tratactus de intellectus emendatione*, Dissertação de Mestrado, Departamento de Filosofia, Faculdade de Filosofia, Letras e Ciência Humanas, Universidade de São Paulo, 2002.

78. *TP*, 7, § 12, G, III, p. 312.

79. *TTP,* 16, G, III, p.193-5.

80. Ibidem, 17, G, III, p. 228.

81. Ibidem, 17, G, III, p. 227.

82. *TP,* 9, § 14, G, III, p. 352.

83. No trecho que segue, retomamos as considerações contidas em M. Chaui *A nervura do real. Espinosa e a questão da liberdade.* Tese de Livre-docência, Faculdade de Filosofia, Letras e Ciências Humanas, Universidade de São Paulo, mímeo. 1976, vol. II, pp. 178-83.

3. DIREITO É POTÊNCIA [PP. 197-264]

1. *Ética* I, Apêndice, G, II, p. 78; Pensadores, p. 117.

2. Ibidem, G, II, p. 79; Pensadores, p. 118 (grifos meus).

3. Não se trata das disciplinas matemáticas particulares (aritmética, geometria, álgebra), mas da *mathesis universalis* ou ciência universal da ordem e da medida, isto é, do procedimento racional que toda ciência (aí incluída a filosofia) deve empregar na investigação da verdade. A ordem é a disposição dos objetos do conhecimento de tal maneira que se possa deduzir o não conhecido do já conhecido, num encadeamento ou numa série em que cada termo está colocado antes dos que dependem dele e depois daqueles de que ele depende; a medida é aquilo que há de comum entre o termo já conhecido e o ainda não conhecido, o elo que permite ligar um ao outro para que a ordem seja contínua e ininterrupta. A aritmética, a geometria e a álgebra são matemáticas porque praticam a *mathesis universalis.* Sobre isso, cf. Descartes, *Regras para a direção do espírito,* Regra IV; *Discurso do método,* Parte II.

4. É clara a ideia cuja evidência é imediata e manifesta para o intelecto, isto é, indubitável. É distinta a ideia que oferece as propriedades intrínsecas e necessárias do ideado de tal maneira que sua ideia não se confunda com nenhuma outra. Nos *Princípios da Filosofia,* I, § 45, Descartes escreve: "Denomino claro o que é presente e manifesto a um espírito atento; e distinto o que é de tal modo preciso e diferente de todos os outros que compreende em si apenas o que aparece manifestamente a quem o considere como se deve".

5. Para a maneira como Espinosa concebe a matemática e a emprega, cf. M.Chaui, *A nervura do real. Imanência e liberdade em Espinosa,* Parte III, capítulo 5. São Paulo, Companhia das Letras, 1999.

6. Cf. M. Chaui, op. cit., Parte III, capítulo 6.

7. Cf. Lívio Teixeira, *A doutrina dos modos de percepção e o conceito de abstração na filosofia de Espinosa,* Boletim da Faculdade de Filosofia, Ciências e Letras da Universidade de São Paulo, São Paulo, 1954; Editora da Unesp, São Paulo, 2001.

8. *E* III, Pref., G, II, p.137.

9. *TP,* 1, § 1, G, III, p. 273; Pensadores, p. 307.

10. Ibidem.

11. A esse respeito, cf. supra o ensaio "A instituição do campo político".

12. *TP,* 1, § 4, G, III, p. 274; Pensadores, p. 308.

13. *E* III, Definições dos afetos, def. 1, G, II, p. 190.

14. *E* IV, Prefácio, G, II, p. 206 (grifos meus).

15. Sobre as questões relativas ao lugar e ao papel da experiência no pensamento de Espinosa, cf. P.-F. Moreau, *Spinoza. L' expérience et l' eternité.* Paris, PUF, 1994; M. Chaui, *Nervura do real,* op. cit., Parte III, Capítulo 5.

16. O corpo, modo finito ou modificação finita do atributo infinito da Extensão, é afetado pelas imagens dos corpos exteriores e também os afeta. As afecções corporeas ou imagens são em si mesmas reais e verdadeiras, porém, nossa mente as percebe inadequadamente, confundindo causas e efeitos ou apreendendo apenas os efeitos, que toma pelas causas. Transforma a percepção das afecções corporeas em representações que são ideias imaginativas ou inadequadas. A imaginação, conhecimento por associação empírica de imagens, é um conhecimento imediato de efeitos por intermédio de outros efeitos. A imagem é verdadeira enquanto afecção corpórea, assim como a ideia adequada é verdadeira enquanto atividade imanente do intelecto. Por exemplo: é verdadeira a imagem do Sol como menor do que a Terra, pois as leis da óptica mostram que é necessário que nossa visão se dê dessa maneira. Mas não é verdade que o Sol seja menor do que a Terra, pois a ideia astronômica adequada prova que o primeiro é maior do que a segunda. O erro e o falso surgem quando a *imagem* do Sol é tomada como *ideia* verdadeira do Sol e, portanto, quando fazemos da experiência subjetiva de nosso corpo o critério da realidade exterior a ele. Eis por que para Espinosa o erro não tem positividade e o falso é definido como pura privação do verdadeiro, isto é, desconhecimento da gênese ou causa da imagem e da ideia imaginativa. A imaginação, diz o filósofo, é a percepção das conclusões com ausência das premissas. Essa ausência significa que o conhecimento está separado de sua causa verdadeira e por isso é abstrato. O erro e o falso são abstrações.

17. *TP,* 1, § 3, G, III, p. 274; Pensadores, p. 307.

18. Ibidem, 1, § 7, G, III, pp. 275-6 ; Pensadores, pp. 309 (grifos meus).

19. Cf., sobre as teorias clássicas e cristãs, Leo Strauss, *De la tyrannie,* Paris, Gallimard, 1954, e *Droit naturel et histoire,* Paris, Plon, 1954; Mosco Finley, *Democracy ancient and modern,* Harmondsworth, Penguin, 1961, e *Politics in the ancient world,* Cambridge, Cambridge University Press, 1983; Nicole Laoraux, *A invenção de Atenas,* Rio de Janeiro, Editora 34, 1994; Walter Ulmann, *Medieval political thought,* Harmondsworth, Penguin, 1975, e *A history of political thought: the Middle Ages,* Harmondsworth, Penguin, 1968; Thomas Gilby, *Principality and policy. Aquinas and the rise of State Theory,* Nova York, Longmans and Green, 1961; Quentin Skinner, *As fundações do pensamento político moderno,* São Paulo, Companhia das Letras, 1996; Perry Anderson, *Linhagens do Estado absolutista,* São Paulo, Brasiliense, 1984; Cornelius Castoriadis, "Valeur, justice, egalité — de Marx à Aristote et d'Aristote à nous", *Textures,* nº 13, 1975; E. Kantorowicz, *The King's two bodies,* Princeton, Princeton University Press, 1975.

20. *TP,* 2, §§ 3, 4, 5, G, III, pp. 276-7; Pensadores, pp. 309-10. Uma das maiores dificuldades na leitura do *Tratado político* decorre do fato de que Espinosa "resume" em alguns parágrafos iniciais todo o conteúdo demonstrado nas quatro partes iniciais da *Ética,* tomando como sabidos conceitos tais como os de potência da Natureza, parte da Natureza, ordem comum e ordem necessária da Natureza, necessidade divina, *conatus,* relações adequadas e inadequadas entre as partes da Natureza, passividade, atividade, razão, servidão e liberdade política. Tais conceitos são indispensáveis para a compreensão dos dois conceitos centrais do *Tratado*: o direito natural e a potência soberana. Na verdade, a dificuldade da leitura nasce de algo mais profundo que não estamos habituados a ler em tratados políticos: a política não pode ser separada da ontologia. E

isso por duas razões principais: em primeiro lugar porque, desde o *Tratado teológico-político* e do Apêndice à Parte I da *Ética*, Espinosa deixa claro que o imaginário político, particularmente o teocrático, o monárquico e o tirânico, nasce do medo e da esperança, causados pelo sentimento de contingência de todas as coisas, desembocando numa imagem antropomórfica de Deus, que servirá de fundamento para as imagens do poder dos governantes. Assim sendo, é preciso desfazer essa imagem para desfazer o imaginário político e encontrar suas causas e fundamentos verdadeiros, o que, portanto, exige começar pela ontologia. Em segundo lugar, porque a ontologia define o homem como parte da Natureza e é como parte do todo natural que sua essência é definida pela potência de agir (ou o *conatus*), potência que é o direito natural. Por isso, pedimos ao leitor que se remeta ao início do ensaio "A instituição do campo político", no qual expomos as linhas gerais da ontologia espinosana. Para o que segue neste ensaio, precisamos ter presente o significado das ideias de potência da Natureza e de parte da Natureza. A potência da Natureza é a força atual, infinita, ativa e imanente do ser absoluto (a substância ou Deus) que, pela liberdade de sua essência necessária, produz todas as realidades singulares — trata-se dos atributos extensão e pensamento, constituintes da essência e potência da substância absoluta, agindo na produção da ordem inteira da realidade, produzindo modificações ou modos (infinitos e finitos). Os modos finitos ou as modificações finitas — os corpos e as mentes, o homem — são efeitos imanentes dessas potências ativas e produtivas que, como elas, são ativos e produtivos, isto é, são partes finitas da potência infinita da Natureza. Cada parte da Natureza é uma individualidade concreta que possui relações intrínsecas de concordância e de dependência com o todo de que é parte. Ao mesmo tempo, cada parte da Natureza encontra-se rodeada por inúmeras outras partes cuja força é maior do que a dela. Assim, a parte da Natureza é uma potência de agir (porque é parte da potência natural) cuja atividade pode ser freada e mesmo aniquilada pela força das demais partes que a circundam. O isolamento de cada parte e o peso ameaçador das forças exteriores faz com que a relação inicial de cada parte com as demais seja de conflito e de luta. A potência natural da parte da Natureza ou seu *conatus* é o *direito natural*; o conflito, a luta e a ameaça recíproca das partes da Natureza chama-se *estado de Natureza*. A superação da relação destrutiva e persecutória com as demais partes só pode ocorrer com o reconhecimento de que a potência individual é impotente, se não encontrar uma via de coexistência com as demais e que é mais útil para cada parte a concordância e a concórdia com as outras. Esse reconhecimento não é uma ação da razão, mas uma operação das paixões: o estado de Natureza pode ser transformado em estado civil se os homens perceberem que é mais útil ter medos e esperanças comuns do que experimentar continuamente o medo de tudo e de todos.

21. *TP*, 2, § 5, G, III, p. 277.

22. Grotius, *Le Droit de la guerre et de la paix*, Paris, PUF, 1999, p. 38.

23. No capítulo VII, § 30, Espinosa narra a história de Aragão mostrando que os aragoneses, que viviam numa monarquia constitucional, passaram a viver sob uma monarquia absoluta só descobrindo o que lhes ocorrera quando o feito estava consumado. O argumento fundamental usado por Espinosa é o de que qualquer alteração na forma instituinte de um corpo político o destrói, mesmo que os sujeitos políticos não se deem conta do fato. Assim, o rei de Castela, temendo a insubmissão dos aragoneses com uma súbita mudança, permitiu que conservassem suas leis e costumes. Ora, diz Espinosa, o que Aragão não percebeu foi que tais leis e costumes que antes eram seus *direitos* se transformaram num *favor régio*. Não percebendo a diferença política entre

o direito e o favor, os aragoneses não percebem que haviam consentido na monarquia absoluta. "Nada guardaram senão vãs fórmulas de liberdade e ilusórias cerimônias."

24. "A experiência parece ensinar, entretanto, que no interesse da paz e da concórdia convém que o poder pertença a um só. Com efeito, não houve Estado mais duradouro do que o dos Turcos e, em contrapartida, nunca houve Cidades menos duradouras do que as Cidades democráticas ou populares, nem onde mais rebeliões pudessem ocorrer. Mas se a paz deve chamar-se servidão, solidão e barbárie, nada é mais lamentável para os homens do que a paz." (*TP*, 6, § 4) "Nenhum meio é mais eficaz para dominar a massa do que a superstição. Por isto costuma-se facilmente, sob a capa da religião, induzir os homens a adorar os reis como deuses ou a odiá-los como um flagelo do gênero humano. Eis por que se costuma rodear a religião de um culto e de aparelhos próprios para fazê-la surgir diante dos homens como uma opinião de maior peso que todas as outras, como o mais importante móvel da ação e como algo digno do mais escrupuloso e constante respeito para todas as almas. Em parte alguma tais medidas foram mais eficazes do que entre os Turcos, onde a simples discussão é vista como sacrilégio."(*Tratado teológico-político*, Prefácio) A historiografia recente vem mostrando o papel ocupado pela figura do Grande Turco (o despotismo ocidental) na elaboração das filosofias políticas modernas a partir de Maquiavel. No caso de Espinosa, a referência ao Grande Turco está articulada à crítica sistemática feita pelo filósofo à teocracia. Essa crítica possui dois suportes, um histórico e outro político. No plano histórico, Espinosa visa demolir o projeto teocrático do clero calvinista ortodoxo das Sete Províncias do Norte que, tomando o Velho Testamento como legitimação da política teocrática, pretende implantá-la no lugar da república aristocrática. Demonstrando que entre os hebreus a religião e o Estado nascem simultaneamente e a partir das mesmas causas, enquanto a religião cristã, de cunho moral e não político, é anterior à fundação de Estados cristãos, Espinosa demonstra que todo projeto cristão teocrático (o de Roma, na Idade Média, e o dos Reformadores, no século XVII) é um projeto de tirania. No plano político, a crítica da teocracia decorre de uma exigência fundamental da política espinosana: para que haja liberdade política, seja qual for a forma do regime, a condição *sine qua non* é a de que o espaço político seja sempre plenamente visível para todos os cidadãos (os que têm direito ao poder) e para todo o povo (nos regimes em que o povo está excluído da direção). Em outras palavras, é preciso que todos os motivos e atos dos governantes sejam vistos, compreendidos e julgados para que sejam aceitos ou recusados. A soberania só é livre se comportar a liberdade dos governados. Ora, o que caracteriza a teocracia é o fato de que nela o poder soberano emana por um eflúvio do favor divino e o poder divino, fonte da soberania, é invisível, insondável, transcendente e separado. A invisibilidade e o segredo definem o espaço político e, nesta medida, tornam a teocracia uma forma legitimada de tirania.

25. *TP*, 7, § 5, G, III, p. 310; Pensadores, pp. 332-3.

26. *TP*, 10, § 10, G, III, pp. 357-8 ; Pensadores, p. 364. Na realidade, como é típico do estilo espinosano, sob a tese genérica apresentada, o filósofo está descrevendo a passagem da aristocracia federada neerlandesa (sob a condução do Partido dos Regentes, isto é, da burguesia comercial) à monarquia orangista (sob a condução do Partido da Casa de Orange). Aliás, a maioria dos exemplos do *Tratado* é uma referência indireta e permanente à história política holandesa. Assim o exemplo aragonês, anteriormente citado, possui dois alvos. Por um lado, os holandeses cultivam como glória nacional a liberação do jugo espanhol, tido como despótico, e por isso Espinosa demonstra que os espanhóis também são capazes de liberdade, pois esta não depende

da nacionalidade, mas da forma fundadora do corpo político. Por outro lado, o que aconteceu aos aragoneses, perdendo a liberdade e submetendo-se a um monarca absoluto, por ignorância sobre a soberania, é exatamente o que está ocorrendo aos holandeses, sem que estes o percebam.

27. Ibidem, 8, § 18, G, III, p. 331; Pensadores, p. 347.

28. Ibidem, 8, § 44, G, III, p. 344; Pensadores, p. 355 (grifos meus).

29. Ibidem, 7, § 5, p. 309; Pensadores, p. 332. É interessante notar que (no capítulo 5, § 7) Espinosa elogia Maquiavel (ao contrário de seus antecessores, contemporâneos e pósteros) como um pensador democrático — "habilíssimo autor, partidário da liberdade". No entanto, Espinosa altera um aspecto central da política maquiaveliana. Como assinala Lefort (*Le travail de l'oeuvre. Machiavel.* Paris, Gallimard, 1972), para Maquiavel toda Cidade está originariamente dividida entre o desejo dos grandes, que querem comandar e oprimir, e o do povo, que não deseja ser comandado nem oprimido, cabendo ao Príncipe Novo aliar-se ao desejo popular e afastar o dos grandes, que o ameaçam justamente porque querem governar. E o desejo popular, por ser puramente negativo (não querer ser comandado nem oprimido), precisa do Príncipe para adquirir positividade. O elogio a Maquiavel, no *Político*, refere-se exatamente a esses aspectos do pensamento do florentino. No entanto, embora mantenha a tese central da aliança da soberania com o povo, Espinosa desloca a divisão política para o interior de cada cidadão, pois o direito natural, definido como desejo que *todos* os homens têm de governar e de não serem governados, fará com que o desejo de opressão dependa exclusivamente das circunstâncias históricas e políticas que o favoreçam. A Cidade está dividida porque cada um de nós também está dividido e o despotismo é uma possibilidade encravada dentro de nós mesmos. Mas não só isso. Se todos desejam governar e nenhum deseja ser governado, o povo não precisa de um Príncipe que realize seu desejo, pois seu desejo é positivo e se realiza na democracia.

30. Ibidem, 10, § 5, G, III, p.355; Pensadores, p. 363.

31. Ibidem, 8, § 4, G, III, p. 325; Pensadores, p. 343.

32. Ibidem, 10, §§ 7 e 8, G, III, p. 356; Pensadores, p. 363.

33. Feita na abertura da obra, essa declaração assinala sua modernidade, abandonando as discussões acerca das qualidades do "bom governante" para investigar os procedimentos institucionais capazes de garantir a conservação do corpo político. Todavia, é preciso notar que não estamos diante de uma obra de "ciência" política, mas diante de uma investigação de filosofia política. Portanto, a questão das instituições está subordinada à da natureza do poder e das relações entre soberania e liberdade. Sem isto, a discussão anterior acerca das relações entre a experiência política e a investigação da gênese da vida política seria desprovida de sentido. Assim, antes que se inicie a descrição dos procedimentos institucionais, todos os capítulos do *Tratado* são antecedidos de uma reflexão acerca da origem e forma de poder que diferenciam um regime político de outro. Além disto, antes de iniciar a dedução dos diferentes corpos políticos, Espinosa busca definir o que seja a vida política e a peculiaridade da potência por ela inaugurada. Anteriormente à descrição dos procedimentos institucionais, o filósofo define a soberania pelo direito ao poder e este pela potência, de tal sorte que o poder soberano tem um direito medido pela potência da Cidade. Somente após essa dedução, Espinosa afirmará que "a coisa pública depende unicamente da direção dada por aquele que detém o poder soberano" (capítulo 4), o que significa que as instituições não definem o regime político, mas ao contrário, assumem a forma determinada por ele. Eis por que, por exemplo, as eleições não são uma instituição que defina a democracia não

só porque Espinosa sugere que todos os regimes políticos devem possuir mecanismos eleitorais, mas sobretudo porque a diferença entre a democracia e os demais regimes é dada pela forma de distribuição do poder coletivo e pelo direito à direção conferido a todo e qualquer cidadão.

34. Para a posição de Hobbes, cf. infra o ensaio "Direito natural e direito civil em Hobbes e Espinosa".

35. Uma das peculiaridades da democracia espinosana consiste no fato de que possui fundamento ontológico. Ao contrário do que se costuma crer, o propalado panteísmo de Espinosa não anula a incomensurabilidade entre o infinito e o finito, mas apenas procura desfazer o equívoco — político e teológico — de que essa incomensurabilidade transforma o infinito numa autoridade monárquica providencial e celeste. Por serem constituídos pela mesma essência que a de seus atributos infinitos, os seres finitos são comensuráveis a eles, isto é, participam da essência infinita sob a forma de suas modificações. Por serem dotados da mesma aptidão para agir segundo a determinação interna de sua natureza, tal como a Substância, os seres finitos são partes dela que nela podem tomar parte quando agem livremente. Todavia, a potência infinita é *absolutamente* livre porque *absolutamente* necessária, enquanto a potência finita é livre e necessária *porque* tem como causa a potência substancial e porque toma parte nessa potência. É isso que as torna incomensuráveis (a substância é livre e necessária por sua essência, enquanto os modos ou partes finitas são livres e necessários pela causa), ao mesmo tempo que exatamente por esta razão todos os seres finitos podem participar da força infinita sem que nenhum deles se confunda com ela. Por isso Espinosa afirma que o bem supremo é aquele que, em lugar de ser repartido entre os homens, é compartilhado por eles e comunicado a eles, e que haverá tanto mais homens livres quanto mais esse bem for comunicado e compartilhado. Ora, na democracia, a situação da soberania é exatamente a mesma, isto é, todos os cidadãos tomam parte na soberania sem que nenhum deles tenha a mesma potência que ela e é nesse sentido que ela é *absolutum imperium*.

36. Carta 50 a Jarig Jelles, G, IV, pp. 238-9; Pensadores, p. 398.

37. *TP*, 3, §§ 2 e 3, G, III, pp. 284-5; Pensadores, p. 315 (grifos meus).

38. Ibidem, 2, §§ 15 e 16, G, III, p. 281; Pensadores, pp. 312-3.

39. A noção comum é o conhecimento racional do universal, isto é, daquelas propriedades que se encontram necessariamente em todas as partes de um mesmo todo, sem que constituam a essência singular de nenhuma delas. Essa propriedade é uma noção comum porque é comum à parte e ao todo de que é parte, de sorte que todas as partes do mesmo todo são partes *deste* todo determinado porque possuem algumas propriedades comuns que as fazem convergir umas na direção das outras. A peculiaridade da noção comum espinosana consiste no fato de que não se trata, à maneira estoica, de uma "opinião comum" ou de um "consenso" entre as consciências. A noção comum é uma comunidade de propriedades ou qualidades existente em si e que pode ser reconhecida pela razão como existente para nós. Todavia, o fundamental na noção comum é sua existência em si, independentemente de nossa razão ter o poder para conhecê-la — é uma racionalidade operante no real, graças à qual os apetites e as paixões humanas podem tomar um rumo intersubjetivo, social e político mesmo que nossa imaginação atribua a outras causas a origem da vida coletiva. É ela que faz com que os homens se percebam distintos de outros seres e reconheçam que possuem aspectos e características comuns, reconhecimento que lhes permitirá, ao fim e ao cabo, reconhecer que cada um se conservará se puder conviver com os

outros em paz e concórdia. Ou, como escreve Espinosa na *Ética,* nada é mais útil a um homem do que um outro homem.

40. Na Parte III da *Ética,* Espinosa define a essência atual de um ser pelo *conatus* e define a essência atual de um ser humano como apetite corporal e desejo psíquico. Define também a existência humana como relação entre a mente e o corpo sob a forma de afetos que podem ser paixões, se suas causas forem coisas externas e não nós mesmos, ou ações, se tiverem como causa apenas a nossa própria natureza. Os afetos passionais se distinguem a partir de dois afetos originários dos quais todos os outros dependem ou são variações: a alegria (sentimento que temos de que nossa potência de agir aumenta) e tristeza (sentimento de que nossa potência de agir diminui). Uma das peculiaridades do pensamento espinosano consiste em distinguir essas paixões originárias em termos de força e de fraqueza — as paixões nascidas da alegria são fortes, enquanto aquelas que nascem da tristeza são fracas. Espinosa demonstra que as paixões alegres costumam ser serenas enquanto as paixões tristes tendem a ser agitadas e violentas, de sorte que quanto maior nossa impotência real, tanto mais agitados, violentos nos tornamos. A força de uma paixão não é medida, portanto, pela intensidade de nossa agitação, mas pela intensidade de nossa serenidade. O medo, o ódio, o remorso, a humildade, a comiseração, a piedade são paixões tristes e enfraquecedoras, não sendo casual, mas necessário, que nossa fraqueza engendre o desejo de destruir não a causa real de nossa impotência, mas sua causa imaginária, isto é, o outro.

41. *TP,* 9, § 4, G, III, p. 347; Pensadores, p. 357.

42. Ibidem, 12, § 8, G, III, p. 279; Pensadores, p. 311.

43. Ibidem, 1, § 5, G, III, p. 275; Pensadores, p. 308.

44. Para a análise da plebe, cf. infra, o ensaio "Quem tem medo do povo? A plebe e o vulgar no *Tratado Político*".

45. *TP,* 3, § 9, G, III, p. 288; Pensadores, p. 317.

46. Ibidem, 4, § 5, G, III, pp. 293-4; Pensadores, p. 321.

47. Ibidem, 5, §§ 2, 3 e 4, G, III, pp.295-6; Pensadores, p. 322.

48. Ibidem, 5, § 6, G, III, p. 294; Pensadores, p. 323 (grifos meus).

49. Ibidem, 5, § 5, G, III, pp. 293-4; Pensadores, p. 322 .

4. QUEM TEM MEDO DO POVO? [PP. 265-88]

1. "Een trouwe waerschouwinghe aen de goede mannen van Antwerpen" [Um alerta verdadeiro aos homens valorosos de Antuérpia], in E. H. Kossmann e A. F. Mellink (eds.), *Texts concerning the revolt of the Netherlands,* Cambridge University Press, Londres, 1974, pp. 228-9.

2. Ato de Deposição, in E. H. Kossmann e A. F. Mellink (eds.), op. cit., p. 216; in Herbert H. Rowen (ed.), *The Low Countries in Early Modern Times,* Macmillan, Londres, 1972, pp. 92-3.

3. "Corte verthoninge van het recht by den ridderschap, eedelen ende steden van Holland ende Westvriesland van allen ouden tijden in den voorschreven lande ghebruyckt tot behoudenisse van de vryheden, ghrechticheden, privilegien ende loffelicke ghebruycken van den selven lande" [Breve demonstração dos direitos exercidos pelos cavaleiros, nobres e cidades da Holanda e da Frísia Ocidental desde tempos imemoriais para a conservação de liberdades, direitos, privilégios

e louváveis costumes da terra], in E. H. Kossmann e A. F. Mellink (eds.), op. cit., pp. 274-81. Versão abreviada in Herbert H. Rowen (ed.), op. cit., pp. 105-8.

4. Ibidem, p. 280.

5. Grotius, *L'antiquité de la republique dês bataves ou holladois.* Escrito em 1610, publicado em 1648. J. Blaeu, Amsterdã, 1648, p. 131.

6. Ibidem, p. 168.

7. Citado por Peter Geyl, *The revolt of the Netherlands 1555-1609*, Londres, 1958, p. 199.

8. Ibidem.

9. "É da natureza da plebe ser um servo humildemente submisso ou um senhor insolente quando domina. Quanto à liberdade, meio-termo entre obediência e autoridade, ignora como consegui-la e mantê-la com temperança." Tito Lívio, XXIV, 25, 8.

10. *TP*, 9, § 14, G, III, p. 352.

11. "O costume seguido por certos povos coloca como cabeça do corpo de patrícios um dirigente (*rectorem*) ou um príncipe (*principem*), quer vitalício, como em Veneza, quer temporário, como em Gênova; mas as precauções tomadas são tantas que patenteiam haver nisto um grande perigo para o poder. E não é duvidoso que, desta maneira, nos aproximemos da monarquia. [...] estes Estados eram governados por um dirigente ou um duque (*duce*) como se tivessem um rei e por isso a eleição de um dirigente [do conselho-geral] era requerida pela nação (*gentis*), mas não é necessária para o poder (*imperii*) aristocrático, tomado absolutamente", *TP*, 8, § 18, G, III, p. 331.

12. O texto espinosano descreve, sem que Espinosa possua um nome para designá-lo, um regime político burocrático: "Os secretários dos conselhos e seus demais servidores, não tendo direito a voto, serão escolhidos entre a plebe. Mas, como possuem amplo conhecimento dos negócios tratados, acontece, frequentemente, que se levem em conta suas opiniões mais do que seria devido e passam a exercer uma grande influência sobre todo o Estado. Este abuso foi a causa da perda da Holanda", ibidem, § 44.

13. Ibidem, 7, § 27,G, III, p. 319.

14. Justus Lipsius, *Políticas,* IV, 5, apud Jacqueline Lagrée, *Juste Lipse. La restauration du stoïcisme.* Paris, Vrin, 1994, p. 91.

15. Frei Luiz de Granada, in Villari, *El hombre barroco,* apud João Adolfo Hansen, "A civilização pela palavra", in *Textos apresentados ao concurso de livre-docência na área de literatura brasileira,* vol. 1, São Paulo, Faculdade de Filosofia, Letras e Ciências Humanas, Universidade de São Paulo, 2002, p. 23.

16. Balthazar Gracián, *El criticón,* II, 5, apud João Adolfo Hansen, "O Discreto", in *Textos apresentados ao concurso de livre-docência na área de literatura brasileira,* vol. 1, op. cit., p.131.

17. Cf. João Adolfo Hansen, op. cit.

18. Ibidem, p. 320.

19. *TP*, 6, § 5, G, II, p. 298. Para a dupla operação do direito natural como guardião da lei e ameaça à lei, veja-se, supra, o ensaio "Direito é potência".

20. Ibidem, 8, § 12, G, II, p. 329. Tese que reforça a ideia do direito natural como ameaça ao que dele nasce, isto é, ao direito civil.

21. *E* IV, P57 *schol.*, G, II, p. 252.

22. Voltaremos a isso mais adiante, ao examinarmos a relação *plebs-imperium* na aristocracia.

23. Cf., supra, a retórica e a moral de Balthazar Gracián. Veja-se também F. Mignini, *Ars Imaginandi Apparenza e rappresentazione in Spinoza*, Edizioni Scientifiche Italiane, Nápoles, 1981, capítulos VI e VII.

24. Sob esse aspecto tendemos a não concordar inteiramente com as análises de Balibar sobre as aporias do *TTP* quanto à ideia de "massa", uma vez que nos parece que ali Espinosa lida com uma massa *já determinada* pelos campos políticos teocrático e monárquico, isto é, sob os efeitos do poder teológico-político, da superstição e do sistema do medo-esperança, sendo por isso plebe e vulgar praticamente indiscerníveis, a distinção principal sendo feita entre o súdito e o cidadão. Parece-nos ser esta a razão da diferença entre o comportamento do vulgar, descrito no prefácio, pronto a derramar seu sangue para satisfazer ao dominador, e o comportamento do cidadão rebelde num regime violento e corrupto, descrito no capítulo XX, pronto a lutar pela liberdade e que será tomado como exemplo pelos demais. Cf. E. Balibar, "Spinoza: la crainte des masses", in Emilia Giancotti, ed., *Proceedings of the First Italian International Congress on Spinoza*, Bibliopolis, Nápoles, 1985. Para a ideia da *multitudo* como sujeito político, cf. o ensaio "A instituição do campo político em Espinosa".

25. Ideia que fora posta no *TTP* quando, no prefácio, Espinosa fala nos supersticiosos "mil vezes enganados" e que desejam o engano, pois o vulgar é arrastado pelo desejo imoderado dos bens incertos da fortuna.

26. *TP*, 7, § 5, G, III, p. 309.

27. Ibidem, 5, § 2, G, III, p. 295.

28. Ibidem, 9, § 14, G, III, p. 352.

29. Ibidem, 7, § 29, G, III, pp. 320-1.

30. Ibidem, 8, §§ 4 e 5, G, III, pp. 325-6.

31. Ibidem, 10, § 5, G, III, p. 355.

32. Sobre a relação entre a experiência e o novo discurso político, veja-se o ensaio "Direito é poder. Experiência e geometria no *Tratado político*".

5. DIREITO NATURAL E DIREITO CIVIL EM HOBBES E ESPINOSA [PP. 289-314]

1. Carta 50, de Espinosa a Jarig Jelles, G, IV, p. 238.

2. T. Hobbes, *Leviathan*, C. B. McPherson (ed.), Harmondsworth, Penguin Books, 1968, II, 21, p. 264; Pensadores, p. 135.

3. *TP*, III, §§ 2 e 3, G, III, pp. 284-5; cf. "Direito é poder. Experiência e geometria no *Tratado político*".

4. *Leviathan*, II, 18 e 19 para a indistinção entre monarquia e tirania. Para a indistinção entre Estado por instituição e por conquista, II, capítulo 20.

5. *Leviathan*, II, 21; *TP*, 3, § 5; 4, § 6; 5, § 3.

6. *TP*, 7, § 5.

7. Ibidem, 5, § 6.

8. Ibidem, 10 e também *TTP*, 16 e 17.

9. Esta questão é desenvolvida por Espinosa in *TTP*, 20.

10. *Leviathan*, II, 19, ed. Mcpherson, p. 242. Um dos argumentos desenvolvidos por Hobbes nesse capítulo acerca da superioridade política da monarquia consiste em demonstrar que se trata do único regime no qual o interesse público e o privado coincidem porque se encarnam na figura do rei. Ora, Espinosa procura demonstrar exatamente o oposto, isto é, que o interesse coletivo jamais poderá identificar-se com o do monarca. Para que haja paz, segurança e liberdade num regime monárquico, escreve ele, algumas precauções institucionais devem ser tomadas e todas elas visam sempre marcar a diferença entre o rei e o poder soberano. São elas: 1.) o rei jamais deve ser deixado só; deve governar auxiliado por assembleias numerosas e permanentes cujos postos são eletivos e temporários, de sorte a fazer com que todos os cidadãos participem do poder ou tenham a esperança de vir a participar dele; 2.) o rei jamais deve possuir exército pessoal (nobre ou mercenário), mas o exército deve ser nacional e popular, pois se o povo escolheu ter um rei porque este possuía armas, a única maneira de impedir que o rei se converta em tirano é armar o povo, isto é, dar ao povo exatamente o que lhe faltava quando escolheu um rei; 3.) a propriedade do solo deve ser nacional e jamais régia, o que permitiria ao monarca distribuí-la à nobreza e criar uma classe social que, de um lado, disputaria o poder com ele e, de outro, tenderia a excluir as demais da participação no poder, causando sedições em ambos os casos; 4.) o rei jamais deverá governar com um conselho secreto, pois se este for constituído o regime será uma aristocracia disfarçada, se seus membros forem da nobreza, e será uma burocracia disfarçada, se forem funcionários saídos da plebe.

11. *TP*, 7, § 27 e 8, §§ 4 a 7; cf. "Quem tem medo do povo? A plebe e o vulgo no *Tratado político*".

12. *Leviathan*, II, 21.

13. Ibidem, II, 14.

14. Duas observações preliminares precisam ser feitas aqui: 1.) ao definir o direito natural como potência de agir (*potentia agendi*), Espinosa não dá ao conceito de potência o sentido aristotélico de virtualidade, mas, ao contrário, o toma como um poder *atual* que define a essência *atual* de um ser singular e concreto; 2.) Espinosa distingue entre direito natural (potência natural de agir para a autoconservação) e estado de Natureza (coexistência de infinitos direitos naturais humanos e não humanos na ordem comum da Natureza). O estado de Natureza é definido como estado de solidão, o que não significa isolamento e sim uma forma de coexistência na qual as relações inter-humanas são realizadas sob o regime de uma dupla alienação: por um lado, a fraqueza real do poder de cada um comparado à força do poder de todos os outros faz com que cada homem imagine que sua potência dependa da posse de bens exclusivos, pois a exclusividade é imaginada como substituto da impotência real; por outro lado, cada um imagina que o bem supremo consiste na posse de um outro homem, de sorte que o exercício da dominação é imaginado como existência real de poder. Por esses motivos o direito natural em estado de Natureza é uma abstração, ou como dirá a *Ética*, uma causa inadequada, entendendo-se por causalidade inadequada aquela cujos efeitos não dependem da ação de uma causa eficiente interna, mas da força das causas externas. Em estado de Natureza, o direito natural é heterônomo. Essa heteronomia se chama solidão.

15. *TTP*, 16, G, III, p. 180; trad. Pires Aurélio, p. 308.

16. *TP*, 2, § 4, G, III, p. 277; Pensadores, p. 309.

17. Ibidem, 3, § 2, G, III, pp. 284-5; Pensadores, p. 315.

18. Cf. "A instituição do campo político".

19. *Leviathan*, II, 21, ed. Mcpherson, pp. 267-8; Pensadores, p. 136.

20. Cf. *Leviathan*, I, 11 e 12; IV, todo ele dedicado ao "Reino das Trevas"; *E*, I, Apêndice; IV, *Praef.*

21. *E*, I, P15, 16 e 18; IV, *Praef.*; V, P35 e seguintes.

22. Veja-se P. Jacob, "La politique avec la physique à l'âge classique", *Dialectiques*, nº 6, 1974. Nossas análises seguem de perto as considerações de Jacob.

23. A compreensão dos pressupostos físicos da teoria política hobbesiana torna anacrônicas as discussões acerca das relações entre direito natural e obrigação política em termos de uma oposição entre fato e valor, pois isso seria transpor para o filósofo clássico uma questão kantiana e weberiana. Na verdade, não se trata apenas de anacronismo, mas também de imprecisão: quando Hobbes opõe liberdade natural e obrigação política, a oposição não decorre de uma diferença entre necessidade (natural) e liberdade (da vontade) e sim de duas expressões antagônicas da vontade. Por serem *expressões opostas* da *mesma* faculdade, são incompatíveis.

24. C. B. McPherson, *The theory of possessive individualism. Hobbes to Locke*, Oxford, Clarendom Press, 1962.

25. *Leviathan*, II, 30.

26. Ibidem, I, 6.

27. "Defino o esforço como o movimento feito no menor tempo e no menor espaço que possam ser dados, isto é, como o menor que possa ser determinado ou atribuído por um discurso ou por um número, isto é, o movimento feito sobre a distância de um ponto e em um instante ou ponto do tempo [...]. Não se deve tomar um instante ou um ponto por uma coisa indivisível (pois tal não existe na Natureza), mas por uma coisa não dividida, do mesmo modo que se deve tomar o instante por um tempo não dividido e não indivisível", *De Corpore*, capítulo 15. "E embora os homens sem instrução não concebam que haja movimento quando a coisa movida é invisível, não obstante, esses movimentos existem. Porque um espaço nunca é tão pequeno que aquilo que seja movido num espaço maior do qual o espaço pequeno faz parte não deva primeiro ser movido neste último. E estes pequenos inícios de movimento no interior do corpo do homem antes de se manifestarem no andar, no falar, na luta e outra ações visíveis, chama-se geralmente de esforço", *Leviathan*, I, 6, ed. Macpherson, p. 118; Pensadores, p. 36.

28. Para os corpos simplíssimos, cf. *E*, II, P13 e 14 (após o escólio, a partir do axioma I até os seis postulados que antecedem a proposição 14) Para a definição do corpo humano como *unione corporum*, cf. as mesmas proposições. Para a teoria do *conatus* como essência atual de um ser singular concreto, cf. *E*, III, P4 a 9.

29. *E*, IV, G, II, p. 266; Pensadores, pp. 269-70.

30. *E*, III, G, II, p. 203; Pensadores, p. 223.

31. *TTP*, 16, G, III, p. 195; trad. Pires Aurélio, p. 315.

1ª EDIÇÃO [2003]

ESTA OBRA FOI COMPOSTA EM MINION POR TECO DE SOUZA E IMPRESSA
PELA UMLIVRO EM PROCESSO DE IMPRESSÃO SOB DEMANDA SOBRE PAPEL PÓLEN SOFT
DA SUZANO S.A. PARA A EDITORA SCHWARCZ A PARTIR DE AGOSTO DE 2019

FSC
www.fsc.org
MISTO
Papel produzido a partir de fontes responsáveis
FSC® C128038

A marca FSC® é a garantia de que a madeira utilizada na fabricação do papel deste livro provém de florestas que foram gerenciadas de maneira ambientalmente correta, socialmente justa e economicamente viável, além de outras fontes de origem controlada.